KI & Big Data

FÜR UNTERNEHMEN

DEEP ATHENA

Alle Informationen, Verfahren und Darstellungen in diesem Buch wurden mit größtmöglichem Wissen und Sorgfalt zusammengestellt und geprüft. Dennoch kann die Möglichkeit von Fehlern nicht vollständig ausge-schlossen werden. Aus diesem Grund sind die in diesem Buch enthaltenen Informationen nicht mit einer Verpflichtung oder Garantie jeglicher Art verbunden. Der Autor übernimmt keine rechtliche Verantwortung oder Haftung für die Nutzung dieser Informationen, ganz oder teilweise.

Darüber hinaus garantiert der Autor nicht, dass die beschriebenen Verfahren frei von Rechten Dritter sind. Die Erwähnung von Handelsnamen, Produktnamen usw. in diesem Buch impliziert auch nicht, dass diese Na-men von den Gesetzen zum geistigen Eigentum und Markenrecht ausge-nommen sind und von jedermann verwendet werden können.

Aus Gründen der besseren Lesbarkeit wird auf die gleichzeitige Verwendung der Sprachformen männlich, weiblich und divers (m/w/d) oder Mann, Frau und divers (m/w/d) verzichtet. Alle Personenbezeichnungen gelten gleichermaßen für alle Geschlechter.

Veröffentlicht von DEEP ATHENA
(ein Imprint von SMART &PRO AI Juan García)
Petersberg 3, 79780 Stühlingen, Deutschland

https://deepathena.com
https://smartandpro.de
info@smartandpro.de
Korrektor Version ES: Juan García
Korrektor Version DE: Juan García / Lisa García
Korrektor Version EN: Juan García / Lisa García
Covergestaltung: Juan García
Covergrafik: © GarryKillian, 1952, www.freepik.com
Druck und Distribution im Auftrag des Autors durch:
tredition GmbH, Heinz-Beusen-Stieg 5, 22926 Ahrensburg, Deutschland
Konsultierte Quellen:
- Allgemeine Datenschutzverordnung (GDPR) der Europäischen Union.
- California Consumer Privacy Act (CCPA) der Vereinigten Staaten.
- KI-Manager: das Handbuch des KI-Managers

ISBN Softcover: 978-3-912099-00-3

DEEP ATHENA

the Artificial Intelligence Publishing House

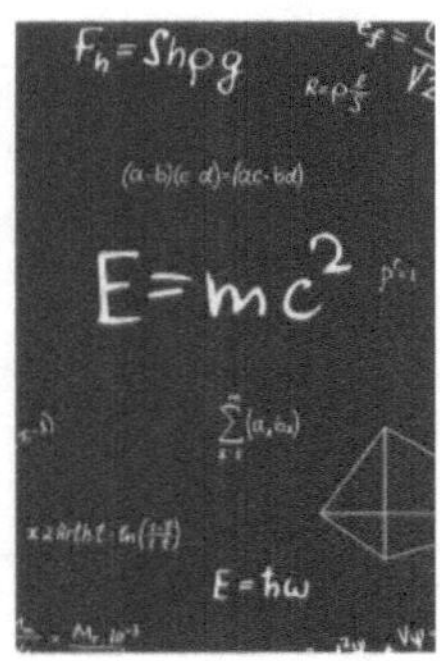

www.deepathena.com

Alle unsere Bücher sind ins Englische, Deutsche und Spanische übersetzt.
Alle Informationen findest du auf unserer Webseite.

Inhaltsverzeichnis

Prolog

Wir befinden uns an der Schwelle einer beispiellosen Revolution, in einer Ära, in der Künstliche Intelligenz (KI) und Big Data zu transformativen Kräften geworden sind, die alle Aspekte unserer Gesellschaft neu definieren. Von der Art und Weise, wie wir Entscheidungen treffen, bis hin zu unserer Interaktion mit der Welt um uns herum verändern diese Technologien grundlegend die Struktur von Unternehmen, wissenschaftlicher Forschung, Gesundheitswesen, Unterhaltung und praktisch allem. Dieser Prozess verändert nicht nur, wie wir die Welt verstehen und mit ihr interagieren, sondern fordert uns auch auf, unsere Rolle darin neu zu überdenken. Wir sind Zeugen einer Transformation, die keine geografischen Grenzen, wirtschaftlichen Sektoren, Hautfarben oder Bildungsniveaus kennt.

Dieses Buch, KI & Big Data, ist nicht nur ein technisches Kompendium, sondern auch eine tiefgreifende Untersuchung der Auswirkungen, die diese beiden Disziplinen haben, wenn sie zusammenarbeiten. Auch wenn dieses Buch versucht, kein technisches Buch zu sein – was in diesem Bereich schwer zu vermeiden ist –, zeigt es dir dennoch das gesamte Potenzial auf und vermittelt dir das Wissen, um diese Technologien zu beherrschen. Die Künstliche Intelligenz mit ihrer Fähigkeit zu lernen, zu schlussfolgern und Entscheidungen zu treffen, benötigt Daten, um ihre Modelle und Algorithmen zu speisen. Big Data wiederum, mit seiner gewaltigen Informationsflut, die in rasanter Geschwindigkeit erzeugt wird, braucht fortschrittliche Werkzeuge wie KI, um diese Daten zu verarbeiten, zu analysieren und in praktisches Wissen umzuwandeln. Zusammen erschaffen diese Technologien ein Ökosystem von Innovation und Entdeckung, das in der Menschheitsgeschichte seinesgleichen sucht. Es geht nicht nur um isolierte Fortschritte, sondern um einen neuen Motor des Wandels, der die globale Wirtschaft antreibt, staatliche Strategien definiert und die Zukunft unserer täglichen Interaktionen gestaltet.

Ziel dieses Prologs ist es nicht, dich mit technischen Begriffen oder komplexen Beschreibungen zu überladen, sondern dich dazu einzuladen, darüber nachzudenken, wie diese Werkzeuge aufgehört haben, futuristische Konzepte zu sein, und von der Gesellschaft nicht länger ignoriert werden können, weil sie zu greifbaren Realitäten geworden sind. Es sind Realitäten, die bereits komplexe Probleme lösen, Prozesse optimieren und in manchen Fällen sogar die Natur unserer Existenz neu definieren. Stell dir zum Beispiel vor, wie Künstliche Intelligenz und Big Data eingesetzt werden, um Krankheitsausbrüche vorherzusagen, bevor sie geschehen, die Effizienz globaler Lieferketten zu verbessern oder sogar die Bildung von Millionen von Schülern weltweit zu personalisieren. Die Auswirkungen dieser Technologien gehen über das rein Technische hinaus; sie berühren grundlegende

Aspekte unseres Lebens, von Gesundheit und Sicherheit bis hin zu Freizeit und Kultur.

KI & Big Data ist eine Einladung, nicht nur die technischen und theoretischen Grundlagen dieser Disziplinen zu erkunden, sondern auch ihre praktische Anwendung und die ethischen Herausforderungen, die sie mit sich bringen. Dieses Buch will ein Leitfaden sein, sowohl für jene, die diese Technologien von Grund auf verstehen wollen, als auch für Fachleute, die ihre Integration und strategische Nutzung vertiefen möchten. Auf diesen Seiten findest du einen vollständigen Überblick über die grundlegenden Konzepte, aber auch eine kritische Auseinandersetzung mit den sozialen, kulturellen und ethischen Implikationen ihrer Einführung. Denn auch wenn diese Werkzeuge außergewöhnliche Chancen bieten, werfen sie ebenso grundlegende Fragen zu Privatsphäre, Sicherheit und Gerechtigkeit auf, die wir als Gesellschaft angehen müssen, da Big Data kein reines Unternehmerthema ist; die Art und Weise, wie wir Daten speichern und verwalten, betrifft uns alle.

Künstliche Intelligenz und Big Data sind nicht bloß technologische Fortschritte; sie sind ein Paradigmenwechsel. Sie repräsentieren eine neue Art, die Welt zu verstehen – eine, in der Daten und Algorithmen zu universellen Sprachen werden, die Sprach- und Kulturbarrieren überwinden können. Während du in den Seiten dieses Buches voranschreitest, wirst du entdecken, wie Unternehmen diese Werkzeuge nutzen, um Trends vorherzusagen, das Kundenerlebnis zu verbessern und ganze Sektoren zu revolutionieren. Dieses Buch ist voll von Ideen und Anwendungsfällen, aber du wirst auch Diskussionen über die Grenzen dieser Technologien, die Risiken ihres Missbrauchs und die gemeinsame Verantwortung finden, die wir tragen, um sicherzustellen, dass ihr Einfluss positiv für die Menschheit ist. Dies ist keine risikofreie Reise, aber eine voller Möglichkeiten.

Dieser Prolog markiert den Beginn einer Reise zum Verständnis, wie zwei Konzepte, die einst Science-Fiction waren, unsere Realität umgestalten. Egal, ob du ein neugieriger Profi bist, ein leidenschaftlicher Student oder einfach jemand, der sich für den Einfluss von Technologie interessiert – ich lade dich ein, in diese faszinierende Welt einzutauchen. Denn in diesem neuen Kapitel der Geschichte sind wir alle Protagonisten. Es spielt keine Rolle, in welchem Bereich du tätig bist oder welches Wissensniveau du hast – Künstliche Intelligenz und Big Data formen eine Zukunft, die uns alle betrifft. Und du, als Leser, hast die Macht zu verstehen, zu hinterfragen und an dieser Transformation teilzunehmen.

Einführung

Im Laufe der letzten Jahrzehnte wurden wir Zeugen eines Wandels, der die Grenzen von Innovation und menschlichem Wissen neu definiert hat. Künstliche Intelligenz und Big Data sind nicht einfach nur technologische Werkzeuge; sie stellen einen Paradigmenwechsel dar, der unsere Gesellschaft, unsere Industrie und unsere Art, die Welt zu verstehen, neu gestaltet. Diese Fortschritte sind längst keine futuristischen Konzepte mehr, sondern grundlegende Pfeiler unseres täglichen Lebens. Dennoch beginnen sich ihre Auswirkungen und ihr Potenzial erst in ihrer ganzen Tragweite abzuzeichnen, obwohl sie mit atemberaubender Geschwindigkeit voranschreiten.

Das digitale Zeitalter, in dem wir leben, hat eine beispiellose Menge an Daten hervorgebracht. Jede Interaktion, jede Transaktion und jeder Klick in der virtuellen Welt erzeugt wertvolle Informationen, die – in den richtigen Händen – Muster, Trends und Lösungen für komplexe Probleme aufdecken können. Um jedoch diesen Daten Wert zu entlocken, ist das Eingreifen der Künstlichen Intelligenz notwendig, ein Fachgebiet, das durch fortgeschrittene Algorithmen und eine unvorstellbare Rechenleistung – und das schon seit einigen Jahrzehnten – die Art und Weise revolutioniert, wie wir Informationen verarbeiten, analysieren und nutzen.

Ziel dieses Buches ist es, eine tiefgehende und zugleich zugängliche Erkundung dieser Konzepte zu bieten, ihren Einfluss auf verschiedene Bereiche hervorzuheben und ihre Bedeutung für Gegenwart und Zukunft aufzuzeigen. In diesen Seiten werden wir ergründen, wie KI und Big Data sich gegenseitig ergänzen und stärken, wobei wir praxisnahe Fälle, konkrete Beispiele sowie die Chancen und Herausforderungen analysieren, die sich für Fachleute, Unternehmen und die Gesellschaft im Allgemeinen ergeben.

Es ist entscheidend zu verstehen, dass dies kein Buch ausschließlich für Techniker oder Spezialisten ist, da es nicht darauf abzielt, technisch zu sein, sondern informativ. Wie jedoch bereits im Vorwort erwähnt wird, ist es in diesen Bereichen schwer, dies ganz zu vermeiden. Ich arbeite seit 2023 an diesem Buch mit dem Ziel, mein Buch „KI-Manager: Das Handbuch des KI-Managers" im Bereich Big Data zu ergänzen. Leider war es mir aufgrund anderer Projekte nicht möglich, es früher fertigzustellen, zudem habe ich es dreimal neu überarbeitet, bedingt durch all die Entwicklungen im Bereich der Künstlichen Intelligenz zwischen 2023 und 2024, und mich schließlich entschieden, das Buch auf Big Data auszurichten, da ich den Entschluss gefasst habe, meine Bücher so zu gestalten, dass sie sich gegenseitig ergänzen. Auch wenn wir auf einige technische Aspekte eingehen werden, die notwendig sind, um die Funktionsweise dieser Technologien, der KI und des Big Data, zu verstehen, werden wir uns auch auf die praktischen Auswirkungen und auf die ethischen, wirtschaftlichen und sozialen Implikationen ihrer Umsetzung konzentrieren. Mit diesem breiten Ansatz möchte ich sowohl Unternehmensführer als auch Studierende, Unternehmer und alle interessierten Personen inspirieren und befähigen, die Triebkräfte des Wandels zu verstehen, die unsere Zukunft prägen werden. Es ist sehr wichtig zu verstehen, dass dieses Buch als Ergänzung meines Buches „KI-Manager“ konzipiert und gedacht ist, welches ein technisches Buch ist, das dazu dient, alles über Künstliche Intelligenz von Grund auf und auf einfache Weise zu lernen – sowohl für Neueinsteiger als auch für Fachleute in diesen Bereichen. Daher ist es wichtig, dass du verstehst, dass jedes Thema und jede Seite von „KI & Big Data“ dazu dient, das Wissen aus „KI-Manager“ zu ergänzen. Außerdem steht dir als weitere Ergänzung in ethischer und vielleicht philosophischer Hinsicht mein Buch „KI das *Homo digitalis*“ zur Verfügung. Dieses Buch erklärt dir nicht nur, was Künstliche Intelligenz ist und welche Unterschiede zwischen KI, AGI und ASI bestehen, sondern führt dich auf einem reflektierenden Weg, der dir alle Vorteile und Risiken dieser Technologie aufzeigt – mit zahlreichen Anwendungsbeispielen und hunderten realer Situationen, die durch den Einsatz von KI in Unternehmen und unserer Gesellschaft entstanden sind. Das bedeutet, dass du, wenn dir hier einige Themen fehlen oder du meinst, sie hätten tiefer behandelt werden sollen, alles, was du brauchst, in meinen anderen Büchern finden wirst, da diese so konzipiert sind, dass sie sich gegenseitig ergänzen. Ziel dieses Buches ist es, eine tiefere Perspektive im Bereich der Daten und des Big Data zu bieten, da diese die Nahrung jeder Künstlichen Intelligenz darstellen, und daher möchte ich hier tiefer in dieses Feld eintauchen, Wissen vermitteln und das Wissen der anderen Bücher ergänzen. Zusammengenommen sind diese Bücher die perfekte Kombination, um KI sowohl professionell zu beherrschen als auch sie zu verstehen, anzuwenden und bestmöglich zu nutzen. Sie bieten dir das nötige Wissen, um entweder ein großartiger KI-Fachmann zu werden oder ein guter Anwender von Künstlicher Intelligenz.

Die Methodik dieses Buches – wie auch aller meiner anderen Bücher – ist darauf ausgelegt, die Lernkurve zu unterstützen und somit auch das Verständnis der übrigen Themen zu erleichtern. Verzweifle nicht an den Beispielen und Anwendungsfällen, denn auch wenn wir oft dieselben verwenden, wie etwa Marketing, Medizin, Finanzen, autonome Fahrzeuge usw., liegt das an ihrer Bedeutung für unsere Gesellschaft und unser Leben im Allgemeinen. Außerdem werden wir sie immer in unterschiedlichen Kontexten einsetzen und somit jedes Mal ihre verschiedenen Aspekte – sowohl technische als auch ethische und datenschutzrechtliche – aufschlüsseln. Wie du feststellen wirst, werden diese Bereiche im Buch oft wiederkehren. Ich bemühe mich jedoch stets, vielfältige Beispiele anzubringen und auch Bereiche einzuführen, die zwar wenig thematisiert, aber jedem bekannt sind. Das Ziel ist es, alle ihre Aspekte, Möglichkeiten und Risiken zu verstehen.

Künstliche Intelligenz und Big Data haben die Fähigkeit, so unterschiedliche Sektoren wie Medizin, Bildung, Verkehr, Umwelt, Unterhaltung, Biochemie und Physik – unter vielen anderen – zu transformieren. Sie bringen jedoch auch erhebliche Herausforderungen mit sich, von der Speicherung und Verwaltung der Daten bis hin zu deren Nutzung, Fragen der Privatsphäre und Sicherheit, was zu endlosen ethischen Debatten über die verantwortungsvolle Nutzung dieser Technologien führt. In diesem Zusammenhang wird das Verständnis ihrer Grundlagen, Anwendungen und Grenzen zu einer dringenden Notwendigkeit.

Während wir fortschreiten, werden wir nicht nur das „Was" und das „Wie" von KI und Big Data erkunden, sondern auch das „Warum". Dieses Buch möchte keine endgültigen Antworten liefern, sondern als Leitfaden dienen, der zum Nachdenken anregt, Lernen und Verstehen fördert und die Leser ermutigt, über konventionelle Grenzen hinaus zu forschen. Dieses Buch hat das Ziel, das Wissen über diese Technologien für alle klar und einfach zugänglich zu machen, wobei es unumgänglich ist, auch auf technische Details einzugehen, damit alle lernen können, diese Technologien bestmöglich zu nutzen und sie auf möglichst ethische Weise umzusetzen. In einer Welt, in der Daten und Künstliche Intelligenz sich definitiv zur neuen Sprache von Macht und Einfluss entwickelt haben, werden Wissen und Verständnis dieser Werkzeuge unerlässlich.

Wir werden die Themen Schritt für Schritt behandeln und sie nach und nach vertiefen, während wir im Buch voranschreiten. Wir werden Konzepte und Technologien mehrmals sehen, und jedes Mal in unterschiedlichen Kontexten oder aus unterschiedlichen Gründen – je nach dem gerade behandelten Thema oder seiner Bedeutung in einem Bereich, sowie je nach der jeweiligen Beziehung. Das bedeutet zum Beispiel: Wenn wir ein Thema behandeln, in dem bestimmte Technologien oder Aspekte erwähnt werden müssen, werden diese so behandelt, wie es erforderlich ist; später werden diese Technologien dann ausführlich behandelt. Alles zu seiner Zeit. Dies soll zudem deine Lernkurve unterstützen, sodass du dich nach und nach mit den Begriffen, Technologien, Konzepten und ihren Zusammenhängen vertraut machen kannst.

Ich lade dich ein, mich auf dieser Reise zu begleiten. Während du die Ideen, Entdeckungen und Erzählungen auf diesen Seiten erkundest, hoffe ich, dass du nicht nur Informationen findest, sondern auch Inspiration, um dir eine Zukunft vorzustellen und aufzubauen, in der Technologie und Menschlichkeit Hand in Hand neue Horizonte erreichen.

TEIL I

Grundlagen der KI

Teil I: Grundlagen der KI

1. Einführung in die Künstliche Intelligenz

Die Künstliche Intelligenz ist längst kein ausschließliches Konzept der Science-Fiction mehr, sondern eine der disruptivsten Technologien unserer Zeit. Von ihren Anfängen als theoretisches Studienfeld bis hin zu ihrer Anwendung im Alltag hat die KI die Art und Weise, wie wir mit Technologie interagieren und Informationen verarbeiten, radikal verändert. Ihr Einfluss erstreckt sich auf zahlreiche Sektoren – man könnte sogar sagen, auf praktisch jeden vorstellbaren Bereich –, von der Medizin über die verarbeitende Industrie, den Transport, den Kundenservice, die Sicherheit, die Musik und das Kino bis hin zu vielen weiteren.

Im Allgemeinen bezieht sich KI auf die Fähigkeit von Maschinen, menschliche Intelligenz beim Problemlösen, Lernen und Entscheiden nachzuahmen. Im Laufe der Jahre hat sich dieses Feld von Systemen mit expliziten Regeln zu komplexen Modellen des Machine Learnings und Deep Learnings entwickelt. Dadurch konnten Systeme entwickelt werden, die Muster erkennen, natürliche Sprache verarbeiten und autonome Entscheidungen treffen können. Darüber hinaus hat die Kombination von KI mit anderen Technologien wie dem Internet der Dinge (IoT – Internet of Things), Big Data, Augmented Reality (AR) und Virtual Reality (VR) ihre Fähigkeiten noch weiter gesteigert und innovative Anwendungen in vielen Bereichen hervorgebracht.

Der Aufstieg der KI wurde durch das exponentielle Datenwachstum und die Fortschritte bei der Rechenleistung von Computern vorangetrieben. Dank dieser Faktoren ist die Künstliche Intelligenz nicht länger ein Experiment in akademischen Laboren, sondern Teil des Alltags von Menschen und Unternehmen. Schon seit einigen Jahren sind virtuelle Assistenten wie Siri, Alexa und Google Assistant, Empfehlungssysteme auf Plattformen wie Netflix und Amazon, Chatbots im Kundenservice und autonome Fahrzeuge nur einige der bekanntesten Beispiele dafür, wie KI die Zukunft bereits heute prägt.

Einer der größten Meilensteine in der Geschichte der Künstlichen Intelligenz war die Entwicklung von Deep-Learning-Modellen, die die Struktur des menschlichen Gehirns durch künstliche neuronale Netze nachbilden. Diese Netze haben bedeutende Fortschritte in Bereichen wie Bilderkennung, Verarbeitung natürlicher Sprache und automatisierte Entscheidungsfindung ermöglicht. Ein herausragendes Beispiel für diese Fortschritte ist AlphaGo, das KI-System von DeepMind, das es schaffte, Weltmeister im Go-Spiel zu schlagen – ein Meilenstein, der die Fähigkeit der KI unter

Beweis stellte, den Menschen bei hochkomplexen Aufgaben zu übertreffen. Ich erinnere mich, dass AlphaGo im März 2016 gegen den südkoreanischen Go-Profi Lee Sedol antrat, wenn ich mich nicht irre. In vielen Momenten war dieser sichtbar überfordert und konnte keine Entscheidungen treffen. AlphaGo besiegte Lee Sedol mit 4 gewonnenen Partien gegenüber nur einem einzigen Sieg von Lee. Dieses Duell markierte einen Wendepunkt in der Geschichte der KI, da Go ein deutlich komplexeres Spiel als Schach ist, mit einer enormen Anzahl möglicher Kombinationen – es galt bis dahin als nahezu unüberwindbare Herausforderung für Maschinen.

Lee Sedol, eine südkoreanische Go-Legende und einstiger Weltmeister im Go, ist als der einzige Mensch bekannt, der eine Partie gegen diese fortgeschrittene KI gewinnen konnte. Dennoch zog er sich 2019 vom Profispiel zurück und nannte die Unbesiegbarkeit der KI als einen der Gründe für seinen Rücktritt. Um dir ein verständliches Beispiel zu geben: Stell dir vor, Magnus Carlsen tritt vom Schach zurück, weil er nicht gegen Stockfish gewinnen kann.

Die KI ist jedoch nicht nur eine technologische Revolution, sondern auch eine Herausforderung in Bezug auf Ethik, Regulierung und Datenschutz. Mit dem Fortschritt dieser Technologien entstehen grundlegende und sehr wichtige Fragen über ihren Einfluss auf die Gesellschaft, die Beschäftigung und die automatisierte Entscheidungsfindung. Eine der zentralen Debatten dreht sich um den Einsatz von KI bei kritischen Entscheidungen wie medizinischen Diagnosen, der Auswahl von Bewerbern oder der Vergabe von Krediten. Zwar kann die Automatisierung solcher Prozesse die Effizienz steigern und menschliche Vorurteile reduzieren, jedoch wirft sie auch Fragen zur Transparenz, Fairness und Verantwortlichkeit auf. Nicht zu vergessen ist die so wichtige Qualität der Daten, mit denen die Modelle trainiert werden, die später diese Entscheidungen treffen sollen. Und etwas sehr Wichtiges zum Erinnern: KI wird von Menschen geschaffen, um den Menschen zu imitieren. Darüber könnten wir stundenlang sprechen – und falls dir das Potenzial dieser Technologien, ihre Vorteile und Risiken noch nicht aufgefallen ist, wirst du es bald selbst erkennen.

Ein weiterer entscheidender Aspekt ist die Sicherheit bei der Entwicklung und Implementierung von KI. KI kann zu bösartigen Zwecken eingesetzt werden, etwa zur Erstellung von Deepfakes, zur Automatisierung von Cyberangriffen oder zur Manipulation der öffentlichen Meinung durch Algorithmen, die zur Verbreitung von Desinformation programmiert sind. Daher ist es entscheidend, regulatorische Rahmenbedingungen und ethische Prinzipien zu schaffen, die die verantwortungsvolle Entwicklung und Nutzung dieser Technologien leiten.

Mit dem weiteren Fortschritt im 21. Jahrhundert wird die Künstliche Intelligenz sich weiterentwickeln und eine zentrale Rolle in der digitalen Transformation unserer Gesellschaft spielen. Die KI-Forschung dehnt sich kontinuierlich aus und erforscht Bereiche wie die Allgemeine Künstliche Intelligenz (AGI), die Superintelligenz (ASI), das Quantencomputing und die Verschmelzung von KI mit Biotechnologie. Diese Innovationen werden nicht nur unsere Lebens- und Arbeitsweise neu definieren, sondern auch neue Herausforderungen und Chancen für die Zukunft schaffen. Jede Generation wird sich diesen Entwicklungen stellen müssen – und frühere Generationen werden in dieser Zukunft keine Relevanz mehr haben, sehr wohl jedoch in der Gegenwart. An dieser Stelle möchte ich dir mein Buch „KI das *Homo digitalis*" empfehlen, in dem ich diese Themen ausführlich behandle – eine Lektüre, die sich wirklich lohnt.

Die Grundlagen der KI zu verstehen, ist nicht nur für diejenigen wichtig, die an der Entwicklung dieser Technologien arbeiten, sondern auch für all jene, die ihre Auswirkungen und Chancen in der modernen Welt begreifen wollen. Die meisten sehen in der KI nur ein Werkzeug oder ein Spielzeug – und man kann es ihnen nicht verübeln, schließlich wird es ihnen so verkauft –, aber in Wahrheit ist KI viel mehr als das und etwas, das der Mensch viel ernster nehmen sollte. Aus diesen Gründen kommen die wahren KI-Fachleute ins Spiel. Gut ausgebildete Menschen, die sich sowohl technisch als auch ethisch intensiv mit diesen Technologien auseinandergesetzt haben – und damit meine ich nicht die selbsternannten „Experten" oder die vielen KI-Berater, die heute überall auftauchen, sondern ausgebildete Fachkräfte mit Studium und Erfahrung im Feld und vor allem mit tiefem Wissen darüber, was diese Technologien für unsere Gesellschaft bedeuten. In den nächsten Abschnitten werden wir die Natur der Künstlichen Intelligenz, ihre historische Entwicklung und die Schlüsselkonzepte untersuchen, die sie mit Big Data verbinden, und dabei einen klaren und strukturierten Überblick über dieses faszinierende Gebiet geben.

1.1. Was ist KI?

Die Künstliche Intelligenz ist ein Teilgebiet der Informatik, das Systeme entwickeln möchte, die Aufgaben ausführen können, die normalerweise menschliche Intelligenz erfordern. Zu diesen Aufgaben gehören Lernen, logisches Denken, Problemlösen, Wahrnehmung, Sprachverständnis und Entscheidungsfindung. Einfach ausgedrückt: KI ist die Fähigkeit einer Maschine, kognitive Prozesse des Menschen zu imitieren und komplexe Funktionen autonom oder assistiert auszuführen.

Das Konzept der Künstlichen Intelligenz ist nicht neu – seine Grundlagen reichen zurück bis zur Mitte des 20. Jahrhunderts, als erste Wissenschaftler und Mathematiker begannen, über die Möglichkeit nachzudenken, Maschinen zu schaffen, die lernen und sich anpassen können. Im Laufe der Jahrzehnte hat sich die KI von regelbasierten Systemen zu hochentwickelten Modellen des Machine Learnings und Deep Learnings entwickelt, die große Datenmengen analysieren und ihre Leistung im Laufe der Zeit verbessern können.

KI lässt sich je nach Fähigkeit und Anwendung in verschiedene Typen einteilen. Im Allgemeinen unterscheidet man zwischen schwacher und starker KI. Schwache KI, auch enge KI genannt, ist für die Ausführung spezifischer Aufgaben konzipiert, etwa Spracherkennung, maschinelle Übersetzung oder Betrugserkennung bei Finanztransaktionen. Diese Systeme verfügen über kein Bewusstsein oder echtes Verständnis, sondern arbeiten innerhalb eines vordefinierten Rahmens. Auf der anderen Seite ist die starke KI, die nicht mit der sogenannten „AGI“ (Artificial General Intelligence) identisch ist, ein philosophisches Konzept, das erstmals in den 1980er Jahren von John Searle vorgestellt wurde. Dieses Konzept bezieht sich nicht auf das operative oder kognitive Leistungsniveau, das eine Künstliche Intelligenz erreichen kann, sondern auf die Idee, dass eine KI tatsächlich Bewusstsein, Geist, Absichten und echtes Verständnis besitzt, anstatt diese Prozesse lediglich zu imitieren oder zu simulieren. Laut der These der starken KI ist es möglich, dass ein Computersystem echte mentale Zustände erlebt, vergleichbar mit denen eines Menschen.

Immer wieder höre ich Fachleute aus dem Bereich der KI, „neue Experten“, wie ich sie nenne, sowie YouTuber und andere darüber sprechen, dass die „starke KI“ dasselbe wie die „AGI“ sei, was völlig falsch ist. Starke KI und AGI sind zwei verschiedene Dinge. Wenn du diese Konzepte richtig verstehen willst, empfehle ich dir, mein Buch „KI das *Homo digitalis*“ zu lesen, da dieses Buch sich unter anderem genau diesen Themen widmet, diese Konzepte erklärt und dir außerdem zahlreiche Beispiele und reale Fälle für ein besseres Verständnis liefert.

Fortschritte im Deep Learning und bei neuronalen Netzen haben zur Entwicklung von KI-Modellen geführt, die Krankheiten diagnostizieren, industrielle Prozesse optimieren, die Sicherheit im autonomen Fahren verbessern und zunehmend ausgeklügelte virtuelle Assistenten entwickeln können – und das ist nur ein kleiner Ausschnitt von tausenden Anwendungen.

Trotz ihrer Vorteile wirft die KI auch ethische Herausforderungen und Bedenken auf. Die Automatisierung von Aufgaben, Verzerrungen in Algorithmen, Datenschutz und Auswirkungen auf den Arbeitsmarkt sind nur einige der Themen, die mit dem technischen Fortschritt angegangen werden müssen. Es ist entscheidend, dass die Entwicklung von KI auf verantwortungsvolle und transparente Weise erfolgt, damit ihr Nutzen der Gesellschaft zugutekommt – und wie ich immer sage: Bildung beginnt zu Hause und bei einem selbst.

Künstliche Intelligenz ist ein sich ständig weiterentwickelndes Fachgebiet, das Maschinen mit Fähigkeiten ausstatten möchte, die bisher ausschließlich dem Menschen vorbehalten waren. Ihr Einfluss ist bereits in vielen Bereichen spürbar und wird unsere Lebens- und Arbeitsweise in den kommenden Jahren und sogar kurzfristig weiter verändern. Zu verstehen, was KI ist und wie sie funktioniert, ist entscheidend, um ihre Vorteile zu nutzen und mögliche Risiken zu minimieren – und das gilt für Fachleute ebenso wie für Nutzer und Politiker, unabhängig von Alter, Herkunft, wirtschaftlicher Lage oder Nationalität.

1.2. Entwicklung der KI und ihre Auswirkungen auf die Gesellschaft

Die Künstliche Intelligenz hat seit ihren ersten Konzeptualisierungen einen langen Weg zurückgelegt bis zu ihrer modernen Implementierung in verschiedenen Bereichen der Gesellschaft. Ihre Entwicklung war geprägt von bedeutenden Meilensteinen, die unsere Art und Weise, wie wir mit Technologie interagieren und sie zur Lösung komplexer Probleme nutzen, grundlegend verändert haben. Da ich darüber bereits in anderen Büchern gesprochen habe und wie ich am Anfang des Buches erklärt habe, ist dieses Buch dazu gedacht, diese anderen Bücher zu ergänzen, präsentiere ich dir hier deshalb kurz und zusammenfassend die wichtigsten Punkte auf dem Weg der Künstlichen Intelligenz.

Wie wir bereits wissen, reichen die Wurzeln der Künstlichen Intelligenz bis in die Mitte des 20. Jahrhunderts zurück, als Mathematiker und Logiker begannen, die Möglichkeit zu erforschen, Maschinen zu erschaffen, die menschliches Denken nachahmen können. Alan Turing war mit seinem berühmten "Turing-Test" einer der Pioniere, der vorschlug, dass eine Maschine als intelligent gelten könne, wenn ihr Verhalten in einem Gespräch nicht von dem eines Menschen zu unterscheiden sei. In den 1950er Jahren prägte John McCarthy den Begriff "Künstliche Intelligenz" und legte mit der Organisation der Dartmouth-Konferenz im Jahr 1956 den Grundstein für die Forschung auf diesem Gebiet. Diese Konferenz gilt als formeller Ausgangspunkt der KI.

In den 60er- und 70er-Jahren entwickelten Forscher die ersten regelbasierten Systeme, wie Expertensysteme, die menschliches Wissen in spezifischen Domänen simulierten. Allerdings führten mangelnde Rechenkapazitäten und überhöhte Erwartungen zu einem Rückgang der Finanzierung und des Interesses an der KI – eine Zeit, die als "KI-Winter" bekannt wurde.

In den 1980er- und 1990er-Jahren belebte der Fortschritt im Maschinellen Lernen (Machine Learning – ML) die KI-Forschung neu. Neue Algorithmen und insbesondere künstliche neuronale Netze begannen, ihre Fähigkeit zu zeigen, aus Daten zu lernen, und hier kam Big Data ins Spiel, was viele der Einschränkungen regelbasierter Systeme überwand. Dennoch blieb die fehlende Rechenleistung ein Hindernis.

Der wahre Durchbruch der KI erfolgte mit der Entwicklung des Deep Learning in den 2010er Jahren, angetrieben durch die gestiegene Prozessorleistung (insbesondere GPUs und TPUs), die Verfügbarkeit großer Datenmengen und Verbesserungen bei den Algorithmen. Tiefe neuronale Netze ermöglichten spektakuläre Fortschritte bei der Bilderkennung, der Verarbeitung natürlicher Sprache und der automatisierten Entscheidungsfindung, was dazu führte, dass Technologieunternehmen begannen, Künstliche Intelligenz in kommerzielle Produkte zu integrieren – von virtuellen Assistenten bis hin zu Empfehlungssystemen, wie zum Beispiel die Tastatur deines Smartphones oder Apples Siri.

Die Auswirkungen der KI auf die Gesellschaft sind tiefgreifend und erstrecken sich auf verschiedene Bereiche, zum Beispiel:

- **Wirtschaft und Arbeit:** Die Automatisierung hat industrielle Prozesse optimiert, die Effizienz in verschiedenen Sektoren gesteigert und gleichzeitig Bedenken hinsichtlich des Arbeitsplatzverlustes bei repetitiven Aufgaben ausgelöst.
- **Gesundheit:** KI hat die medizinische Diagnostik, die Medikamentenentwicklung und die personalisierte Betreuung revolutioniert und Behandlungen sowie die Patientenversorgung deutlich verbessert.
- **Verkehr:** Mit der Entwicklung autonomer Fahrzeuge und Verkehrssysteme definiert KI die urbane Mobilität neu.
- **Bildung:** Adaptive Lernsysteme ermöglichen eine personalisierte Lehre und verbessern die Lernerfahrung der Schüler.
- **Sicherheit und Überwachung:** KI wird bei Gesichtserkennung, Cybersicherheit und Verbrechensprävention eingesetzt, wirft aber auch erhebliche Fragen zu Datenschutz und Ethik auf.
- **Musik:** KI hat die musikalische Komposition, das Mischen und Mastern von Audio sowie die Erzeugung neuer künstlerischer Werke transformiert, die Produktion erleichtert und neue Genres und Klänge erschlossen.
- **Film:** KI hat die Videobearbeitung, die Erzeugung realistischer visueller Effekte und die Personalisierung von Inhalten optimiert und zudem die Empfehlungssysteme von Streaming-Plattformen verbessert.
- **Programmierung:** KI-Systeme haben die Softwareentwicklung durch Tools zur automatischen Vervollständigung, Fehlerbehebung und Codegenerierung komplett revolutioniert und die Entwicklungszyklen beschleunigt.

- **Rettung:** KI wird in Such- und Rettungssystemen eingesetzt, bei autonomen Drohnen zur Lokalisierung von Personen in Notfällen und bei Algorithmen zur Vorhersage von Naturkatastrophen, wodurch Reaktionszeiten verkürzt und Erfolgschancen erhöht werden.
- **Industrieproduktion:** Durch KI-gesteuerte Automatisierung wurden Lieferketten, die vorausschauende Wartung von Maschinen und das Qualitätsmanagement optimiert, was die Produktivität erhöht und Kosten senkt.
- **Marketing:** KI-Algorithmen ermöglichen eine präzise Zielgruppensegmentierung, die Personalisierung von Werbekampagnen und die Analyse großer Datenmengen zur Vorhersage von Trends und Verbraucherverhalten.
- **Kundenservice:** Auf KI basierende Chatbots und virtuelle Assistenten haben die Verfügbarkeit und Effizienz des Kundenservices verbessert, schnelle und personalisierte Antworten geliefert und repetitive Aufgaben automatisiert. KI zeigt dir immer ein freundliches Gesicht und antwortet dir höflich.

Trotz aller Fortschritte steht die KI vor Herausforderungen wie der Interpretierbarkeit der Modelle, algorithmischen Verzerrungen und ethischen Fragen hinsichtlich ihres Einsatzes. Regulierung und die Entwicklung verantwortungsvoller KI sind entscheidende Aspekte, um sicherzustellen, dass diese Technologie der Menschheit zugutekommt, ohne die Privatsphäre und die individuellen Rechte zu gefährden. Wie du feststellen wirst, begleiten uns diese Aspekte durch das gesamte Buch, denn sie sind nicht nur im Bereich der Künstlichen Intelligenz sehr wichtig, sondern besonders, wenn es um Daten geht. Wenn dir also manches zu oft wiederholt vorkommt, dann deshalb, weil du es wirklich ernst nehmen und nicht ignorieren solltest.

Die Entwicklung der Künstlichen Intelligenz spiegelt das menschliche Potenzial wider, Innovationen hervorzubringen und die Welt zu verändern. Ihr Einfluss auf die Gesellschaft wird sich weiter ausdehnen, und ihre Entwicklung wirft grundlegende Fragen über die Zukunft der Arbeit, der Bildung und der Beziehung zwischen Mensch und Maschine auf – und sogar über die Beziehung zwischen Menschen untereinander.

1.3. Schlüsselfaktoren der KI im Kontext von Big Data

Künstliche Intelligenz und Big Data sind eng miteinander verknüpft, da der Erfolg von KI-Systemen stark von der Qualität, dem Umfang und der Vielfalt der zur Schulung und Funktion verwendeten Daten abhängt. Im Folgenden stelle ich dir die wichtigsten Konzepte der Künstlichen Intelligenz vor, die im Kontext von Big Data grundlegend sind. Da wir sie im Verlauf des Buches noch ausführlich behandeln, erkläre ich sie dir hier nur ganz kurz und ohne technische Tiefe, lediglich als Einführung.

Algorithmen des Machine Learnings

Machine Learning ist ein Teilbereich der KI, der es Systemen ermöglicht, Muster aus Daten zu lernen, ohne dass sie explizit programmiert werden müssen. Es gibt drei Hauptarten des Machine Learnings, die im Bereich Big Data Anwendung finden:

- **Überwachtes Lernen:** Verwendet beschriftete Daten, um Modelle zu trainieren, die Vorhersagen oder Klassifikationen durchführen können.
- **Unüberwachtes Lernen:** Analysiert unbeschriftete Daten, um verborgene Muster und zugrunde liegende Strukturen zu identifizieren.
- **Verstärkendes Lernen:** Beruht auf der Interaktion mit einer Umgebung und dem Erhalt von Belohnungen zur Optimierung des Verhaltens eines Agenten.

Künstliche neuronale Netze und Deep Learning

Künstliche neuronale Netze sind von der Funktionsweise des menschlichen Gehirns inspirierte Modelle, die Daten hierarchisch verarbeiten. Im Kontext von Big Data ist Deep Learning zu einer zentralen Technik geworden, da es große Datenmengen verarbeiten und Merkmale automatisch extrahieren kann.

- **Convolutional Neural Networks (CNNs):** Hauptsächlich in der Computer Vision eingesetzt.
- **Recurrent Neural Networks (RNNs):** Eingesetzt bei der Verarbeitung natürlicher Sprache und Zeitreihenanalyse.
- **Transformers:** Fortgeschrittene Modelle wie BERT und GPT, die die Verarbeitung von Text- und Sprachdaten grundlegend verändert und revolutioniert haben.

Generative Modelle

Generative Modelle wie Diffusionsmodelle und GANs (Generative Adversarial Networks) haben im Bereich Big Data an Bedeutung gewonnen, da sie synthetische Daten erzeugen können, um die Qualität und Vielfalt bestehender Datensätze zu verbessern.

Verarbeitung natürlicher Sprache (NLP)

NLP ermöglicht es KI-Systemen, menschliche Sprache zu verstehen, zu verarbeiten und zu generieren. Im Bereich Big Data wird NLP eingesetzt, um große Textmengen zu analysieren, relevante Informationen zu extrahieren und die Entscheidungsfindung zu verbessern.

- **Sentiment-Analyse:** Bewertung von Meinungen in sozialen Netzwerken, Umfragen und Kommentaren.
- **Themenmodellierung:** Identifikation von Themen in großen Textkorpora.
- **Maschinelle Übersetzung:** Von KI angetriebene Übersetzungstools wie Google Translate und DeepL sowie viele weitere.

Computer Vision

Computer Vision ermöglicht die Analyse und Interpretation von Bildern und Videos in großen Mengen visueller Daten. Sie wird mit verschiedenen Techniken und Anwendungen von Big Data integriert und eingesetzt, wie zum Beispiel:

- **Gesichtserkennung:** Identifikation von Personen in Bildern und Videos.
- **Objekterkennung:** Lokalisierung von Elementen in visuellen Szenen.
- **Analyse medizinischer Bilder:** KI-gestützte Diagnostik bei Röntgenaufnahmen und MRTs.

Optimierung und Dimensionsreduktion

Im Big-Data-Kontext ist es entscheidend, die Datenmenge zu reduzieren, ohne relevante Informationen zu verlieren. Wichtige Techniken sind:

- **Hauptkomponentenanalyse (PCA):** Dimensionsreduktion zur Verbesserung der Datenverarbeitungseffizienz.
- **T-SNE und UMAP:** Methoden zur Visualisierung hochdimensionaler Daten.
- **Merkmalsauswahl (Feature Selection):** Identifikation der relevantesten Merkmale für KI-Modelle.

Verzerrung und Erklärbarkeit in der KI

Da KI-Systeme zunehmend auf große Datenmengen angewiesen sind, ist es entscheidend, Fragen der Verzerrung und Erklärbarkeit anzugehen:

- **Verzerrungsminderung:** Identifikation und Korrektur von Verzerrungen in Datensätzen und KI-Modellen.
- **Erklärbare KI (XAI):** Methoden, um Modelle für Menschen interpretierbar und verständlich zu machen.

Wie du dir vorstellen kannst, sind diese Konzepte im Kontext von Big Data von zentraler Bedeutung und wesentlich für den Aufbau robuster, effizienter und ethischer Machine-Learning-Modelle. Maschinelles Lernen, Deep Learning, natürliche Sprachverarbeitung und maschinelles Sehen sind grundlegende Säulen bei der Nutzung großer Datenmengen. Zweifle nicht daran, dass mit dem technologischen Fortschritt die Interaktion zwischen KI und Big Data sich weiterentwickeln wird und neue Chancen und Herausforderungen für die Datenwissenschaft und die angewandte Künstliche Intelligenz entstehen.

2. Zentrale Konzepte der KI

Die zentralen Konzepte der Künstlichen Intelligenz bilden die grundlegende Basis, auf der alle Anwendungen, Modelle und Technologien dieser Disziplin aufgebaut sind. Ohne fundierte Kenntnisse dieser Konzepte ist es schwer, das Funktionieren von KI-Systemen, ihren Umfang und ihre Grenzen zu verstehen. Bevor wir uns in spezifische Details vertiefen, ist es wichtig, einen Überblick über die grundlegenden Prinzipien zu geben, die die Künstliche Intelligenz im modernen Kontext definieren.

Machen wir eines klar: KI ist keine einzelne Technologie, sondern eine Sammlung von Methoden, Algorithmen und Ansätzen, die Maschinen dazu befähigen, Aufgaben zu erledigen, die normalerweise menschliche Intelligenz erfordern. Zu diesen Fähigkeiten gehören Mustererkennung, Entscheidungsfindung, Lernen aus Daten, Verständnis natürlicher Sprache und visuelle Wahrnehmung, unter anderem; und wie wir gesehen haben, hat die Kombination dieser Elemente die Entwicklung von Systemen ermöglicht, die Prozesse in einer Vielzahl von Sektoren verbessern können. Letzteres werden wir im weiteren Verlauf des Buches vertiefen.

Ein entscheidender Aspekt ist das Verhältnis zwischen Künstlicher Intelligenz, Machine Learning und Deep Learning. Während KI das allgemeine Feld ist, das jeden Versuch umfasst, Maschinen mit Intelligenz auszustatten, stellt das Machine Learning eine Untergruppe der KI dar, die auf der Nutzung von Daten zum Trainieren von Modellen basiert, ohne dass eine explizite Programmierung erforderlich ist. Deep Learning wiederum ist ein Ansatz innerhalb des Machine Learnings, der tiefe neuronale Netze verwendet, um Merkmale und Muster aus komplexen Daten zu extrahieren.

KI-Modelle sind in hohem Maße auf Daten für ihr Training und ihre Weiterentwicklung angewiesen. Die Qualität und Quantität der verwendeten Daten können die Effektivität und Genauigkeit eines Modells bestimmen. Aus diesem Grund ist das Datenmanagement ein grundlegender Pfeiler bei der Entwicklung von KI-Lösungen. Ohne geeignete Daten fehlt den Modellen die notwendige Information, um zu lernen und ihre Leistung zu verbessern. Wenn du bereits eines meiner Bücher gelesen hast, weißt du, dass ich immer auf die Bedeutung der Daten hinweise, und wenn du sie nicht gelesen hast, solltest du das tun, bevor du mit diesem Buch weitermachst; zumindest KI-Manager und KI das *Homo digitalis*.

Ein weiteres zentrales Konzept ist die Feinabstimmung und Optimierung von KI-Modellen. Durch Techniken wie Hyperparameter-Tuning, Daten-Normalisierung und Auswahl relevanter Merkmale können Modelle ihre Genauigkeit verbessern und den Fehlerbereich in ihren Vorhersagen verringern. Dieser Prozess erfordert nicht nur technisches Wissen, sondern auch ein tiefes Verständnis des zu lösenden Problems und der Grenzen des verwendeten Modells.

Außerdem ist es unerlässlich, die Bedeutung von Interpretierbarkeit und Ethik in der Künstlichen Intelligenz zu berücksichtigen. Die Erklärbarkeit von KI-Modellen ist ein entscheidender Faktor für ihre Akzeptanz in sensiblen Bereichen wie dem Gesundheitswesen und der Justiz. Ein Modell, das präzise Vorhersagen liefert, dessen interne Logik jedoch undurchsichtig ist, kann Misstrauen erzeugen und seine Anwendung in kritischen Kontexten erschweren. Daher konzentrieren sich immer mehr Bemühungen auf die Entwicklung von Techniken, die erklären können, wie und warum ein Modell zu einem bestimmten Ergebnis gekommen ist. Hier muss ich hinzufügen, dass selbst die renommiertesten Experten im Bereich der KI sagen, dass „*niemand wirklich weiß, wie die Modelle ihre Entscheidungen treffen*".

2.1. Machine Learning vs. Deep Learning

Es ist sehr wichtig, diese beiden Bereiche zu verstehen und zu unterscheiden, da dies sehr oft zu Verwirrung führt – etwas sehr Ernstes, wenn wir über KI-Projekte sprechen. Im Kontext der Künstlichen Intelligenz und Big Data sind Machine Learning und Deep Learning zwei wesentliche Ansätze zur Datenverarbeitung und automatisierten Entscheidungsfindung. Ich habe sie bereits zuvor erwähnt, aber obwohl beide zum allgemeinen Bereich des Machine Learning gehören, unterscheiden sie sich grundlegend in Struktur und Fähigkeiten.

Machine Learning ist das übergeordnete Feld und basiert auf Algorithmen, die Muster aus Daten lernen können, ohne explizit für jede Aufgabe programmiert zu sein. Zu diesen Algorithmen gehören Modelle wie Entscheidungsbäume, Support-Vektor-Maschinen (SVM) und künstliche neuronale Netze mit wenigen Schichten. Die Leistung von ML hängt in hohem Maße von der Qualität und Quantität der bereitgestellten Daten sowie von der Auswahl relevanter Merkmale für die Analyse ab. Das werden wir später im Detail behandeln.

Deep Learning hingegen ist eine Unterkategorie des Machine Learnings, die tiefe neuronale Netze mit mehreren Schichten verwendet, um Daten auf komplexere und abstraktere Weise zu analysieren. Dank seiner Fähigkeit, große Informationsmengen eigenständig zu verarbeiten, hat sich DL als äußerst effizient bei Aufgaben wie der Bilderkennung, der natürlichen Sprachverarbeitung und der Mustererkennung in großen Datensätzen erwiesen.

Im Zusammenhang mit Big Data profitieren sowohl ML als auch DL von der großen Verfügbarkeit an Daten, um ihre Modelle zu verbessern und genauere Vorhersagen zu generieren. Während ML in der Regel Vorverarbeitung und manuelle Merkmalwahl erfordert, ist DL in der Lage, komplexe Repräsentationen direkt aus Rohdaten zu extrahieren, was es besonders nützlich in Umgebungen mit großen Mengen unstrukturierter Informationen macht. Über die Struktur der Daten findest du alle notwendigen Informationen in meinem Buch „KI-Manager", deshalb werden wir dieses Wissen hier nur ergänzen, indem wir tiefer in die Big-Data-Technologie eintauchen.

Beide, ML und DL, sind grundlegende Bestandteile im Big-Data-Ökosystem. Die Wahl zwischen dem einen oder dem anderen hängt nicht nur vom Ziel des Projekts ab, sondern auch von der verfügbaren Datenmenge, der Komplexität des Problems und den für die Implementierung erforderlichen Rechenressourcen.

2.2. KI-Modelle und ihre Abhängigkeit von Daten

Wie bereits erwähnt und gezeigt wurde, ist die moderne Künstliche Intelligenz in hohem Maße von Daten abhängig. Ohne Daten fehlt den KI-Modellen der wesentliche Rohstoff für ihr Training, ihre Validierung und ihre kontinuierliche Verbesserung. Um dir ein Beispiel zu geben: es ist dasselbe wie ein Mensch ohne Bücher. Lass uns kurz untersuchen, wie KI-Modelle von Daten abhängen und warum diese Beziehung im Big-Data-Kontext von entscheidender Bedeutung ist. Denk daran, dass das Ziel dieses Buches ist, Big Data und seine Beziehung zur KI zu untersuchen – und nicht die KI selbst.

Was ist ein KI-Modell?

Ein KI-Modell ist eine mathematische Repräsentation eines kognitiven Prozesses oder einer bestimmten Aufgabe, die die Künstliche Intelligenz zu lösen versucht. Es kann sich um einen überwachten, unbeaufsichtigten oder verstärkenden Lernalgorithmus handeln, je nach Art des zu lösenden Problems. Diese Modelle können verschiedene Formen annehmen, wie neuronale Netze, Entscheidungsbäume, Support-Vektor-Maschinen oder probabilistische Modelle.

Unabhängig vom Modelltyp haben alle gemeinsam, dass sie Daten benötigen, um Muster zu lernen, Vorhersagen zu treffen und ihre Leistung im Laufe der Zeit zu verbessern.

Hier muss betont werden, dass ein Modell nicht dasselbe ist wie ein KI-System. Während ein KI-Modell eine mathematische Repräsentation eines kognitiven Prozesses oder einer spezifischen Aufgabe ist, basiert ein KI-System auf Daten, KI-Modellen und Hardware – Letzteres meint die Rechenleistung und Infrastruktur, einschließlich der Benutzeroberfläche. Ein Modell ist nur ein Teil des Gesamtsystems, das weitere Komponenten benötigt, um effektiv zu funktionieren. Das musst du ab jetzt ganz klar im Kopf behalten.

Die Bedeutung von Daten im Machine Learning

Machine Learning, wie ich bereits erklärt habe, basiert auf der Erkennung von Mustern und Zusammenhängen aus großen Datenmengen. Ohne qualitativ hochwertige Daten können Modelle des Machine Learnings einfach nicht richtig funktionieren. Die Beziehung zwischen KI-Modellen und Daten lässt sich auf mehreren Ebenen verstehen:

- **Modelltraining:** KI-Modelle benötigen gelabelte oder ungelabelte Daten, um Entscheidungen treffen zu lernen. Ein Modell zur Gesichtserkennung benötigt beispielsweise Tausende oder Millionen von Bildern, um menschliche Gesichter präzise zu identifizieren.
- **Generalisierung:** Damit ein Modell genaue Vorhersagen mit zuvor ungesehenen Daten treffen kann, ist es entscheidend, dass die Trainingsdaten vielfältig und repräsentativ für reale Anwendungsfälle sind.
- **Hyperparameter-Optimierung:** Viele KI-Modelle sind auf die Optimierung ihrer internen Parameter angewiesen, und diese Anpassung ist nur dann wirksam, wenn geeignete Daten zur Verfügung stehen. Natürlich zusätzlich zur korrekten Kenntnis der Hyperparameter.
- **Bewertung und kontinuierliche Verbesserung:** KI-Modelle benötigen Test- und Validierungsdaten, um ihre Genauigkeit zu messen und mögliche Verzerrungen oder systematische Fehler zu korrigieren. Das bedeutet, dass Daten für das Training, für den Test und für die Validierung benötigt werden – und alle müssen unterschiedlich sein. Du kannst nicht die gleichen Daten verwenden, die im Training verwendet wurden, um nach dem Training den Test durchzuführen. Diese Daten kennt das Modell bereits.

Daten und Big Data: eine essentielle Symbiose

Der Begriff Big Data bezieht sich auf große Datenmengen, die mit hoher Geschwindigkeit und großer Vielfalt generiert werden. Diese Daten können aus vielen Quellen stammen, wie IoT-Sensoren, sozialen Netzwerken,

Banktransaktionen und medizinischen Aufzeichnungen. Die Beziehung zwischen KI und Big Data ist entscheidend, weil moderne KI-Modelle große Datenmengen benötigen, um eine optimale Leistung zu erzielen. Einige der Hauptgründe, warum Big Data für die KI unverzichtbar ist, sind:

- **Höhere Genauigkeit:** Je mehr Daten ein Modell hat, desto besser kann es komplexe Muster lernen und genauere Vorhersagen treffen.
- **Reduktion von Verzerrungen:** Eine große und gut ausbalancierte Datenbasis hilft, algorithmische Verzerrungen zu verringern und die Fairness der Modelle zu verbessern.
- **Automatisierung der Entscheidungsfindung:** Dank Big Data können sich KI-Modelle in Echtzeit anpassen und verbessern, ohne dass menschliches Eingreifen ständig erforderlich ist.
- **Effiziente Verarbeitungskapazität:** Big-Data-Tools wie Hadoop und Spark ermöglichen die Verarbeitung massiver Datenmengen, um KI-Modelle skalierbar zu versorgen.

Herausforderungen im Datenmanagement für KI

Auch wenn die Verfügbarkeit massiver Datenmengen die Entwicklung der KI vorangetrieben hat, bringt sie auch erhebliche Herausforderungen mit sich, wie du hoffentlich bereits erkannt hast:

- **Datenqualität:** Falsche, unvollständige oder verzerrte Daten können zu ineffizienten Modellen und fehlerhaften Entscheidungen führen.
- **Datenschutz und Sicherheit:** Das Sammeln und Verarbeiten großer Datenmengen wirft ethische und regulatorische Bedenken auf.
- **Speicherung und Verarbeitung:** Der Umgang mit großen Datenmengen erfordert robuste Infrastrukturen und spezialisierte Technologien.
- **Aktualisierung und Wartung:** KI-Modelle benötigen aktuelle Daten, um in sich verändernden Umgebungen relevant und effektiv zu bleiben.

Die Abhängigkeit von KI-Modellen von Daten ist unbestreitbar. Ohne Daten kann KI nicht lernen, sich verbessern oder nützliche Vorhersagen liefern. Die Synergie zwischen KI und Big Data hat bedeutende Fortschritte in vielen Branchen ermöglicht, jedoch bleibt das Datenmanagement eine zentrale Herausforderung, um die Qualität, Sicherheit und Effizienz von KI-Modellen und -Systemen zu gewährleisten. Daher ist das Verständnis der Beziehung zwischen KI-Modellen und Daten für jeden, der sich für die Entwicklung und Anwendung von Künstlicher Intelligenz interessiert, von grundlegender Bedeutung – und das nicht nur auf Unternehmensebene. Mach dir keine Sorgen, denn wir werden jedes Thema nach und nach vertiefen, und viele Themen werden sich mehrfach "wiederholen", aber wie du feststellen wirst, immer in verschiedenen Kontexten – alle sehr wichtig, damit du Big Data lernst und seine Beziehung zur KI verstehst. Wir werden alles Schritt für Schritt durchgehen, um die Aufnahme und das Verständnis dieser Themen zu sichern.

2.3. Die Bedeutung von Daten beim Training von Modellen

Man kann sagen, dass Daten der entscheidende Treibstoff für die Entwicklung und das Training von KI-Modellen sind. Wie bereits erwähnt: Ohne qualitativ hochwertige Daten werden selbst die fortschrittlichsten Algorithmen keine präzisen und zuverlässigen Ergebnisse liefern. Die Abhängigkeit der KI von Daten ist absolut, da die Effektivität von Modellen des Machine Learnings und des Deep Learnings von der Menge, Vielfalt und Qualität der im Training verwendeten Daten abhängt.

Wir haben gesehen, dass KI-Modelle Muster und Trends aus Datensätzen lernen, aber wir beobachten jetzt, dass – wenn diese Daten fehlerhafte, verzerrte oder unzureichende Informationen enthalten – das Modell falsche oder unvollständige Muster lernt, was sich negativ auf seine Leistung in der Inferenzphase auswirkt. Ein Modell zur Gesichtserkennung, das mit einem Datensatz ohne ethnische Vielfalt trainiert wurde, wird Schwierigkeiten haben, Gesichter bestimmter demografischer Gruppen genau zu identifizieren. Wenn du ein generatives Modell bittest, Bilder einer Person afrikanischer Herkunft zu erzeugen, das Modell aber nur mit Bildern europäischer Menschen trainiert wurde, wird es Bilder europäischer Personen generieren, weil es im Grunde gelernt hat, dass ein „Mensch" „weiß" ist – so wurde es trainiert. Andererseits, wenn wir das Modell übertrainieren oder es falsch trainieren, könnte es nur Bilder von Menschen afrikanischer Herkunft erzeugen, weil es dieser Ethnie aus Gründen der Verzerrung Priorität einräumt – im Versuch, Rassismus bei der Bilderzeugung zu vermeiden. Wie du siehst, ist es wie bei der Erziehung eines Kindes. Wenn du rassistisch bist, wird dein Kind rassistisch sein, wenn das Kind nie eine Person mit dunkler Haut sieht, wird es, wenn du sagst „beschreibe eine Person", eine weiße Hautfarbe annehmen. Wenn du aber zu sehr darauf achtest, Rassismus zu vermeiden, kann das zu Verzerrungen führen und dazu, dass nur Bilder von Menschen mit dunkler Haut oder anderen Ethnien erzeugt werden. Genau das ist mit vielen Modellen geschehen.

Die Beziehung zwischen Daten und KI-Modellen lässt sich durch die folgenden Faktoren erklären:

1. Datenmenge: Allgemein gilt: Je mehr Daten einem Modell zum Training zur Verfügung stehen, desto besser kann es generalisieren. In einigen Fällen kann jedoch eine große Menge an rauschhaften oder irrelevanten Daten die Leistung negativ beeinflussen. Deshalb ist der nächste Punkt besonders wichtig.

2. Datenqualität: Ein gut strukturierter, fehlerfreier und unverzerrter Datensatz ermöglicht ein effektiveres Training. Die Qualität wird anhand von Genauigkeit, Vollständigkeit, Konsistenz und Repräsentativität der Daten gemessen.
3. Datenvielfalt: Die Vielfalt der Daten ist entscheidend, damit ein Modell in der realen Welt auf viele unterschiedliche Szenarien reagieren kann. Die Daten sollten verschiedene Kontexte, Bedingungen und Variationen innerhalb des Problemfelds enthalten.
4. Datenkennzeichnung und -annotation: Beim überwachtem Lernen müssen die Daten korrekt beschriftet sein, damit das Modell präzise lernen kann. Falsch beschriftete Daten können zu systematischen Vorhersagefehlern führen. Was bedeutet das? Man kann ein Bild eines Hundes nicht als Katze etikettieren, genauso wenig wie man eine weiße Person als farbige Person etikettieren kann. Eine Röntgenaufnahme zur Krankheitsanalyse muss korrekt beschriftet sein: „Krankheit“ oder „keine Krankheit“, „viral“ oder „bakteriell“, „Pneumonie“ oder „Krebs“. Stell dir vor, du hast einen Buchhaltungslehrer, der die Regel des Dreisatzes nicht versteht – genau das ist es. Und ja, ich hatte einen Buchhaltungslehrer für industrielle Unternehmen, der das nicht verstand – solche Lehrer gibt es. Was bedeutet das? Er sah die Regel, hat sie auswendig gelernt und wiederholt sie genauso. Das macht ein KI-Modell, wenn es nicht richtig trainiert wurde. Das kann zu Overfitting (Überanpassung) oder Underfitting (Unteranpassung) führen.
5. Klassenbalance: Bei Klassifikationsproblemen kann ein Datensatz mit unausgewogener Klassenverteilung dazu führen, dass das Modell die Mehrheitsklasse bevorzugt und dadurch die Generalisierungsfähigkeit reduziert wird.

Häufige Datenprobleme und ihre Auswirkungen auf die KI

- **Verzerrung in den Daten:** Ein verzerrter Datensatz kann Modelle mit ungerechten oder fehlerhaften Ergebnissen erzeugen. Das ist besonders kritisch bei sensiblen Anwendungen wie Personaleinstellung oder Kreditvergabe.
- **Unzureichende Daten:** Wenn das Datenvolumen zu klein ist, kann das Modell keine bedeutenden Muster lernen und läuft Gefahr des Overfitting, wobei es die Daten auswendig lernt, statt zu generalisieren.
- **Rauschartige oder fehlerhafte Daten:** Falsche, doppelte oder inkonsistente Daten können die Modellleistung negativ beeinflussen.
- **Fehlende Repräsentativität:** Wenn die Trainingsdaten nicht die Realität des zu lösenden Problems widerspiegeln, ist das Modell in realen Szenarien kaum nützlich.

Strategien zur Verbesserung der Datenqualität

Da Daten die Grundlage für den Erfolg eines KI-Modells sind, ist es von entscheidender Bedeutung, Strategien zur Verbesserung ihrer Qualität anzuwenden und ihre Eignung für das Training sicherzustellen. Einige empfohlene Praktiken umfassen:

1. **Datenvorverarbeitung:** Anwendung von Techniken zur Bereinigung, Normalisierung und Transformation zur Verbesserung der Datenqualität.
2. **Datenaugmentierung:** Generierung neuer Stichproben aus vorhandenen Daten zur Verbesserung der Repräsentativität und zur Reduzierung von Overfitting.
3. **Filterung und Entfernung von Rauschen:** Identifikation und Entfernung von Ausreißern oder inkonsistenten Werten im Datensatz.
4. **Korrektur von Verzerrungen:** Ausgleich von Klassenungleichgewichten und Sicherstellung der Einbeziehung repräsentativer Daten aller möglichen Situationen.
5. **Einsatz von Imputationstechniken:** Zur Handhabung fehlender Werte in den Daten ohne signifikante Fehler einzuführen.

Eine gut strukturierte Datenstrategie ist entscheidend für die Entwicklung präziser, zuverlässiger und fairer Modelle. Die Umsetzung guter Praktiken bei der Erhebung, Bereinigung und Verarbeitung von Daten ist eine unverzichtbare Voraussetzung für die optimale Leistung jeder KI-basierten Lösung. Die Datenvorbereitung ist eine Aufgabe, die niemand gerne übernimmt, die jedoch der wichtigste Aspekt im Bereich der Künstlichen Intelligenz ist. Große Unternehmen überlassen diese Aufgabe sogenannten „Spezialfirmen", was ich überhaupt nicht empfehle, da dies immer zu Verzerrungen in den Daten führt. Wenn du hingegen in einem mittelständischen oder kleinen Unternehmen arbeitest, dann möge Gott dir gnädig sein. Aus all diesen Gründen musst du dich im Bereich Daten und Big Data sowie insbesondere in der Datenanalyse sehr gut auskennen, da es entscheidend ist, Daten richtig lesen zu können, um nicht nur die darin enthaltenen Informationen zu verstehen, sondern auch, um alle potenziellen Fehler zu erkennen und zu beheben.

2.4. KI ohne Daten – ist das möglich?

Künstliche Intelligenz, wie wir sie heute kennen, ist – wie du siehst – untrennbar mit Daten verbunden. Die meisten KI-Modelle, ob überwachtes Lernen, unüberwachtes Lernen oder sogar Reinforcement Learning, sind auf große Datenmengen für ihr Training und ihre Funktion angewiesen. Ohne Daten könnte KI weder lernen noch Schlussfolgerungen ziehen oder fundierte Entscheidungen treffen.

KI-Modelle lernen Muster und Strukturen aus Daten. Im Fall des Machine Learnings sind Trainingsdaten grundlegend, damit das Modell verallgemeinern und Vorhersagen für neue Daten treffen kann. Beim Deep Learning speisen die Daten tiefe neuronale Netze, die ihre Gewichte und Verzerrungen anpassen, um ihre Leistung zu verbessern. Selbst bei generativen Modellen, wie generativen gegnerischen Netzwerken (GANs) oder Sprachmodellen wie GPT, bestimmen die Qualität und Quantität der Trainingsdaten die Genauigkeit und Relevanz ihrer Antworten.

Daten sind auch für die Validierung und Bewertung von Modellen unerlässlich. Ohne einen Datensatz zur Bewertung ihrer Leistung gäbe es keine Möglichkeit, die Effektivität eines Modells in der Praxis zu bestimmen.

Theoretisch könnte man sich ein System der Künstlichen Intelligenz vorstellen, das nicht auf vorhandenen Daten basiert, sondern ausschließlich über manuell programmierte Regeln funktioniert. Dieser Ansatz, bekannt als Expertensysteme, war in den frühen Tagen der KI sehr beliebt und beruhte auf logischen Regeln, die von menschlichen Experten definiert wurden. Solche Systeme haben jedoch erhebliche Einschränkungen, da sie nicht lernen oder sich an neue Situationen anpassen können, ohne dass ein Mensch eingreift.

Eine weitere Alternative wären evolutionäre Algorithmen oder Systeme, die Wissen aus Simulationen generieren. Diese Ansätze können zwar die Abhängigkeit von externen Daten verringern, erfordern jedoch nach wie vor anfängliche Informationen oder simulierte Umgebungen, die als Datenquelle fungieren. Im Grunde ist es also dasselbe: Es geht um die Verfügbarkeit von Informationen – in welcher Form auch immer – zum Lernen.

Heute werden alle bedeutenden Fortschritte in der KI durch den Zugang zu und die Verarbeitung großer Datenmengen vorangetrieben. Von Spracherkennung und Computer Vision bis hin zur Inhaltserzeugung und automatisierten Entscheidungsfindung benötigt KI Informationen, um effektiv zu funktionieren. Selbst bei Versuchen, die benötigte Datenmenge durch Techniken wie Reinforcement Learning oder Few-Shot Learning zu reduzieren, bleibt es unerlässlich, über Basisdaten zu verfügen.

Auch wenn man sich ein Konzept der KI vorstellen könnte, das mit vordefinierten Regeln funktioniert oder eigenes Wissen durch Simulationen generiert, ist KI ohne Daten mit der heutigen Technologie in der Praxis nicht umsetzbar. Lernen, Anpassung und kontinuierliche Verbesserung von Modellen hängen von Daten ab. Ohne sie könnte sich die Künstliche Intelligenz nicht weiterentwickeln und keine präzisen und nützlichen Lösungen für die reale Welt bieten. Hier kommt Big Data ins Spiel.

TEIL II

Grundlagen von Big Data

Teil II: Grundlagen von Big Data

3. Einführung in Big Data

Der Begriff „Big Data“ bezieht sich auf Datensätze, die so groß, schnell oder komplex sind, dass sie mit herkömmlichen Datenverarbeitungstools wie Access, Excel und Power BI – um nur einige zu nennen – nur schwer oder gar nicht verarbeitet werden können. Letzteres, Power BI, kann zwar größere Datenmengen verarbeiten, insbesondere wenn es mit externen, optimierten Datenquellen wie Cloud-Datenbanken oder Big-Data-Technologien (wie Hadoop oder Spark) verbunden ist. Dennoch stößt auch seine Leistungsfähigkeit im Vergleich zu speziellen Big-Data-Lösungen an Grenzen. Das Phänomen Big Data hat die Art und Weise, wie Organisationen Daten verwalten, analysieren und nutzen, grundlegend verändert und ermöglicht wertvolle Erkenntnisse sowie fundierte Entscheidungen.

Die Ära von Big Data begann mit der Explosion des Datenvolumens, das durch die Verbreitung digitaler Geräte, sozialer Netzwerke, IoT-Sensoren und vieler weiterer Quellen erzeugt wurde. Es wird geschätzt, dass 90 % der weltweit vorhandenen Daten in den letzten zwei Jahren (ungefähr zwischen 2022 und 2024) erzeugt wurden – und dieser Trend beschleunigt sich weiterhin. Die zentralen Merkmale, die Big Data definieren, werden üblicherweise durch die „3 Vs“ beschrieben: Volumen, Geschwindigkeit und Vielfalt (Volume, Velocity, Variety). Manchmal werden zwei weitere Dimensionen hinzugefügt: Wahrhaftigkeit und Wert (Veracity und Value, dann sind es die 5 Vs), und in manchen Fällen lässt sich das noch erweitern.

Trotz ihrer enormen Vorteile bringt die Nutzung von Big Data auch erhebliche Herausforderungen mit sich. Die Speicherung und Verwaltung großer Datenmengen erfordert fortschrittliche Infrastrukturen. Die Verarbeitung und Analyse dieser Daten verlangt nach neuen Tools und Technologien wie Hadoop und Spark. Zudem sind Datenschutz und Datensicherheit kritische Themen, und es ist unerlässlich, die Qualität und Wahrhaftigkeit der Daten zu gewährleisten, um zuverlässige Ergebnisse zu erhalten.

Die Technologien, die Big Data ermöglichen, umfassen unter anderem Hadoop, ein Framework zur verteilten Datenverarbeitung, Spark, das die In-Memory-Verarbeitung erleichtert, und NoSQL-Datenbanken wie MongoDB und Cassandra, die unstrukturierte Daten effizient verwalten. Visualisierungstools wie Tableau und Power BI spielen ebenfalls eine zentrale Rolle, da sie Daten verständlich und nützlich für Entscheidungsprozesse machen. Zudem lassen sich Daten mit Python analysieren, wobei Bibliotheken wie Pandas für mittelgroße Datensätze geeignet sind und Dask sowie PySpark für Analysen im Big-Data-Maßstab verwendet werden.

Die Zukunft von Big Data ist geprägt von der Integration mit aufkommenden Technologien wie Künstlicher Intelligenz und dem Internet of Things sowie von der zunehmenden Nutzung von Cloud-Computing und Data Lakes, die eine flexible Speicherung und den Zugriff auf große Datenmengen im Originalformat ermöglichen.

Im Folgenden werde ich die 5 Vs einzeln erläutern. Auch wenn sie untrennbar miteinander verbunden sind, ist es wichtig, sie einzeln zu betrachten, um jedes Merkmal, dessen Bedeutung und Potenzial im Zusammenhang mit Big Data sowie im Aufbau von Machine-Learning-Modellen und somit in Bezug auf Künstliche Intelligenz besser zu verstehen.

3.1. Definition und Merkmale von Big Data (die 5 Vs)

3.1.1. Volumen

Das Volumen ist eines der grundlegenden Merkmale, die das Konzept von Big Data definieren. Es bezieht sich auf die gewaltige Datenmenge, die täglich weltweit erzeugt und gespeichert wird. Diese riesigen Datenmengen stammen aus unterschiedlichsten Quellen und häufen sich in einem bisher nie dagewesenen Tempo an, was die traditionellen Kapazitäten zur Speicherung, Verarbeitung und Analyse überfordert. Im Folgenden werden die wichtigsten Aspekte des Datenvolumens im Kontext von Big Data beleuchtet – einschließlich seiner Herkunft, Auswirkungen, Herausforderungen und der Technologien, mit denen es bewältigt wird.

Herkunft und Wachstum des Datenvolumens

Das Datenvolumen ist exponentiell gewachsen, was auf verschiedene technologische und gesellschaftliche Entwicklungen zurückzuführen ist. Zu den bedeutendsten Datenquellen zählen:

1. Soziale Netzwerke: Plattformen wie Facebook, Twitter, Instagram und LinkedIn erzeugen täglich riesige Datenmengen. Jede Interaktion wie ein „Gefällt mir", ein Kommentar oder ein Beitrag trägt zum gesamten Datenvolumen bei.

2. Mobile Geräte: Smartphones und andere mobile Endgeräte erzeugen riesige Datenmengen, darunter Textnachrichten, E-Mails, GPS-Standorte, Fotos und Videos.

3. Internet of Things (IoT): Vernetzte Geräte wie Sensoren in Smart Homes, Fahrzeugen, Fabriken und Städten generieren kontinuierlich Daten.

Diese Geräte erfassen Informationen zu Temperatur, Luftfeuchtigkeit, Energieverbrauch, Bewegung und vielen anderen Parametern.

4. Finanztransaktionen: Die Finanzbranche erzeugt hohe Datenmengen durch Banktransaktionen, Kreditkartenzahlungen, Börsenoperationen und andere wirtschaftliche Aktivitäten.

5. Digitale Medien: Das Streaming von Videos, Musik und anderen digitalen Inhalten über Plattformen wie YouTube, Netflix und Spotify trägt ebenfalls erheblich zum Datenvolumen bei.

6. Gesundheit und Medizin: Die Digitalisierung medizinischer Aufzeichnungen, diagnostischer Bilddaten, klinischer Studien sowie die Überwachung von Patienten über tragbare Geräte erzeugt enorme Datenmengen.

Das Wachstum des Datenvolumens wird durch sinkende Speicherpreise und steigende Kapazitäten von Speichermedien begünstigt. Es wird geschätzt, dass sich das globale Datenvolumen etwa alle zwei Jahre verdoppelt, was für Organisationen sowohl große Herausforderungen als auch große Chancen mit sich bringt.

Auswirkungen des Volumens auf Organisationen

Das enorme Datenvolumen hat tiefgreifende Auswirkungen auf Organisationen – sowohl in Bezug auf Chancen als auch auf Herausforderungen. Organisationen, die in der Lage sind, große Datenmengen effektiv zu verwalten und zu analysieren, können sich Wettbewerbsvorteile verschaffen, etwa durch:

Verbesserte Entscheidungsfindung: Die Analyse großer Datenmengen ermöglicht es Organisationen, fundierte Entscheidungen auf Grundlage konkreter Beweise statt auf Annahmen zu treffen.

Personalisierung: Mit großen Datenmengen können Unternehmen Produkte und Dienstleistungen stärker an die individuellen Bedürfnisse und Vorlieben ihrer Kunden anpassen.

Innovation: Daten können eine Quelle für Innovationen sein, indem sie es Organisationen ermöglichen, neue Produkte, Dienstleistungen und Geschäftsmodelle auf Basis gewonnener Erkenntnisse zu entwickeln.

Operative Effizienz: Die Analyse großer Datenmengen kann helfen, betriebliche Prozesse zu optimieren, Kosten zu senken und die Gesamteffizienz einer Organisation zu steigern.

Allerdings bringt das Management großer Datenmengen auch mehrere Herausforderungen mit sich:

Speicherung: Große Datenvolumen erfordern skalierbare und kosteneffiziente Speicherlösungen. Herkömmliche Speicherinfrastrukturen sind häufig ungeeignet, um mit der Größe und Komplexität heutiger Daten umzugehen.

Verarbeitung: Die effiziente Verarbeitung großer Datenmengen setzt leistungsfähige Rechenressourcen und fortschrittliche Datenverarbeitungstechniken voraus. Parallele Verarbeitung und verteilte Architekturen sind entscheidend, um das Volumen zu bewältigen.

Datenqualität: Bei großen Datenmengen ist es eine kontinuierliche Herausforderung, deren Qualität und Genauigkeit sicherzustellen. Daten können unvollständig, doppelt oder inkonsistent sein, was die Verlässlichkeit der Analysen beeinträchtigt.

Sicherheit und Datenschutz: Die Verwaltung großer Datenvolumen wirft wichtige Fragen zu Sicherheit und Datenschutz auf. Organisationen müssen robuste Maßnahmen ergreifen, um Daten zu schützen und die Datenschutzvorgaben einzuhalten.

Technologien zur Verwaltung des Datenvolumens

Um die mit dem Datenvolumen verbundenen Herausforderungen zu bewältigen, wurden verschiedene Technologien und Ansätze entwickelt. Einige der wichtigsten Technologien sind:

(*Über die folgenden Punkte werde ich dir später noch viel ausführlicher erzählen*).

- **Hadoop:** Hadoop ist ein Open-Source-Framework, das die verteilte Verarbeitung großer Datensätze über Computercluster hinweg ermöglicht. Es verwendet das Hadoop Distributed File System (HDFS) zur verteilten Datenspeicherung und das MapReduce-Programmiermodell zur parallelen Datenverarbeitung.

- **Spark:** Apache Spark ist eine Datenverarbeitungs-Engine, die die schnelle In-Memory-Verarbeitung großer Datenmengen ermöglicht. Spark ist bekannt für seine Geschwindigkeit und seine Fähigkeit, fortgeschrittene Analysen wie Machine Learning und Graphverarbeitung durchzuführen.

- **NoSQL:** NoSQL-Datenbanken wie MongoDB, Cassandra und HBase sind dafür ausgelegt, große Mengen unstrukturierter und semi-strukturierter

Daten zu verarbeiten. Sie bieten hohe Skalierbarkeit und Flexibilität in der Datenverwaltung.

- **Data Lakes:** Data Lakes sind Speicher-Repositorien, die die Speicherung großer Datenmengen im nativen Format ermöglichen, sei es strukturiert, semi-strukturiert oder unstrukturiert. Sie bieten eine flexible und skalierbare Methode zur Verwaltung großer Datenmengen.

- **Data Warehouse:** Data Warehouses sind auf strukturierte Daten optimierte Speichersysteme, die speziell für Analyse und Reporting entwickelt wurden. Durch ETL-Prozesse (Extract, Transform, Load) werden Daten bereinigt, transformiert und in strukturierter Form gespeichert, was komplexe Abfragen und strategische Erkenntnisse ermöglicht. Sie bieten eine hohe Abfrageleistung bei großen Datenmengen und sind ideal für Business Intelligence und Entscheidungsfindung.

- **Data Lakehouse:** Data Lakehouses kombinieren die Fähigkeiten von Data Lakes und Data Warehouses in einer einzigen Plattform. Sie ermöglichen die Speicherung von Rohdaten wie in einem Data Lake, jedoch mit für die Analyse optimierten Strukturen ähnlich einem Data Warehouse. Diese hybride Architektur erleichtert die fortgeschrittene Analyse strukturierter und unstrukturierter Daten, senkt die Kosten und vereinfacht das Management, da kein separates System für Speicherung und Analyse erforderlich ist.

- **Google File System (GFS):** Verteilte Dateisysteme (DFS) wie das Google File System (GFS) ermöglichen die Speicherung und Verwaltung großer Datenmengen, indem sie auf mehrere Knoten verteilt werden. Diese Systeme bieten Skalierbarkeit, Fehlertoleranz und hohe Leistung bei der Verarbeitung massiver Daten. Sie sind grundlegend in Big-Data-Umgebungen und werden in Kombination mit Frameworks wie Hadoop und Spark zur verteilten Datenverarbeitung eingesetzt.

- **Object Storage:** Objektspeicherung ist eine skalierbare und flexible Lösung zur Speicherung unstrukturierter Daten. Anstatt einer hierarchischen Dateistruktur folgen die Daten einem Objektmodell, bei dem jedes Objekt mit Metadaten und einem eindeutigen Bezeichner gespeichert wird. Dieser Ansatz erleichtert den Zugriff und die Verwaltung großer Datenmengen wie Bilder, Videos, Backups und Logdateien. Beliebte Beispiele sind Amazon S3, Google Cloud Storage und Azure Blob Storage.

- **In-Memory:** In-Memory-Speicherung verwendet den RAM zur Speicherung und Verarbeitung von Daten und bietet so extrem schnellen Zugriff bei deutlich reduzierter Latenz. Diese Speicherform ist ideal für Anwendungen, die Echtzeitanalyse erfordern, wie Finanzsysteme, Online-Games oder E-Commerce-Plattformen. Tools wie Redis, Memcached oder Apache Ignite sind Beispiele für In-Memory-Lösungen, die Abfragen beschleunigen und die Gesamtleistung verbessern.

- **Cloud Computing:** Cloud Computing ist ein umfassendes Konzept, das die Bereitstellung verschiedenster Dienste über das Internet umfasst, darunter Speicherung, Verarbeitung, Datenbanken, Netzwerke und Software. Es bietet Skalierbarkeit, Flexibilität und Kosteneffizienz, da Organisationen Ressourcen nach Bedarf nutzen können, ohne eigene Infrastruktur zu betreiben. Es gibt verschiedene Servicemodelle in der Cloud:

▪ **IaaS (Infrastructure as a Service):** Virtualisierte Infrastruktur (Server, Netzwerke, Speicher) wie Amazon EC2 oder Google Compute Engine.
▪ **PaaS (Platform as a Service):** Komplettplattformen zur Entwicklung und Ausführung von Anwendungen, wie Google App Engine oder Heroku.
▪ **SaaS (Software as a Service):** Fertige Web-Anwendungen wie Google Drive oder Microsoft 365.

Dienste wie Amazon S3, Google Cloud Storage und Azure Blob Storage ermöglichen es Organisationen, Daten zu speichern und zu verarbeiten, ohne teure Infrastrukturen aufzubauen.

Fallbeispiele und Anwendungen

Das Datenvolumen hat zu innovativen Anwendungen in verschiedenen Branchen geführt. Einige herausragende Fallbeispiele sind:

- **Netflix:** Netflix nutzt große Mengen an Nutzungsdaten, um personalisierte Inhaltsvorschläge für seine Nutzer zu erstellen, die Benutzererfahrung zu verbessern und die Produktion neuer Inhalte zu optimieren.

- **Tesla:** Tesla sammelt Echtzeitdaten von seinen Fahrzeugen, um Sicherheit, Leistung und Effizienz zu verbessern. Die Daten werden auch zur Entwicklung und Verfeinerung autonomer Fahrtechnologien verwendet.

- **Amazon:** Amazon nutzt große Mengen an Transaktionsdaten, Nutzerverhalten und Kundenfeedback, um seine Lieferkette zu optimieren, Produktempfehlungen zu personalisieren und die Kundenerfahrung zu verbessern.

Zukunft des Datenvolumens

Das Datenvolumen wird weiter zunehmen, da immer mehr Geräte mit dem Internet verbunden werden und in Echtzeit Daten generieren. Laut UN-Daten wurden im Jahr 2022 weltweit etwa 134 Millionen Geburten registriert. Das entspricht einer groben Geburtenrate von etwa 17 Geburten pro 1.000

Menschen bei einer Weltbevölkerung von rund 8 Milliarden in diesem Jahr. Es ist wichtig zu betonen, dass diese Zahlen Schätzungen sind, da nicht alle Geburten offiziell registriert werden; die Weltgesundheitsorganisation schätzt, dass jedes Jahr 36 Millionen Babys geboren werden, deren Geburten nicht erfasst werden. Auch wenn man hier noch tiefer einsteigen und differenzieren könnte, lassen wir es an dieser Stelle und verwandeln diese Informationen nun in Daten.

Laut aktuellen Daten wurden im Jahr 2024 weltweit etwa 1.220 Millionen Smartphones verkauft, was einem Wachstum von 7 Prozent gegenüber dem Vorjahr entspricht. Im Hinblick auf den Marktanteil führen Apple und Samsung weiterhin die globalen Verkaufszahlen an. Laut forbesargentina.com war Apple 2024 mit 234,6 Millionen ausgelieferten Geräten und einem Marktanteil von 20,1 Prozent der führende Smartphone-Anbieter. Samsung hingegen erzielte einen Absatz von 226,6 Millionen Geräten, was einem Marktanteil von 19,4 Prozent entspricht.

Jetzt verwandle all diese Informationen in Daten. In Transaktionen, in Fotos, in Videos, in Likes, in Kommentare, in Preise, in Daten, in Mengen, in Orte, in Gruppen.

Stell dir jetzt vor, was das alles im Kontext von Daten für diese Unternehmen bedeutet. Verstehst du, worauf ich hinauswill?

Daten sind Gold, und du verschenkst sie! Aber das ist eine andere Geschichte.

Die Entwicklung neuer Technologien und Ansätze wird entscheidend sein, um diese gewaltigen Datenmengen zu verwalten und daraus Wert zu schöpfen. Die Integration von Big Data mit aufkommenden Technologien wie Künstlicher Intelligenz, Machine Learning und dem Internet of Things wird neue Chancen und Herausforderungen eröffnen und die Art und Weise, wie Organisationen arbeiten und Entscheidungen treffen, weiter verändern.

Volumen ist eine kritische Dimension von Big Data, die sowohl Chancen als auch Herausforderungen mit sich bringt. Die effektive Verwaltung großer Datenmengen erfordert fortschrittliche Technologien, skalierbare Infrastrukturen und ein tiefes Verständnis für Daten. Da das Datenvolumen weiter wächst, werden jene Organisationen, die sich anpassen und diese Daten nutzen können, besser positioniert sein, um sich Wettbewerbsvorteile zu verschaffen und in ihren jeweiligen Branchen führend zu sein. Aus all diesen Gründen versuche ich dir klarzumachen, dass das Wissen über und die Kontrolle über Daten dir viele berufliche Türen öffnen wird und zweifellos einen Wendepunkt in deiner Karriere markieren kann.

3.1.2. Geschwindigkeit

Eine entscheidende Dimension von Big Data ist die Geschwindigkeit, die sich auf die Schnelligkeit bezieht, mit der Daten erzeugt, verarbeitet und analysiert werden. Im Kontext von Big Data ist nicht nur die große Datenmenge wichtig, sondern auch die Geschwindigkeit, mit der diese Daten verfügbar sind und für Entscheidungen genutzt werden können. Die Geschwindigkeit der Daten stellt einzigartige Herausforderungen dar und erfordert spezifische technologische Lösungen, um den kontinuierlichen Informationsfluss zu bewältigen. Gehen wir im Detail auf die wichtigsten Aspekte der Geschwindigkeit bei Big Data ein, einschließlich ihres Ursprungs, ihrer Auswirkungen, Herausforderungen und der eingesetzten Technologien zu ihrer Bewältigung. Wie du sehen wirst, ist alles eng miteinander verbunden und ebenso vernetzt.

Ursprung und Wachstum der Datengeschwindigkeit

Die Geschwindigkeit, mit der Daten erzeugt und gesammelt werden, ist in den letzten Jahrzehnten aufgrund verschiedener technologischer und gesellschaftlicher Faktoren drastisch gestiegen:

1. Internet of Things: Vernetzte Geräte wie Sensoren, Kameras und andere IoT-Geräte erzeugen Daten in Echtzeit. Diese Geräte befinden sich in Haushalten, Fabriken, Fahrzeugen und intelligenten Städten und erzeugen einen konstanten Datenstrom, der schnell verarbeitet werden muss.

2. Social Networks: Plattformen wie X (Twitter), Meta (Facebook) und Instagram erzeugen Daten in beeindruckender Geschwindigkeit mit Millionen von Beiträgen, Kommentaren und Likes pro Minute. Die Schnelligkeit, mit der diese Daten erzeugt werden, erfordert Lösungen, die sie nahezu in Echtzeit verarbeiten können.

3. Finanztransaktionen: Echtzeittransaktionen bei Banken, Börsen und E-Commerce-Plattformen tragen erheblich zur Datengeschwindigkeit bei. Jede Transaktion muss sofort erfasst und analysiert werden, um Betrug zu erkennen und Geschäftsentscheidungen zu treffen.

4. Digitale Medien: Das Streaming von Multimedia-Inhalten wie Videos auf YouTube, Streaming auf Netflix und Musik auf Spotify erzeugt ebenfalls kontinuierlich große Datenmengen. Diese Daten müssen schnell verarbeitet werden, um ein reibungsloses Benutzererlebnis zu gewährleisten.

5. Echtzeit-Überwachungssysteme: Systeme, die kritische Infrastrukturen wie Stromnetze, Industrieanlagen und Transportsysteme überwachen, erzeugen Daten mit hoher Geschwindigkeit, die in Echtzeit analysiert werden müssen, um einen sicheren und effizienten Betrieb zu gewährleisten.

Auswirkungen der Geschwindigkeit auf Unternehmen

Die Fähigkeit, Daten schnell zu verarbeiten und zu analysieren, hat erhebliche Auswirkungen auf Unternehmen, da sie ihnen ermöglicht, agiler und effektiver auf Veränderungen und Chancen zu reagieren. Einige der wichtigsten Vorteile sind:

Echtzeitentscheidungen: Die Fähigkeit, Daten in Echtzeit zu analysieren, ermöglicht es Unternehmen, sofortige Entscheidungen auf Basis aktueller Informationen zu treffen. Dies ist besonders wichtig in Branchen wie dem Finanzwesen, wo schnelle Entscheidungen den Unterschied zwischen Gewinn und Verlust bedeuten können.

Verbesserung der Kundenerfahrung: Im E-Commerce und in digitalen Dienstleistungen ermöglicht die Geschwindigkeit der Datenverarbeitung eine Echtzeit-Personalisierung der Benutzererfahrung, indem relevante Produkte oder Inhalte empfohlen werden, was die Kundenzufriedenheit erhöht.

Optimierung betrieblicher Prozesse: In der Fertigung und Logistik kann die Echtzeitanalyse von Betriebsdaten helfen, Probleme schnell zu identifizieren und zu lösen, die Produktion zu optimieren und die Gesamteffizienz zu steigern. Dies betrifft Abteilungen wie Einkauf und Vertrieb und beeinflusst ebenso andere wie Marketing und natürlich das Management.

Betrugserkennung und -prävention: Im Finanz- und Versicherungswesen ist die Geschwindigkeit bei der Datenanalyse entscheidend, um betrügerische Aktivitäten nahezu sofort zu erkennen, Verluste zu minimieren und die Sicherheit zu verbessern.

Herausforderungen der Datengeschwindigkeit

Die Geschwindigkeit von Daten bringt mehrere Herausforderungen mit sich, die bewältigt werden müssen, um ihre Vorteile voll auszuschöpfen:

Echtzeitverarbeitung: Die Verarbeitung großer Datenmengen mit hoher Geschwindigkeit erfordert fortschrittliche Infrastrukturen und Technologien. Die Systeme müssen in der Lage sein, den kontinuierlichen Datenstrom ohne erhebliche Verzögerungen zu bewältigen.

Speicherung und Verwaltung: Die Verwaltung von Daten in Echtzeit bedeutet auch, Daten schnell zu speichern und sicherzustellen, dass sie für sofortige Analysen verfügbar sind. Dies erfordert skalierbare, effiziente und vor allem zuverlässige Speicherlösungen.

Datenintegrität und -qualität: Da Daten schnell erzeugt und verarbeitet werden, ist es sehr wichtig, deren Qualität und Genauigkeit zu gewährleisten. Fehler und Inkonsistenzen in den Daten können sich negativ auf Analysen und darauf basierende Entscheidungen auswirken.

Sicherheit und Datenschutz: Die Echtzeit-Datenverarbeitung erhöht die Komplexität bei der Gewährleistung der Datensicherheit und des Datenschutzes. Organisationen müssen robuste Maßnahmen implementieren, um sensible Daten während ihrer Erfassung und Verarbeitung zu schützen und zudem böswillige Angriffe zu verhindern. Hier erinnere ich daran, dass Amazon im Jahr 2024 einen deutlichen Anstieg täglicher Cyberangriffsversuche verzeichnete, von 100 Millionen auf 750 Millionen innerhalb eines Zeitraums von sechs bis sieben Monaten. Dieser Anstieg wurde teilweise dem Einsatz von Künstlicher Intelligenz durch Angreifer zugeschrieben, die generative KI-Tools nutzen, um überzeugendere Phishing-E-Mails zu erstellen und fortschrittliche Malware zu entwickeln. Um diesen Bedrohungen entgegenzuwirken, hat Amazon KI-basierte Abwehrmaßnahmen implementiert, wie etwa Graphdatenbanken zur Überwachung von Interaktionen und zur Erkennung bösartiger Verhaltensweisen sowie sogenannte Honeypots, die Angreifer anlocken, um deren Methoden zu analysieren. Darüber hinaus arbeitete das Unternehmen mit dem US-Justizministerium zusammen, um Plattformen zu zerschlagen, die von Cyberkriminellen wie Anonymous Sudan genutzt wurden. Im November 2024 bestätigte Amazon außerdem den Diebstahl von über 2,8 Millionen Mitarbeiterdaten aufgrund einer Sicherheitslücke bei MOVEit Transfer, einem externen Anbieter. Obwohl die kompromittierten Informationen Firmen-E-Mails und Telefon-Durchwahlen umfassten, wurden keine vertraulichen oder persönlichen Daten abgerufen. Dieser Vorfall unterstreicht die zunehmende Raffinesse von Cyberangriffen und die Notwendigkeit robuster Sicherheitsmaßnahmen.

Technologien zur Bewältigung der Datengeschwindigkeit

Um den Herausforderungen der Datengeschwindigkeit zu begegnen, wurden verschiedene Technologien und Ansätze entwickelt, die eine schnelle und effiziente Verarbeitung großer Datenmengen ermöglichen:

- **Stream-Verarbeitung:** Plattformen zur Stream-Verarbeitung wie Apache Kafka, Apache Flink und Apache Storm ermöglichen die Echtzeitverarbeitung und -analyse von Daten. Diese Plattformen verarbeiten kontinuierliche Datenströme und führen Operationen wie Filterung, Aggregation und Analyse durch, während die Daten generiert werden.

- **Echtzeit-Datenbanken:** Datenbanken, die für die Echtzeitverarbeitung ausgelegt sind, wie Redis und Amazon DynamoDB, ermöglichen einen schnellen und effizienten Zugriff auf Daten und unterstützen Anwendungen, die geringe Latenz erfordern.

- **Edge Computing:** Edge Computing bringt die Datenverarbeitung näher an die Quelle der Datenerzeugung, etwa IoT-Geräte. Dies reduziert die Latenzzeit und ermöglicht schnelle Entscheidungen, ohne dass alle Daten an ein zentrales Rechenzentrum gesendet werden müssen.

- **In-Memory-Speichertechnologien:** Speichertechnologien wie Apache Ignite und Memcached ermöglichen extrem schnellen Datenzugriff und -verarbeitung, da die Daten im Arbeitsspeicher (RAM) und nicht auf Festplatten gespeichert werden.

Fallbeispiele und Anwendungen

Die Geschwindigkeit von Daten hat innovative Anwendungen in verschiedenen Sektoren ermöglicht. Einige bemerkenswerte Beispiele sind:

- **Uber:** Uber nutzt Stream-Verarbeitungstechnologien, um Echtzeitdaten von Fahrern und Fahrgästen zu analysieren, die Fahrzeugzuteilung zu optimieren, dynamische Preise zu berechnen und das Benutzererlebnis zu verbessern.

- **Alibaba:** Alibaba nutzt Echtzeitverarbeitung, um Millionen von Transaktionen während großer Verkaufsereignisse wie dem Singles' Day zu verwalten und sicherzustellen, dass seine Plattform das enorme Verkehrs- und Transaktionsvolumen ohne Unterbrechungen bewältigen kann.

- **Walmart:** Walmart setzt Stream-Verarbeitungstechnologien ein, um Verkaufsdaten in Echtzeit zu überwachen und zu analysieren, was es ermöglicht, Lagerbestände und Preise dynamisch anzupassen, um den Umsatz zu maximieren und Verluste zu minimieren.

Zukunft der Datengeschwindigkeit

Die Zukunft der Datengeschwindigkeit ist geprägt von der Integration neuer Technologien und der Entwicklung neuer Verarbeitungsarchitekturen. Einige aufkommende Trends, die wir beobachten können, sind:

5G und Hochgeschwindigkeitskonnektivität: Die Einführung von 5G-Netzen wird eine noch schnellere Datenübertragung ermöglichen und neue Echtzeitanwendungen in Bereichen wie autonomem Fahren, Smart Cities und Augmented Reality ermöglichen.

Echtzeit-Machine Learning: Die Kombination von Big Data mit Echtzeit-Machine Learning ermöglicht die Entwicklung autonomer Systeme, die sich sofort an neue Daten und Situationen anpassen können.

Prozessautomatisierung: Die Geschwindigkeit der Datenverarbeitung ermöglicht eine stärkere Automatisierung von Geschäftsprozessen, wodurch Abläufe optimiert und die Effizienz in Echtzeit verbessert werden.

3.1.3. Vielfalt

Vielfalt ist eines der grundlegenden Merkmale von Big Data und bezieht sich auf die verschiedenen Arten von Daten, die erzeugt und gesammelt werden. In der Ära von Big Data ist es nicht nur wichtig, große Datenmengen zu verwalten oder schnell zu verarbeiten, sondern auch in der Lage zu sein, Daten aus unterschiedlichen Quellen mit verschiedenen Formaten und Strukturen zu handhaben und zu analysieren. Die Vielfalt der Daten bringt sowohl Chancen als auch einzigartige Herausforderungen für Organisationen mit sich – sowohl hinsichtlich ihres Werts als auch der erforderlichen Infrastruktur für deren Speicherung und Verwaltung. Die Arbeit mit einer großen Datenvielfalt macht das Projekt deutlich komplexer und somit wesentlich sensibler, wenn es darum geht, optimale Ergebnisse zu erzielen.

Herkunft und Datentypen

Die Datenvielfalt ergibt sich aus der Vielzahl an Datenquellen in der heutigen Umgebung. Diese Daten können in drei Hauptkategorien eingeteilt werden: strukturierte Daten, unstrukturierte Daten und semi-strukturierte Daten. Dieser Punkt wird in meinem Buch KI-Manager ausführlich mit vielen Beispielen erklärt. Schauen wir ihn hier kurz zusammengefasst an.

1. Strukturierte Daten: Dies sind Daten, die in einem definierten Format organisiert sind, wie relationale Datenbanken, Tabellenkalkulationen und Tabellen. Diese Daten lassen sich leicht speichern, verarbeiten und mit traditionellen Tools analysieren. Häufige Beispiele sind Transaktionsaufzeichnungen, Finanzdaten und Sensordaten, die in Tabellenformaten erfasst werden.

2. Unstrukturierte Daten: Diese Daten haben keine vordefinierte Struktur und sind schwerer zu verarbeiten und zu analysieren. Sie umfassen Freitext, Bilder, Videos, Audiodateien, E-Mails und Social-Media-Beiträge. Solche Daten erfordern fortschrittliche Techniken zur Verarbeitung und zur Gewinnung bedeutungsvoller Informationen.

3. **Semi-strukturierte Daten:** Dies sind Daten, die nicht vollständig strukturiert sind, aber eine gewisse interne Organisation aufweisen, wie XML, JSON und HTML-Dokumente. Diese Daten enthalten Tags und andere Marker, die es ermöglichen, verschiedene Elemente innerhalb der Daten zu identifizieren und ihre Verarbeitung im Vergleich zu unstrukturierten Daten zu erleichtern.

Auswirkungen der Vielfalt auf Organisationen

Die Fähigkeit, vielfältige Daten zu handhaben und zu analysieren, bietet Organisationen zahlreiche Vorteile, da sie umfassendere und detailliertere Erkenntnisse gewinnen können. Zu den wichtigsten Auswirkungen zählen:

Ganzheitliche Geschäftssicht: Durch die Integration und Analyse unterschiedlicher Datentypen können Unternehmen ein umfassenderes und präziseres Bild ihrer Abläufe, Kunden und Märkte gewinnen. Dies führt zu fundierteren und strategischeren Entscheidungen.

Verbesserung der Kundenerfahrung: Die Datenvielfalt ermöglicht es Unternehmen, die Bedürfnisse und Vorlieben ihrer Kunden besser zu verstehen und Produkte und Dienstleistungen entsprechend zu personalisieren, um Zufriedenheit und Kundenbindung zu verbessern.

Innovation und Produktentwicklung: Durch die Analyse unterschiedlicher Daten können Organisationen neue Marktchancen und aufkommende Trends identifizieren, was Innovation und die Entwicklung neuer Produkte und Dienstleistungen vorantreibt.

Prozessoptimierung: Die Integration von Daten aus verschiedenen Quellen ermöglicht die Optimierung operativer Prozesse, wodurch Effizienz gesteigert und Kosten gesenkt werden. Beispielsweise kann die Echtzeitanalyse von Sensordaten die vorausschauende Wartung in der Fertigung verbessern.

Herausforderungen der Datenvielfalt

Obwohl die Datenvielfalt große Chancen bietet, bringt sie auch erhebliche Herausforderungen mit sich, die bewältigt werden müssen, um ihr Potenzial vollständig auszuschöpfen:

Datenintegration: Die Integration von Daten aus unterschiedlichen Quellen und Formaten ist eine komplexe Herausforderung. Es erfordert fortschrittliche Werkzeuge und Techniken, um strukturierte, unstrukturierte und semi-strukturierte Daten in einem einzigen Speicherort zusammenzuführen und zu harmonisieren.

Datenqualität: Die Sicherstellung der Qualität und Konsistenz vielfältiger Daten ist entscheidend, um präzise Erkenntnisse zu gewinnen. Daten aus verschiedenen Quellen können inkonsistent, unvollständig, doppelt vorhanden oder sehr zweifelhaft sein, was robuste Prozesse zur Datenbereinigung und -validierung erforderlich macht.

Speicherung und Verwaltung: Die Speicherung und Verwaltung großer Mengen vielfältiger Daten erfordert flexible und skalierbare Speicherlösungen, die in der Lage sind, unterschiedliche Datentypen effizient zu handhaben.

Analyse und Verarbeitung: Unstrukturierte und semi-strukturierte Daten erfordern fortschrittliche Analysetechniken, wie natürliche Sprachverarbeitung, Bilderkennung und Videoanalyse. Dies setzt den Einsatz spezialisierter Tools und Technologien voraus, die mit der Komplexität dieser Daten umgehen können.

Technologien zur Bewältigung der Datenvielfalt

Um die Herausforderungen der Datenvielfalt zu meistern, wurden verschiedene Technologien und Ansätze entwickelt, die es ermöglichen, Daten unterschiedlicher Typen und Formate zu verwalten und zu analysieren:

(*Über die folgenden Punkte werde ich dir später viel ausführlicher berichten. Denk daran, wir führen das Thema Schritt für Schritt ein.*)

- **NoSQL-Datenbanken:** NoSQL-Datenbanken wie MongoDB, Cassandra und Couchbase wurden entwickelt, um unstrukturierte und semi-strukturierte Daten zu verarbeiten. Sie bieten Flexibilität und Skalierbarkeit, um große Datenmengen effizient zu speichern und abzufragen.

- **Data Lakes:** Data Lakes, wie wir sie bereits gesehen haben, sind Speicherorte, die es ermöglichen, große Datenmengen im nativen Format zu speichern. Sie bieten eine flexible Möglichkeit, strukturierte, unstrukturierte und semi-strukturierte Daten zu verwalten und deren Zugriff und Analyse zu erleichtern.

- **ETL-Werkzeuge:** ETL-Werkzeuge (Extract, Transform, Load) wie Apache Nifi, Talend und Informatica erleichtern die Integration und Transformation von Daten aus verschiedenen Quellen. Diese Werkzeuge ermöglichen das Bereinigen, Konsolidieren und Vorbereiten von Daten für die Analyse.

- **Datenverarbeitungsplattformen**: Plattformen wie Apache Hadoop und Apache Spark ermöglichen die verteilte Verarbeitung großer Mengen vielfältiger Daten. Diese Plattformen unterstützen die Analyse strukturierter, unstrukturierter und semi-strukturierter Daten unter Anwendung fortschrittlicher paralleler Verarbeitungstechniken.

- **Technologien zur fortgeschrittenen Analyse:** Technologien wie natürliche Sprachverarbeitung, Machine Learning sowie Bild- und Videoanalyse ermöglichen die Gewinnung wertvoller Erkenntnisse aus unstrukturierten und semi-strukturierten Daten. Diese Technologien werden mit Datenverarbeitungsplattformen kombiniert, um komplexe Analysen durchzuführen.

Fallbeispiele und Anwendungen

Die Datenvielfalt hat innovative Anwendungen in verschiedenen Sektoren ermöglicht. Einige Beispiele sind:

- **Amazon:** Amazon nutzt vielfältige Daten, darunter Kauftransaktionen, Produktbewertungen und Webnutzungsdaten, um Produktempfehlungen zu personalisieren und die Kundenerfahrung zu verbessern.

- **Netflix:** Netflix analysiert strukturierte Abonnentendaten zusammen mit unstrukturierten Daten wie dem Wiedergabeverlauf und Inhaltspräferenzen, um Empfehlungen zu personalisieren und die Produktion neuer Inhalte zu optimieren.

- **Ford:** Ford integriert Fahrzeugsensordaten, Fahrerverhaltensdaten und Social-Media-Daten, um das Fahrzeugdesign zu verbessern, Dienstleistungen zu personalisieren und Sicherheit und Leistung zu optimieren.

Zukunft der Datenvielfalt

Die Zukunft der Datenvielfalt ist geprägt von der Integration aufkommender Technologien und der Entwicklung neuer Verwaltungs- und Analysearchitekturen. Einige aufkommende Trends sind:

Künstliche Intelligenz und Machine Learning: Die Kombination von Big Data mit Künstlicher Intelligenz und Machine Learning ermöglicht die Entwicklung fortschrittlicher Analysesysteme, die vielfältige Daten autonom verarbeiten und Erkenntnisse gewinnen können.

Internet of Things (IoT): Die Verbreitung von IoT-Geräten wird eine größere Vielfalt an Echtzeitdaten erzeugen, was den Bedarf an fortschrittlichen Lösungen zur Verwaltung und Analyse dieser Daten steigert.

Cloud-Computing: Cloud-Computing bietet flexible und skalierbare Speicher- und Verarbeitungslösungen, um große Mengen vielfältiger Daten zu verwalten und von überall aus darauf zuzugreifen und Analysen durchzuführen.

Data Fabric: Das Konzept von Data Fabric, das Daten und Anwendungen in einer einheitlichen Architektur integriert, ermöglicht eine effizientere und konsistentere Verwaltung und Analyse vielfältiger Daten.

Vielfalt ist eine kritische Dimension von Big Data, da sie es Organisationen ermöglicht, umfassendere und detailliertere Erkenntnisse zu gewinnen, indem sie unterschiedliche Datentypen integrieren und analysieren.

3.1.4. Wahrhaftigkeit

Die Wahrhaftigkeit ist ebenfalls eine äußerst kritische Dimension von Big Data und bezieht sich auf die Qualität und Zuverlässigkeit der Daten. In einer Umgebung, in der Daten mit beispielloser Geschwindigkeit und in riesigen Mengen generiert und gesammelt werden, wird die Wahrhaftigkeit zu einer zentralen Herausforderung für Organisationen. Daten minderer Qualität können zu falschen Schlussfolgerungen und fehlerhaften Entscheidungen führen, was die Bedeutung der Sicherstellung der Integrität und Genauigkeit der in Analysen verwendeten Daten unterstreicht.

Ursprung und Natur der Datenwahrhaftigkeit

Die Wahrhaftigkeit von Daten wird von verschiedenen Faktoren beeinflusst, darunter die Herkunft der Daten, die Art und Weise ihrer Erhebung sowie die angewandten Bereinigungs- und Validierungsprozesse. Daten können aus unterschiedlichen Gründen inkonsistent, unvollständig, ungenau oder doppelt vorhanden sein:

1. Datenquelle: Daten können aus mehreren Quellen stammen, jede mit unterschiedlichen Zuverlässigkeitsstufen. Social networks beispielsweise können große Datenmengen generieren, die nicht immer präzise oder überprüfbar sind.

2. Erhebungsmethoden: Daten können durch Sensoren, IoT-Geräte, Umfragen, Transaktionsprotokolle und andere Methoden gesammelt werden, wobei jede Methode anfällig für Fehler und Verzerrungen ist. Fehler bei der Gerätekonfiguration oder im Umfragedesign können Ungenauigkeiten verursachen.

3. Datenqualität: Die Datenqualität wird durch Faktoren wie Duplikate, fehlende Daten, Tippfehler und Veraltung beeinflusst. Veraltete Daten spiegeln möglicherweise nicht mehr die aktuelle Realität wider und können somit irreführend sein.

4. Datenintegration: Beim Kombinieren von Daten aus verschiedenen Quellen können Konsistenz- und Kohärenzprobleme auftreten. Mangelnde Standardisierung von Formaten und Benennungen kann die präzise Integration von Daten erschweren.

Auswirkungen der Wahrhaftigkeit auf Organisationen

Die Datenwahrhaftigkeit hat erhebliche Auswirkungen auf Organisationen, da sie die Qualität von Entscheidungen und die Wirksamkeit datenbasierter Strategien beeinflusst. Einige der wichtigsten Auswirkungen sind:

Entscheidungsfindung: Entscheidungen, die auf ungenauen oder wenig zuverlässigen Daten basieren, können zu negativen Ergebnissen führen. Die Wahrhaftigkeit der Daten ist entscheidend, um sicherzustellen, dass Entscheidungen fundiert und präzise sind.

Kundenvertrauen: Daten minderer Qualität können das Vertrauen der Kunden in eine Organisation beeinträchtigen. Fehler bei Rechnungsdaten oder bei der Personalisierung von Dienstleistungen können beispielsweise die Zufriedenheit und Loyalität der Kunden verringern.

Einhaltung von Vorschriften: In regulierten Branchen wie dem Gesundheitswesen und dem Finanzwesen ist die Datenpräzision essenziell, um gesetzliche Vorschriften einzuhalten und Sanktionen zu vermeiden. Falsche Daten können zu rechtlichen und regulatorischen Verstößen führen.

Betriebseffizienz: Der Umgang mit fehlerhaften Daten kann zu operativen Ineffizienzen führen, da zusätzlicher Zeit- und Ressourcenaufwand erforderlich ist, um Fehler zu korrigieren und Informationen zu validieren.

Herausforderungen der Datenwahrhaftigkeit

Die Sicherstellung der Datenwahrhaftigkeit im Kontext von Big Data bringt mehrere Herausforderungen mit sich, die bewältigt werden müssen, um präzise und zuverlässige Daten zu gewährleisten. Anhand von Beispielen werde ich später noch näher darauf eingehen. Jetzt wollen wir uns nur mit den Punkten vertraut machen.

Datenvalidierung und -bereinigung: Validierungs- und Bereinigungsprozesse sind unerlässlich, um Fehler in den Daten zu identifizieren und zu korrigieren. Dazu gehört das Entfernen von Duplikaten, das Korrigieren von Tippfehlern und das Überprüfen der Datenkonsistenz.

Datenintegrität: Die Integrität der Daten über ihren gesamten Lebenszyklus hinweg zu wahren, von der Erhebung bis zur Analyse, ist eine zentrale Herausforderung. Dies umfasst die Sicherstellung, dass die Daten während ihrer Speicherung und Verarbeitung nicht verändert oder beschädigt werden.

Datenstandards und -governance: Die Einführung von Standards und Daten-Governance-Richtlinien ist grundlegend, um die Qualität und Konsistenz der Daten sicherzustellen. Dazu gehören die Festlegung von Qualitätsstandards, Prüfverfahren sowie klare Rollen und Verantwortlichkeiten für das Datenmanagement.

Herkunft der Daten: Die Zuverlässigkeit der Datenquelle ist ein Schlüsselfaktor für die Sicherstellung der Wahrhaftigkeit. Organisationen sollten Datenquellen sorgfältig bewerten und bevorzugt solche wählen, die für ihre Präzision und Verlässlichkeit bekannt sind.

Technologien und Ansätze zur Verwaltung der Datenwahrhaftigkeit

Zur Bewältigung der Herausforderungen im Zusammenhang mit der Datenwahrhaftigkeit wurden verschiedene Technologien und Ansätze entwickelt, die die Qualität und Zuverlässigkeit von Daten verbessern sollen:

- **Datenbereinigungswerkzeuge:** Werkzeuge wie Talend, Informatica und OpenRefine ermöglichen die Durchführung von Datenbereinigungsaufgaben, einschließlich Duplikatentfernung, Fehlerkorrektur und Formatstandardisierung.

- **Plattformen für Datenqualität:** Plattformen wie IBM InfoSphere QualityStage und Microsoft Azure Data Catalog bieten umfassende Lösungen für das Management der Datenqualität, einschließlich Validierung, Überwachung und kontinuierlicher Qualitätsverbesserung.

- **Blockchain-Technologien:** Die Blockchain-Technologie bietet einen neuartigen Ansatz zur Sicherstellung der Datenintegrität und -nachvollziehbarkeit. Blockchain-Einträge sind unveränderlich und überprüfbar, was zur Gewährleistung der Genauigkeit und Authentizität von Daten beiträgt.

- **Machine-Learning-Ansätze:** Machine-Learning-Algorithmen können verwendet werden, um Anomalien und Muster in den Daten zu erkennen, die auf Fehler oder Inkonsistenzen hinweisen. Diese Algorithmen können helfen, Datenqualitätsprobleme proaktiv zu identifizieren und zu beheben.

- **Daten-Governance:** Die Implementierung einer robusten Daten-Governance ist entscheidend für die Sicherstellung der Datenqualität. Dies umfasst die Definition von Richtlinien und Verfahren, die Festlegung klarer Rollen und Verantwortlichkeiten sowie die Umsetzung von Qualitäts- und Prüfstandards.

Fallbeispiele und Anwendungen

Die Wahrhaftigkeit von Daten hat innovative Anwendungen in verschiedenen Sektoren ermöglicht. Einige Beispiele sind:

- **Gesundheitswesen:** Im Gesundheitsbereich ist die Datenpräzision entscheidend für die Diagnose und Behandlung von Krankheiten. Gesundheitssysteme (HIS) und elektronische Gesundheitsakten (EMR) verwenden fortschrittliche Werkzeuge zur Datenbereinigung und -validierung, um die Qualität der Patientendaten sicherzustellen.

- **Banken und Finanzen:** Finanzinstitute nutzen Plattformen für Datenqualität, um die Genauigkeit von Transaktions- und Regulierungsdaten zu gewährleisten. Dies ist entscheidend für die Betrugserkennung, das Risikomanagement und die Einhaltung von Vorschriften.

- **Einzelhandel:** Im Einzelhandel ist die Qualität von Bestands- und Verkaufsdaten entscheidend für ein effizientes Lieferkettenmanagement und die Preisoptimierung. Einzelhändler nutzen Werkzeuge zur Datenqualität, um sicherzustellen, dass Produkt- und Verkaufsinformationen präzise und aktuell sind.

Zukunft der Datenwahrhaftigkeit

Die Zukunft der Datenwahrhaftigkeit wird von der Integration neuer Technologien und innovativer Ansätze zur Verbesserung der Datenqualität und -zuverlässigkeit geprägt sein. Zu den aufkommenden Trends gehören:

Künstliche Intelligenz und Machine Learning: Die Integration von KI und Machine Learning in Datenqualitätsprozesse ermöglicht eine schnellere und präzisere Fehlererkennung und -korrektur. Fortschrittliche Algorithmen können Muster und Anomalien in den Daten identifizieren, die auf Qualitätsprobleme hinweisen.

Blockchain und Daten-Nachvollziehbarkeit: Die Einführung von Blockchain-Technologien wird eine größere Nachvollziehbarkeit und Transparenz der Daten ermöglichen, indem sichergestellt wird, dass Einträge unveränderlich und überprüfbar sind. Dies ist besonders wichtig in Bereichen, in denen Authentizität und Integrität der Daten entscheidend sind.

Automatisierung der Datenqualität: Die Automatisierung von Datenbereinigungs- und Validierungsprozessen wird den manuellen Aufwand verringern und die Effizienz steigern. Fortgeschrittene Werkzeuge werden eine kontinuierliche und proaktive Verwaltung der Datenqualität ermöglichen.

Verbesserte Daten-Governance: Organisationen werden robustere und strukturiertere Ansätze zur Daten-Governance übernehmen, um sicherzustellen, dass Daten gemäß strengen Qualitätsstandards verwaltet werden und den Vorschriften entsprechen.

Die Wahrhaftigkeit in Big Data beeinflusst direkt die Qualität von Entscheidungen und das Vertrauen in die Daten. Die Gewährleistung der Datenwahrhaftigkeit erfordert einen multidimensionalen Ansatz, der fortschrittliche technologische Werkzeuge, robuste Qualitätsstandards und eine effektive Daten-Governance umfasst. Man muss das Datenfeld sehr gut kennen, die Daten lesen und vollständig verstehen können.

3.1.5. Wert

Der Wert ist vielleicht die entscheidendste Dimension von Big Data, da er sich auf das Potenzial der Daten bezieht, bedeutende Vorteile für Organisationen zu generieren. Während andere Dimensionen wie Volumen, Geschwindigkeit, Vielfalt und Wahrhaftigkeit für das Management und die Verarbeitung von Daten wichtig sind, konzentriert sich der Wert auf das Endziel: die Umwandlung von Daten in nützliche Informationen, die die Entscheidungsfindung verbessern, Abläufe optimieren, neue Geschäftsmöglichkeiten schaffen und letztlich die Rentabilität steigern können.

Definition und Wesen des Werts bei Big Data

Der Wert von Big Data liegt nicht in den Daten selbst, sondern in den Erkenntnissen und dem Wissen, das aus ihnen gewonnen werden kann. Damit Daten einen Wert haben, müssen sie analysiert und in umsetzbare Informationen umgewandelt werden. Diese Informationen müssen relevant, präzise und zeitnah sein und die strategischen Ziele der Organisation direkt unterstützen.

Der Wert von Big Data kann sich auf verschiedene Weise manifestieren:

1. Verbesserte Entscheidungsfindung: Daten können eine solide Grundlage für fundierte Entscheidungen bieten, die Unsicherheit verringern und es den Unternehmensführern ermöglichen, mit größerem Vertrauen und höherer Genauigkeit zu handeln.

2. Operative Effizienz: Die Datenanalyse kann Ineffizienzen in Prozessen identifizieren, Verbesserungen vorschlagen und Ressourcen optimieren, was zu erheblichen Kosteneinsparungen und höherer Produktivität führen kann.

3. Personalisierung und Verbesserung der Kundenerfahrung: Durch die Analyse von Kundendaten können Unternehmen Produkte, Dienstleistungen und Marketingkampagnen besser auf die individuellen Bedürfnisse und Vorlieben zuschneiden, was die Kundenzufriedenheit und -treue erhöht.

4. Innovation und Entwicklung neuer Produkte: Daten können neue Marktchancen und aufkommende Trends aufzeigen, was Innovation und die Entwicklung von Produkten und Dienstleistungen fördert, die den sich ändernden Bedürfnissen der Verbraucher entsprechen.

5. Risikomanagement und Compliance: Die Datenanalyse kann helfen, Risiken zu erkennen und zu mindern, regulatorische Anforderungen zu erfüllen und die Organisation vor Betrug, Cyberangriffen und anderen Bedrohungen zu schützen.

Auswirkungen des Werts von Big Data auf Organisationen

Der Wert von Big Data hat tiefgreifende Auswirkungen darauf, wie Organisationen arbeiten und in ihren jeweiligen Märkten konkurrieren. Unternehmen, die in der Lage sind, aus ihren Daten Wert zu schöpfen, sind besser positioniert, um in ihren Branchen zu führen, während diejenigen, die dazu nicht in der Lage sind, ins Hintertreffen geraten können. Hier einige Beispiele:

Wettbewerbsvorteil: Organisationen, die Big Data zur Verbesserung der Entscheidungsfindung und zur Optimierung von Abläufen nutzen, können einen erheblichen Wettbewerbsvorteil erlangen. Dies liegt an ihrer Fähigkeit, schneller auf Marktveränderungen zu reagieren und neue Chancen früher als ihre Wettbewerber zu nutzen.

Kontinuierliche Innovation: Der Wert von Big Data ermöglicht es Unternehmen, eine Kultur der kontinuierlichen Innovation aufrechtzuerhalten, indem sie Daten nutzen, um Verbesserungsbereiche und Produktentwicklungen zu identifizieren. Dies ist besonders in dynamischen Branchen wichtig, in denen die Fähigkeit zur schnellen Innovation entscheidend für den Erfolg ist.

Verbesserung der Kundenzufriedenheit: Durch die Nutzung von Daten, um Kunden besser zu verstehen und die Benutzererfahrung zu personalisieren, können Organisationen die Zufriedenheit und Loyalität ihrer Kunden erhöhen. Dies führt zu höheren Kundenbindungsraten und einem Anstieg des Kundenlebenswerts.

Kostenoptimierung: Durch die Analyse großer Mengen operativer Daten können Organisationen Bereiche identifizieren, in denen Kosten reduziert werden können, ohne die Qualität zu beeinträchtigen. Dies kann die Optimierung der Lieferkette, die Verbesserung der Energieeffizienz und die Reduzierung von Abfällen umfassen.

Herausforderungen bei der Maximierung des Werts von Big Data

Obwohl das Wertpotenzial von Big Data enorm ist, ist seine effektive Realisierung nicht ohne Herausforderungen. Einige der häufigsten Herausforderungen, denen sich Organisationen bei dem Versuch gegenübersehen, aus ihren Daten Wert zu schöpfen, sind:

Informationsüberflutung: Angesichts der großen verfügbaren Datenmenge besteht eine der größten Herausforderungen darin, eine Informationsüberflutung zu vermeiden und sich auf die wirklich relevanten Daten zu konzentrieren. Die Filterung relevanter Daten von irrelevanten ist entscheidend, um nicht in einer Informationsflut unterzugehen.

Mangel an analytischen Fähigkeiten: Um Wert aus Big Data zu schöpfen, sind fortgeschrittene analytische Fähigkeiten erforderlich, einschließlich Kenntnissen in Statistik, Machine Learning und prädiktiver Analyse. Der Mangel an Talenten in diesen Bereichen kann die Fähigkeit einer Organisation einschränken, ihre Daten zu nutzen.

Datenintegration: Daten stammen oft aus mehreren Quellen und in unterschiedlichen Formaten, was ihre Integration und Analyse erschweren kann. Die Fähigkeit, Daten aus verschiedenen Quellen zu konsolidieren und zu harmonisieren, ist entscheidend, um eine vollständige und genaue Sicht zu erhalten.

Sicherheit und Datenschutz: Wenn Organisationen große Datenmengen sammeln und analysieren, müssen sie sicherstellen, dass diese Daten vor unbefugtem Zugriff geschützt sind und den Datenschutzvorschriften entsprechen. Sicherheitslücken können nicht nur vertrauliche Informationen gefährden, sondern auch den Ruf der Organisation schädigen.

Kosten und Komplexität: Die Implementierung und Wartung einer Big-Data-Infrastruktur kann kostspielig und komplex sein. Dies umfasst die Kosten für Technologien, Datenspeicherung und die Einstellung qualifizierten Personals.

Strategien zur Maximierung des Werts von Big Data

Um den Wert von Big Data zu maximieren, müssen Organisationen eine Reihe von Strategien und Ansätzen verfolgen:

- **Fokus auf Datenqualität:** Die Sicherstellung, dass Daten genau, vollständig und aktuell sind, ist grundlegend, um daraus Wert zu schöpfen. Dies umfasst die Implementierung von Prozessen zur Datenbereinigung und -validierung sowie die Daten-Governance zur Aufrechterhaltung konsistenter Qualitätsstandards.

- **Investitionen in Technologie und Talent:** Organisationen müssen in fortschrittliche Analysetechnologien und in die Ausbildung und Einstellung von Personal mit Kenntnissen in Data Science, Datenanalyse und Machine Learning investieren. Diese Investitionen sind entscheidend, um die interne Fähigkeit zur Wertschöpfung aus Big Data zu entwickeln.

- **Datenbasierte Kultur:** Die Förderung einer Kultur, in der Entscheidungen auf Daten und nicht auf Annahmen basieren, ist der Schlüssel zur Maximierung des Werts von Big Data. Dies bedeutet, alle Ebenen der Organisation über die Bedeutung der Datennutzung aufzuklären und die notwendigen Werkzeuge bereitzustellen.

- **Prädiktive und präskriptive Analyse:** Neben der deskriptiven Analyse sollten Organisationen auch prädiktive und präskriptive Analysen nutzen, um zukünftige Trends vorherzusehen und proaktive Entscheidungen zu treffen. Dies umfasst den Einsatz von Machine-Learning-Algorithmen zur Vorhersage des Kundenverhaltens, zur Identifizierung von Risiken und zur Optimierung von Abläufen.

- **Partnerschaften und Kooperationen:** In einigen Fällen kann die Zusammenarbeit mit anderen Organisationen oder Technologieanbietern eine effektive Möglichkeit sein, den Wert von Big Data zu maximieren. Dies kann den Austausch von Daten, Technologien und Wissen umfassen, um gemeinsame Ziele zu erreichen.

Fallbeispiele und Anwendungen des Werts von Big Data

Der Wert von Big Data wurde in einer Vielzahl von Branchen und Anwendungen demonstriert.

- **Walmart:** Walmart nutzt Big Data, um seine Lieferkette zu optimieren, die Einkaufserfahrung seiner Kunden zu personalisieren und die operative Effizienz zu verbessern. Durch die Analyse von Verkaufs- und Kundenverhaltensdaten in Echtzeit kann Walmart seinen Lagerbestand und seine Preise dynamisch anpassen, um den Umsatz zu maximieren und Kosten zu minimieren.

- **UPS:** Das Logistikunternehmen UPS hat ein fortschrittliches Datenanalysesystem namens ORION (On-Road Integrated Optimization and Navigation) implementiert, das die Lieferwege in Echtzeit optimiert. Dadurch konnte UPS Millionen Liter Kraftstoff einsparen und die Betriebskosten deutlich senken.

- **Netflix:** Netflix nutzt Big Data, um die Inhaltsempfehlungen für jeden einzelnen Nutzer zu personalisieren, die Kundenbindung zu verbessern und die Produktion neuer Inhalte zu optimieren. Durch die Analyse von Nutzungsdaten und Benutzerpräferenzen kann Netflix vorhersagen, welche Programme erfolgreich sein werden, und fundierte Entscheidungen über die Erstellung eigener Inhalte treffen.

Zukunft des Werts von Big Data

Die Zukunft des Werts von Big Data ist geprägt von der kontinuierlichen Integration aufkommender Technologien und der Entwicklung neuer Anwendungen.

Künstliche Intelligenz und Machine Learning: Mit der zunehmenden Integration von Künstlicher Intelligenz und Machine Learning in Big Data werden Organisationen in der Lage sein, die Datenanalyse zu automatisieren und Muster und Erkenntnisse zu entdecken, die zuvor nicht erkennbar waren.

IoT und Echtzeitanalyse: Die Verbreitung vernetzter Geräte wird einen kontinuierlichen Datenstrom in Echtzeit erzeugen, der es Organisationen ermöglicht, schneller und präziser auf der Grundlage aktueller Informationen zu entscheiden.

Datenökonomie: Da Daten zu einem immer wertvolleren Gut werden, werden Organisationen neue Wege erkunden, ihre Daten zu monetarisieren – sei es durch den Verkauf von Daten, die Entwicklung neuer datenbasierter Produkte oder die Teilnahme an kollaborativen Datenökonomien.

Der Wert ist die Dimension von Big Data, die die Investition in Datentechnologien und -analysen rechtfertigt. Die Wertschöpfung aus Daten erfordert eine Kombination aus klar definierten Strategien, Investitionen in Technologie und Talent sowie eine Organisationskultur, die Daten auf allen Ebenen wertschätzt und nutzt.

Wie du gesehen hast, sind die „5Vs" eng miteinander verbunden, ebenso wie mit den Techniken und Technologien, die zu ihrer Verwaltung verwendet werden. Es ist sehr wichtig, dass du sie trotz ihrer Ähnlichkeiten im Ausdruck in ihren unterschiedlichen Kontexten beherrschst, um den Erfolg jedes Projekts zu sichern.

3.2. Geschichte der Datenspeicherung und -verarbeitung

Die Geschichte der Datenspeicherung und -verarbeitung ist eine Chronik des technologischen Fortschritts, der es der Menschheit ermöglicht hat, Informationen zunehmend effizienter und effektiver zu verwalten. Von den ersten Methoden der Informationsaufzeichnung bis hin zu den heutigen fortschrittlichen Technologien der Massenspeicherung und verteilten Verarbeitung spiegelt dieser historische Weg den kontinuierlichen Fortschritt unserer Fähigkeit wider, Daten zu verwalten.

Die ersten Methoden der Datenspeicherung lassen sich bis zu den alten Zivilisationen zurückverfolgen, die primitive Formen der Aufzeichnung nutzten, wie etwa Tontafeln, Papyrus und Pergament. Diese Medien waren in ihrer Kapazität und Haltbarkeit begrenzt, markierten jedoch den Beginn der Dokumentation und Bewahrung kritischer Informationen wie Handelsregister, Gesetze und Verträge. Die Erfindung des Papiers durch die Chinesen im 2. Jahrhundert v. Chr. und dessen spätere Verbreitung in andere Kulturen bedeutete einen bedeutenden Fortschritt in der Datenspeicherung, da sie eine zugänglichere und haltbarere Methode zur Informationsaufzeichnung ermöglichte.

Der eigentliche Wandel in der Datenspeicherung begann mit der Erfindung des Buchdrucks durch Johannes Gutenberg im 15. Jahrhundert. Der Buchdruck revolutionierte nicht nur die Produktion und Verbreitung von Informationen, sondern ermöglichte auch die Bewahrung großer Datenmengen in Form von Büchern und Dokumenten. Gesegnet sei der Buchdruck. Dieser Fortschritt legte den Grundstein für die Massenspeicherung von Informationen, ein Konzept, das sich mit dem Aufkommen des digitalen Zeitalters erheblich weiterentwickeln sollte.

Das 19. Jahrhundert war Zeuge der ersten Entwicklungen in der mechanischen Datenspeicherung und -verarbeitung. Einer der wichtigsten Meilensteine dieser Zeit war die Erfindung der Lochkarten durch Herman Hollerith im Jahr 1889. Diese Karten, die zunächst zur Auswertung der US-Volkszählung verwendet wurden, ermöglichten die mechanische Speicherung von Daten und die Automatisierung von Rechenprozessen. Die Lochkartentechnologie wurde über viele Jahrzehnte hinweg zum Standard und fand Anwendung in frühen Computern und Datensystemen großer Organisationen.

Das Aufkommen elektronischer Computer in der Mitte des 20. Jahrhunderts markierte den Beginn einer neuen Ära der Datenspeicherung und -verarbeitung. Dies war ein Wendepunkt. Die erste Generation von Computern, wie die ENIAC und die UNIVAC, nutzte Vakuumröhren und Magnetbänder zur Datenspeicherung und zur Durchführung von Berechnungen. Magnetbänder ermöglichten die sequentielle Speicherung großer Datenmengen, jedoch war der Zugriff im Vergleich zu heutigen Standards relativ langsam.

Die Entwicklung der Festplatten in den 1950er Jahren war ein entscheidender Fortschritt in der Geschichte der Datenspeicherung. Der IBM 305 RAMAC, der 1956 eingeführt wurde, war der erste kommerzielle Computer, der eine Festplatte zur Datenspeicherung verwendete. Dieses Gerät konnte etwa 5 Megabyte Daten speichern – ein bedeutender Fortschritt für die damalige Zeit. Festplatten ermöglichten den wahlfreien Zugriff auf Daten, was die Lese- und Schreibgeschwindigkeit im Vergleich zu Magnetbändern erheblich verbesserte.

Die 1960er Jahre sahen die Einführung der ersten relationalen Datenbanken, ein Konzept, das von Edgar F. Codd bei IBM entwickelt wurde. Relationale Datenbanken ermöglichten die Organisation von Daten in miteinander verknüpften Tabellen und erleichterten den Informationsabruf durch strukturierte Abfragen in einer standardisierten Sprache wie SQL. Diese Struktur wurde zur Grundlage für Datenbankmanagementsysteme (DBMS), die bis heute im Einsatz sind.

In den 1970er und 1980er Jahren erlebte die Datenspeicherung bedeutende Fortschritte durch die Einführung von Speichermedien mit höherer Kapazität wie Disketten sowie durch das Aufkommen von Solid-State-Drives (SSD), die im Vergleich zu herkömmlichen Festplatten höhere Geschwindigkeit und Zuverlässigkeit boten. Gleichzeitig wurde die Datenverarbeitung durch die Entwicklung leistungsfähigerer Mikroprozessoren und die Einführung fortschrittlicherer Betriebssysteme, die Multitasking und eine effiziente Ressourcenverwaltung ermöglichten, zunehmend ausgefeilter.

Wenn ich über Datenspeicherung spreche, kann ich nicht umhin, mich an meine Kindheit zu erinnern, als meine Mutter uns einen ZX Spectrum +2 von Sinclair kaufte, der gerade einmal 128K Speicher hatte. Auf diesem Computer schrieben wir Code, der auf Kassettenbändern gespeichert wurde, begleitet von den charakteristischen Geräuschen des Ladevorgangs. Eine Zeit, in der der Speicher für den Nutzer begrenzt war, aber die Fantasie keine Grenzen kannte.

Die 1990er Jahre markierten den Beginn des Netzwerkcomputings und den Boom des Online-Speichers. Die Entwicklung des World Wide Web und die Ausbreitung des Internets trieben die Nachfrage nach großflächiger

Datenverarbeitung und -speicherung voran. Organisationen begannen, dedizierte Server und Rechenzentren zu nutzen, um große Datenmengen zu verwalten, die durch Webanwendungen und Online-Transaktionen generiert wurden. In dieser Zeit wurde auch die Nutzung verteilter Datenbanken populär, die es Organisationen ermöglichten, Daten an mehreren geografischen Standorten zu speichern und darauf zuzugreifen, wodurch Redundanz und Zugänglichkeit verbessert wurden.

Mit dem exponentiellen Wachstum der Datenmenge brachte das erste Jahrzehnt des 21. Jahrhunderts den Bedarf an neuen Speicher- und Verarbeitungsarchitekturen mit sich. Technologien wie Cloud-Speicherung und verteilte Dateisysteme wie das Hadoop Distributed File System ermöglichten es Organisationen, Petabytes an Daten skalierbar und kosteneffizient zu speichern. Gleichzeitig profitierte die Datenverarbeitung von der Einführung von Programmierparadigmen wie MapReduce, die die parallele Verarbeitung großer verteilter Datensätze auf mehreren Rechenknoten ermöglichten.

Die Entwicklung von Cloud-Speichertechnologien wie Amazon S3, Google Cloud Storage und Microsoft Azure veränderte grundlegend, wie Organisationen ihre Daten speichern und darauf zugreifen. Diese Plattformen bieten nahezu unbegrenzte Skalierbarkeit, sodass Organisationen große Datenmengen speichern können, ohne in physische Infrastrukturen investieren zu müssen. Darüber hinaus erleichterte das Cloud-Computing die Echtzeit-Datenverarbeitung, wodurch Organisationen schnellere und datenbasierte Entscheidungen treffen konnten.

Der jüngste Fortschritt in der Geschichte der Datenspeicherung und -verarbeitung ist die Einführung von Technologien wie In-Memory-Speicherung und NoSQL-Datenbanken. Diese Technologien sind darauf ausgelegt, den speziellen Anforderungen von Big Data gerecht zu werden, wie etwa hoher Zugriffsgeschwindigkeit und der Fähigkeit, unstrukturierte und semi-strukturierte Daten zu verarbeiten. Die In-Memory-Speicherung, wie sie in Systemen wie SAP HANA verwendet wird, ermöglicht es Organisationen, mit extrem hohen Geschwindigkeiten auf Daten zuzugreifen, indem die gesamte Datenbank im Arbeitsspeicher anstelle auf traditionellen Festplatten gespeichert wird.

NoSQL-Datenbanken wie MongoDB, Cassandra und Couchbase, die ich bereits zuvor erwähnt habe, haben aufgrund ihrer Fähigkeit, große verteilte Datenmengen zu verwalten, und ihrer Flexibilität, verschiedene Datentypen zu speichern, an Popularität gewonnen. Diese Datenbanken basieren nicht auf einem festen Schema, was sie ideal für moderne Anwendungen macht, die hohe Flexibilität und Skalierbarkeit erfordern.

Heute treibt der Trend zur Künstlichen Intelligenz und zum Machine Learning die Weiterentwicklung der Datenspeicherung und -verarbeitung weiter voran. Systeme des Machine Learnings benötigen enorme Datenmengen, um Modelle zu trainieren, und diese Daten müssen schnell verarbeitet werden, um nützliche Erkenntnisse zu gewinnen. Dieser Bedarf hat zur Entwicklung spezialisierter Architekturen wie Data Lakes geführt, die es ermöglichen, Daten in ihrer nativen Form zu speichern und fortgeschrittene Analysen durchzuführen, ohne sie vorher transformieren zu müssen.

Die Geschichte der Datenspeicherung und -verarbeitung ist eine Erzählung kontinuierlichen technologischen Fortschritts, angetrieben vom Bedürfnis, immer größere Datenmengen effizienter und effektiver zu verwalten. Von den ersten manuellen Aufzeichnungsmethoden bis hin zu den heutigen fortschrittlichen Cloud-Speicher- und verteilten Verarbeitungstechnologien hat jede Etappe zur Entwicklung der menschlichen Fähigkeit beigetragen, Daten zu speichern, zu verarbeiten und zu nutzen, um Innovation voranzutreiben, die betriebliche Effizienz zu verbessern und fundierte Entscheidungen zu ermöglichen. Mit dem weiteren Fortschritt der Technologie werden wir zweifellos neue Revolutionen in der Art und Weise erleben, wie Daten gespeichert und verarbeitet werden, was die globale Wirtschaft und Gesellschaft weiterhin grundlegend verändern wird.

3.3. Entwicklung der Big-Data-Technologien

Die Entwicklung der Big-Data-Technologien spiegelt wider, wie der wachsende Bedarf an der Verwaltung, Verarbeitung und Analyse großer Datenmengen die Entwicklung neuer Werkzeuge, Architekturen und Ansätze vorangetrieben hat. Mit der exponentiellen Zunahme der von der Menschheit erzeugten Daten haben sich Big-Data-Technologien weiterentwickelt, um den Anforderungen an Speicherung, Verarbeitung und Echtzeitanalyse gerecht zu werden. Diese Entwicklung hat es Organisationen ermöglicht, Daten in wertvolle Informationen zu verwandeln, Entscheidungen zu verbessern, Abläufe zu optimieren und neue Geschäftsmöglichkeiten zu erschließen.

Das Konzept von Big Data begann in den 1990er Jahren Aufmerksamkeit zu erlangen, als Organisationen mit beispiellosen Herausforderungen im Hinblick auf das Volumen, die Geschwindigkeit und die Vielfalt der Daten konfrontiert wurden. Zu dieser Zeit waren traditionelle relationale Datenbankmanagementsysteme (RDBMS) nicht mehr in der Lage, die wachsenden Mengen unstrukturierter und semi-strukturierter Daten effektiv zu verarbeiten. Dies führte zur Entwicklung neuer Architekturen und Technologien, die speziell darauf ausgelegt waren, die besonderen Herausforderungen von Big Data zu bewältigen.

Eine der ersten Schlüsseltechnologien in der Entwicklung von Big Data war das verteilte Verarbeitungssystem. Anstatt sich auf einen zentralen Server zur Speicherung und Verarbeitung von Daten zu verlassen, ermöglichen verteilte Systeme die Aufteilung der Daten in kleinere Teile und deren Verteilung auf mehrere Rechenknoten. Dieser Ansatz verbessert nicht nur die Skalierbarkeit, sondern erlaubt auch eine effizientere parallele Verarbeitung. Ein bedeutender Meilenstein in diesem Bereich war die Entwicklung von MapReduce, einem von Google im Jahr 2004 eingeführten Programmiermodell.

MapReduce wurde entwickelt, um große Datenmengen, die auf Computerclustern verteilt sind, zu verarbeiten. Das Modell besteht aus zwei Hauptphasen: der "Map"-Phase, in der die Daten in kleinere Teile zerlegt und parallel verarbeitet werden, und der "Reduce"-Phase, in der die Zwischenergebnisse zusammengeführt werden, um das Endergebnis zu liefern. MapReduce ermöglichte es Organisationen, große Datensätze effizient und in großem Maßstab zu verarbeiten, was die Entwicklung von Datenverarbeitungsplattformen wie Apache Hadoop vorantrieb.

Hadoop, das 2006 von Doug Cutting und Mike Cafarella entwickelt wurde, entwickelte sich rasch zu einer der einflussreichsten Big-Data-Technologien. Hadoop ist ein Open-Source-Framework, das das MapReduce-Programmiermodell und das Hadoop Distributed File System (HDFS) zur Speicherung und Verarbeitung großer Datenmengen verwendet. HDFS ermöglicht die verteilte Speicherung von Daten auf mehreren Rechenknoten und bietet hohe Verfügbarkeit und Redundanz. Hadoop wurde von zahlreichen Organisationen übernommen, da es große Mengen unstrukturierter Daten kostengünstig und mit hoher Skalierbarkeit verarbeiten kann.

Mit der zunehmenden Verbreitung von Hadoop entstanden neue Technologien und Werkzeuge, die in sein Ökosystem integriert wurden, um die Datenverarbeitungsmöglichkeiten zu verbessern. Zu diesen Technologien gehören Pig und Hive, die Hochsprachen für die Datenverarbeitung in Hadoop bereitstellen, sowie HBase, eine NoSQL-Datenbank, die eine effiziente Speicherung und den Zugriff auf große Datenmengen ermöglicht. Darüber hinaus wurden Sqoop und Flume entwickelt, um den Datentransfer zwischen Hadoop und anderen Datenquellen wie relationalen Datenbanken und Cloud-Speichersystemen zu erleichtern.

Mit dem weiteren Anstieg des Datenvolumens und der Datenkomplexität wurden jedoch die Grenzen von MapReduce zunehmend offensichtlich. Das Batch-Verarbeitungsmodell von MapReduce war nicht geeignet für Anwendungen, die Echtzeitanalysen oder Stream-Verarbeitung erforderten. Dies führte zur Entwicklung neuer Datenverarbeitungstechnologien, die in der Lage sind, Datenströme in Echtzeit zu verarbeiten.

Eine der einflussreichsten Technologien in diesem Bereich ist Apache Spark, das 2009 an der University of California, Berkeley, entwickelt wurde. Spark wurde als schnellere und flexiblere Alternative zu Hadoop konzipiert, die Analysen im Speicher und die Verarbeitung von Datenströmen in Echtzeit ermöglicht. Im Gegensatz zu Hadoop, das Daten zwischen jeder MapReduce-Operation auf Festplatten schreibt und liest, hält Spark die Daten im Speicher, was iterative Operationen deutlich schneller macht. Spark unterstützt auch eine breite Palette von Arbeitslasten, einschließlich Batch-Verarbeitung, Stream-Verarbeitung, Machine Learning und Graphanalyse, und ist somit ein vielseitiges Werkzeug für die Big-Data-Analyse.

Eine weitere wichtige Entwicklung in der Big-Data-Technologie war die Einführung von NoSQL-Datenbanken. Im Gegensatz zu traditionellen relationalen Datenbanken, die ein festes Schema erfordern und sich auf SQL für Abfragen stützen, sind NoSQL-Datenbanken darauf ausgelegt, große Mengen unstrukturierter und semi-strukturierter Daten mit größerer Flexibilität und Skalierbarkeit zu verarbeiten. Es gibt verschiedene Typen von NoSQL-Datenbanken, darunter Key-Value-Datenbanken wie Redis und DynamoDB, Dokumentendatenbanken wie MongoDB, Spaltendatenbanken wie Cassandra und Graphdatenbanken wie Neo4j. Diese Datenbanken wurden von Organisationen übernommen, die große Datenmengen in Echtzeit und im großen Maßstab verarbeiten müssen.

Auch die Entwicklung des Cloud-Computings hatte einen bedeutenden Einfluss auf die Weiterentwicklung der Big-Data-Technologien. Mit Cloud-Computing können Organisationen große Datenmengen speichern und verarbeiten, ohne in physische Infrastruktur investieren zu müssen. Cloud-Service-Anbieter wie Amazon Web Services (AWS), Google Cloud Platform (GCP) und Microsoft Azure bieten eine breite Palette skalierbarer, flexibler und kostengünstiger Speicher- und Datenverarbeitungsdienste an. Diese Dienste umfassen Cloud-Speicher wie Amazon S3, Cloud-Verarbeitungsdienste wie Amazon EMR und Google BigQuery sowie Datenanalyse-Dienste wie AWS Redshift und Azure Data Lake.

Die Kombination von Big Data mit aufkommenden Technologien wie Künstlicher Intelligenz und Machine Learning hat zur Entwicklung neuer Datenanalyse-Architekturen und -Plattformen geführt. Machine-Learning-Plattformen wie TensorFlow, PyTorch und Scikit-learn ermöglichen es Organisationen, prädiktive und klassifizierende Modelle auf der Basis großer Datenmengen zu entwickeln. Diese Plattformen integrieren sich mit Big-Data-Technologien, um fortschrittliche und Echtzeitanalysen zu ermöglichen, was datenbasierte Entscheidungen und eine verbesserte betriebliche Effizienz unterstützt.

Darüber hinaus hat die Entwicklung von Big Data zur Entstehung moderner Architekturen wie Data Lakes geführt. Ein Data Lake ist ein Speicher-Repository, das es Organisationen ermöglicht, große Datenmengen in ihrem nativen Format zu speichern, ohne sie zuvor transformieren oder strukturieren zu müssen. Dies steht im Gegensatz zu traditionellen Data Warehouses, die eine Strukturierung und Transformation der Daten vor der Speicherung erfordern. Data Lakes ermöglichen explorative und experimentelle Analysen an Rohdaten, was besonders bei Anwendungen im Machine Learning und der fortgeschrittenen Analyse von Vorteil ist.

Mit dem weiteren Anstieg von Datenvolumen und -vielfalt entwickeln sich Big-Data-Technologien weiter, um neue Herausforderungen zu bewältigen und neue Chancen zu nutzen. In den letzten Jahren hat das Edge Computing zunehmend an Bedeutung gewonnen. Dabei handelt es sich um eine Architektur, bei der die Datenverarbeitung in der Nähe der Datenquelle und nicht in einem zentralisierten Rechenzentrum erfolgt. Dies ist besonders relevant für IoT-Anwendungen, bei denen Geräte große Mengen an Echtzeitdaten erzeugen, die schnell verarbeitet werden müssen, um sofortige Entscheidungen zu ermöglichen.

Ein weiterer aufkommender Trend in der Entwicklung von Big-Data-Technologien ist der Einsatz von Künstlicher Intelligenz und Machine Learning zur Automatisierung der Datenverwaltung und -verarbeitung. Datenanalyseplattformen beginnen, KI- und Machine-Learning-Fähigkeiten zu integrieren, um Aufgaben wie Datenbereinigung, Anomalieerkennung und Modelloptimierung zu automatisieren. Dies verbessert nicht nur die Effizienz der Datenverarbeitung, sondern ermöglicht es Organisationen auch, schneller und präziser Erkenntnisse zu gewinnen.

Die Entwicklung der Big-Data-Technologien wurde durch die Notwendigkeit angetrieben, immer größere Datenmengen mit höherer Geschwindigkeit, Flexibilität und Effizienz zu verarbeiten. Von den ersten verteilten Systemen und der Entwicklung von Hadoop über die Einführung von Spark, NoSQL-Datenbanken und Cloud-Computing hat jede Phase dieser Entwicklung zur Schaffung einer modernen Dateninfrastruktur beigetragen, die es Organisationen ermöglicht, den Wert ihrer Daten zu erschließen.

3.4. Bedeutung von Big Data bei der Entscheidungsfindung

Die Bedeutung von Big Data bei der Entscheidungsfindung ist in den letzten Jahren exponentiell gewachsen und hat die Art und Weise verändert, wie Organisationen, Regierungen und Einzelpersonen Probleme lösen und strategisch planen. Im Grunde genommen wird heute keine Entscheidung mehr ohne Big Data getroffen. Big Data bietet eine solide Grundlage für fundierte

Entscheidungen, indem es eine detaillierte und tiefgehende Analyse großer Datenmengen ermöglicht, die früher nur schwer zu verarbeiten und zu analysieren waren.

Werfen wir einen Blick zurück und betrachten wir einige neue Aspekte, um die Bedeutung von Big Data bei der Entscheidungsfindung zu verstehen.

Wie wir bereits wissen, generieren und sammeln Organisationen in unserem heutigen digitalen Zeitalter Daten in beispiellosem Tempo, aus verschiedenen Quellen wie Geschäftstransaktionen, sozialen Netzwerken, IoT-Sensoren, mobilen Geräten und mehr. Diese Daten reichen von strukturierten Informationen in Datenbanken bis hin zu unstrukturierten Daten wie Text, Bildern und Videos. Der wahre Wert dieser Daten liegt jedoch nicht in ihrer bloßen Ansammlung, sondern in der Fähigkeit, sie zu analysieren und aussagekräftige Erkenntnisse zu gewinnen, die die Entscheidungsfindung leiten können. Und genau hier spielt Big Data eine entscheidende Rolle.

Datenbasierte Entscheidungsfindung, auch bekannt als "data-driven decision-making", ist ein Ansatz, der zunehmend in Organisationen aller Art vorherrscht. Dieser Ansatz beinhaltet die Nutzung von Daten und Analysen zur Unterstützung strategischer, operativer und taktischer Entscheidungen, anstatt sich ausschließlich auf Intuition oder frühere Erfahrungen zu verlassen. Big Data unterstützt diesen Ansatz, indem es eine vollständigere und genauere Sicht auf die aktuelle Situation bietet, was Führungskräften ermöglicht, fundiertere Entscheidungen zu treffen und Unsicherheiten zu verringern.

Eine der Arten, wie Big Data die Entscheidungsfindung verändert hat, ist durch prädiktive Analysen. Prädiktive Analysen nutzen statistische Techniken und Machine-Learning-Algorithmen, um Muster in historischen Daten zu erkennen und Vorhersagen über zukünftige Ereignisse zu treffen. Im Einzelhandel zum Beispiel können Unternehmen Big Data nutzen, um die Produktnachfrage auf Basis früherer Kaufmuster, Markttrends und externer Faktoren wie Wetter oder gesellschaftliche Ereignisse vorherzusagen. Dies ermöglicht es den Unternehmen, ihre Lagerbestände zu optimieren, Verschwendung zu reduzieren und den Umsatz zu maximieren.

Neben der prädiktiven Analyse ist Big Data auch grundlegend für die präskriptive Analyse, die nicht nur vorhersagt, was passieren könnte, sondern auch spezifische Handlungen vorschlägt, die zur Erreichung eines gewünschten Ergebnisses unternommen werden sollten. In der Logistik können Unternehmen beispielsweise Big Data nutzen, um Lieferwege zu optimieren, wobei Variablen wie Verkehr, Wetterbedingungen und Ladungsbeschränkungen berücksichtigt werden. Dies verbessert nicht nur die operative Effizienz, sondern senkt auch die Kosten und erhöht die Kundenzufriedenheit.

Ein weiteres Feld, in dem Big Data bei der Entscheidungsfindung entscheidend ist, ist die Personalisierung und Verbesserung des Kundenerlebnisses. Organisationen können große Mengen an Daten über das Kundenverhalten analysieren, wie Kaufhistorien, Online-Interaktionen und Kommentare in sozialen Netzwerken, um detaillierte Kundenprofile zu erstellen. Diese Profile ermöglichen es den Unternehmen, Angebote, Produkte und Dienstleistungen besser auf die individuellen Bedürfnisse und Vorlieben der Kunden abzustimmen. Dies erhöht nicht nur die Kundenbindung, sondern auch die Konversionsraten und Einnahmen.

Auch der Finanzsektor ist ein Beispiel dafür, wie Big Data die Entscheidungsfindung revolutioniert hat. Finanzinstitute nutzen Big Data zur Risikosteuerung, Betrugserkennung und zur Einhaltung gesetzlicher Vorschriften. Big-Data-Analysealgorithmen können zum Beispiel ungewöhnliche Muster in Transaktionen erkennen, die auf betrügerische Aktivitäten hindeuten könnten, und ermöglichen es den Banken, vorbeugende Maßnahmen zu ergreifen, bevor erhebliche Verluste entstehen. Darüber hinaus hilft Big Data Finanzinstituten bei der Bewertung der Kreditwürdigkeit von Kunden, indem es einen genaueren und umfassenderen Einblick in deren finanzielle Vergangenheit bietet.

Im staatlichen Bereich spielt Big Data ebenfalls eine zentrale Rolle bei Entscheidungen in Bezug auf öffentliche Politik, Ressourcenmanagement und Notfallmaßnahmen. Regierungen können Big Data nutzen, um das Wohlergehen der Bevölkerung zu überwachen, Naturkatastrophen vorherzusagen und abzumildern sowie die Ressourcenzuweisung in Bereichen wie Gesundheit, Bildung und Sicherheit zu optimieren. Während der COVID-19-Pandemie nutzten Regierungen beispielsweise Big-Data-Analysen, um die Ausbreitung des Virus zu verfolgen, Hotspots vorherzusagen und fundierte Entscheidungen über Quarantänemaßnahmen, Impfungen und andere Eindämmungsmaßnahmen zu treffen.

Trotz der zahlreichen Vorteile, die Big Data für die Entscheidungsfindung bietet, gibt es auch bedeutende Herausforderungen, die berücksichtigt werden müssen. Eine der größten Herausforderungen ist die Datenqualität. Damit datenbasierte Entscheidungen effektiv sind, müssen die Daten genau, vollständig und aktuell sein. Schlechte Datenqualität kann zu falschen Schlussfolgerungen und schlechten Entscheidungen führen, was die Bedeutung robuster Prozesse zur Datenbereinigung, Validierung und Governance unterstreicht.

Eine weitere Herausforderung ist die Komplexität der Big-Data-Analyse. Große und vielfältige Datensätze können schwer zu analysieren sein und erfordern fortgeschrittene Fähigkeiten in den Bereichen Data Science, Statistik und Machine Learning. Zudem müssen Organisationen über die passende technologische Infrastruktur verfügen, um diese Daten effizient zu verarbeiten und zu analysieren. Dies kann erhebliche Investitionen in Big-Data-Technologien erfordern, wie verteilte Verarbeitungssysteme, NoSQL-Datenbanken und Datenvisualisierungswerkzeuge.

Auch Datenschutz und Datensicherheit sind zentrale Anliegen bei der auf Big Data basierenden Entscheidungsfindung. Während Organisationen große Datenmengen sammeln und analysieren, müssen sie sicherstellen, dass diese Daten vor unbefugtem Zugriff geschützt sind und den Datenschutzvorschriften entsprechen. Sicherheitsverletzungen können nicht nur sensible Informationen gefährden, sondern auch dem Ruf der Organisation schaden und zu rechtlichen Sanktionen führen.

Es ist wichtig, auf die Notwendigkeit einer Unternehmenskultur hinzuweisen, die datenbasierte Entscheidungsfindung wertschätzt. Obwohl Big Data leistungsstarke Werkzeuge zur Verbesserung der Entscheidungsfindung bietet, hängt ihre Wirksamkeit stark von der Bereitschaft der Führungskräfte und Mitarbeitenden ab, einen datenbasierten Ansatz zu verfolgen. Dies kann kulturelle Veränderungen im Unternehmen erfordern, einschließlich Schulungen im Umgang mit Analysetools, Förderung der Zusammenarbeit zwischen Datenteams und Führungsebene sowie die Entwicklung einer Mentalität des kontinuierlichen Lernens und der Verbesserung.

Die Bedeutung von Big Data bei der Entscheidungsfindung darf nicht unterschätzt werden. Durch die Bereitstellung einer soliden Grundlage für prädiktive, präskriptive und deskriptive Analysen ermöglicht Big Data Organisationen, fundiertere Entscheidungen zu treffen, Unsicherheiten zu reduzieren und neue Chancen zu nutzen. Um jedoch den vollen Nutzen aus Big Data zu ziehen, ist es unerlässlich, die Herausforderungen im Zusammenhang mit Datenqualität, Analysekomplexität, Sicherheit und Datenschutz sowie Unternehmenskultur anzugehen.

3.5. Auswirkungen auf verschiedene Branchen

Die Auswirkungen von Big Data auf verschiedene Branchen waren tiefgreifend und haben die Art und Weise verändert, wie Unternehmen arbeiten, Entscheidungen treffen und Wert schaffen. Jede Branche hat Big Data auf einzigartige Weise angenommen und seine Möglichkeiten genutzt, um spezifische Herausforderungen zu bewältigen und neue Chancen zu entdecken. Sehen wir uns an, wie Big Data verschiedene Branchen beeinflusst hat, darunter das Gesundheitswesen, der Einzelhandel, die Fertigung, die Finanzwelt, die Landwirtschaft sowie die Medien- und Unterhaltungsindustrie.

Im Gesundheitswesen hat Big Data die Patientenversorgung und die medizinische Forschung revolutioniert. Krankenhäuser und Kliniken sammeln und analysieren heute große Mengen an Patientendaten, einschließlich elektronischer Krankenakten (EMR), diagnostischer Bilder, Laborergebnisse und Daten von Echtzeit-Überwachungsgeräten. Diese Daten werden verwendet, um Behandlungen zu personalisieren, Diagnosen zu verbessern und Krankheitsausbrüche vorherzusagen. Machine-Learning-Algorithmen, die auf Big Data angewendet werden, ermöglichen es Ärzten, Muster zu erkennen, die sonst nicht sichtbar wären, was die Diagnostikgenauigkeit und die Wirksamkeit der Behandlung verbessert. Darüber hinaus hat Big Data die Erforschung komplexer Krankheiten wie Krebs erleichtert, indem große genomische und klinische Datensätze analysiert werden, was die Entdeckung neuer Therapien beschleunigt.

Im Einzelhandel hat Big Data das Kundenerlebnis und das Management der Lieferkette verändert. Einzelhändler nutzen Big-Data-Analysen, um das Kaufverhalten der Verbraucher besser zu verstehen, was eine massenhafte Personalisierung von Angeboten und Werbeaktionen ermöglicht. Verkaufsdaten, kombiniert mit Daten aus sozialen Netzwerken und Online-Transaktionen, ermöglichen es Unternehmen, Konsumtrends vorherzusagen und ihre Marketingstrategien in Echtzeit anzupassen. Big Data hat die Bestands- und Logistikverwaltung optimiert, sodass Einzelhändler optimale Lagerbestände halten, Abfall reduzieren und die betriebliche Effizienz steigern können. Predictive Analytics hilft Einzelhändlern auch, saisonale Nachfrage vorherzusehen und entsprechend zu planen, was die Kosten senkt und die Kundenzufriedenheit erhöht.

Die Fertigungsindustrie hat Big Data übernommen, um die betriebliche Effizienz zu verbessern, Ausfallzeiten zu reduzieren und die Produktqualität zu erhöhen. Intelligente Fabriken, ausgestattet mit IoT-Sensoren und Echtzeit-Überwachungssystemen, erzeugen große Datenmengen über den Zustand von Maschinen, die Prozessleistung und die Produktqualität. Diese Daten werden analysiert, um Fehlermuster zu erkennen und notwendige Wartung vorherzusagen, bevor ein Ausfall auftritt, was die Ausfallzeiten und Reparaturkosten erheblich reduziert. Big-Data-Analysen ermöglichen es Herstellern, Produktionsprozesse zu optimieren, Engpässe zu identifizieren und die Produktqualität durch frühzeitige Erkennung von Mängeln zu verbessern.

In der Finanzbranche war Big Data entscheidend für das Risikomanagement, die Betrugserkennung und die Personalisierung von

Finanzdienstleistungen. Banken und andere Finanzinstitute analysieren große Mengen an Transaktionsdaten, Kundenverhalten und Finanzmarktdaten, um Kreditrisiken zu steuern, betrügerische Aktivitäten zu erkennen und Vorschriften einzuhalten. Big-Data-Algorithmen ermöglichen es, Verhaltensmuster zu erkennen, die auf Betrug hinweisen können, wie ungewöhnliche Transaktionen oder Phishing-Versuche, und Warnungen für sofortige Eingriffe auszulösen. Finanzinstitute nutzen Big Data, um Produktangebote wie Kredite und Versicherungen auf der Grundlage von Risikoprofilen und individuellen Kundenbedürfnissen zu personalisieren.

In der Landwirtschaft hat Big Data zur Präzisionslandwirtschaft geführt, einer Praxis, die die landwirtschaftliche Produktion durch den Einsatz von Daten optimiert, um fundiertere Entscheidungen über Aussaat, Bewässerung, Düngung und Ernte zu treffen. Landwirte nutzen heute Daten von Satelliten, Drohnen, Bodensensoren und Wetterstationen, um das Pflanzenwachstum zu überwachen, den Ertrag vorherzusagen und die Ressourcennutzung wie Wasser und Dünger effizienter zu gestalten. Big-Data-Analysen ermöglichen es Landwirten, die besten Praktiken für verschiedene Bodentypen und klimatische Bedingungen zu identifizieren, was die Produktivität erhöht und die Umweltbelastung verringert. Big Data wird auch zur Überwachung und Vorhersage von Schädlingen und Krankheiten eingesetzt, was frühzeitige Eingriffe ermöglicht und Verluste minimiert.

In den Medien und der Unterhaltungsindustrie hat Big Data die Erstellung, Verbreitung und den Konsum von Inhalten verändert. Streaming-Plattformen wie Netflix und Spotify nutzen Big Data, um das Nutzerverhalten zu analysieren und personalisierte Inhaltsvorschläge zu machen, was die Abonnentenbindung verbessert und die Seh- oder Hörzeit erhöht. Datenanalysen ermöglichen es Medienunternehmen auch, die Programmierung und Verteilung von Inhalten basierend auf den Vorlieben des Publikums und aktuellen Konsumtrends zu optimieren. Big Data wird hier verwendet, um die Wirkung von Werbekampagnen zu messen, sodass Marken ihre Marketingstrategien anpassen können, um die Investitionsrendite zu maximieren.

Im Bildungswesen hat Big Data die Entwicklung adaptiver Lernsysteme ermöglicht, die das Bildungserlebnis für jeden Schüler personalisieren. Online-Lernplattformen sammeln Daten über die Leistung, Interaktionen und das Verhalten der Lernenden und verwenden diese Daten, um Inhalte, Schwierigkeitsgrad und Lerntempo anzupassen. Dies ermöglicht es Pädagogen, Bereiche zu identifizieren, in denen Schüler mehr Unterstützung benötigen, und personalisierte Ressourcen bereitzustellen, um das Lernen zu verbessern. Big Data wird verwendet, um Schulabbruchquoten zu analysieren, Erfolgsfaktoren zu identifizieren und effektivere Bildungspolitiken zu entwickeln.

Auch die Logistik und Lieferkette haben stark von Big Data profitiert. Logistikunternehmen nutzen Big Data, um Transportwege zu optimieren, Lagerbestände zu verwalten und die Nachfrage besser vorherzusagen. Echtzeitdaten über Verkehr, Wetterbedingungen und Lieferzeiten ermöglichen es Unternehmen, Fahrzeugrouten anzupassen, um Transportkosten zu senken und die Pünktlichkeit der Lieferungen zu verbessern. Hier wird Big Data eingesetzt, um die Transparenz der Lieferkette zu erhöhen, indem Unternehmen Produkte von der Produktion bis zur endgültigen Lieferung verfolgen können, was die Effizienz und Transparenz entlang der gesamten Lieferkette verbessert.

Im Energiesektor hat Big Data den Übergang zu erneuerbaren Energiequellen und die Optimierung des Energieeinsatzes erleichtert. Energieunternehmen nutzen Big Data, um den Energieverbrauch in Echtzeit zu analysieren, die Nachfrage vorherzusagen und die Produktion anzupassen, um Angebot und Nachfrage auszugleichen. Daten von intelligenten Sensoren und Stromzählern ermöglichen es den Unternehmen, den Betrieb von Stromnetzen zu optimieren und Energieverschwendung zu reduzieren. Big Data wird verwendet, um die Effizienz erneuerbarer Energien wie Solar- und Windkraft zu verbessern, indem die Energieerzeugung vorhergesagt und die Batteriespeicherung optimiert wird.

Auch der Verkehrssektor hat dank Big Data bedeutende Veränderungen erlebt. Öffentliche Verkehrsunternehmen nutzen Echtzeitdaten über Fahrzeugstandorte, Verkehrsströme und Fahrgastnachfrage, um Routen zu optimieren und die Serviceeffizienz zu steigern. Darüber hinaus war Big Data entscheidend für die Entwicklung autonomer Fahrzeuge, die auf die Erfassung und Analyse großer Datenmengen angewiesen sind, um sich sicher in komplexen Umgebungen zu bewegen. Big-Data-Analysen ermöglichen es Transportunternehmen auch, ihre Flotten besser zu verwalten, Wartungskosten zu senken und die Straßensicherheit zu verbessern.

Im Bereich der Sicherheit hat Big Data die Fähigkeit von Organisationen verbessert, Cyberbedrohungen zu erkennen und darauf zu reagieren. Auf Big Data basierende Cybersicherheitssysteme analysieren große Datenmengen in Echtzeit, um anomales Verhalten zu erkennen, das auf einen Angriff hindeuten könnte. Diese Systeme nutzen Machine Learning, um die Genauigkeit der Bedrohungserkennung kontinuierlich zu verbessern, sodass Organisationen schneller und effektiver auf Sicherheitsvorfälle reagieren können. Big Data wird auch zur Verbrechensprävention eingesetzt, indem Daten früherer Vorfälle analysiert werden, um Muster zu erkennen und potenzielle Straftaten vorherzusagen, was es den Strafverfolgungsbehörden ermöglicht, proaktive Maßnahmen zum Schutz der Gemeinschaften zu ergreifen.

Die Auswirkungen von Big Data auf verschiedene Branchen sind weitreichend und tiefgreifend und verändern die Art und Weise, wie Organisationen arbeiten, Entscheidungen treffen und Wert schaffen. Die Anwendungen von Big Data im Gesundheitswesen, Einzelhandel, in der Fertigung, im Finanzwesen, in der Landwirtschaft, den Medien, der Bildung, der Logistik, der Energie, dem Verkehr und der Sicherheit treiben Innovationen voran, die die Effizienz verbessern, Kosten senken und personalisierte sowie sicherere Erlebnisse für Kunden und Bürger ermöglichen.

3.6. Erfolgsbeispiele mit Big Data

Die Erfolgsbeispiele mit Big Data sind zahlreich und erstrecken sich über verschiedene Branchen. Sie zeigen, wie Organisationen Massendaten genutzt haben, um ihre Betriebsabläufe zu transformieren, die Kundenerfahrung zu verbessern, Innovationen bei Produkten und Dienstleistungen zu fördern und fundiertere Entscheidungen zu treffen. Diese Fälle verdeutlichen die Kraft von Big Data, greifbaren Mehrwert zu schaffen und einen bedeutenden Wettbewerbsvorteil zu bieten.

Im Bereich des E-Commerce ist Amazon eines der herausragendsten Beispiele für den Erfolg mit Big Data. Das Unternehmen hat ein ausgeklügeltes Empfehlungssystem entwickelt, das auf der Analyse großer Datenmengen über das Nutzerverhalten basiert. Dieses System schlägt den Kunden Produkte vor, basierend auf ihrem Kaufverlauf, früheren Suchanfragen und Surfverhalten, was die Konversionsraten und den durchschnittlichen Bestellwert deutlich erhöht hat. Darüber hinaus nutzt Amazon Big Data zur Optimierung seiner Lieferkette und Logistik, um sicherzustellen, dass Produkte zur richtigen Zeit am richtigen Ort verfügbar sind. Das Unternehmen setzt auch prädiktive Analysen ein, um die Produktnachfrage vorherzusagen und seinen Lagerbestand in Echtzeit anzupassen, wodurch Kosten gesenkt und die operative Effizienz gesteigert werden.

Ein weiteres Erfolgsbeispiel aus der Unterhaltungsindustrie ist Netflix. Die Streaming-Plattform hat Big Data genutzt, um die Art und Weise, wie Inhalte erstellt, verteilt und konsumiert werden, grundlegend zu verändern. Netflix sammelt und analysiert Daten über die Sehgewohnheiten seiner Nutzer, einschließlich der Art der Inhalte, die sie ansehen, wann sie diese ansehen, ob sie eine Serie oder einen Film vollständig ansehen und wie lange sie nach Inhalten suchen. Diese Informationen ermöglichen es Netflix, individuelle Inhaltsvorschläge zu machen, was die Kundenbindung deutlich verbessert hat. Zudem verwendet Netflix diese Daten, um fundierte Entscheidungen über die Produktion eigener Inhalte zu treffen. Ein bemerkenswertes Beispiel ist die Serie „House of Cards“, die weitgehend auf Basis von Datenanalysen entwickelt wurde, die zeigten, dass Nutzer politische Dramen mit Kevin Spacey bevorzugen. Die Serie wurde ein voller Erfolg und bestätigte den datengestützten Ansatz von Netflix bei der Content-Produktion.

In der Gesundheitsbranche ist der Fall von IBM Watson ein herausragendes Beispiel dafür, wie Big Data zur Verbesserung der medizinischen Versorgung eingesetzt werden kann. IBM Watson ist eine KI-Plattform, die große Mengen medizinischer Daten analysiert, darunter wissenschaftliche Studien, elektronische Krankenakten und genomische Daten, um Ärzten bei der Entscheidungsfindung in der Patientenbehandlung zu helfen. Watson wurde beispielsweise in der Onkologie eingesetzt, um die Daten von Krebspatienten zu analysieren und personalisierte Behandlungsoptionen auf Basis der Genetik des Tumors und der neuesten medizinischen Literatur vorzuschlagen. Dieser Ansatz hat es Ärzten ermöglicht, effektivere und individuellere Behandlungen anzubieten, was die Ergebnisse für die Patienten verbessert hat. Watson wurde auch genutzt, um die medizinische Forschung zu beschleunigen, indem es Wissenschaftler bei der Identifikation neuer Zusammenhänge zwischen Genen und Krankheiten unterstützt hat, was zur Entwicklung neuer Therapien führen kann.

Im Finanzsektor hat JP Morgan Chase Big Data implementiert, um die Betrugserkennung und das Risikomanagement zu verbessern. Das Unternehmen nutzt fortschrittliche Datenanalysealgorithmen, um Millionen von Transaktionen in Echtzeit zu überwachen und Verhaltensmuster zu erkennen, die auf betrügerische Aktivitäten hindeuten könnten. Diese Algorithmen können verdächtige Transaktionen schnell identifizieren, wie unautorisierte Zugriffsversuche oder ungewöhnliche Geldüberweisungen, und automatisch Alarme für die Sicherheitsabteilungen auslösen. Darüber hinaus nutzt JP Morgan Chase Big Data zur Bewertung der Kreditwürdigkeit von Kunden, indem historische Daten und finanzielle Verhaltensmuster analysiert werden, um die Wahrscheinlichkeit eines Zahlungsausfalls vorherzusagen. Dies hat dem Unternehmen geholfen, Betrugsverluste zu reduzieren und die Genauigkeit bei der Risikobewertung zu erhöhen, wodurch seine Position im Finanzmarkt gestärkt wurde.

Im Bereich der Landwirtschaft ist der Fall von John Deere ein herausragendes Beispiel dafür, wie Big Data die traditionelle Landwirtschaft in eine Präzisionslandwirtschaft verwandeln kann. John Deere hat eine Big-Data-Plattform namens FarmSight entwickelt, die Echtzeitdaten von landwirtschaftlichen Geräten, Feldsensoren und Wetterdaten sammelt. Diese Daten werden analysiert, um Landwirten detaillierte Informationen über Bodenbedingungen, Pflanzenwachstum sowie Bewässerungs- und Düngungsbedarf zu liefern. Mit diesen Informationen können Landwirte fundiertere Entscheidungen bei der Bewirtschaftung ihrer Felder treffen, was zu einer höheren Produktivität und einem geringeren Einsatz von Ressourcen wie Wasser und Düngemitteln geführt hat. FarmSight ermöglicht es den Landwirten auch, die Leistung ihrer Maschinen in Echtzeit zu überwachen und vorausschauende Wartung zu planen, was die Ausfallzeiten und Betriebskosten reduziert.

Im Energiesektor hat General Electric (GE) Big Data eingesetzt, um die Leistung seiner Windturbinen zu optimieren. GE hat eine Analyseplattform namens Predix entwickelt, die in Echtzeit Daten von Sensoren sammelt, die an den Windturbinen installiert sind. Diese Daten umfassen Informationen über Windgeschwindigkeit, Vibrationen der Rotorblätter, Temperatur und Energieerzeugung. Predix analysiert diese Daten, um die Leistung jeder Turbine zu optimieren, indem es automatisch die Ausrichtung der Rotorblätter und die Drehgeschwindigkeit anpasst, um die Energiegewinnung zu maximieren. Darüber hinaus sagt die Plattform vorher, wann mit Ausfällen bei Turbinenkomponenten zu rechnen ist, sodass Wartungsarbeiten durchgeführt werden können, bevor ein Defekt auftritt, wodurch die Wartungskosten gesenkt und die Betriebseffizienz erhöht werden. Der Einsatz von Big Data hat es GE ermöglicht, die Effizienz und Rentabilität seiner Windparks zu steigern und sich als führendes Unternehmen im Bereich erneuerbare Energien zu positionieren.

Walmart, der Gigant im Einzelhandel, ist ein weiteres Erfolgsbeispiel für Big Data. Das Unternehmen nutzt Big Data, um seine Abläufe umfassend zu optimieren, von der Lieferkette bis zur Kundenerfahrung. Walmart analysiert große Datenmengen zu Verkäufen, Lagerbeständen und Kundenverhalten, um die Produktnachfrage vorherzusagen und seine Bestände in Echtzeit anzupassen. Dies hat es Walmart ermöglicht, Lagerkosten zu senken und Ausverkäufe zu minimieren, sodass Produkte verfügbar sind, wenn Kunden sie benötigen. Darüber hinaus verwendet Walmart Big Data, um Online-Angebote und Werbeaktionen zu personalisieren, basierend auf den Vorlieben und dem Kaufverhalten jedes einzelnen Kunden. Dieser Ansatz hat die Kundenbindung erheblich verbessert und sowohl den Online- als auch den stationären Umsatz gesteigert.

Im Transportsektor hat UPS mit Big Data durch sein System ORION (On-Road Integrated Optimization and Navigation) bemerkenswerte Erfolge erzielt. ORION ist eine Routenoptimierungsplattform, die Big Data nutzt, um Millionen von Datenpunkten wie Lieferadressen, Verkehrsbedingungen und Zeitbeschränkungen zu analysieren und die effizientesten Lieferrouten für UPS-Fahrer zu entwerfen. Das System wird in Echtzeit aktualisiert, sodass Fahrer ihre Routen spontan an geänderte Verkehrsbedingungen oder neue Lieferanfragen anpassen können. Seit der Einführung von ORION konnte UPS den Kraftstoffverbrauch, die Betriebskosten und den CO_2-Ausstoß deutlich senken, während gleichzeitig die Pünktlichkeit der Lieferungen und die Kundenzufriedenheit verbessert wurden.

Im Bereich der Telekommunikation hat Verizon Big Data eingesetzt, um die Netzqualität und das Kundenerlebnis zu verbessern. Das Unternehmen sammelt und analysiert große Datenmengen über die Netzleistung, die Gerätenutzung und das Kundenverhalten, um Probleme proaktiv zu erkennen und zu beheben. Verizon kann beispielsweise Gebiete mit schlechter Netzabdeckung identifizieren und Maßnahmen zur Verbesserung ergreifen, wie die Installation neuer Mobilfunkmasten oder die Optimierung vorhandener Antennen. Darüber hinaus nutzt Verizon Big Data, um Serviceangebote und Tarife zu personalisieren, basierend auf der Nutzung und den Vorlieben jedes Kunden, was die Kundenbindung verbessert und den durchschnittlichen Umsatz pro Nutzer erhöht hat.

Toyota hat in der Automobilindustrie Big Data eingeführt, um vernetzte Fahrzeuge zu entwickeln, die ein besseres Fahrerlebnis bieten und die Verkehrssicherheit erhöhen. Die vernetzten Fahrzeuge von Toyota sammeln in Echtzeit Daten über das Fahrverhalten, die Straßenbedingungen und die Fahrzeugleistung. Diese Daten werden analysiert, um dem Fahrer Empfehlungen zu geben, etwa Wartungshinweise oder alternative Routen bei Verkehrsproblemen. Toyota nutzt Big Data auch zur Verbesserung des Fahrzeugdesigns und der Produktion, indem Nutzungs- und Leistungsdaten analysiert werden, die zur Optimierung zukünftiger Modelle beitragen. Darüber hinaus ermöglicht die Big-Data-Analyse Toyota die Entwicklung fortschrittlicherer autonomer Fahrtechnologien, wodurch Sicherheit und Effizienz im Straßenverkehr erhöht werden.

Diese Beispiele zeigen, wie Big Data erfolgreich in verschiedenen Branchen implementiert wurde, um die betriebliche Effizienz zu steigern, die Kundenerfahrung zu personalisieren, Produkte und Dienstleistungen zu optimieren und einen Wettbewerbsvorteil zu erzielen. Unternehmen, die Big Data eingeführt haben, konnten ihre Abläufe transformieren und neue Wachstumsmöglichkeiten entdecken und sich in einem zunehmend datengetriebenen Wettbewerbsumfeld hervorheben.

3.7. Zukunft von Big Data

Die Zukunft von Big Data stellt sich als ein fruchtbarer Boden für Innovation und Transformation dar, mit technologischen und methodologischen Entwicklungen, die versprechen, die Art und Weise neu zu definieren, wie Organisationen Daten erfassen, speichern, verarbeiten und nutzen. Da die Menge der erzeugten Daten weiterhin exponentiell wächst, wird sich der zukünftige Fokus von Big Data auf die Fähigkeit konzentrieren, diese Informationsflut effizienter, sicherer und effektiver zu verwalten, während gleichzeitig der Wert, der aus den Daten abgeleitet wird, maximiert wird. Es gibt mehrere aufkommende Trends, die formen, was wir in den nächsten Jahren im Bereich Big Data erwarten können.

Der Aufstieg des Quantencomputings verspricht ebenfalls, einen tiefgreifenden Einfluss auf die Zukunft von Big Data zu haben. Obwohl sich diese Technologie noch in einem frühen Entwicklungsstadium befindet, bietet das Quantencomputing die Möglichkeit, Berechnungen und Datenanalysen mit Geschwindigkeiten durchzuführen, die mit klassischen Computern unmöglich wären. Dies würde die Lösung äußerst komplexer Probleme ermöglichen, wie zum Beispiel die Simulation von Molekülen zur Medikamentenentwicklung oder die Optimierung globaler Lieferketten, in deutlich kürzerer Zeit. Mit der Reifung der Quantencomputertechnologie ist es wahrscheinlich, dass wir deren Integration in Big-Data-Systeme sehen werden, um Herausforderungen anzugehen, die derzeit jenseits unserer rechnerischen Fähigkeiten liegen.

Datenschutz und Datensicherheit werden auch in Zukunft ein zentrales Thema im Bereich Big Data bleiben. Während Organisationen immer größere Datenmengen erfassen und speichern, wird der Schutz dieser Informationen vor unbefugtem Zugriff und Sicherheitslücken eine Priorität sein. Neue Technologien wie homomorphe Verschlüsselung und Datenschutztechniken wie Differential Privacy ermöglichen es Organisationen, sensible Daten zu analysieren, ohne die Privatsphäre der Individuen zu gefährden. Diese Verfahren werden entwickelt, um die Verarbeitung und Analyse verschlüsselter Daten zu ermöglichen, sodass persönliche Informationen auch während ihrer Nutzung zur Gewinnung wertvoller Erkenntnisse sicher bleiben.

Der zunehmende Einsatz von Cloud-basierten Big-Data-Plattformen ist ein weiterer Trend, der die Zukunft prägen wird. Die Flexibilität, Skalierbarkeit und reduzierten Kosten von Cloud-Lösungen haben dazu geführt, dass immer mehr Organisationen ihre Datenoperationen in die Cloud verlagern. Cloud-Service-Anbieter verbessern ständig ihre Big-Data-Angebote, einschließlich fortgeschrittener Analysefunktionen, Integration von KI und Machine Learning sowie Massenspeicherdiensten.

Ein weiterer Punkt, über den viel gesprochen wird, ist das Konzept der Data Lakes, das bereits an Bedeutung gewonnen hat und sich weiterentwickeln und an die sich verändernden Anforderungen der Big-Data-Analyse anpassen wird. Data Lakes ermöglichen es, große Mengen an Daten im ursprünglichen und unstrukturierten Format zu speichern, was eine flexiblere und zugänglichere Analyse erleichtert.

Parallel dazu wird Data Governance zu einem zentralen Anliegen, während Organisationen sich in einem zunehmend komplexen regulatorischen

Umfeld bewegen. Die Notwendigkeit, Datenschutzgesetze wie die Datenschutz-Grundverordnung (DSGVO) in Europa und den California Consumer Privacy Act (CCPA) in den Vereinigten Staaten einzuhalten, wird die Einführung strengerer Data-Governance-Richtlinien vorantreiben. Organisationen müssen robuste Data-Governance-Frameworks implementieren, die nicht nur die Einhaltung gesetzlicher Vorschriften gewährleisten, sondern auch die Qualität, Integrität und Verfügbarkeit von Daten im gesamten Unternehmen optimieren.

Ein weiterer aufkommender Trend ist die Datenmonetarisierung. Während Organisationen große Mengen an Daten ansammeln, erkennen sie zunehmend, dass Daten selbst ein wertvolles Gut darstellen, das kommerzialisiert werden kann. Die Monetarisierung von Daten kann viele Formen annehmen, von der direkten Datenveräußerung an Dritte bis hin zur Entwicklung neuer Produkte und Dienstleistungen, die auf der Datenanalyse basieren. Datenmarktplätze entstehen als neuer Markt, auf dem Unternehmen Daten sicher und kontrolliert kaufen, verkaufen oder tauschen können, wodurch neue Einnahmequellen generiert werden.

Darüber hinaus ist die branchenübergreifende Zusammenarbeit im Bereich Big Data ein Trend, der wahrscheinlich an Bedeutung gewinnen wird. Branchen beginnen, den Wert des Datenaustauschs zu erkennen, um vollständigere und präzisere Einblicke zu gewinnen. Diese Zusammenarbeit kann zu Innovationen führen, die mehreren Sektoren zugutekommen. Beispielsweise können Mobilitätsdaten aus der Automobilindustrie für die Bereiche Verkehr, Stadtplanung und Umwelt von großem Wert sein und dazu beitragen, intelligentere und nachhaltigere Städte zu entwickeln.

Fortgeschrittene Automatisierung, angetrieben durch Big Data, ist eine Richtung, in die viele Organisationen investieren. Automatisierung beschränkt sich nicht nur auf die Fertigung oder IT-Operationen, sondern erstreckt sich auf Entscheidungsprozesse in Bereichen wie Marketing, Finanzen und Talentmanagement, also im Grunde Personalwesen. Dieser Trend zur fortgeschrittenen Automatisierung schafft ein agileres und dynamischeres Geschäftsumfeld, in dem Entscheidungen schnell auf der Grundlage präziser und aktueller Daten getroffen werden können.

4. Technologien und Werkzeuge von Big Data

Seit Beginn des Buches spreche ich über Techniken, Werkzeuge und Technologien im Zusammenhang mit Big Data, aber jetzt werden wir sie eingehender betrachten. Wie ich zu Beginn sagte, werden wir uns alles Schritt für Schritt ansehen, damit du dich an sie „gewöhnen" kannst. Die Technologien und Werkzeuge von Big Data waren entscheidend, damit Unternehmen und Organisationen die große Menge an in der digitalen Ära generierten Daten verwalten, analysieren und daraus Wert schöpfen konnten. Wie du hoffentlich bereits erkennen konntest, decken diese Technologien ein breites Spektrum ab, vom Speichern und Verarbeiten der Daten bis hin zu deren Analyse und Visualisierung, jede mit spezifischen Eigenschaften, die sie für unterschiedliche Anwendungsfälle geeignet machen. Dieser Abschnitt dient als Fenster zu den Schlüsselelementen des technologischen Big-Data-Ökosystems.

In den letzten Jahren hat das exponentielle Wachstum der Daten den Bedarf an technologischen Lösungen vorangetrieben, die in der Lage sind, massive Informationsmengen zu bewältigen. Während Unternehmen und Organisationen jeder Art versuchen, ihre Daten zur Erlangung von Wettbewerbsvorteilen zu nutzen, ist die Nachfrage nach Technologien, die diese Daten effizient speichern, verarbeiten und analysieren können, dramatisch gestiegen. Der Wettbewerb in diesem Bereich ist sehr intensiv.

Einer der Grundpfeiler der Big-Data-Technologien ist die Speicherinfrastruktur. Mit dem Anstieg der Datenmengen mussten sich Speichertechnologien anpassen, um skalierbare, langlebige und zugängliche Lösungen anzubieten. Anfangs wurden Daten auf physischen Servern gespeichert, die sich in den Einrichtungen der Organisationen befanden, aber mit der Zeit haben sich verteilte Architekturen, wie verteilte Dateisysteme und Cloud-Speicherlösungen, durchgesetzt. Diese Technologien ermöglichen es Organisationen, große Datenmengen an mehreren geografischen Standorten zu speichern, gewährleisten Redundanz und Verfügbarkeit und optimieren gleichzeitig Kosten und Skalierbarkeit je nach Bedarf.

Die Datenverarbeitung ist eine weitere Komponente innerhalb des Big-Data-Ökosystems. Die Geschwindigkeit, mit der Daten verarbeitet werden müssen, ist ein kritischer Faktor, insbesondere bei der Arbeit mit Echtzeit-Datenströmen. Traditionelle Datenbank- und Datenverarbeitungstechnologien konnten nicht angemessen skalieren, um diesen neuen Anforderungen gerecht zu werden, was zur Entwicklung neuer Verarbeitungsparadigmen führte. Die verteilte Verarbeitung, angetrieben durch Technologien wie Apache Hadoop und Apache Spark, hat es ermöglicht, große Datensätze parallel über Cluster von Computern zu verarbeiten. Diese Werkzeuge sind zum Rückgrat der Big-Data-Verarbeitung geworden und bieten die Fähigkeit, groß angelegte Verarbeitungsaufgaben schneller und effizienter zu bewältigen.

Neben Speicherung und Verarbeitung spielen Datenanalysetools eine entscheidende Rolle im Big-Data-Ökosystem. Diese Werkzeuge wurden entwickelt, um Muster, Trends und verborgene Erkenntnisse in großen

Datenmengen zu entdecken. Die Analyse kann von beschreibender Analyse, die einen Überblick über historische Daten gibt, bis hin zu prädiktiver und präskriptiver Analyse reichen, die helfen, zukünftige Ereignisse vorherzusagen und Handlungsempfehlungen zu geben. Big-Data-Analysetools wie Tableau, QlikView und Power BI ermöglichen es den Nutzern, Daten auf intuitive Weise zu visualisieren, was die Interpretation komplexer Ergebnisse und die datenbasierte Entscheidungsfindung erleichtert.

Eine weitere wichtige Kategorie innerhalb der Big-Data-Technologien sind NoSQL-Datenbanken. Im Gegensatz zu traditionellen relationalen Datenbanken, die in Tabellen strukturiert sind und sich auf die Abfragesprache SQL stützen, wurden NoSQL-Datenbanken entwickelt, um unstrukturierte und semi-strukturierte Daten wie Text, Bilder und Dokumente zu verwalten. Diese Datenbanken sind hoch skalierbar und flexibel, was sie ideal für moderne Anwendungen macht, die große Mengen diversifizierter Daten erfordern. Beispiele für NoSQL-Datenbanken sind MongoDB, Cassandra und Couchbase, jede optimiert für unterschiedliche Arten von Arbeitslasten und Speicheranforderungen.

Die Datenintegration ist ein weiteres kritisches Gebiet innerhalb des Big-Data-Ökosystems. Da Daten aus unterschiedlichen Quellen, Formaten und Systemen stammen, ist die Fähigkeit, diese effizient zu integrieren, entscheidend, um eine einheitliche und konsistente Sichtweise zu erhalten. Datenintegrationswerkzeuge wie Apache Kafka und Apache NiFi ermöglichen es Organisationen, Daten zwischen Systemen reibungslos zu übertragen und zu transformieren und stellen sicher, dass die Daten zum richtigen Zeitpunkt für Analysen verfügbar sind. Diese Werkzeuge sind grundlegend für den Aufbau von Datenpipelines, die Echtzeitanalyse und fundierte Entscheidungsfindung unterstützen.

Mit dem kontinuierlichen Sammeln und Speichern wachsender Datenmengen wird der Schutz dieser Daten vor unautorisiertem Zugriff, Verlust oder Beschädigung zunehmend kritisch. Datensicherheitstechnologien wie Verschlüsselung, Tokenisierung und Zugriffskontrolle werden implementiert, um sicherzustellen, dass Daten in allen Phasen ihres Lebenszyklus geschützt sind. Data Governance stellt sicher, dass die Daten genau, konsistent und für diejenigen zugänglich sind, die sie benötigen, während sie gleichzeitig den gesetzlichen Vorschriften und internen Richtlinien entsprechen.

Die Entwicklung der Big-Data-Technologien hat auch zur Entstehung integrierter Plattformen geführt, die mehrere Funktionen in einer einheitlichen Lösung kombinieren. Diese Plattformen, wie AWS Big Data, Google Cloud Big Data und Azure Synapse Analytics, bieten ein vollständiges Set an Werkzeugen für die Speicherung, Verarbeitung, Analyse und Verwaltung von Daten. Durch die Zentralisierung dieser Fähigkeiten in einer Plattform können Organisationen ihre Datenoperationen vereinfachen, die Komplexität reduzieren und die Zeit bis zur Wertschöpfung aus ihren Daten verkürzen.

Dieser allgemeine Überblick über die Technologien und Werkzeuge von Big Data bildet die Grundlage für eine detailliertere Untersuchung der spezifischen Kategorien, die dieses Ökosystem ausmachen. In den folgenden Unterabschnitten werden die Speicherlösungen, Datenverarbeitungswerkzeuge, Analyseplattformen, NoSQL-Datenbanken, Datenintegrationstechnologien sowie Sicherheits- und Governanceaspekte im Detail betrachtet, die es Organisationen ermöglichen, das volle Potenzial ihrer Daten im digitalen Zeitalter auszuschöpfen.

4.1. Hadoop und sein Ökosystem

4.1.1. Architektur von Hadoop

Die Architektur von Hadoop ist einer der Grundpfeiler des Big-Data-Ökosystems, entwickelt zur Verarbeitung großer Datenmengen, die über mehrere Server verteilt sind. Hadoop wurde geschaffen, um die Einschränkungen traditioneller Datenverarbeitungssysteme zu überwinden, die nicht effizient skaliert werden konnten, um mit der Größe und Komplexität der in der digitalen Ära erzeugten Daten umzugehen. Die Architektur von Hadoop besteht aus mehreren Schlüsselkomponenten, die zusammenarbeiten, um eine skalierbare, flexible und widerstandsfähige Plattform für die Speicherung und Verarbeitung von Daten bereitzustellen.

Im Kern basiert Hadoop auf einer verteilten Architektur, die es ermöglicht, Daten über ein Cluster von Servern, sogenannten Nodes, zu speichern und zu verarbeiten. Diese Architektur ist darauf ausgelegt, häufige Hardwareausfälle in großskaligen Rechenumgebungen zu bewältigen, wodurch sichergestellt wird, dass das System auch dann weiter funktioniert, wenn einige Nodes ausfallen. Dies wird durch Datenreplikation und verteilte Aufgabenverarbeitung erreicht, wodurch Hadoop jederzeit die Verfügbarkeit und Integrität der Daten aufrechterhalten kann.

Die erste grundlegende Komponente der Hadoop-Architektur ist das Hadoop Distributed File System (HDFS). HDFS ist das verteilte Dateisystem, das es ermöglicht, große Datenmengen redundant auf mehreren Nodes des Clusters zu speichern. HDFS unterteilt große Dateien in kleinere Blöcke und verteilt sie auf die Nodes, wobei jeder Block auf mehreren Nodes repliziert wird, um Zuverlässigkeit und Datenverfügbarkeit zu gewährleisten. Standardmäßig erstellt HDFS drei Kopien jedes Blocks und speichert sie auf unterschiedlichen Nodes, um das Risiko eines Datenverlusts durch Hardwareausfälle zu minimieren.

HDFS besteht aus zwei Haupttypen von Nodes: dem NameNode und den DataNodes. Der NameNode ist der Master-Node, der die Struktur des Dateisystems verwaltet und eine Aufzeichnung darüber führt, wo sich die Blöcke jeder Datei in den DataNodes befinden. Er fungiert als zentrales Verzeichnis, das es Benutzern und Anwendungen ermöglicht, Daten im Cluster zu lokalisieren und darauf zuzugreifen. Da der NameNode ein Single Point of Failure ist, implementiert Hadoop einen sekundären NameNode, der regelmäßig Sicherungskopien des Zustands des Dateisystems erstellt, um die Auswirkungen eines Ausfalls des primären NameNode zu minimieren.

Die DataNodes hingegen sind die Arbeitsknoten, die die Datenblöcke physisch speichern und Lese- und Schreibvorgänge auf ihnen ausführen. Jeder DataNode kommuniziert regelmäßig mit dem NameNode, berichtet über den Status der von ihm gespeicherten Blöcke und empfängt Anweisungen zu auszuführenden Operationen. Die DataNodes sind außerdem für die Replikation von Datenblöcken verantwortlich, wenn ein Node ausfällt, um sicherzustellen, dass immer genügend Kopien im Cluster vorhanden sind.

Die zweite Schlüsselkomponente der Hadoop-Architektur ist die MapReduce-Verarbeitungsengine. MapReduce ist das Programmiermodell, das es ermöglicht, große verteilte Datensätze parallel in einem Node-Cluster zu verarbeiten. Das Modell basiert auf zwei Hauptphasen: der Map-Phase und der Reduce-Phase. In der Map-Phase werden die Eingangsdaten in kleinere Fragmente unterteilt, die parallel auf den Nodes im Cluster verarbeitet werden. Jeder Node wendet eine Mapping-Funktion auf seine Datenfragmente an und erzeugt Schlüssel-Wert-Paare als Zwischenergebnis. In der Reduce-Phase werden die erzeugten Schlüssel-Wert-Paare gruppiert und verarbeitet, um das Endergebnis zu erzeugen, das anschließend wieder in HDFS geschrieben wird.

Die MapReduce-Verarbeitungsengine wird von zwei Haupttypen von Nodes verwaltet: dem JobTracker und den TaskTrackern. Der JobTracker ist der Master-Node, der die Ausführung von MapReduce-Aufgaben im gesamten Cluster koordiniert. Er empfängt Jobanfragen von Benutzern, unterteilt die Arbeit in kleinere Aufgaben und weist sie den TaskTrackern zu, den Arbeitsknoten, die die Mapping- und Reduktionsaufgaben auf den Daten ausführen. Der JobTracker überwacht außerdem den Fortschritt jeder Aufgabe und weist Aufgaben bei Ausfällen oder Nichterreichbarkeit eines TaskTrackers neu zu.

Die TaskTracker sind, ähnlich wie die DataNodes in HDFS, für die Ausführung der zugewiesenen Aufgaben und die Berichterstattung über deren

Fortschritt an den JobTracker verantwortlich. Jeder TaskTracker verwaltet eine Reihe paralleler Aufgaben unter Nutzung der Ressourcen des Nodes, auf dem er ausgeführt wird, um die Daten effizient zu verarbeiten. Am Ende der Mapping-Phase speichern die TaskTracker die Zwischenergebnisse vorübergehend auf ihren lokalen Festplatten, bevor sie an die Nodes gesendet werden, die die Reduktionsaufgaben ausführen. Dieser verteilte und parallele Ansatz ermöglicht es Hadoop, große Datenmengen schnell und effizient zu verarbeiten, selbst in Clustern mit Tausenden von Nodes.

Neben HDFS und MapReduce umfasst die Architektur von Hadoop mehrere weitere Komponenten, die seine Fähigkeiten erweitern und eine flexiblere und fortschrittlichere Datenverarbeitung ermöglichen. Zu diesen Komponenten gehören Apache Pig und Apache Hive, die Hochsprachen für die Datenmanipulation und -abfrage in Hadoop bereitstellen. Pig verwendet eine Sprache namens Pig Latin, die es Benutzern ermöglicht, komplexe Datenverarbeitungsflüsse deklarativ zu definieren, ohne detaillierten MapReduce-Code schreiben zu müssen. Hive hingegen bietet eine Abstraktionsschicht über Hadoop, die es Benutzern ermöglicht, SQL-Abfragen auf den in HDFS gespeicherten Daten auszuführen, was den Zugang zu den Daten für diejenigen erleichtert, die mit der SQL-Sprache vertraut sind.

Eine weitere wichtige Komponente ist Apache HBase, eine verteilte NoSQL-Datenbank, die auf HDFS läuft und für die Verarbeitung großer Mengen strukturierter und semi-strukturierter Daten konzipiert ist. HBase ermöglicht den schnellen und Echtzeitzugriff auf große Datensätze, was sie ideal für Anwendungen macht, die häufige Lese- und Schreibzugriffe auf große Datentabellen erfordern. HBase ergänzt die Architektur von Hadoop, indem es eine hoch skalierbare und effiziente Speicherlösung für Daten bietet, die nicht gut in das Datei-Modell von HDFS passen.

Erwähnenswert ist auch YARN (Yet Another Resource Negotiator), eine Schlüsselkomponente von Hadoop, die für das Ressourcenmanagement und die Aufgabenplanung im Cluster verantwortlich ist. YARN ermöglicht es Hadoop, mehrere Verarbeitungsengines wie MapReduce und Spark im selben Cluster zu unterstützen, was die Flexibilität und Ressourcennutzung verbessert. YARN verwaltet die Zuweisung von Ressourcen wie CPU und Speicher an die verschiedenen Anwendungen, die im Cluster ausgeführt werden, und stellt sicher, dass die Aufgaben effizient und ohne Störungen abgeschlossen werden.

Die Architektur von Hadoop ist darauf ausgelegt, hochgradig erweiterbar zu sein, was die Integration einer breiten Palette von Werkzeugen und Technologien in sein Ökosystem ermöglicht hat. Diese Erweiterbarkeit hat Hadoop zu einer zentralen Plattform in der Welt von Big Data gemacht, die eine Vielzahl von Anwendungsfällen und Anwendungen in verschiedenen

Branchen unterstützt. Die Fähigkeit von Hadoop, horizontal zu skalieren, Ausfälle zu bewältigen und große Datenmengen effizient zu verarbeiten, hat es zu einem unverzichtbaren Werkzeug für Organisationen gemacht, die die Möglichkeiten von Big Data nutzen wollen, um ihre Abläufe zu verbessern und fundiertere Entscheidungen zu treffen.

Die Kombination von HDFS für verteilte Speicherung, MapReduce für parallele Verarbeitung und einer Reihe zusätzlicher Werkzeuge für die Datenmanipulation und -abfrage macht die Architektur von Hadoop zu einer leistungsstarken und vielseitigen Lösung für die Bewältigung der Herausforderungen von Big Data.

4.1.2. HDFS (Hadoop Distributed File System)

Nun werden wir HDFS im Detail betrachten. Es wurde speziell dafür entwickelt, große Datenmengen in einer verteilten Umgebung zu verwalten. HDFS ist vom Google File System inspiriert und hat sich zu einer der wichtigsten Technologien für die Speicherung und Verwaltung von Daten im Zeitalter von Big Data entwickelt. Das Design konzentriert sich auf hohe Verfügbarkeit, Skalierbarkeit und Fehlertoleranz – entscheidende Aspekte beim Umgang mit großen Datenmengen in Computer-Clustern.

Das Design von HDFS basiert auf der Idee, dass Daten in Blöcken gespeichert werden, die über mehrere Knoten in einem Cluster verteilt sind. Diese Verteilung ermöglicht einen effizienten Datenzugriff und sorgt dafür, dass das System übliche Hardwareausfälle verkraften kann, ohne Daten zu verlieren oder den Betrieb zu unterbrechen. Die Fähigkeit von HDFS, mit Ausfällen umzugehen, ist eines seiner herausragendsten Merkmale und wird durch die Replikation von Datenblöcken auf verschiedenen Knoten des Clusters ermöglicht.

In HDFS werden große Dateien in Blöcke fester Größe unterteilt – standardmäßig 128 Megabyte, wobei diese Größe je nach den spezifischen Anforderungen der Anwendung konfigurierbar ist. Diese Blöcke werden auf verschiedene Knoten des Clusters verteilt, die als DataNodes bezeichnet werden. Jeder Block wird auf mehreren DataNodes repliziert (normalerweise drei), was sicherstellt, dass die Daten auch dann verfügbar bleiben, wenn einer oder mehrere Knoten ausfallen. Diese Replikation ist entscheidend für die Ausfallsicherheit des Systems, da sie garantiert, dass bei einem Hardwareausfall keine Daten verloren gehen.

Das HDFS-System ist in einer Master-Slave-Architektur organisiert, wobei der Master-Knoten, der sogenannte NameNode, die Metadaten des Dateisystems verwaltet, während die DataNodes für die physische

Speicherung der Daten verantwortlich sind. Der NameNode führt ein Verzeichnis über die Position jedes Datenblocks im System sowie über wichtige Informationen zur Struktur der in HDFS gespeicherten Dateien und Verzeichnisse. Dieses Verzeichnis wird im Speicher des NameNode gehalten, was einen schnellen Zugriff auf die Informationen bei Lese- oder Schreiboperationen in HDFS ermöglicht.

Der NameNode ist eine kritische Komponente in der HDFS-Architektur, da das System ohne ihn nicht funktionsfähig ist. Dieses Design bringt jedoch eine Herausforderung mit sich: Der NameNode ist ein Single Point of Failure. Um dieses Risiko zu mindern, ermöglicht Hadoop, wie wir bereits gesehen haben, die Implementierung eines Secondary NameNode, der regelmäßig Sicherungskopien der Metadaten des primären NameNode anfertigt. Auch wenn der Secondary NameNode den NameNode im Falle eines Ausfalls nicht direkt ersetzen kann, ist seine Funktion entscheidend für die Systemwiederherstellung, da er die Wiederherstellung der Metadaten bei einem Neustart des Systems ermöglicht.

Die DataNodes wiederum speichern die Datenblöcke und sind für Lese- und Schreiboperationen verantwortlich. Jeder DataNode kommuniziert regelmäßig mit dem NameNode und berichtet über die gespeicherten Blöcke und deren Zustand. Wenn der NameNode erkennt, dass ein DataNode ausgefallen ist, weist er andere DataNodes an, die auf dem ausgefallenen Knoten gespeicherten Blöcke zu replizieren, um sicherzustellen, dass die Anzahl der Replikate auf dem gewünschten Niveau bleibt.

Ein zentrales Merkmal von HDFS ist seine Fähigkeit, Lese- und Schreiboperationen effizient in einer verteilten Umgebung zu verwalten. Wenn ein Client eine Datei aus HDFS lesen möchte, kontaktiert er zunächst den NameNode, um den Speicherort der Datei-Blöcke zu erfahren. Sobald der Client diese Information hat, verbindet er sich direkt mit den entsprechenden DataNodes, um die Datenblöcke zu lesen. Dieser Ansatz ermöglicht das parallele Lesen von Daten, was die Geschwindigkeit und Effizienz der Lesevorgänge erheblich verbessert.

Was die Schreiboperationen betrifft, so wird beim Schreiben einer Datei in HDFS die Datei in Blöcke unterteilt, die dann an die DataNodes zur Speicherung gesendet werden. Der Client fordert zunächst vom NameNode eine Liste von DataNodes an, auf denen jeder Block gespeichert werden soll. Anschließend sendet der Client den Datenblock an den ersten DataNode in der Liste, der ihn speichert und an den nächsten DataNode weiterleitet – und so weiter, bis alle Replikate vollständig sind. Dieser Kettenprozess stellt sicher, dass die Daten effizient verteilt werden und die Konsistenz der Replikate erhalten bleibt.

HDFS enthält auch einen Mechanismus zur automatischen Fehlererkennung, der als Heartbeats bekannt ist. Die DataNodes senden regelmäßig Heartbeat-Signale an den NameNode, um anzuzeigen, dass sie ordnungsgemäß funktionieren. Wenn ein DataNode innerhalb eines bestimmten Zeitraums kein Heartbeat sendet, markiert der NameNode ihn als ausgefallen und aktiviert die Replikation der auf diesem Knoten gespeicherten Blöcke auf andere verfügbare DataNodes. Dieser automatische Wiederherstellungsprozess ist entscheidend für die Aufrechterhaltung der Datenverfügbarkeit und -integrität in einem Hadoop-Cluster.

Ein weiteres wichtiges Merkmal von HDFS ist seine Fähigkeit, große Datensätze und Dateien effizient zu verwalten. Da HDFS für die Speicherung großer Dateien konzipiert ist, eignet es sich besonders für Anwendungen, die große Datenmengen erzeugen oder verarbeiten, wie Big-Data-Analysen, Data Mining und Machine Learning. Darüber hinaus ist HDFS für sequenzielle Lese- und Schreibvorgänge optimiert, was es ideal für Arbeitslasten macht, bei denen Daten in großen Blöcken verarbeitet werden, etwa bei der Verarbeitung von Serverprotokollen oder der Datenaggregation.

Die Skalierbarkeit von HDFS ist ein weiterer großer Vorteil. Mit zunehmendem Bedarf an Speicher- und Rechenkapazität können dem Cluster weitere Knoten hinzugefügt werden, um die Speicherfähigkeit und die Systemleistung zu erhöhen. Diese horizontale Skalierung ist entscheidend, um dem exponentiellen Datenwachstum in modernen Organisationen gerecht zu werden. Zudem ist HDFS so konzipiert, dass es auf handelsüblicher, nicht spezialisierter Hardware betrieben werden kann, was es Organisationen ermöglicht, skalierbare und kostengünstige Speicherlösungen zu implementieren, ohne in teure Hardware investieren zu müssen.

HDFS lässt sich auch gut mit anderen Tools und Technologien im Hadoop-Ökosystem integrieren, wie MapReduce für die verteilte Datenverarbeitung, YARN für das Ressourcenmanagement und die Aufgabenplanung sowie Apache HBase für die Echtzeitspeicherung von Daten. Diese Integration ermöglicht es Organisationen, vollständige und effiziente Datenpipelines zu erstellen, die von der Datenaufnahme bis zur Verarbeitung und Analyse reichen.

Trotz seiner zahlreichen Vorteile hat HDFS auch einige Einschränkungen. Es ist zum Beispiel nicht dafür ausgelegt, eine große Anzahl kleiner Dateien zu verwalten, da dies den NameNode überlasten kann, der jede Datei im System nachverfolgen muss. Außerdem ist HDFS aufgrund seines Prinzips "write once, read many" nicht ideal für Anwendungen, die häufiges Schreiben oder Aktualisieren von Dateien erfordern. Diese Einschränkungen werden jedoch in der Regel durch die einzigartigen

Fähigkeiten von HDFS zur effizienten und zuverlässigen Verwaltung großer verteilter Datenmengen mehr als ausgeglichen.

4.1.3. MapReduce

Schauen wir uns nun an, was genau MapReduce ist. MapReduce ist ein Programmiermodell und eine verteilte Datenverarbeitungs-Engine, die es Organisationen ermöglicht, große Datenmengen parallel in einem Server-Cluster zu verarbeiten und zu analysieren. Dieses Modell wurde von Google entwickelt und 2004 in einem Forschungsartikel vorgestellt. Seitdem wurde es im Hadoop-Ökosystem weit verbreitet übernommen und ist zu einer der grundlegenden Komponenten für die Verarbeitung großer Datenmengen geworden. MapReduce ist darauf ausgelegt, hoch skalierbar, fehlertolerant und ressourceneffizient zu sein, was es ideal für die Verarbeitung großer Datensätze in verteilten Umgebungen macht.

Das MapReduce-Programmiermodell basiert auf zwei Hauptfunktionen: Map und Reduce. Diese Funktionen werden verwendet, um eine komplexe Verarbeitungsaufgabe in einfachere Operationen zu zerlegen, die parallel auf verschiedenen Knoten eines Clusters ausgeführt werden können. Der verteilte Ansatz von MapReduce ermöglicht es, große Datensätze gleichzeitig von mehreren Knoten verarbeiten zu lassen, was zu einer erheblichen Reduzierung der Verarbeitungszeit im Vergleich zu traditionellen sequentiellen Verarbeitungsmethoden führt.

Die Map-Funktion ist die erste Phase im MapReduce-Modell. Ihr Hauptziel besteht darin, einen Eingabedatensatz zu nehmen, ihn in kleinere Fragmente zu zerlegen (normalerweise in Form von Schlüssel-Wert-Paaren), und eine Mapping-Funktion auf jedes Fragment anzuwenden. Diese Mapping-Funktion erzeugt einen Zwischensatz von Schlüssel-Wert-Paaren, die anschließend gruppiert und an die Reduktionsphase weitergegeben werden. Der Mapping-Prozess wird parallel auf allen verfügbaren Knoten im Cluster ausgeführt, was die effiziente Verarbeitung großer Datenmengen ermöglicht.

Die Mapping-Phase beginnt, wenn das MapReduce-System den Eingabedatensatz nimmt und ihn in handhabbare Blöcke unterteilt. Diese Blöcke werden auf die Verarbeitungsknoten (auch als Map Task Trackers bezeichnet) innerhalb des Clusters verteilt. Jeder Verarbeitungsknoten wendet die Mapping-Funktion auf seinen zugewiesenen Datenblock an und produziert Schlüssel-Wert-Paare als Ausgabe. Zum Beispiel würde bei einem Wortzählprozess die Mapping-Funktion einen Textblock als Eingabe nehmen und Schlüssel-Wert-Paare erzeugen, wobei der Schlüssel das Wort ist und der Wert die Eins (was ein Vorkommen des Wortes anzeigt).

Sobald alle Datenblöcke von den Map-Knoten verarbeitet wurden, werden die erzeugten Schlüssel-Wert-Paare in einer Phase namens Shuffle and Sort nach Schlüsseln gruppiert. Während dieser Phase organisiert das System die Schlüssel-Wert-Paare so, dass alle Instanzen eines bestimmten Schlüssels zusammen gruppiert werden. Dieser Prozess ist entscheidend für die Effizienz der nächsten Phase, da er sicherstellt, dass die mit demselben Schlüssel verknüpften Werte zusammen präsentiert werden, um von der Reduktionsfunktion verarbeitet zu werden.

Die Reduce-Funktion ist die zweite Phase im MapReduce-Modell und ist für die Verarbeitung der gruppierten Schlüssel-Wert-Paare verantwortlich, die in der Mapping-Phase erzeugt wurden. Der Zweck der Reduktionsfunktion besteht darin, alle mit einem bestimmten Schlüssel verknüpften Werte zu übernehmen und sie zu einem Endergebnis zu kombinieren. Dieses Ergebnis kann eine Zusammenfassung, eine Aggregation oder eine andere Operation sein, die die Werte sinnvoll kombiniert. Auch die Reduktionsphase wird parallel auf mehreren Knoten des Clusters ausgeführt, was die effiziente Verarbeitung großer Datenmengen ermöglicht.

In der Praxis übernimmt die Reduktionsphase die gruppierten Schlüssel-Wert-Paare und weist sie Verarbeitungsknoten zu (auch als Reduce Task Trackers bekannt). Jeder Reduktionsknoten wendet die Reduktionsfunktion auf seine zugewiesene Datengruppe an. Im Beispiel der Wortzählung würde die Reduktionsfunktion alle mit einem bestimmten Wort verknüpften Werte (z. B. alle Instanzen des Schlüssels "WortX") übernehmen und sie summieren, um die Gesamtanzahl der Vorkommen dieses Wortes im Datensatz zu bestimmen. Das Endergebnis wäre ein Schlüssel-Wert-Paar, bei dem der Schlüssel das Wort und der Wert seine Gesamtfrequenz im Datensatz ist.

Eine der wichtigsten Eigenschaften von MapReduce ist seine Fehlertoleranz. Da die Daten parallel über mehrere Knoten verarbeitet werden, kann es vorkommen, dass ein oder mehrere Knoten während der Ausführung einer Aufgabe ausfallen. MapReduce geht mit solchen Ausfällen um, indem es fehlgeschlagene Aufgaben auf andere verfügbare Knoten im Cluster neu plant. Diese Wiederherstellungsfähigkeit ermöglicht es dem System, ohne nennenswerte Unterbrechungen weiterzufunktionieren, was in Produktionsumgebungen, in denen Zuverlässigkeit entscheidend ist, von entscheidender Bedeutung ist.

Ein weiterer wichtiger Vorteil von MapReduce ist seine Skalierbarkeit. Wenn die Datenmengen zunehmen, können dem Cluster weitere Knoten hinzugefügt werden, um die Arbeitslast zu verteilen und angemessene Verarbeitungszeiten beizubehalten. Diese horizontale Skalierbarkeit ist in Big-Data-Anwendungen entscheidend, in denen die Datensätze exponentiell wachsen können und die Verarbeitungsanforderungen erheblich variieren können.

MapReduce ist außerdem äußerst flexibel und kann auf eine Vielzahl von Datenverarbeitungsproblemen angewendet werden. Obwohl es ursprünglich für Aufgaben wie die Textverarbeitung entwickelt wurde, kann sein generalisiertes Modell von Mapping und Reduktion angepasst werden, um eine Vielzahl von Operationen zu bewältigen, wie z. B. Datenfilterung, Sortierung, Aggregation, Graphanalyse und mehr. Dies macht es zu einem vielseitigen Werkzeug innerhalb des Big-Data-Ökosystems, das sich für eine breite Palette von Anwendungen eignet.

Trotz seiner vielen Vorteile hat MapReduce auch einige Einschränkungen. Eine der häufigsten Kritiken ist seine Ineffizienz bei Aufgaben, die mehrere Verarbeitungsschritte erfordern. Da jede Mapping- und Reduktionsphase in MapReduce unabhängig ist, können Aufgaben, die mehrere Verarbeitungsschritte erfordern, ineffizient werden, da zwischen jeder Phase Zwischenwerte im HDFS gelesen und geschrieben werden müssen. Dies kann zu einem erheblichen I/O-Overhead und einer verlängerten Verarbeitungszeit führen.

Um diese Einschränkungen zu überwinden, wurden andere Verarbeitungs-Engines entwickelt, die MapReduce in bestimmten Kontexten ergänzen oder sogar ersetzen können. Zum Beispiel ist Apache Spark eine neuere Technologie, die ein In-Memory-Verarbeitungsmodell bietet, das es ermöglicht, mehrere Phasen der Datenverarbeitung effizienter zu bewältigen als MapReduce. Dennoch bleibt MapReduce in vielen Anwendungen ein wertvolles Werkzeug, insbesondere in solchen, die eine groß angelegte Datenverarbeitung beinhalten, die sich leicht in unabhängige Mapping- und Reduktionsaufgaben unterteilen lässt.

In Bezug auf die Implementierung lässt sich MapReduce leicht in das Hadoop-Ökosystem integrieren, was es zu einer naheliegenden Wahl für Organisationen macht, die Hadoop bereits für die Datenspeicherung und -verarbeitung nutzen. Die Kombination aus HDFS für die Datenspeicherung und MapReduce für die Verarbeitung ermöglicht es Organisationen, robuste und skalierbare Datenpipelines aufzubauen, die große Datenmengen effizient und zuverlässig verarbeiten können.

MapReduce war grundlegend für die Entwicklung von Big Data und ist nach wie vor eine Schlüsseltechnologie in vielen Datenverarbeitungsumgebungen. Auch wenn sich die Technologien weiterentwickeln und neue Werkzeuge entstehen, ist der Einfluss von MapReduce auf die Art und Weise, wie wir große Datenmengen verarbeiten, unbestreitbar. Sein einfaches, aber leistungsstarkes Programmiermodell hat es Organisationen weltweit ermöglicht, die Macht verteilter Daten zu nutzen und ihre Abläufe zu skalieren, um den Herausforderungen von Big Data zu begegnen.

4.2. Apache Spark

4.2.1. Einführung in Apache Spark

Apache Spark ist eine Plattform für verteilte Datenverarbeitung, die die Art und Weise revolutioniert hat, wie große Datenmengen im Zeitalter von Big Data verarbeitet werden. Entwickelt an der University of California, Berkeley, und erstmals 2014 veröffentlicht, wurde Spark entwickelt, um die Einschränkungen seines Vorgängers Hadoop MapReduce zu überwinden, indem es eine deutlich schnellere Leistung bietet, dank seiner Fähigkeit, Daten im Arbeitsspeicher zu verarbeiten. Diese Verbesserung in Geschwindigkeit und Effizienz hat dazu geführt, dass Spark in verschiedenen Branchen weit verbreitet eingesetzt wird und zu einem unverzichtbaren Werkzeug für die Verarbeitung von Massendaten geworden ist.

Eine der herausragendsten Eigenschaften von Apache Spark ist seine Fähigkeit, Datenverarbeitungsoperationen im Arbeitsspeicher durchzuführen. Im Gegensatz zu Hadoop MapReduce, das Zwischenresultate auf der Festplatte zwischen jedem Verarbeitungsschritt speichert, ermöglicht Spark, dass Daten während des gesamten Prozesses im Arbeitsspeicher verbleiben, was die Lese- und Schreibzeit auf der Festplatte drastisch reduziert und die Ausführungsgeschwindigkeit erheblich verbessert. Diese Fähigkeit ist besonders vorteilhaft für Anwendungen, die mehrere Verarbeitungsschritte erfordern, wie iterative Algorithmen und Echtzeitanalysen.

Der Kern von Apache Spark basiert auf einem verteilten Programmiermodell namens Resilient Distributed Dataset (RDD). RDDs sind Sammlungen von Objekten, die über ein Cluster verteilt und parallel verarbeitet werden können. RDDs sind unveränderlich, was bedeutet, dass sie nach ihrer Erstellung nicht mehr verändert werden können, und jede darauf angewendete Transformation erzeugt ein neues RDD. Diese Unveränderlichkeit bietet eine Reihe von Vorteilen, wie zum Beispiel Fehlertoleranz, da RDDs im Falle eines Knotenausfalls während der Verarbeitung aus ihren ursprünglichen Daten rekonstruiert werden können.

Ein weiteres zentrales Merkmal von Apache Spark ist sein Modell der parallelen Verarbeitung. RDDs können automatisch auf mehrere Knoten im Cluster aufgeteilt werden, sodass die Operationen parallel auf mehreren Maschinen ausgeführt werden können. Dies verbessert nicht nur die Verarbeitungseffizienz, sondern erleichtert auch das horizontale Skalieren, was bedeutet, dass dem Cluster mehr Knoten hinzugefügt werden können, um größere Datenmengen zu bewältigen, ohne dabei an Leistung zu verlieren.

Spark ist auch äußerst flexibel und unterstützt mehrere Programmiersprachen, darunter Scala, Java, Python und R. Diese Mehrsprachigkeit macht es für ein breites Spektrum an Entwicklern und Datenwissenschaftlern zugänglich, da sie die Leistungsfähigkeit von Spark nutzen können, ohne eine neue Sprache erlernen zu müssen. Die Spark-API ist darauf ausgelegt, intuitiv und benutzerfreundlich zu sein, was die Umsetzung komplexer Datenverarbeitungsanwendungen erleichtert.

Neben der Verarbeitung im Arbeitsspeicher und der Unterstützung mehrerer Programmiersprachen enthält Apache Spark auch mehrere integrierte Komponenten, die seine Funktionalität über die grundlegende Datenverarbeitung hinaus erweitern. Eine dieser Komponenten ist Spark SQL, das es Benutzern ermöglicht, strukturierte Abfragen auf verteilten Daten mithilfe einer SQL-ähnlichen Sprache auszuführen. Spark SQL ist besonders nützlich für die Integration von strukturierten und unstrukturierten Daten und ermöglicht es Spark-Anwendungen, sich problemlos in bestehende Datenbanken und Business-Intelligence-Tools zu integrieren.

Eine weitere wichtige Komponente von Apache Spark ist Spark Streaming, das die Fähigkeit bietet, Datenströme in Echtzeit zu verarbeiten. Spark Streaming ermöglicht die Verarbeitung und Analyse von Datenströmen im Moment ihres Eintreffens, was für Anwendungen entscheidend ist, die eine Reaktion in Echtzeit erfordern, wie z. B. Betrugserkennung, Netzwerküberwachung und Echtzeitempfehlungen. Spark Streaming baut auf dem gleichen Kern wie Spark auf, was es Streaming-Anwendungen ermöglicht, dieselbe Infrastruktur und API wie Batch-Verarbeitungsanwendungen zu nutzen, wodurch die Implementierung hybrider Lösungen erleichtert wird, die Echtzeit- und Batch-Verarbeitung kombinieren.

Spark enthält auch MLlib, eine Machine-Learning-Bibliothek, die eine Sammlung von Algorithmen und Werkzeugen zum Erstellen von Machine-Learning-Modellen auf großen Datenmengen bereitstellt. MLlib wurde so konzipiert, dass es skalierbar und effizient ist und es ermöglicht, Machine-Learning-Algorithmen auf verteilten Daten in einem Cluster anzuwenden, ohne die Daten auf einen zentralen Rechner verschieben zu müssen. Dies reduziert die Trainingszeit erheblich und ermöglicht es, Modelle auf wesentlich größeren Datensätzen anzuwenden, als es mit herkömmlichen Machine-Learning-Bibliotheken möglich wäre.

GraphX ist eine weitere Komponente von Apache Spark, die für die Verarbeitung und Analyse verteilter Graphen entwickelt wurde. GraphX ermöglicht die Darstellung und Manipulation von Daten in Form von Graphen, was für eine Vielzahl von Anwendungen nützlich ist, von der Analyse sozialer Netzwerke über die Routenoptimierung bis hin zur Analyse komplexer Beziehungen. Wie die anderen Spark-Komponenten ist auch GraphX vollständig in den Spark-Kern integriert und kann zusammen mit RDDs und anderen Spark-Datenstrukturen verwendet werden.

Ein Grund, warum Apache Spark so weit verbreitet ist, ist seine Fähigkeit, sich in andere Technologien im Big-Data-Ökosystem zu integrieren. Spark kann auf Hadoop YARN ausgeführt werden, was es Organisationen ermöglicht, ihre bestehende Hadoop-Infrastruktur zur Ressourcenverwaltung zu nutzen und Spark-Anwendungen neben Hadoop-Anwendungen auszuführen. Außerdem ist Spark mit HDFS kompatibel, was bedeutet, dass es Daten direkt aus dem verteilten Hadoop-Dateisystem lesen und schreiben kann, was die Migration und Koexistenz von Hadoop- und Spark-Anwendungen in derselben Infrastruktur erleichtert.

Eine weitere wichtige Integration von Apache Spark besteht mit Apache Mesos, einem Cluster-Management-System, das es mehreren Anwendungen ermöglicht, sich ein Cluster effizient zu teilen. Beim Betrieb auf Mesos kann Spark Ressourcen mit anderen verteilten Anwendungen teilen, was die Clusterauslastung verbessert und die Implementierung von Multi-Tenant-Lösungen in Produktionsumgebungen erleichtert.

Spark kann auch mit modernen Datenbanksystemen und Datenspeichern wie Apache Cassandra, HBase und Amazon S3 integriert werden. Diese Fähigkeit, sich mit verschiedenen Datenquellen und Speichersystemen zu verbinden, macht Spark in einer Vielzahl von Anwendungen einsetzbar, von der Big-Data-Analyse in der Cloud bis hin zur Echtzeitverarbeitung in verteilten Datenbanken.

Trotz seiner zahlreichen Vorteile gibt es auch einige Überlegungen zu Apache Spark. Zum Beispiel erfordert die Verarbeitung im Arbeitsspeicher von Spark erhebliche Mengen an RAM im Cluster. Dies kann in Umgebungen mit begrenzten oder teuren Hardware-Ressourcen ein einschränkender Faktor sein. Außerdem eignet sich Spark besser für Anwendungen, die von der In-Memory-Parallelarbeit profitieren können; für einfachere Aufgaben oder dort, wo verteilte Verarbeitung nicht erforderlich ist, können leichtere Lösungen effizienter sein.

Die kontinuierliche Weiterentwicklung von Apache Spark hat auch zur Entwicklung einer aktiven Community und eines Ökosystems von Tools und Bibliotheken geführt, die auf Spark aufbauen. Dazu gehören Werkzeuge zur Jobverwaltung, Anwendungsdebugging und Leistungsüberwachung sowie zusätzliche Bibliotheken für spezielle Aufgaben wie die Verarbeitung geospatialer Daten oder die Textanalyse.

Wie du selbst feststellen kannst, ist Apache Spark eine äußerst leistungsfähige Datenverarbeitungsplattform, die die Art und Weise verändert hat, wie große Datenmengen verarbeitet und analysiert werden. Seine Fähigkeit zur In-Memory-Verarbeitung, zusammen mit Flexibilität, Skalierbarkeit und Unterstützung für mehrere Sprachen und Anwendungen, hat es zu einem unverzichtbaren Werkzeug im Werkzeugkasten jedes Big-Data-Profis gemacht. Während die Anforderungen an die Datenverarbeitung weiter steigen, ist Apache Spark gut positioniert, um auch weiterhin eine führende Technologie im Bereich der verteilten Datenverarbeitung zu bleiben.

4.2.2. Hauptkomponenten von Spark

Apache Spark ist eine Datenverarbeitungsplattform, die sich durch ihre modulare Architektur auszeichnet. Diese besteht aus mehreren Hauptkomponenten, die zusammenarbeiten, um eine umfassende Lösung für die Verarbeitung großer Datenmengen bereitzustellen. Jede dieser Komponenten hat eine spezifische Rolle im Spark-Ökosystem und bietet Funktionen, die von der einfachen Datenmanipulation bis hin zur Echtzeitanalyse und dem Machine Learning reichen. Im Folgenden werden die Hauptkomponenten im Detail beschrieben.

Der Kern von Apache Spark ist als Spark Core bekannt. Dies ist die zugrunde liegende Verarbeitungseinheit, die die grundlegenden Aufgaben von Spark verwaltet, wie Aufgabenplanung, Speicherverwaltung, Fehlerwiederherstellung, Aufgabenverteilung im Cluster und grundlegende Ein- und Ausgabeoperationen. Spark Core bildet die Grundlage, auf der alle anderen Spark-Komponenten aufbauen, und unterstützt das verteilte Programmiermodell, das auf Resilient Distributed Datasets basiert. RDDs sind die zentrale Datenabstraktion in Spark und ermöglichen die unveränderliche und verteilte Verarbeitung von Objektmengen im Cluster. RDDs können aus Daten erstellt werden, die in verteilten Speichersystemen wie HDFS, S3 gespeichert sind oder durch Transformation bestehender RDDs erzeugt werden.

Ein Hauptvorteil von Spark Core ist seine Fähigkeit zur In-Memory-Verarbeitung, wodurch Daten während der Verarbeitung im RAM gespeichert werden können und nicht zwischen den Operationen auf die Festplatte geschrieben werden müssen. Diese Eigenschaft ist entscheidend für die Leistung von Spark und ermöglicht es vielen Anwendungen, wesentlich schneller zu sein als bei festplattenbasierten Ansätzen. Darüber hinaus unterstützt Spark Core Transformations- und Aktionsoperationen auf RDDs wie map, filter, reduce und aggregate, die eine breite Palette von Datenverarbeitungsaufgaben ermöglichen.

Eine weitere zentrale Komponente von Spark ist Spark SQL. Spark SQL ist das Modul von Spark, das Funktionen für die Arbeit mit strukturierten Daten bietet, also Daten mit einem klar definierten Schema wie Tabellen in einer relationalen Datenbank. Spark SQL führt eine neue Datenabstraktion namens DataFrame ein, die einer Tabelle in einer Datenbank ähnelt und mit einer SQL-ähnlichen Abfragesprache manipuliert werden kann. DataFrames sind eine Weiterentwicklung der RDDs und für die Verarbeitung strukturierter und semi-strukturierter Daten optimiert. Spark SQL ermöglicht SQL-Abfragen auf DataFrames, was die Integration von Spark mit traditionellen Datenbanksystemen und Business-Intelligence-Tools erleichtert. Darüber hinaus enthält Spark SQL einen Abfrageoptimierer namens Catalyst, der Abfragen automatisch optimiert, um die Leistung zu verbessern.

Spark Streaming ist eine weitere Schlüsselkomponente von Apache Spark, die für die Verarbeitung von Datenströmen in Echtzeit konzipiert ist. Spark Streaming ermöglicht es Benutzern, Daten zu verarbeiten und zu analysieren, die in Echtzeit aus verschiedenen Quellen wie Kafka, Flume, TCP-Sockets, Dateien usw. eintreffen. Spark Streaming unterteilt den Datenstrom in kleine Zeiteinheiten, sogenannte Batches, und verarbeitet sie mit demselben Programmiermodell wie Spark Core, was die Erstellung von Streaming-Anwendungen erleichtert, die sich nahtlos in andere Spark-Operationen integrieren lassen. Dadurch können Spark-Streaming-Anwendungen die In-Memory-Verarbeitungsfunktionen und High-Level-APIs von Spark nutzen und bieten eine leistungsstarke und skalierbare Lösung für die Echtzeitanalyse. Die Ergebnisse der Streaming-Verarbeitung können in Dateisystemen, Datenbanken gespeichert oder in Echtzeit angezeigt werden.

MLlib ist die Machine-Learning-Bibliothek von Spark, die entwickelt wurde, um die Verarbeitung von Machine-Learning-Algorithmen bei großen verteilten Datenmengen zu skalieren. MLlib umfasst eine breite Palette von Machine-Learning-Algorithmen, die von linearer und logistischer Regression bis hin zu Clustering, Klassifikation und kollaborativem Filtern reichen. Die Bibliothek ist für parallele Ausführung in einem Spark-Cluster optimiert, wodurch Machine-Learning-Modelle effizient auf großen Datensätzen trainiert und angewendet werden können. MLlib bietet außerdem Werkzeuge zur Modellvalidierung, wie Kreuzvalidierung und Metrikbewertung, was die Entwicklung präziser und robuster Modelle erleichtert. Zudem unterstützt MLlib die Integration mit anderen Tools und Bibliotheken des Machine Learnings, wodurch Benutzer ein breites Spektrum analytischer Funktionen im Spark-Ökosystem nutzen können.

GraphX ist eine weitere wichtige Komponente von Apache Spark, die auf die Verarbeitung und Analyse verteilter Graphen ausgerichtet ist. GraphX bietet eine API zur Erstellung und Manipulation von Graphen (Datenstrukturen, die Beziehungen zwischen Entitäten darstellen, wie soziale

Netzwerke, Straßennetze oder Abhängigkeitsgraphen). Dieses Modul ermöglicht Graphanalysen wie die Suche nach kürzesten Pfaden, die Erkennung von Communities und die Klassifikation von Knoten in einer verteilten Umgebung. GraphX kombiniert die Flexibilität der RDD-Datenverarbeitung mit der Effizienz des Graphenmodells, was eine einfache Integration von Graphanwendungen mit anderen Spark-Operationen ermöglicht. Dies ist besonders nützlich in Anwendungsfällen, in denen die Daten eine inhärent graphische Struktur haben, etwa bei der Analyse sozialer Netzwerke, der Analyse von Transportrouten oder dem Modellieren komplexer Beziehungen zwischen Entitäten.

Spark ML ist eine Erweiterung von MLlib und wurde entwickelt, um die Erstellung von Machine-Learning-Pipelines zu vereinfachen. Eine Machine-Learning-Pipeline ist ein Workflow, der alle Phasen eines Machine-Learning-Prozesses umfasst, von der Datenvorbereitung bis zur Modellauswertung. Spark ML bietet eine einheitliche API, mit der mehrere Pipeline-Stufen wie Feature-Auswahl, Daten-Normalisierung, Modelltraining und Vorhersage erstellt und verknüpft werden können. Diese API erleichtert die Modell-Experimentierung und -Optimierung, da verschiedene Pipeline-Komponenten schnell geändert und angepasst werden können. Außerdem unterstützt Spark ML die Modellpersistenz, was die Implementierung trainierter Modelle in Produktionsanwendungen erleichtert.

Eine zugrunde liegende wichtige Komponente in Spark ist YARN, eine Ressourcenmanagement-Plattform, die in Hadoop verwendet wird und die Spark zur Verwaltung von Ressourcen in einem Cluster nutzen kann. Obwohl YARN kein exklusiver Bestandteil von Spark ist, ist seine Integration entscheidend für die Bereitstellung von Spark-Anwendungen in Hadoop-Clustern, da sie Spark die gemeinsame Nutzung von Ressourcen mit anderen Anwendungen ermöglicht und eine effiziente Cluster-Auslastung gewährleistet. YARN erleichtert die Ressourcenzuweisung, Aufgabenplanung und Verwaltung verteilter Anwendungen, was für den Betrieb von Spark in großen Produktionsumgebungen unerlässlich ist.

Jede dieser Komponenten von Apache Spark trägt dazu bei, Spark zu einer robusten und vielseitigen Plattform für die verteilte Datenverarbeitung zu machen. Durch die Kombination von In-Memory-Verarbeitung, Unterstützung für strukturierte und unstrukturierte Daten, Echtzeit-Streaming-Funktionen, fortschrittliche Werkzeuge für Machine Learnings und Graphanalyse bietet Spark eine umfassende Lösung zur Bewältigung einer Vielzahl von Herausforderungen in der Welt von Big Data. Diese modulare Architektur ermöglicht es den Benutzern, nur die Komponenten zu nutzen, die sie für ihre spezifischen Anwendungen benötigen, während die Integration all dieser Elemente in einem einzigen Framework die Entwicklung komplexer

Anwendungen erleichtert, die mehrere Arten der Datenverarbeitung erfordern.

4.2.3. Vergleich mit Hadoop

Apache Spark und Hadoop sind zwei der herausragendsten Technologien im Big-Data-Ökosystem, die für die Verarbeitung und Analyse großer Datenmengen verwendet werden. Obwohl beide Plattformen zur Bewältigung ähnlicher Herausforderungen in Bezug auf Skalierbarkeit, Verwaltung verteilter Daten und parallele Verarbeitung eingesetzt werden, unterscheiden sie sich erheblich in ihrer Architektur, Herangehensweise und Leistung. In diesem Vergleich analysieren wir ausführlich und detailliert die wichtigsten Unterschiede zwischen Spark und Hadoop, wobei wir die Schlüsselaspekte hervorheben, die sie unterscheiden, sowie die Szenarien, in denen jede Plattform besser geeignet ist.

Einer der grundlegendsten Unterschiede zwischen Apache Spark und Hadoop liegt in ihrem Ansatz zur Datenverarbeitung. Hadoop basiert auf einem Batch-Verarbeitungsparadigma, MapReduce, bei dem Daten in mehreren Phasen verarbeitet werden, wobei zwischen jeder Phase die Zwischenergebnisse auf die Festplatte geschrieben und anschließend für die nächste Phase erneut gelesen werden. Dieser Ansatz ist zwar effektiv für die Handhabung großer Datenmengen, führt jedoch zu einem erheblichen I/O-Overhead aufgrund des ständigen Schreibens und Lesens auf bzw. von der Festplatte. Dies kann Hadoop weniger effizient machen, insbesondere bei Anwendungen, die mehrere Verarbeitungsphasen erfordern oder Daten in Echtzeit verarbeiten.

Im Gegensatz dazu wurde Apache Spark entwickelt, um diese Einschränkungen durch In-Memory-Verarbeitung zu überwinden. Spark ermöglicht es, dass Daten während des gesamten Verarbeitungszyklus im RAM gespeichert bleiben, was den Bedarf an Festplattenzugriff zwischen den Phasen drastisch reduziert. Dieser Ansatz verbessert nicht nur die Leistung durch Minimierung der Festplatten-I/O, sondern ermöglicht es Spark auch, Datenverarbeitungsaufgaben in bestimmten Anwendungen bis zu 100-mal schneller auszuführen als Hadoop. Diese In-Memory-Verarbeitungskapazität macht Spark zur bevorzugten Option für Anwendungen, die Echtzeitanalyse oder mehrere Iterationen wie beim Machine Learning erfordern.

Ein weiterer wichtiger Unterschied zwischen Spark und Hadoop liegt in der Flexibilität und Breite ihres jeweiligen Ökosystems. Hadoop ist im Wesentlichen ein Framework für Datenspeicherung und -verarbeitung, das hauptsächlich aus HDFS und MapReduce besteht. Zwar gibt es weitere Tools im Hadoop-Ökosystem wie Hive, Pig und HBase, jedoch konzentrieren sich diese meist auf spezifische Anwendungsfälle und sind auf die zugrunde liegende HDFS- und MapReduce-Infrastruktur angewiesen.

Spark hingegen bietet ein integrierteres Ökosystem mit mehreren nativen Komponenten, die eine vielfältigere Datenverarbeitung ermöglichen. Zusätzlich zur In-Memory-Verarbeitung durch Spark Core umfasst Spark Spark SQL für strukturierte Daten, Spark Streaming für die Verarbeitung von Datenströmen in Echtzeit, MLlib für Machine Learning und GraphX für Graphanalysen. Diese Komponenten sind so konzipiert, dass sie kohärent zusammenarbeiten, indem sie denselben Spark-Kern verwenden, was die Implementierung komplexer Lösungen erleichtert, die verschiedene Arten von Datenverarbeitung innerhalb eines einzigen Frameworks erfordern.

Die Skalierbarkeit ist ein weiterer Bereich, in dem Spark und Hadoop verglichen werden, auch wenn beide darauf ausgelegt sind, hochgradig skalierbar zu sein, sodass Petabytes an Daten in einem Cluster mit Tausenden von Knoten verarbeitet werden können. Hadoop ist historisch bekannt für seine Fähigkeit zur horizontalen Skalierung, was bedeutet, dass dem Cluster weitere Knoten hinzugefügt werden können, um wachsende Datenmengen zu bewältigen, ohne die Leistung zu beeinträchtigen. Auch Spark ist hochgradig skalierbar, doch aufgrund seiner Abhängigkeit von der In-Memory-Verarbeitung kann die Skalierung eine erhebliche Investition in Hardware mit großem RAM-Speicher erfordern, um die Leistung aufrechtzuerhalten.

Auch das Ressourcenmanagement zeigt bei beiden Systemen deutliche Unterschiede. Hadoop verwendet YARN als Ressourcenmanager, der für die Zuweisung von Clusterressourcen wie CPU und Arbeitsspeicher an die verschiedenen im Cluster ausgeführten Anwendungen verantwortlich ist. YARN ermöglicht es Hadoop, mehrere Anwendungen gleichzeitig auszuführen und verwaltet die verfügbaren Ressourcen effizient, um Konflikte zu vermeiden und die Cluster-Auslastung zu maximieren.

Apache Spark kann zwar auch auf YARN ausgeführt werden, verfügt jedoch über einen eigenen Cluster-Manager namens Spark Standalone, der einfacher ist und weniger von der Hadoop-Konfiguration abhängt. Dennoch profitiert Spark von der Integration mit YARN, wenn es in einer Hadoop-Umgebung ausgeführt wird, da Spark dadurch Ressourcen mit Hadoop-Anwendungen teilen und die Hadoop-Infrastruktur für das Ressourcenmanagement nutzen kann.

In Bezug auf Kompatibilität und Integration hat Spark den Vorteil, direkt mit dem Hadoop-Ökosystem, insbesondere mit HDFS, arbeiten zu können. Dies ermöglicht es Organisationen mit bestehender Hadoop-Infrastruktur, Spark zu integrieren, ohne ihre aktuelle Umgebung ersetzen zu müssen. Darüber hinaus kann Spark Daten aus HDFS lesen und in HDFS schreiben, was die Migration oder Koexistenz von Hadoop- und Spark-Anwendungen im selben Cluster erleichtert. Spark ist auch mit einer Vielzahl anderer Datenquellen kompatibel, einschließlich NoSQL-Datenbanken wie Cassandra und HBase, was ihm im Vergleich zu Hadoop zusätzliche Flexibilität verleiht.

Was die Benutzerfreundlichkeit betrifft, zeichnet sich Spark durch seine benutzerfreundlichere API und die Unterstützung mehrerer Programmiersprachen wie Scala, Java, Python und R aus. Dies steht im Gegensatz zu Hadoop, bei dem die Entwicklung von MapReduce-Anwendungen komplexer sein kann und meist in Java erfolgt. Die Einfachheit und Flexibilität der Spark-API haben wesentlich zu seiner Beliebtheit beigetragen, da sie es Entwicklern ermöglichen, Datenverarbeitungsanwendungen schneller und effizienter zu erstellen und zu testen.

Obwohl Spark viele Vorteile in Bezug auf Leistung und Flexibilität bietet, bleibt Hadoop in bestimmten Szenarien eine praktikable Option, insbesondere wenn es um die groß angelegte Batch-Verarbeitung von Daten geht und die Hardwarekosten eine wichtige Rolle spielen. Hadoop kann aufgrund seines festplattenbasierten Ansatzes ressourcenschonender sein, da es nicht auf große Mengen an RAM angewiesen ist, um effektiv zu funktionieren. Dies macht es zu einer geeigneten Lösung für Organisationen, die eine kostengünstigere Option für die Massenverarbeitung von Daten suchen, bei denen Latenz keine entscheidende Rolle spielt.

Der Vergleich zwischen Apache Spark und Hadoop zeigt, dass jede Plattform Stärken und Schwächen hat, die sie für unterschiedliche Arten von Anwendungen besser geeignet machen. Spark ist ideal für Anwendungen, die schnelle, In-Memory-Verarbeitung und mehrere Verarbeitungsschritte oder Echtzeitanalyse erfordern. Hadoop hingegen ist besser geeignet für groß angelegte Batch-Verarbeitung, bei der die Effizienz der Festplatten-I/O und die kostengünstige horizontale Skalierbarkeit wichtiger sind. Organisationen sollten diese Faktoren berücksichtigen, wenn sie entscheiden, welche Plattform sie für ihre Big-Data-Verarbeitungsanforderungen einsetzen, unter Berücksichtigung ihrer spezifischen Anforderungen und bestehenden Infrastruktur.

4.3. NoSQL-Datenbanken

4.3.1. Konzept und Typen von NoSQL-Datenbanken

NoSQL-Datenbanken haben sich als Schlüsseltechnologie im Zeitalter von Big Data und modernen Anwendungen etabliert, in denen Anforderungen an Skalierbarkeit, Flexibilität und Leistung häufig die Möglichkeiten traditioneller relationaler Datenbanken übersteigen. NoSQL, was für "Not Only SQL" oder "No SQL" steht, bezieht sich auf eine Klasse von Datenbankmanagementsystemen, die sich in mehreren grundlegenden Aspekten von relationalen Datenbanken unterscheiden. Diese Datenbanken sind dafür ausgelegt, große Mengen verteilter Daten zu verarbeiten, hochgradig skalierbar zu sein und eine Flexibilität im Datenmodell zu bieten, die relationale Datenbanken nicht erreichen können.

Das Konzept der NoSQL-Datenbanken entstand als Reaktion auf die Einschränkungen traditioneller relationaler Datenbanken in modernen Anwendungsumgebungen, insbesondere in Bezug auf horizontale Skalierbarkeit, die Fähigkeit zur Verarbeitung unstrukturierter oder semi-strukturierter Daten und die Notwendigkeit, in Anwendungen mit großen Datenmengen in Echtzeit eine hohe und konstante Leistung zu gewährleisten. Relationale Datenbanken basieren auf einem vordefinierten Schema, was bedeutet, dass sich die Daten einer starren Tabellenstruktur anpassen müssen. Dies kann eine erhebliche Einschränkung darstellen, wenn es sich um Daten mit variabler Struktur handelt oder wenn sich die Anforderungen der Anwendung im Laufe der Zeit ändern.

Im Gegensatz dazu sind NoSQL-Datenbanken schematisch flexibel, was bedeutet, dass sie Daten verarbeiten können, die keinem starren Schema folgen, wodurch Daten ohne ein festgelegtes vordefiniertes Schema gespeichert und abgerufen werden können. Diese Flexibilität ist besonders nützlich in agilen Entwicklungsumgebungen, in denen sich Datenanforderungen schnell ändern können, und in Anwendungen, die große Mengen unstrukturierter Daten wie Nutzeraktivitätsprotokolle, Dokumente, Multimedia und mehr verarbeiten.

Es gibt mehrere Typen von NoSQL-Datenbanken, die jeweils für bestimmte Anwendungsfälle und Datentypen entwickelt wurden. Diese lassen sich hauptsächlich in vier Typen unterteilen: Key-Value-Datenbanken, spaltenbasierte Datenbanken, dokumentenorientierte Datenbanken und Graphdatenbanken.

Der erste Typ von NoSQL-Datenbanken ist das Key-Value-Modell. In diesem Typ werden Daten als Schlüssel-Wert-Paare gespeichert, wobei ein eindeutiger Schlüssel verwendet wird, um auf einen zugehörigen Wert zuzugreifen. Dieses Modell ist extrem einfach und effizient, was es ideal für Anwendungen macht, die schnellen Zugriff auf Daten erfordern, wie verteilte Caches und das Speichern von Benutzersitzungen. Die Werte können jegliche Art von Daten sein, von einfachen Textzeichenfolgen bis hin zu komplexen Datenstrukturen. Da der Datenzugriff über einen eindeutigen Schlüssel erfolgt, sind Key-Value-Datenbanken sehr leistungsfähig und horizontal skalierbar, da die Verteilung der Daten über Knoten hinweg leicht über das

Hashing der Schlüssel gesteuert werden kann. Bekannte Beispiele für Key-Value-Datenbanken sind Redis, Amazons DynamoDB und Riak.

Der zweite Typ von NoSQL-Datenbanken ist das spaltenorientierte Modell oder spaltenbasierte Datenbanken. Im Gegensatz zu relationalen Datenbanken, die Daten in Zeilen innerhalb von Tabellen speichern, speichern spaltenorientierte Datenbanken die Daten in Spalten. Das bedeutet, dass jede Spalte separat gespeichert und unabhängig abgefragt und bearbeitet werden kann. Dieses Modell ist besonders effizient für analytische Abfragen großer Datenmengen, da nur die benötigten Spalten gelesen und verarbeitet werden, anstatt vollständige Zeilen, was die zu lesende Datenmenge von der Festplatte reduziert. Spaltenorientierte Datenbanken sind ideal für Datenanalyseanwendungen, bei denen Aggregationen und Operationen auf großen Datenmengen erforderlich sind. Bekannte Beispiele für spaltenbasierte Datenbanken sind Apache Cassandra und HBase.

Der dritte Typ ist das Dokumentenmodell. Dokumentenorientierte Datenbanken speichern Daten in Dokumenten, die üblicherweise im JSON-, BSON-, XML- oder ähnlichen Formaten vorliegen. Jedes Dokument ist ein eigenständiger Datensatz, der verschiedene Felder und Strukturen enthalten kann, was große Flexibilität bei der Verarbeitung von semi-strukturierten und unstrukturierten Daten bietet. Dieses Modell eignet sich besonders gut für Anwendungen, die komplexe und hierarchische Daten verarbeiten, wie Benutzerdaten oder Multimedia-Inhalte. Die selbstdokumentierende Natur der Dokumente ermöglicht es, unterschiedliche Datentypen innerhalb derselben Datenbank zu speichern, ohne ein festes Schema zu benötigen. Das ist besonders nützlich in Anwendungen, in denen sich die Daten dynamisch ändern oder verschiedene Datentypen im selben System verarbeitet werden. MongoDB und Couchbase sind weit verbreitete Beispiele für dokumentenbasierte Datenbanken.

Der vierte Typ ist das Graphmodell, das sich auf die Darstellung und Verarbeitung von Daten als Graphen konzentriert, wobei Entitäten als Knoten und deren Beziehungen als Kanten dargestellt werden. Graphdatenbanken sind darauf ausgelegt, hochgradig vernetzte Daten zu verarbeiten, und eignen sich ideal für Anwendungen, die die Analyse komplexer Datenbeziehungen erfordern, wie soziale Netzwerke, Empfehlungssysteme, Betrugserkennung und mehr. In einem Graphen lassen sich direkte Beziehungen zwischen Knoten leicht modellieren, wodurch Abfragen mit mehreren Sprüngen im Beziehungsnetz effizienter durchgeführt werden können als mit relationalen Datenbanken. Neo4j ist eines der bekanntesten Beispiele für Graphdatenbanken und wird häufig in Anwendungen eingesetzt, die eine tiefgehende Analyse von Verbindungen und Beziehungen zwischen Entitäten erfordern.

Neben diesen vier Haupttypen gibt es auch andere spezialisierte NoSQL-Datenbanken, wie Zeitreihen-Datenbanken, die für die Verarbeitung großer Mengen zeitlich sequenzieller Daten optimiert sind, sowie Multivalue-Datenbanken, die die Speicherung mehrerer Werte in einem einzigen Feld ermöglichen und so eine höhere Flexibilität für bestimmte Anwendungstypen bieten.

Die Nutzung von NoSQL-Datenbanken bringt mehrere Vorteile mit sich, wie die horizontale Skalierbarkeit, die es ermöglicht, Daten und Arbeitslasten über mehrere Server zu verteilen, was für Anwendungen mit großen Datenmengen und hohem Datenverkehr entscheidend ist. Ein weiterer Vorteil ist die hohe Verfügbarkeit und Fehlertoleranz, die durch die Replikation von Daten über mehrere Knoten im Cluster erreicht wird, wodurch sichergestellt wird, dass die Daten auch bei Ausfällen einzelner Knoten zugänglich bleiben. Zudem erlaubt die Flexibilität im Schema den Entwicklern, mit Daten zu arbeiten, ohne vorher starre Strukturen definieren zu müssen, was die Anpassung an sich ändernde Anwendungsanforderungen erleichtert.

Allerdings kann der Einsatz von NoSQL-Datenbanken auch Herausforderungen mit sich bringen. Beispielsweise kann das Fehlen von Unterstützung für ACID-Transaktionen (Atomicity, Consistency, Isolation und Durability) in vielen NoSQL-Datenbanken ein Nachteil für Anwendungen sein, die ein hohes Maß an Datenkonsistenz erfordern. Auch wenn einige NoSQL-Datenbanken wie MongoDB mittlerweile Unterstützung für ACID-Transaktionen bieten, ist dies ein Aspekt, den Organisationen bei der Wahl zwischen relationalen und NoSQL-Datenbanken berücksichtigen sollten. Zudem erfordert die Vielfalt an Datenmodellen in NoSQL-Datenbanken oft mehr Erfahrung von Entwicklern und Architekten, um die geeignete Lösung auszuwählen und die Datenbank optimal zu gestalten.

Bezüglich der Anwendungen werden NoSQL-Datenbanken in einer Vielzahl von Branchen und Anwendungsfällen eingesetzt, darunter E-Commerce, Social Networks, Big-Data-Analytik, Internet of Things und mobile Anwendungen. Ihre Fähigkeit, große Datenmengen zu verarbeiten, eine konstante Leistung zu bieten und Flexibilität im Datenmodell zu ermöglichen, macht sie zu einer attraktiven Wahl für moderne Anwendungen, die eine hochgradig skalierbare und anpassungsfähige Datenarchitektur erfordern.

4.3.2. MongoDB

MongoDB ist eine der beliebtesten und am weitesten verbreiteten NoSQL-Datenbanken weltweit, bekannt für ihre Flexibilität, Skalierbarkeit und ihre Fähigkeit, große Mengen unstrukturierter und semi-strukturierter Daten zu verarbeiten. Sie wurde ursprünglich von dem Unternehmen 10gen entwickelt, das später in MongoDB Inc. umbenannt wurde, und im Jahr 2009 veröffentlicht. MongoDB wurde entwickelt, um eine flexiblere und skalierbarere Alternative zu traditionellen relationalen Datenbanken zu bieten, angepasst an die Anforderungen moderner Anwendungen, die sich ständig ändernde Daten verarbeiten und schnelle sowie effiziente Reaktionen benötigen.

Ein grundlegendes Merkmal von MongoDB ist das dokumentenbasierte Datenmodell. Anstelle eines festen tabellarischen Schemas wie in relationalen Datenbanken speichert MongoDB Daten in BSON-Dokumenten (Binary JSON), einem binären Format, das eine Erweiterung des JSON-Formats darstellt. Diese Dokumente können verschiedene Datentypen enthalten, einschließlich verschachtelter Strukturen und Listen, was eine hohe Flexibilität bei der Darstellung komplexer Daten ermöglicht. Jedes Dokument in MongoDB ist mit einem eindeutigen Schlüssel verknüpft, der zur Identifizierung und zum Zugriff auf das Dokument verwendet wird. Diese Dokumentenstruktur ist ideal zur Verarbeitung von semi-strukturierten und unstrukturierten Daten, bei denen sich die Datenanforderungen schnell ändern können.

Die Verwendung von BSON in MongoDB bietet mehrere Vorteile. Erstens ermöglicht sie die Speicherung von Daten in einem Format, das sowohl für Entwickler als auch für Anwendungen leicht lesbar und manipulierbar ist. Zweitens ist BSON ein binäres Format, was bedeutet, dass es kompakter und effizienter als JSON ist, insbesondere bei der Speicherung und Übertragung großer Datenmengen. Darüber hinaus unterstützt BSON verschiedene Datentypen, darunter Ganzzahlen, Zeichenketten, Boolesche Werte, Datumsangaben und Arrays sowie komplexere Strukturen wie verschachtelte Dokumente. Dies verleiht MongoDB die Fähigkeit, eine große Vielfalt an Daten effizient und flexibel zu verarbeiten.

Hinsichtlich der Architektur ist MongoDB so konzipiert, dass es hoch skalierbar ist. Es unterstützt horizontale Skalierung durch einen Prozess namens Sharding, bei dem Daten auf mehrere Server oder Knoten aufgeteilt und verteilt werden. Jeder Knoten speichert einen Teil des gesamten Datensatzes, wodurch MongoDB große Datenmengen verarbeiten und die Arbeitslast effizient verteilen kann. Sharding in MongoDB wird unter Verwendung eines Shard-Schlüssels implementiert, der bestimmt, wie die Daten zwischen den einzelnen Knoten verteilt werden. Dadurch können Anwendungen, die MongoDB nutzen, linear skalieren, wenn ihre Anforderungen an Speicherung und Datenverarbeitung wachsen.

Ein weiterer wichtiger Aspekt der MongoDB-Architektur ist der Fokus auf hohe Verfügbarkeit und Fehlertoleranz. MongoDB implementiert einen

Mechanismus namens Replikation, bei dem Daten auf mehreren Knoten innerhalb eines Server-Clusters repliziert werden. Dies geschieht über ein Replikat-Set, eine Gruppe von Knoten mit denselben Datenkopien. Innerhalb dieses Sets fungiert ein Knoten als primärer (Primary) und die anderen als sekundäre (Secondaries). Alle Schreibvorgänge erfolgen auf dem primären Knoten und werden anschließend auf die sekundären Knoten repliziert, um die Datenkonsistenz zu gewährleisten. Sollte der primäre Knoten ausfallen, übernimmt automatisch ein sekundärer Knoten die Rolle des neuen primären Knotens, sodass das System ohne nennenswerte Unterbrechung funktionsfähig bleibt.

Neben seiner Skalierbarkeit und Verfügbarkeit ist MongoDB für seine Flexibilität in der Datenmodellierung bekannt. Da MongoDB kein festes Schema erfordert, können Entwickler die Struktur von Dokumenten jederzeit ändern, was die Anpassung an sich ändernde Anwendungsanforderungen erleichtert. Dies steht im Gegensatz zu relationalen Datenbanken, bei denen Änderungen an der Datenstruktur oft komplexe und potenziell störende Modifikationen am Schema erfordern. Diese Flexibilität ist besonders nützlich in agilen Entwicklungsumgebungen, in denen sich die Datenanforderungen während des Entwicklungszyklus schnell ändern können.

MongoDB enthält auch eine ausdrucksstarke und leistungsfähige Abfragesprache, mit der Benutzer komplexe Operationen zur Suche, Filterung, Aggregation und Manipulation von Daten durchführen können. Obwohl MongoDB nicht wie traditionelle relationale Datenbanken SQL verwendet, ist seine Abfragesprache für Entwickler, die mit JSON vertraut sind, leicht erlernbar, da sie eine ähnliche Struktur aufweist. MongoDB ermöglicht erweiterte Operationen wie Datenaggregation über das Aggregations-Framework, das es Benutzern erlaubt, Vorgänge wie Filtern, Gruppieren und Transformieren von Daten in einem einzigen Schritt mit einer Reihe von Phasen in einer Pipeline durchzuführen. Dieses Aggregations-Framework ist äußerst leistungsfähig und kann für komplexe Analysen direkt in der Datenbank verwendet werden, wodurch die Notwendigkeit entfällt, Daten in ein externes Analysetool zu verschieben.

Hinsichtlich der Leistung ist MongoDB optimiert für schnelle Lese- und Schreibvorgänge. Durch die Verwendung von Indizes können Abfragen effizient ausgeführt werden, was für Anwendungen mit hohen Anforderungen an Leistung und Reaktionsfähigkeit entscheidend ist. MongoDB unterstützt auch zusammengesetzte, georäumliche und textbasierte Indizes, was eine größere Flexibilität bei der Optimierung von Abfragen für verschiedene Anwendungstypen bietet. Darüber hinaus ermöglicht MongoDB parallele Ausführung von Operationen, was die Leistung in stark frequentierten Umgebungen weiter verbessert.

Ein weiterer wichtiger Aspekt von MongoDB ist die Fähigkeit zur Integration mit verschiedenen Technologien und Plattformen. MongoDB bietet Treiber für eine Vielzahl von Programmiersprachen, darunter Java, Python, Ruby, C#, PHP und JavaScript (über Node.js), was die Einführung in unterschiedlichen Entwicklungsumgebungen erleichtert. Zudem lässt sich MongoDB gut mit anderen Tools und Plattformen im Big-Data-Ökosystem wie Hadoop und Apache Spark integrieren, wodurch Organisationen MongoDB als Teil ihrer umfassenderen Datenverarbeitungspipelines einsetzen können.

MongoDB wurde auch in verschiedenen Branchen und Anwendungstypen breit übernommen. Seine Flexibilität, Skalierbarkeit und Leistung haben es zu einer beliebten Wahl für Webanwendungen, E-Commerce, Content-Management-Systeme, Datenanalysen, Internet of Things und mehr gemacht. Die Fähigkeit, unstrukturierte und semi-strukturierte Daten zu verarbeiten, macht es besonders geeignet für Anwendungen, die große Datenmengen aus Benutzerinteraktionen wie Aktivitätsprotokollen, Sensordaten und Multimedia-Inhalten speichern und verarbeiten müssen.

Trotz seiner vielen Vorteile hat MongoDB auch einige Einschränkungen, die berücksichtigt werden sollten. Zum Beispiel unterstützt MongoDB zwar ACID-Transaktionen, aber diese Unterstützung ist relativ neu und möglicherweise nicht so robust wie bei traditionellen relationalen Datenbanken. Dies kann ein wichtiger Faktor für Anwendungen sein, die ein hohes Maß an Datenkonsistenz erfordern. Darüber hinaus kann die Flexibilität von MongoDB hinsichtlich des Schemas auch ein zweischneidiges Schwert sein, da das Fehlen eines festen Schemas zu Inkonsistenzen führen kann, wenn es nicht ordnungsgemäß verwaltet wird.

In Bezug auf die Administration erfordert MongoDB ein solides Verständnis seiner Architektur und Funktionen, um die Leistung zu optimieren und die Datenintegrität sicherzustellen. Dazu gehört die Verwaltung von Indizes, die Konfiguration von Replikation und Sharding sowie die Überwachung der Leistung und Ressourcennutzung. Allerdings bietet MongoDB Inc. eine Reihe von Tools und Diensten wie MongoDB Atlas, eine vollständig verwaltete Cloud-Plattform, die die Bereitstellung, Verwaltung und Skalierung von MongoDB vereinfacht und die administrative Belastung für Organisationen reduziert.

Insgesamt hat sich MongoDB als eine der vielseitigsten und leistungsfähigsten NoSQL-Datenbanken in der heutigen Technologielandschaft etabliert. Die Fähigkeit, Daten in einem flexiblen und skalierbaren Format zu verarbeiten, kombiniert mit optimierter Leistung und einem umfangreichen Funktionssatz, macht sie zu einer soliden Wahl für eine Vielzahl moderner Anwendungen, die eine Datenbank benötigen, die mit den Anforderungen der Anwendung wachsen und sich anpassen kann. Die fortgesetzte

Verbreitung in verschiedenen Branchen und ihre stetige Weiterentwicklung deuten darauf hin, dass MongoDB auch in den kommenden Jahren ein wichtiges Werkzeug in der technologischen Infrastruktur vieler Organisationen bleiben wird.

4.3.3. Cassandra

Apache Cassandra ist eine verteilte NoSQL-Datenbank, die entwickelt wurde, um große Datenmengen auf mehreren Servern zu verwalten und dabei hohe Verfügbarkeit, horizontale Skalierbarkeit und Fehlertoleranz zu bieten. Sie wurde ursprünglich 2008 bei Facebook entwickelt, um den wachsenden Bedarf an Speicher- und Datenverarbeitungsanforderungen zu decken, insbesondere in Messaging- und Social Networks-Anwendungen. Später wurde Cassandra zu einem Open-Source-Projekt unter der Apache Software Foundation, was ihre Annahme und kontinuierliche Weiterentwicklung in einer Vielzahl von Branchen ermöglicht hat.

Cassandra basiert auf einem spaltenorientierten Datenmodell, das sich vom traditionellen relationalen, auf Zeilen und Tabellen basierenden Modell unterscheidet. In Cassandra werden Daten in Spalten innerhalb von Zeilen organisiert, und die Zeilen werden in Spaltenfamilien gruppiert. Jede Zeile in Cassandra kann eine unterschiedliche Anzahl von Spalten haben, was eine große Flexibilität beim Speichern von Daten mit variabler Struktur bietet. Spaltenfamilien in Cassandra sind konzeptuell ähnlich wie Tabellen in relationalen Datenbanken, jedoch ohne die Starrheit eines vordefinierten Schemas, was es Cassandra ermöglicht, semi-strukturierte Daten effizienter zu verarbeiten.

Einer der markantesten Aspekte von Cassandra ist seine verteilte Architektur ohne Single Point of Failure. Im Gegensatz zu traditionellen Datenbanken, die auf einen Master-Server für Lese- und Schreiboperationen angewiesen sind, verwendet Cassandra ein Peer-to-Peer-Design, bei dem alle Knoten im Cluster gleichwertig sind und Lese- sowie Schreibanfragen empfangen und verarbeiten können. Diese dezentralisierte Architektur ermöglicht es Cassandra, hochverfügbar und fehlertolerant zu sein, da es keinen einzelnen Knoten gibt, dessen Ausfall den Dienst unterbrechen könnte. Fällt ein Knoten im Cluster aus, können die anderen Knoten die Operationen ohne größere Unterbrechungen weiterverarbeiten.

Skalierbarkeit ist ein weiteres zentrales Merkmal von Cassandra. Das System ist für horizontale Skalierung konzipiert, was bedeutet, dass weitere Knoten zum Cluster hinzugefügt werden können, um größere Datenmengen und mehr Verkehr zu bewältigen, ohne die Leistung zu beeinträchtigen. Dies wird durch den Einsatz von Sharding und Replikation ermöglicht.

Cassandra verteilt die Daten auf die Cluster-Knoten mittels eines Hash-Algorithmus, der jeder Zeile einen bestimmten Schlüsselbereich zuweist. Diese Technik, bekannt als Partitionierung oder Sharding, erlaubt eine gleichmäßige Verteilung der Daten über die Knoten, was die Ressourcennutzung optimiert und eine konstante Leistung auch bei wachsendem Cluster sicherstellt.

Cassandra implementiert auch Datenreplikation zur Gewährleistung der Dauerhaftigkeit und Verfügbarkeit von Informationen. Daten werden auf mehreren Knoten des Clusters gemäß einem konfigurierbaren Replikationsfaktor repliziert. Das bedeutet, dass jedes Datenstück auf mehreren Knoten gespeichert wird, was es ermöglicht, Lese- und Schreibvorgänge auch bei Ausfall eines oder mehrerer Knoten fortzusetzen. Darüber hinaus kann das Konsistenzniveau der Operationen in Cassandra an die Anforderungen der Anwendung angepasst werden. Cassandra unterstützt verschiedene Konsistenzstufen, die von eventual consistency, bei der Schreibvorgänge asynchron auf replizierte Knoten übertragen werden, bis zu strong consistency reichen, bei der Schreib- und Lesevorgänge sicherstellen, dass alle replizierten Knoten synchronisiert sind, bevor eine Operation bestätigt wird.

Das Konsistenzmodell von Cassandra ist flexibel und erlaubt es Entwicklern, je nach Bedarf der Anwendung das passende Konsistenzniveau für jede Operation zu wählen. Eine Anwendung, die Verfügbarkeit über sofortige Konsistenz priorisiert, kann sich beispielsweise für eventual consistency entscheiden, während eine Anwendung, die sicherstellen muss, dass alle Schreibvorgänge sofort auf allen Replikaten reflektiert werden, strong consistency verwenden kann. Diese Flexibilität ist einer der Gründe, warum Cassandra bei kritischen Anwendungen beliebt ist, bei denen Verfügbarkeit und Reaktionsfähigkeit entscheidend sind.

Cassandra verwendet eine eigene Abfragesprache namens CQL (Cassandra Query Language), die so gestaltet ist, dass sie SQL ähnelt, aber an das Datenmodell von Cassandra angepasst ist. CQL bietet eine vertraute Möglichkeit für Entwickler, die an SQL gewöhnt sind, mit den Daten in Cassandra zu arbeiten, während es gleichzeitig die einzigartigen Merkmale des spaltenbasierten Datenmodells von Cassandra nutzt. CQL unterstützt eine breite Palette von Operationen, einschließlich der Erstellung und Verwaltung von Tabellen (Spaltenfamilien), dem Einfügen und Aktualisieren von Daten sowie der Ausführung von Abfragen zur Datenwiedergewinnung. Obwohl CQL SQL ähnlich ist, ist es für die Arbeit mit der verteilten Architektur und den Skalierungsmerkmalen von Cassandra optimiert.

In Bezug auf die Leistung ist Cassandra darauf ausgelegt, große Datenmengen und hohe Verkehrsaufkommen mit niedriger Latenz zu verarbeiten. Die Fähigkeit, Schreib- und Lesevorgänge parallel auf mehreren Cluster-Knoten durchzuführen, erlaubt es Cassandra, Millionen von Operationen pro Sekunde mit konstanter Leistung zu verarbeiten. Dies macht es ideal für unternehmenskritische Anwendungen, die vorhersehbare Leistung und Skalierbarkeit erfordern, wie Transaktionsmanagementsysteme, Echtzeitdatenanalyse und Anwendungen, die große Datenmengen erzeugen, wie IoT.

Die hohe Verfügbarkeit von Cassandra wird auch durch seine Fähigkeit verstärkt, in geografisch verteilten Umgebungen zu arbeiten. Cassandra ermöglicht die Replikation von Daten zwischen Rechenzentren in verschiedenen geografischen Regionen, was für Anwendungen, die globale Hochverfügbarkeit erfordern, entscheidend ist. Dies erlaubt es Organisationen auch, Anforderungen zur Datenlokalisierung und Datenschutzvorschriften zu erfüllen, indem sie Daten in Rechenzentren in verschiedenen Regionen replizieren.

Wie bei jeder Technologie gibt es jedoch auch bei Cassandra einige Überlegungen und Herausforderungen. Obwohl Cassandra hoch skalierbar und verfügbar ist, kann die Verwaltung und Administration eines Cassandra-Clusters komplex sein, insbesondere wenn der Cluster wächst. Die Konfiguration und Wartung des Clusters, die Überwachung der Leistung, das Management der Knoten und die Optimierung von Abfragen erfordern ein tiefes Verständnis der Architektur und der internen Funktionsweise von Cassandra. Außerdem kann das Datenmodell von Cassandra, obwohl flexibel, ein Umdenken beim Datenmodellierungsansatz im Vergleich zu relationalen Datenbanken erfordern, was eine Lernkurve für Entwickler und Datenbankadministratoren bedeuten kann.

Eine weitere Herausforderung ist die eventual consistency, die zwar hohe Verfügbarkeit und Skalierbarkeit bietet, aber nicht für alle Anwendungen geeignet ist. In Szenarien, in denen sofortige Datenkonsistenz kritisch ist, wie in Finanzsystemen oder Bestandskontrollsystemen, kann eventual consistency Komplikationen mit sich bringen, die eine sorgfältige Handhabung erfordern, um die Datenintegrität zu gewährleisten.

Cassandra wird in einer Vielzahl von Branchen weit verbreitet eingesetzt, darunter Telekommunikation, Bankwesen, E-Commerce und Cloud-Dienste. Unternehmen wie Netflix, Apple, eBay und Reddit nutzen Cassandra zur Bewältigung ihrer groß angelegten Speicher- und Datenverarbeitungsanforderungen, was die Fähigkeit von Cassandra unterstreicht, datenintensive Workloads zu unterstützen und robuste sowie skalierbare Leistung in hochbeanspruchten Produktionsumgebungen zu liefern.

5. Datenspeicherung und -verarbeitung

Die Speicherung und Verarbeitung von Daten ist ein zentraler Aspekt im Umgang mit Big Data und bei der Implementierung von Lösungen der Künstlichen Intelligenz. Wie wir bereits am Anfang des Buches gesehen haben, stehen Organisationen angesichts des exponentiellen Wachstums des Datenvolumens vor immer größeren Herausforderungen, Daten effizient zu speichern, zu verwalten und zu verarbeiten, um daraus wertvolle Informationen zu gewinnen und fundierte Entscheidungen zu treffen. In diesem Kapitel möchte ich mich darauf konzentrieren, die Technologien, Strategien und Werkzeuge zu untersuchen, die zur Speicherung und Verarbeitung von Daten im Kontext von Big Data verwendet werden, sowie zu verstehen, wie sich diese Techniken in die Gesamtarchitektur moderner Datensysteme einfügen.

Unter Datenspeicherung versteht man die Art und Weise, wie Daten gespeichert und organisiert werden, um später darauf zuzugreifen und sie zu nutzen. In einer Big-Data-Umgebung stammen die Daten aus einer Vielzahl von Quellen und liegen in unterschiedlichen Formaten vor, was Speicherlösungen erfordert, die flexibel, skalierbar und in der Lage sind, strukturierte, semi-strukturierte und unstrukturierte Daten zu verarbeiten. Darüber hinaus muss die Speicherung kosteneffizient und leistungsfähig sein, um einen schnellen und zuverlässigen Zugriff auf die Daten zu ermöglichen, wenn diese benötigt werden. Um diesen Anforderungen gerecht zu werden, wurden verschiedene Technologien und Ansätze zur Speicherung entwickelt, wie relationale Datenbanken, NoSQL-Datenbanken, verteilte Dateisysteme und Cloud-Speicherlösungen.

Die Datenverarbeitung wiederum umfasst die Operationen und Transformationen, die auf Daten angewendet werden, um sie in nützliche Informationen umzuwandeln. Dies kann von einfachen Operationen wie der Datenbereinigung und -filterung bis hin zu komplexen Analysen wie Machine Learning und Data Mining reichen. Im Kontext von Big Data muss die Datenverarbeitung in der Lage sein, große Datenmengen parallel zu verarbeiten, was verteilte Verarbeitungsarchitekturen erfordert, die horizontal skalierbar sind. Technologien wie Hadoop, Spark und Werkzeuge für Echtzeitanalyse wurden entwickelt, um diesen Anforderungen gerecht zu werden, sodass Organisationen ihre Daten in großem Maßstab und mit hoher Effizienz verarbeiten und analysieren können.

Das Konzept der Datenspeicherung und -verarbeitung umfasst eine breite Palette von Technologien und Ansätzen, die in drei Hauptkategorien unterteilt werden können: Datenspeicherung, Batch-Verarbeitung und Echtzeitverarbeitung. Jede dieser Kategorien behandelt unterschiedliche Aspekte des Datenmanagements, und es ist wichtig zu verstehen, wie sie miteinander verknüpft sind und sich gegenseitig ergänzen.

In der Kategorie Datenspeicherung werden die verschiedenen verfügbaren Optionen zur effektiven Speicherung großer Datenmengen untersucht. Dazu gehören sowohl traditionelle relationale Datenbanksysteme als auch modernere Technologien wie verteilte Dateisysteme und NoSQL-Datenbanken. Diese Lösungen sind darauf ausgelegt, die große Vielfalt an Daten, die Big Data auszeichnet, zu verarbeiten, einschließlich Texten, Bildern, Videos, Sensordaten und anderen Datentypen. Darüber hinaus werden Speicherstrategien untersucht, die es Organisationen ermöglichen, ihre Speicherressourcen optimal zu nutzen, etwa durch Datenkomprimierung, Deduplizierung und Replikation.

Die Batch-Verarbeitung ist eine Technik zur effizienten Verarbeitung großer Datenmengen. Bei diesem Ansatz werden Daten über einen bestimmten Zeitraum hinweg gesammelt und anschließend in Blöcken oder „Batches" verarbeitet. Diese Methode eignet sich für Aufgaben, die keine sofortige Antwort erfordern, und bei denen parallele Verarbeitung genutzt werden kann, um datenintensive Arbeiten zu beschleunigen. Technologien wie Hadoop MapReduce waren grundlegend für die Entwicklung von Lösungen zur Batch-Verarbeitung und ermöglichen es Organisationen, Petabytes an Daten verteilt und effizient zu analysieren.

Die Echtzeitverarbeitung hingegen konzentriert sich auf die Notwendigkeit, Daten in dem Moment zu verarbeiten und zu analysieren, in dem sie erzeugt werden, und liefert Informationen und Ergebnisse nahezu sofort. Dieser Ansatz ist entscheidend für Anwendungen, bei denen schnelle Entscheidungen erforderlich sind, wie etwa bei der Betrugserkennung, der Netzwerküberwachung und der personalisierten Echtzeitbereitstellung von Onlinediensten. Technologien wie Apache Kafka und Apache Storm wurden entwickelt, um kontinuierliche Datenströme zu verarbeiten und Echtzeitverarbeitungsfunktionen bereitzustellen, sodass Organisationen schnell auf Ereignisse und Veränderungen in ihrer Datenumgebung reagieren können.

Datenspeicherung und -verarbeitung sind wesentliche Komponenten der Big-Data-Infrastruktur, und ihre korrekte Implementierung ist entscheidend für den Erfolg jeder Datenanalyseinitiative. Durch das Verständnis der verschiedenen verfügbaren Technologien und Ansätze sowie ihrer Integration in die Gesamtarchitektur eines Datensystems können Organisationen ihr Datenmanagement optimieren und den Wert ihrer Datenressourcen maximieren.

5.1. Verteilte Speichersysteme

5.1.1. Amazon S3

Amazon S3, oder Amazon Simple Storage Service, ist eine der weltweit am häufigsten genutzten und anerkannten Cloud-Speicherlösungen. Amazon Web Services (AWS) brachte Amazon S3 im März 2006 auf den Markt und revolutionierte damit die Art und Weise, wie Organisationen große Datenmengen speichern, verwalten und darauf zugreifen. Sein hoch skalierbares, langlebiges und zugängliches Design hat es Unternehmen jeder Größe ermöglicht, die Cloud als praktikable Speicherlösung zu nutzen, wodurch die Notwendigkeit entfällt, physische Speicherinfrastrukturen zu verwalten, und ein nutzungsbasiertes Zahlungsmodell unterstützt wird, das sich an die schwankenden Anforderungen an die Datenspeicherung anpasst.

Amazon S3 ist ein Objektspeicherdienst, was bedeutet, dass Daten als Objekte in sogenannten Buckets (Container) gespeichert werden, anstatt als Dateien in einem traditionellen Dateisystem oder als Datensätze in einer Datenbank. Jedes Objekt in S3 besteht aus den eigentlichen Daten, beschreibenden Metadaten und einem eindeutigen Schlüssel, der das Objekt innerhalb des Buckets identifiziert. Dieses Objekt-Speichermodell eignet sich ideal zur Verwaltung großer Mengen unstrukturierter Daten, wie Mediendateien, Dokumente, Backups, Sensordaten und Protokolldateien, bei denen die Struktur des Inhalts weniger wichtig ist als die Fähigkeit, große Informationsmengen effizient zu speichern und abzurufen.

Eine der zentralen Eigenschaften von Amazon S3 ist seine Haltbarkeit und Verfügbarkeit. Amazon garantiert eine Haltbarkeit von 99,999999999 Prozent (elf Neunen) für in S3 gespeicherte Objekte, was bedeutet, dass die Daten nahezu vollständig gegen Verluste geschützt sind. Diese Haltbarkeit wird durch automatische Datenreplikation auf mehrere Geräte und Standorte innerhalb einer AWS-Region erreicht, was sicherstellt, dass die Daten selbst bei Hardwareausfällen oder Naturkatastrophen in einem Rechenzentrum geschützt bleiben. Darüber hinaus bietet Amazon S3 eine Verfügbarkeit von 99,99 Prozent, sodass die Daten jederzeit ohne nennenswerte Unterbrechungen verfügbar sind.

Skalierbarkeit ist ein weiterer zentraler Aspekt von Amazon S3. Der Dienst ist darauf ausgelegt, jede Datenmenge zu bewältigen, von wenigen Gigabyte bis hin zu Petabyte und darüber hinaus, ohne dass sich der Nutzer um Speicherplatz oder Leistung kümmern muss. Die automatische Skalierung von S3 ermöglicht es Organisationen, sich schnell an steigende oder sinkende Speicheranforderungen anzupassen, ohne zusätzliche Infrastruktur verwalten oder bereitstellen zu müssen. Dies ist besonders nützlich in

Szenarien, in denen sich das Datenvolumen unvorhersehbar ändert, wie bei Webanwendungen, Clouddiensten oder Big-Data-Analysen.

Hinsichtlich der Datenverwaltung bietet Amazon S3 eine Reihe fortschrittlicher Tools und Funktionen, die Organisationen dabei unterstützen, ihre Daten zu organisieren, zu schützen und deren Nutzung zu optimieren. Dazu gehört die Versionierung von Objekten, mit der mehrere Versionen eines Objekts gespeichert werden können, um sich gegen versehentliches Löschen oder Datenbeschädigung zu schützen; die regionsübergreifende Replikation, mit der Objekte automatisch zwischen verschiedenen AWS-Regionen kopiert werden können, um die Redundanz zu erhöhen und die Wiederherstellung im Katastrophenfall zu erleichtern; sowie granulare Zugriffskontrolle, mit der Administratoren detaillierte Zugriffspolitiken definieren können, um festzulegen, wer unter welchen Bedingungen auf welche Daten zugreifen darf.

Neben diesen Funktionen unterstützt Amazon S3 die Integration mit anderen AWS-Diensten und ist damit ein integraler Bestandteil des AWS-Ökosystems. Beispielsweise können in S3 gespeicherte Daten direkt mit Tools wie Amazon Athena analysiert werden, einem interaktiven Abfrageservice, der die Analyse von S3-Daten mit Standard-SQL ermöglicht. Es kann auch mit Amazon Glacier integriert werden, einem Langzeitspeicherdienst für selten genutzte Daten, wodurch Organisationen Daten automatisch von S3 nach Glacier verschieben können, um Speicherplatzkosten zu senken.

Eine weitere wichtige Eigenschaft von Amazon S3 ist seine Fähigkeit, große Datenmengen und Datenanfragen effizient zu verarbeiten. S3 ist auf hohe Leistung ausgelegt, was bedeutet, dass es tausende gleichzeitige Lese- und Schreibanfragen bewältigen kann – entscheidend für stark frequentierte Anwendungen, die schnellen und ständigen Zugriff auf Daten erfordern. Darüber hinaus unterstützt S3 die Datenübertragung über verschiedene Methoden, darunter HTTP, HTTPS und das native S3-Protokoll, was Flexibilität beim Zugriff und der Verwaltung der Daten bietet.

In puncto Sicherheit bietet Amazon S3 mehrere Schutzebenen für gespeicherte Daten. Daten können sowohl während der Übertragung als auch im Ruhezustand verschlüsselt werden, mit einer Vielzahl von Verschlüsselungsoptionen, darunter serverseitige Verschlüsselung (SSE) mit von AWS verwalteten Schlüsseln und clientseitige Verschlüsselung, bei der der Kunde die Schlüsselverwaltung übernimmt. S3 ist außerdem in AWS Identity and Access Management (IAM) integriert, um rollenbasierte, detaillierte Zugriffskontrollen zu ermöglichen, und unterstützt auch die Verwendung von Bucket-Richtlinien, mit denen spezifische Regeln definiert werden können, wie Daten zugänglich und bearbeitbar sind. Dies ist besonders wichtig zur

Einhaltung von Sicherheits- und Compliance-Anforderungen in Bereichen wie Banken, Gesundheitswesen und öffentlicher Verwaltung.

Amazon S3 bietet auch Tools zur Kostenoptimierung, die es den Nutzern ermöglichen, zwischen verschiedenen Speicherklassen entsprechend ihren Zugriffserfordernissen zu wählen. Beispielsweise ist Amazon S3 Standard ideal für häufig genutzte Daten, während Amazon S3 Standard-IA (Infrequent Access) und Amazon S3 One Zone-IA für weniger häufig genutzte Daten gedacht sind, die dennoch schnellen Zugriff erfordern. Für sehr selten genutzte Daten, bei denen längere Latenzzeiten akzeptabel sind, bieten Amazon Glacier und Glacier Deep Archive kostengünstige Speicheroptionen. Diese Optionen ermöglichen es Organisationen, Leistung und Kosten abzuwägen und ihre Speicherausgaben zu optimieren.

Amazon S3 ist darauf ausgelegt, hochverfügbar und weltweit zugänglich zu sein. In S3 gespeicherte Daten können von jedem Ort mit Internetverbindung abgerufen werden, was es ideal für globale Anwendungen macht, die schnellen und zuverlässigen Zugriff auf Daten in mehreren Regionen erfordern. Darüber hinaus ermöglicht die Integration von S3 mit dem Content Delivery Network (CDN) Amazon CloudFront die Beschleunigung der Inhaltsverteilung an Endnutzer weltweit, was die Leistung und Benutzererfahrung verbessert.

Aus meiner Sicht ist Amazon S3 eine robuste, skalierbare und flexible Cloud-Speicherlösung, die die Art und Weise, wie Organisationen große Datenmengen verwalten, grundlegend verändert hat. Seine Haltbarkeit, Verfügbarkeit und das umfangreiche Set an fortschrittlichen Funktionen machen es zu einem unverzichtbaren Werkzeug für jede Organisation, die eine zuverlässige Speicherlösung in der Cloud sucht. Von seiner Fähigkeit, problemlos zu skalieren, bis hin zur Integration mit anderen AWS-Tools und -Diensten bietet S3 Unternehmen die notwendigen Werkzeuge, um ihre Daten effizient und sicher in einer Big-Data-Umgebung zu verwalten.

5.1.2. Google Cloud Storage

Google Cloud Storage ist eine Cloud-Speicherlösung, die von der Google Cloud Platform bereitgestellt wird. Sie wurde entwickelt, um große Datenmengen mit hoher Verfügbarkeit, Sicherheit und Skalierbarkeit zu speichern und zu verwalten. Sie ist ein integraler Bestandteil der Infrastruktur von Google und wird sowohl von großen Unternehmen als auch von kleinen Start-ups genutzt, um unstrukturierte Daten wie Mediendateien sowie strukturierte und semi-strukturierte Daten zu speichern, die einen schnellen und zuverlässigen Zugriff erfordern.

Google Cloud Storage bietet ein objektbasiertes Speichermodell, was bedeutet, dass die Daten in sogenannten „Buckets“ organisiert sind, in denen die Objekte gespeichert werden. Jedes Objekt in Google Cloud Storage besteht aus den eigentlichen Daten, optionalen Metadaten, die das Objekt beschreiben, und einer eindeutigen Kennung, die den Zugriff auf das Objekt ermöglicht. Dieser Ansatz ist ideal für den Umgang mit unstrukturierten Daten und ermöglicht die Speicherung großer Datenmengen ohne die Einschränkungen traditioneller Datenbanken oder Dateisysteme.

Eine der herausragendsten Eigenschaften von Google Cloud Storage ist die native Integration mit anderen Diensten der Google Cloud, was sie zu einer bevorzugten Option für Unternehmen macht, die bereits auf die Infrastruktur von Google setzen. Dazu gehört eine nahtlose Integration mit Datenanalysetools wie BigQuery, Machine-Learning-Diensten wie AI Platform und Datenverarbeitungssystemen wie Dataflow und Dataproc. Diese Integration ermöglicht es Nutzern von Google Cloud Storage, Daten einfach zwischen verschiedenen GCP-Diensten zu verschieben, was den Aufbau komplexer und automatisierter Datenpipelines erleichtert.

Wie Amazon Se wurde auch Google Cloud Storage entwickelt, um eine hohe Haltbarkeit und Verfügbarkeit zu gewährleisten. Google garantiert eine Haltbarkeit von 99,999999999 Prozent (11 Neunen) für gespeicherte Daten. Dies wird erreicht, indem die Daten je nach gewählter Speicherklasse in mehreren Standorten innerhalb einer Region oder sogar weltweit repliziert werden. Dadurch wird sichergestellt, dass die Daten selbst bei Hardwareausfällen oder Naturkatastrophen in einem Rechenzentrum sicher und zugänglich bleiben. Die Datenreplikation ist für den Nutzer transparent, was bedeutet, dass keine zusätzliche Konfiguration erforderlich ist, um die Haltbarkeit der Daten zu gewährleisten.

In Bezug auf die Verfügbarkeit bietet Google Cloud Storage verschiedene Speicherklassen, mit denen Nutzer Kosten und Leistung entsprechend ihren Bedürfnissen ausbalancieren können. Diese Klassen umfassen:

1. Standard Storage, ausgelegt für Daten, auf die häufig zugegriffen wird. Sie ist ideal für datenintensive Anwendungen wie Websites, mobile Anwendungen und Big-Data-Analysen. Standard Storage garantiert eine hohe Verfügbarkeit und geringe Zugriffsverzögerung und ist somit für Workloads geeignet, die schnellen und kontinuierlichen Zugriff auf Daten erfordern.

2. Nearline Storage, optimiert für Daten, auf die weniger häufig zugegriffen wird, die aber dennoch fast sofort verfügbar sein müssen, wenn sie benötigt werden. Nearline Storage ist ideal für Backups, archivierte Daten mit Zugriff einmal pro Monat oder seltener und andere Szenarien, bei denen die

Kosten ein wichtiger Faktor sind, aber die Zugriffsverzögerung dennoch relevant bleibt.

3. Coldline Storage, geeignet für Daten, auf die selten zugegriffen wird, die aber jederzeit verfügbar bleiben müssen, etwa Backups für die Notfallwiederherstellung. Coldline Storage bietet deutlich niedrigere Kosten im Vergleich zu Standard und Nearline Storage, allerdings mit etwas höheren Abrufkosten.

4. Archive Storage, die kostengünstigste Option für Daten, auf die sehr selten zugegriffen wird, wie Langzeitarchive oder Daten, die aus Compliance-Gründen über viele Jahre aufbewahrt werden müssen. Archive Storage ist ideal für Situationen, in denen längere Latenzzeiten beim Abrufen der Daten tolerierbar sind, aber die Speicherkosten entscheidend sind.

Diese Speicherklassen ermöglichen es den Nutzern, ihre Speicherkosten zu optimieren, indem sie die jeweils passendste Klasse für die Art der verarbeiteten Daten wählen, ohne dabei Zugänglichkeit oder Haltbarkeit zu kompromittieren.

Google Cloud Storage zeichnet sich außerdem durch seine Fähigkeit aus, datenintensive Workloads im globalen Maßstab zu verarbeiten. Dank der Infrastruktur von Google können die in Google Cloud Storage gespeicherten Daten von überall auf der Welt mit geringer Latenz abgerufen werden, was für globale Anwendungen, die ein konsistentes Nutzererlebnis in allen Regionen erfordern, unerlässlich ist. Darüber hinaus ermöglicht die Integration mit dem Google Cloud CDN die schnellere Auslieferung von Inhalten aus dem Google Cloud Storage an Endnutzer weltweit und verbessert so die Leistung von Webanwendungen und Streaming-Diensten.

Sicherheit hat bei Google Cloud Storage oberste Priorität, und es stehen eine Reihe fortschrittlicher Funktionen zum Schutz der Daten zur Verfügung. Die Daten können sowohl während der Übertragung als auch im Ruhezustand verschlüsselt werden, entweder mit von Google verwalteten Schlüsseln oder alternativ mit vom Kunden verwalteten Schlüsseln für mehr Kontrolle über die Datensicherheit. Google Cloud Storage ist außerdem in Google Cloud Identity and Access Management integriert, um eine rollenbasierte Zugriffskontrolle bereitzustellen, mit der Administratoren spezifische Zugriffspolicen für unterschiedliche Nutzer und Gruppen innerhalb der Organisation definieren können.

Hinsichtlich der Leistung ist Google Cloud Storage optimiert, um schnellen Zugriff auf große Datenmengen zu bieten. Es kann Tausende von Lese- und Schreibvorgängen pro Sekunde verarbeiten, was für anspruchsvolle Anwendungen, die schnellen und konsistenten Zugriff auf gespeicherte Daten benötigen, unerlässlich ist. Google Cloud Storage nutzt fortschrittliche Caching- und Netzwerkoptimierungstechniken, um die Latenz zu minimieren und die Leistung zu maximieren, was es zu einer idealen Lösung für Anwendungen macht, die auf zuverlässigen und schnellen Datenzugriff angewiesen sind.

Zusätzlich zu den technischen Eigenschaften bietet Google Cloud Storage eine Reihe von Tools zur effizienten Datenverwaltung. Dazu gehört die Möglichkeit, Massenoperationen wie das Hoch- und Herunterladen großer Datenmengen durchzuführen, das Objektversionieren zum Schutz vor versehentlichem Löschen und Lebenszyklusrichtlinien, die es den Nutzern ermöglichen, den Übergang von Daten zwischen verschiedenen Speicherklassen nach vordefinierten Regeln zu automatisieren. Diese Tools erleichtern die Verwaltung großer Datenmengen und helfen Organisationen, die Nutzung ihres Speichers zu optimieren.

Google Cloud Storage unterstützt außerdem die Erstellung öffentlicher und privater Buckets, sodass Nutzer Daten öffentlich teilen oder den Zugriff nach Bedarf einschränken können. Öffentliche Buckets sind nützlich zum Hosten statischer Dateien für Websites, zum Teilen von Daten mit der Öffentlichkeit oder zur Zusammenarbeit bei offenen Projekten. Private Buckets hingegen bieten vollständige Kontrolle darüber, wer auf die Daten zugreifen darf, was entscheidend ist, um sensible Informationen zu schützen oder gesetzlichen Datenschutz- und Sicherheitsvorgaben zu entsprechen.

Die Kompatibilität von Google Cloud Storage mit mehreren Programmiersprachen und Plattformen macht es für eine Vielzahl von Entwicklern und Anwendungsarchitekturen zugänglich. Google stellt Client-Bibliotheken und SDKs für Sprachen wie Python, Java, Ruby, Go und JavaScript bereit, was die Integration von Google Cloud Storage in neue oder bestehende Anwendungen erleichtert. Darüber hinaus ist Google Cloud Storage mit der Amazon-S3-API kompatibel, was die Migration von Anwendungen von Amazon S3 zu Google Cloud Storage mit minimalem Anpassungsaufwand ermöglicht.

Google Cloud Storage ist ein zentraler Bestandteil der Big-Data- und Machine-Learning-Strategie von Google. Da es oft als zentrale Speicherstelle für viele Datenworkflows in der Google Cloud dient, wird es häufig zusammen mit anderen Google-Lösungen eingesetzt, etwa mit BigQuery für großskalige Datenanalysen oder mit AI Platform zum Trainieren und Bereitstellen von Machine-Learning-Modellen. Damit ist Google Cloud Storage nicht nur ein Ort zur Datenspeicherung, sondern auch eine Grundlage für den Aufbau fortschrittlicher Lösungen, die die volle Leistungsfähigkeit der Google-Cloud nutzen.

5.2. Echtzeitverarbeitung vs. Batchverarbeitung

5.2.1. Merkmale und Unterschiede

Die Datenverarbeitung ist einer der wichtigsten Bestandteile und Prozesse beim Umgang mit großen Datenmengen, und es gibt zwei Hauptansätze zur Durchführung dieser Verarbeitung: die Echtzeitverarbeitung und die Batchverarbeitung. Beide Methoden haben unterschiedliche Merkmale und werden je nach den spezifischen Anforderungen einer Organisation oder Anwendung in unterschiedlichen Kontexten eingesetzt. Das Verständnis der grundlegenden Unterschiede zwischen diesen beiden Ansätzen ist entscheidend, um die richtige Strategie für ein Big-Data-Projekt oder die Implementierung von Datenanalysesystemen auszuwählen.

Batchverarbeitung bezieht sich auf die Ausführung von Datenverarbeitungsoperationen über eine große Menge gesammelter Daten, normalerweise in definierten Zeitintervallen. Dieser Ansatz wird traditionell für Aufgaben verwendet, die keine sofortigen Ergebnisse erfordern und bei denen die zu verarbeitende Datenmenge erheblich ist. Batchverarbeitungsaufgaben werden häufig im Hintergrund ausgeführt, oft während Zeiten geringer Systemaktivität, wie z. B. nachts oder am Wochenende, um die Auswirkungen auf die allgemeine Systemleistung zu minimieren.
Ein zentrales Merkmal der Batchverarbeitung ist ihre Effizienz im Umgang mit großen Datenmengen. Da die Daten in Blöcken oder Batches verarbeitet werden, ermöglicht dieser Ansatz eine Optimierung der Systemressourcennutzung wie Speicher und Rechenleistung. Die Batchverarbeitung ist ideal für Aufgaben wie Datenaggregation, Erstellung regelmäßiger Berichte, Abrechnung und Datenbereinigung. Diese Prozesse können ressourcenintensiv sein, aber die Tatsache, dass sie über einen vollständigen Datensatz und nicht in Echtzeit durchgeführt werden, erlaubt eine kontrolliertere und optimierte Ausführung.

Ein weiteres Merkmal der Batchverarbeitung ist, dass sie in Bezug auf die Rechenressourcen in der Regel kostengünstiger ist. Da sie zu vordefinierten Zeiten mit einer vorhersehbaren Ressourcennutzung ausgeführt wird, können Organisationen ihre Infrastruktur effizienter planen und optimieren. Darüber hinaus ist die Batchverarbeitung fehlertoleranter, da im Falle eines Fehlers während der Ausführung eines Batches der Prozess vom Anfang des Batches oder von einem Kontrollpunkt neu gestartet werden kann, ohne die laufenden Daten oder Prozesse zu beeinträchtigen.

Die Echtzeitverarbeitung hingegen bezieht sich, wie der Name schon sagt, auf die Verarbeitung von Daten, sobald sie generiert oder in das System eingespeist werden. Dieser Ansatz ist entscheidend in Anwendungen, bei denen die Aktualität der Informationen von entscheidender Bedeutung ist, wie etwa bei Finanzhandelssystemen, Betrugserkennung, Netzwerküberwachung und Online-Empfehlungssystemen. In diesen Fällen müssen die Daten nahezu sofort verarbeitet werden, um schnelle Entscheidungen auf Basis der aktuellsten verfügbaren Informationen zu ermöglichen.

Eines der hervorstechendsten Merkmale der Echtzeitverarbeitung ist ihre Fähigkeit, kontinuierliche Datenströme zu verarbeiten und Anwendungen die Möglichkeit zu geben, sofort auf Ereignisse oder Änderungen in den Daten zu reagieren. Im Gegensatz zur Batchverarbeitung, bei der Daten über einen Zeitraum hinweg gesammelt und dann verarbeitet werden, reagiert die Echtzeitverarbeitung auf jedes Ereignis oder jeden Datensatz, sobald dieser verfügbar ist. Dies erfordert ein äußerst effizientes und latenzarmes Verarbeitungssystem, das in der Lage ist, große Datenmengen in Echtzeit zu bewältigen, ohne Engpässe oder nennenswerte Verzögerungen zu erzeugen.

Die Echtzeitverarbeitung erfordert zudem eine intensivere und konstante Nutzung der Systemressourcen, da das System jederzeit bereit sein muss, eingehende Daten zu verarbeiten. Dies kann die Echtzeitverarbeitung in Bezug auf die Infrastruktur kostspieliger machen, da leistungsfähigere oder skalierbarere Hardware sowie eine Softwarearchitektur erforderlich sind, die in der Lage ist, unvorhersehbare und schwankende Arbeitslasten zu bewältigen. Darüber hinaus ist die Latenzzeit bei der Verarbeitung ein kritischer Faktor in Echtzeitsystemen, da jede Verzögerung die Genauigkeit und Effektivität der auf den verarbeiteten Daten basierenden Entscheidungen beeinträchtigen kann.

Konsistenz und Fehlertoleranz in Echtzeitverarbeitungssystemen stellen ebenfalls besondere Herausforderungen dar. Aufgrund der Notwendigkeit, Daten kontinuierlich und ohne Unterbrechung zu verarbeiten, müssen Systeme so konzipiert sein, dass sie Fehler handhaben können, ohne Daten zu verlieren oder den Verarbeitungsfluss zu unterbrechen. Dies erfordert häufig die Implementierung verteilter und redundanter Architekturen, die auch dann weiterarbeiten können, wenn eine oder mehrere Komponenten ausfallen.

Was die grundlegenden Unterschiede zwischen Batch- und Echtzeitverarbeitung betrifft, so ist ersterer Ansatz besser geeignet für Aufgaben, bei denen Genauigkeit und Vollständigkeit wichtiger sind als Geschwindigkeit, während der zweite Ansatz unerlässlich ist für Anwendungen, bei denen Geschwindigkeit und Reaktionsfähigkeit entscheidend sind. Die Batchverarbeitung ist ideal für Szenarien, in denen große Datenmengen effizient und kostengünstig verarbeitet werden müssen und in denen die Ergebnisse in definierten Intervallen bereitgestellt werden können, ohne die Nützlichkeit der Daten zu beeinträchtigen. Zum Beispiel sind die Erstellung monatlicher

Finanzberichte oder die Verarbeitung von Zahlungen in Batches typische Aufgaben, die sich besser mit der Batchverarbeitung bewältigen lassen.

Im Gegensatz dazu ist die Echtzeitverarbeitung in Situationen unerlässlich, in denen jede Sekunde zählt und in denen die Fähigkeit, in Echtzeit fundierte Entscheidungen zu treffen, einen erheblichen Einfluss auf die Systemleistung oder den Erfolg einer Organisation haben kann. Empfehlungssysteme auf E-Commerce-Plattformen, die das Nutzerverhalten analysieren und in Echtzeit personalisierte Vorschläge machen müssen, sind ein klares Beispiel für die Notwendigkeit der Echtzeitverarbeitung.

Technisch gesehen spiegeln sich diese Unterschiede in den zugrunde liegenden Architekturen und in den Technologien wider, die zur Implementierung jeder Art der Verarbeitung verwendet werden. Batchverarbeitungsarchitekturen sind in der Regel darauf optimiert, große Datenmengen parallel und mit hoher Ressourceneffizienz zu verarbeiten, während Echtzeitverarbeitungsarchitekturen so konzipiert sind, dass sie die Latenz minimieren und die Verfügbarkeit und Reaktionsfähigkeit maximieren. Werkzeuge wie Apache Hadoop und Apache Spark werden häufig in der Batchverarbeitung eingesetzt, während Technologien wie Apache Kafka, Apache Flink und Apache Storm besser für die Echtzeitverarbeitung geeignet sind.

Trotz ihrer Unterschiede ist es wichtig zu betonen, dass in der Praxis viele Organisationen beide Ansätze kombinieren, um ihren Anforderungen an die Datenverarbeitung gerecht zu werden. Beispielsweise kann ein Unternehmen die Echtzeitverarbeitung nutzen, um Finanztransaktionen auf Betrugsmuster in Echtzeit zu überwachen, während es gleichzeitig die Batchverarbeitung einsetzt, um umfassende Analysen derselben Daten über Wochen oder Monate hinweg durchzuführen. Diese Kombination ermöglicht es, die Vorteile beider Ansätze zu nutzen und sowohl Aktualität als auch Vollständigkeit in der Datenanalyse sicherzustellen.

Anders ausgedrückt: Batch- und Echtzeitverarbeitung sind zwei grundlegende Ansätze zur Handhabung großer Datenmengen, die jeweils spezifische Merkmale und Vorteile aufweisen, die sie für unterschiedliche Aufgaben und Anwendungen geeignet machen. Das Verständnis der Unterschiede und der Anwendungsmöglichkeiten jedes Ansatzes ist entscheidend für die Gestaltung effizienter und effektiver Datensysteme, die sowohl kurzfristige als auch langfristige Verarbeitungsanforderungen erfüllen können.

5.2.2. Werkzeuge für die Verarbeitung in Echtzeit

Die Verarbeitung in Echtzeit ist zu einem wesentlichen Bestandteil vieler moderner Anwendungen geworden, die die Fähigkeit erfordern, Daten sofort zu analysieren und darauf zu reagieren. Um diese Art der Verarbeitung zu ermöglichen, wurden verschiedene Werkzeuge entwickelt, die es erlauben, kontinuierliche Datenströme zu verarbeiten und komplexe Analysen in Echtzeit durchzuführen. Zwei der herausragendsten Werkzeuge in diesem Bereich sind Apache Kafka und Apache Flink. Diese Technologien ermöglichen nicht nur die Echtzeitverarbeitung, sondern bieten auch Skalierbarkeit, Ausfallsicherheit und Flexibilität, was sie zu grundlegenden Bausteinen jeder modernen Datenarchitektur macht.

Apache Kafka ist eine verteilte Plattform für Event-Streaming, die hauptsächlich zum Aufbau von Echtzeit-Datenpipelines und Streaming-Anwendungen verwendet wird. Ursprünglich von LinkedIn entwickelt und später der Apache Software Foundation übergeben, wurde Kafka entwickelt, um große Datenmengen mit hoher Geschwindigkeit und niedriger Latenz zu verarbeiten. Die Architektur basiert auf dem Konzept verteilter Logs, bei denen Nachrichten in sogenannten „Topics" gespeichert werden, die als Kanäle fungieren, über die Datenproduzenten Nachrichten senden und Datenkonsumenten diese lesen können. Kafka zeichnet sich durch seine Fähigkeit aus, Millionen von Ereignissen pro Sekunde zu verarbeiten, was es ideal für Anwendungen macht, die einen konstanten und schnellen Datenfluss erfordern, wie Überwachungssysteme, Analysen von Social Networks oder E-Commerce-Plattformen.

Ein Hauptmerkmal von Kafka ist seine Haltbarkeit und Persistenz. Die Daten in Kafka werden auf Festplatten gespeichert, was sicherstellt, dass Nachrichten selbst bei einem Systemausfall nicht verloren gehen. Dieser Ansatz ermöglicht es den Datenkonsumenten auch, Nachrichten in ihrem eigenen Tempo zu lesen, was den Aufbau entkoppelter und skalierbarer Systeme erleichtert. Kafka erlaubt die Replikation von Daten über mehrere Knoten hinweg, was hohe Verfügbarkeit und Fehlertoleranz garantiert – zwei kritische Aspekte für Anwendungen, die sich keine Unterbrechungen im Datenfluss leisten können.

Ein weiterer Vorteil von Kafka ist seine Flexibilität in Bezug auf die Datenverarbeitung. Obwohl Kafka hauptsächlich als Messaging-Plattform verwendet wird, hat sich sein Ökosystem um Komponenten wie Kafka Streams und Kafka Connect erweitert. Kafka Streams ist eine Bibliothek zur Stream-Verarbeitung, die es Entwicklern ermöglicht, Echtzeit-Datenverarbeitungsanwendungen direkt auf Kafka aufzubauen. Dies umfasst Operationen wie Filterung, Aggregation und das Zusammenführen von Datenströmen – alles in Echtzeit. Kafka Connect hingegen erleichtert die Integration von Kafka mit anderen Systemen, indem es den Import und Export von Daten zwischen Kafka und Datenbanken, Speichersystemen und anderen Echtzeitanwendungen ermöglicht.

Apache Flink ist ein weiteres leistungsstarkes Werkzeug im Bereich der Echtzeitverarbeitung. Im Gegensatz zu Kafka, das sich auf die Datenübertragung konzentriert, wurde Flink speziell für die Echtzeitverarbeitung von Datenströmen mit erweiterten Analysefähigkeiten entwickelt. Flink ist eine verteilte Verarbeitungs-Engine, die die Ausführung von Analyseaufgaben sowohl in Echtzeit als auch im Batch-Modus ermöglicht, wobei die wahre Stärke in der Echtzeitverarbeitung liegt. Ursprünglich an der Technischen Universität Berlin entwickelt und später von der Apache Software Foundation übernommen, ist Flink für seine Fähigkeit bekannt, zustandsbehaftete Datenströme mit niedriger Latenz und hoher Genauigkeit in Echtzeit zu verarbeiten.

Ein herausragendes Merkmal von Apache Flink ist sein auf Datenströmen basierendes Verarbeitungsmodell. Im Gegensatz zu anderen Systemen, die Datenströme als eine Reihe von Mini-Batches behandeln, verarbeitet Flink jedes Ereignis, sobald es eintrifft, was eine kontinuierliche und Echtzeitverarbeitung ermöglicht. Dies ist besonders nützlich für Anwendungen, die eine sofortige und kontinuierliche Analyse von Daten erfordern, wie Betrugserkennung, Netzwerküberwachung oder die Echtzeitanalyse von Sensordaten. Flink bietet zudem eine fortgeschrittene Zustandsverwaltung, was bedeutet, dass es Informationen über vergangene Ereignisse speichern und diese zur Beeinflussung der Verarbeitung zukünftiger Ereignisse nutzen kann. Diese Fähigkeit ist entscheidend für Aufgaben wie die Mustererkennung, bei denen der Kontext früherer Ereignisse berücksichtigt werden muss.

Flink zeichnet sich außerdem durch seine Fähigkeit aus, komplexe Operationen wie Zeitfenster, Datenstromverknüpfungen und zustandsbasierte Eventverarbeitung – alles in Echtzeit – zu bewältigen. Zeitfenster ermöglichen es, Datenströme basierend auf Zeitintervallen zu gruppieren und zu analysieren, was für Operationen wie gleitende Durchschnitte oder die Aggregation von Daten innerhalb eines bestimmten Zeitraums nützlich ist. Flink unterstützt verschiedene Fenstertypen, darunter Tumbling-, Sliding- und Session-Windows, was Flexibilität bei der Echtzeitdatenverarbeitung bietet.

Ein weiteres wichtiges Merkmal von Flink ist sein Fokus auf Konsistenz und Fehlermanagement. Flink garantiert durch sein Exactly-Once-Verarbeitungsmodell, dass Echtzeitberechnungen konsistent sind, indem sichergestellt wird, dass jedes Ereignis genau einmal verarbeitet wird – ohne Duplikate oder Verluste. Dies wird durch einen Mechanismus namens Checkpoints erreicht, bei dem der Zustand der Anwendung regelmäßig gesichert wird. Im Falle eines Fehlers kann Flink die Verarbeitung ab dem letzten Checkpoint fortsetzen, ohne Daten zu verlieren oder die Konsistenz der Verarbeitung zu gefährden.

Sowohl Apache Kafka als auch Apache Flink sind in vielen Echtzeitszenarien komplementäre Werkzeuge. Kafka wird oft für die Erfassung und Übertragung großer Datenmengen verwendet und dient dabei als Rückgrat für Echtzeit-Datenpipelines. Die durch Kafka fließenden Daten können in Echtzeit mit Flink verarbeitet werden, das die komplexeren Aufgaben der Analyse und Verarbeitung übernimmt. Dieser kombinierte Ansatz ermöglicht den Aufbau robuster und skalierbarer Datensysteme, die von der einfachen Datenübertragung bis hin zur fortgeschrittenen Echtzeitanalyse reichen.

Darüber hinaus sind Kafka und Flink so konzipiert, dass sie sich gut in andere Technologien und Plattformen integrieren lassen. Beispielsweise sieht man häufig Architekturen, in denen Kafka als Messaging-System fungiert, das Daten an Flink weiterleitet, während die von Flink verarbeiteten Ergebnisse an andere Datenbanken, Speichersysteme oder Machine-Learning-Anwendungen zur weiteren Analyse gesendet werden. Diese Flexibilität und Interoperabilität machen Kafka und Flink zu unverzichtbaren Werkzeugen in jedem Echtzeitdatenverarbeitungssystem.

Beide Technologien sind Open Source, was zu einer weiten Verbreitung und einer lebendigen Gemeinschaft von Entwicklern und Anwendern geführt hat, die ihre Fähigkeiten ständig verbessern und erweitern. Das bedeutet auch, dass sie von einer großen Anzahl an Ressourcen und Dokumentation unterstützt werden, was das Erlernen und die Implementierung in Echtzeitdatenprojekten erleichtert.
Während Apache Kafka ideal für die Übertragung und Verwaltung großer Datenströme in Echtzeit ist, glänzt Apache Flink bei der komplexen Verarbeitung und Analyse dieser Daten. Zusammen eingesetzt bieten diese Werkzeuge eine vollständige und leistungsfähige Lösung zur Handhabung und Verarbeitung von Daten in Echtzeit, sodass Organisationen nahezu sofort fundierte Entscheidungen treffen und schnell auf Ereignisse und Veränderungen in ihrer Datenumgebung reagieren können.

5.3. Datenverarbeitungsmodelle (MapReduce, DAGs)

Da ich MapReduce bereits in einem früheren Abschnitt behandelt habe, werde ich mich jetzt auf DAGs konzentrieren und schließlich einen Vergleich anstellen, damit du die Unterschiede klarer erkennen kannst.

5.3.1. Gerichtete azyklische Graphen (DAGs)

Gerichtete azyklische Graphen, allgemein bekannt als DAGs (Directed Acyclic Graphs), sind eine mathematische Struktur, die weit verbreitet in der Datenverarbeitung, in verteilten Dateisystemen sowie in Planungs- und

Optimierungsalgorithmen eingesetzt wird. Ein DAG ist ein Typ von Graph, der aus einer Menge von Knoten besteht, die durch gerichtete Kanten verbunden sind. Jede Kante hat eine Richtung von einem Knoten zu einem anderen, und entscheidend ist, dass der Graph keine Zyklen enthält. Das bedeutet, es gibt keinen Pfad, der in einem Knoten beginnt und über die Kantenrichtungen wieder zu diesem Knoten zurückführt.

Das Konzept der Azyklizität ist grundlegend für einen DAG, da es sicherstellt, dass der Graph eine inhärente hierarchische Ordnung besitzt. Diese Ordnung zeigt sich darin, dass es möglich ist, die Knoten so anzuordnen, dass alle Kanten in dieselbe Richtung zeigen, ohne Schleifen zu bilden. Diese Eigenschaft macht DAGs besonders nützlich in Situationen, in denen Abhängigkeiten oder Arbeitsabläufe dargestellt werden müssen, wie etwa in verteilten Datenverarbeitungssystemen, der Programmkopilierung, der Aufgabenplanung und der Modellierung von Workflows.

Im Kontext der Datenverarbeitung werden DAGs verwendet, um komplexe Workflows zu modellieren und zu verwalten, die mehrere Phasen oder Aufgaben beinhalten, die aufgrund ihrer Abhängigkeiten in einer bestimmten Reihenfolge ausgeführt werden müssen. Zum Beispiel erfordert die Verarbeitung großer Datenmengen in einem Big-Data-Umfeld oft eine Reihe von Operationen, die in einer bestimmten Reihenfolge durchgeführt werden müssen: Daten aus verschiedenen Quellen lesen, sie bereinigen, transformieren, analysieren und schließlich die Ergebnisse speichern. Jede dieser Operationen kann von den Ergebnissen der vorhergehenden abhängen, und diese Abhängigkeiten lassen sich durch einen DAG klar und strukturiert darstellen.

Ein DAG in diesem Zusammenhang ist ein Graph, bei dem jeder Knoten eine Aufgabe oder Operation repräsentiert, und die gerichteten Kanten zwischen den Knoten die Abhängigkeiten zwischen diesen Aufgaben darstellen. Wenn zum Beispiel eine Aufgabe B von den Ergebnissen der Aufgabe A abhängt, gibt es im DAG eine gerichtete Kante vom Knoten A zum Knoten B. Aufgrund der azyklischen Natur des DAG wird garantiert, dass keine zirkulären Abhängigkeiten bestehen, die zu einer Blockade oder einer Endlosschleife im Workflow führen könnten. Dies ermöglicht eine effiziente Planung und Ausführung der Aufgaben unter Einhaltung der Abhängigkeitsreihenfolge.

Der Einsatz von DAGs ist besonders ausgeprägt in Datenverarbeitungs-Engines wie Apache Spark und Apache Tez, die DAGs verwenden, um verteilte Datenverarbeitungsjobs zu planen und auszuführen. In diesen Systemen wird der DAG verwendet, um den gesamten Ablauf eines Jobs darzustellen, von der Datenaufnahme bis zur Ausgabe der Endergebnisse. Die

Knoten des DAGs entsprechen den verschiedenen Verarbeitungsstufen, und die Kanten stellen die Datenabhängigkeiten zwischen diesen Stufen dar.

Apache Spark zum Beispiel wandelt ein in seiner API geschriebenes Programm in einen DAG um, der die verschiedenen Transformationen und Aktionen repräsentiert, die auf die Daten angewendet werden sollen. Jede Transformation in Spark, wie z. B. eine Map- oder Reduce-Operation, wird zu einem Knoten im DAG, und die Beziehungen zwischen diesen Knoten ergeben sich aus dem Datenfluss im Programm. Spark nutzt diesen DAG, um die Reihenfolge der Operationen zu optimieren, den Datenverkehr zwischen den Knoten des Clusters zu minimieren und die In-Memory-Verarbeitung zu nutzen, wenn dies möglich ist. Sobald der DAG erstellt ist, verwendet Spark ihn zur Planung der parallelen Ausführung der Aufgaben im Cluster, wobei sichergestellt wird, dass alle Abhängigkeiten eingehalten werden und die Arbeit so effizient wie möglich abgeschlossen wird.

Apache Tez ist eine weitere Verarbeitungs-Engine, die DAGs als zentralen Bestandteil ihrer Architektur nutzt. Tez wurde entwickelt, um die Leistung von MapReduce-Jobs in Hadoop zu verbessern, indem es ermöglicht, komplexere und flexiblere Workflows mithilfe von DAGs darzustellen und auszuführen. In Tez kann ein DAG Workflows darstellen, die mehrere MapReduce-Jobs beinhalten, die traditionell nacheinander ausgeführt werden müssten. Indem der gesamte Workflow als DAG dargestellt wird, kann Tez die Ausführung dieser Aufgaben globaler optimieren, die Latenz verringern und die Gesamtleistung des Systems verbessern.

Die Bedeutung von DAGs beschränkt sich nicht nur auf die Planung und Ausführung von Aufgaben in Datenverarbeitungs-Engines. Sie spielen auch eine entscheidende Rolle in anderen Bereichen wie der Compilerprogrammierung, wo sie zur Darstellung und Optimierung des Instruktionsflusses in einem Programm verwendet werden; in der Datenbankverwaltung, wo DAGs Abfragepläne darstellen können, die die Reihenfolge der Datenbankoperationen festlegen; und in der Analyse sozialer Netzwerke, wo DAGs hierarchische oder abhängige Beziehungen zwischen Nutzern oder Ereignissen modellieren können.

Neben ihrer Anwendbarkeit in verteilten Systemen und Planungsalgorithmen finden DAGs auch bedeutende Anwendung in der Darstellung von Datenstrukturen und der Modellierung von Systemen in der Informatik. Zum Beispiel werden DAGs zur Darstellung von Entscheidungsbäumen, Kontrollflussgraphen in der Programmierung und in der internen Struktur von verteilten Versionskontrollsystemen wie Git verwendet, wo sie die Beziehungen zwischen verschiedenen Versionen eines Code-Repositorys modellieren.

Ein weiteres entscheidendes Merkmal von DAGs ist ihre Fähigkeit, eine effiziente Parallelisierung in verteilten Umgebungen zu ermöglichen. Da ein DAG eine partielle Reihenfolge von Operationen definiert, ist es möglich, Teilmengen von Knoten zu identifizieren, die unabhängig voneinander sind und daher parallel ausgeführt werden können. Dies ist besonders wertvoll in groß angelegten Datenverarbeitungssystemen, bei denen die Fähigkeit zur parallelen Ausführung von Aufgaben die gesamte Verarbeitungszeit drastisch reduzieren kann. Ausführungs-Engines wie Spark und Tez nutzen diese Eigenschaft, um den Parallelismus zu maximieren und Engpässe bei der Datenverarbeitung zu minimieren.

Ein zusätzlicher Aspekt, der beim Einsatz von DAGs berücksichtigt werden muss, ist ihre Optimierung. In der Praxis bedeutet die Erstellung eines effizienten DAGs für einen Datenverarbeitungsjob nicht nur, die Abhängigkeiten zwischen Aufgaben korrekt darzustellen, sondern auch die Struktur des DAGs so zu optimieren, dass die Anzahl der Schritte und die Ausführungszeit minimiert werden. Dies kann die Umordnung von Knoten, das Zusammenführen von Aufgaben, die gemeinsam ausgeführt werden können, und die Minimierung des Datentransfers zwischen den Knoten des Clusters beinhalten. Optimierungen des DAGs können sich erheblich auf die Gesamtleistung des Systems auswirken und dazu führen, dass Aufgaben schneller und mit geringerem Ressourcenverbrauch abgeschlossen werden.

Es ist wichtig hervorzuheben, dass DAGs zwar ein leistungsfähiges Werkzeug zur Modellierung und Ausführung komplexer Workflows sind, sie jedoch auch eine sorgfältige Handhabung erfordern. Die Erstellung und Verwaltung von DAGs in verteilten Systemen erfordert nicht nur das Verständnis der Abhängigkeiten zwischen Aufgaben, sondern auch, wie Ressourcen verwaltet und Ausfälle gehandhabt werden. In Systemen, in denen Konsistenz und Fehlertoleranz kritisch sind, wie etwa in verteilten Datenbanken oder Echtzeit-Datenanalyse-Systemen, ist die korrekte Implementierung und Verwaltung von DAGs entscheidend, um einen zuverlässigen und effizienten Betrieb der Systeme sicherzustellen.

Das Konzept der gerichteten azyklischen Graphen ist grundlegend für die Datenverarbeitung und Aufgabenplanung in verteilten Umgebungen. Ihre Fähigkeit, Abhängigkeiten darzustellen und Aufgaben so zu ordnen, dass Effizienz maximiert und Fehler minimiert werden, hat DAGs zu einem Eckpfeiler im Design moderner Datenverarbeitungssysteme gemacht, von Ausführungs-Engines wie Spark und Tez bis hin zu Planungs- und Optimierungsalgorithmen in verschiedensten Bereichen der Informatik.

5.3.2. Vergleich zwischen DAGs und MapReduce

Der Vergleich zwischen datenverarbeitenden Modellen, die auf MapReduce basieren, und gerichteten azyklischen Graphen ist entscheidend, um zu verstehen, wie und wann jeder dieser Paradigmen in der Praxis verwendet werden sollte. Beide Ansätze werden häufig zur Verarbeitung großer Datenmengen eingesetzt, weisen jedoch erhebliche Unterschiede in Bezug auf Architektur, Flexibilität und Anwendungsfälle auf.

MapReduce ist ein traditionelleres Modell, das mit dem Aufstieg von Apache Hadoop populär wurde. Es basiert auf zwei Hauptoperationen: Map und Reduce. Dieses Modell ist besonders effektiv für Verarbeitungsaufgaben, die in eine Reihe unabhängiger Operationen zerlegt und anschließend zusammengeführt werden können. Ein Schlüsselaspekt von MapReduce ist seine Einfachheit und Robustheit bei der Verarbeitung großer Datenmengen, insbesondere in Szenarien, in denen die Daten keine iterative oder Echtzeitverarbeitung erfordern. MapReduce eignet sich besonders gut für Anwendungsfälle wie Log-Analyse, Datenaggregation und groß angelegte Datenverarbeitung in verteilten Clustern.

DAGs hingegen, die in Systemen wie Apache Spark, Apache Tez und anderen modernen Ausführungs-Engines verwendet werden, bieten eine höhere Flexibilität, da sie es ermöglichen, Datenoperationen in einem gerichteten Graphen zu strukturieren, wobei jeder Knoten eine Operation und jede Kante die Abhängigkeit zwischen diesen Operationen darstellt. Im Gegensatz zu MapReduce, bei dem der Datenfluss auf eine feste Abfolge von Schritten beschränkt ist, ermöglichen DAGs eine stärkere Optimierung durch Umordnung und Gruppierung von Operationen, wodurch Zwischenlese- und -schreibvorgänge minimiert und der Speicher sowie die Parallelität maximal ausgenutzt werden. Dieser Ansatz ist besonders vorteilhaft in Anwendungen, die iterative Verarbeitung erfordern, wie Machine Learning, Graphanalyse und Echtzeitverarbeitung, bei denen die Fähigkeit zur In-Memory-Verarbeitung die Latenz erheblich reduziert.

Was die Anwendungsfälle betrifft, so ist MapReduce ideal für Szenarien, in denen die Hauptaufgabe darin besteht, große Datenmengen effizient zu verarbeiten, ohne dass eine In-Memory-Optimierung oder Echtzeitverarbeitung erforderlich ist. Beispielsweise eignen sich die Erstellung von Webindizes, die Verarbeitung von Logs zur retrospektiven Analyse und ETL-Aufgaben (Extract, Transform, Load) besonders gut für MapReduce. In diesen Fällen macht die Fähigkeit von MapReduce, große Datenmengen in verteilten Clustern zu verarbeiten, zusammen mit seiner Robustheit und seinem Fokus auf Fehlertoleranz es zu einer zuverlässigen und skalierbaren Lösung.

Im Gegensatz dazu werden DAGs in dynamischeren und komplexeren Anwendungen eingesetzt, bei denen Flexibilität in der Ausführung und Optimierungsfähigkeit entscheidend sind. Im Kontext von Apache Spark beispielsweise ermöglicht ein DAG die Ausführung von Operationen wie Joins, Filterungen und Aggregationen in einem einzigen Durchlauf durch die Daten, wobei der Speicher effizient genutzt wird, um teure I/O-Operationen zu vermeiden. Dies ist entscheidend bei Machine-Learning-Anwendungen, bei denen mehrere Iterationen über die Daten erforderlich sind, um Modelle anzupassen, und bei der Verarbeitung von Echtzeitdatenströmen, bei denen Entscheidungen sofort getroffen werden müssen.

Ein weiterer bemerkenswerter Unterschied ist die Art und Weise, wie diese Modelle mit dem Ausfall von Knoten in einem Cluster umgehen. MapReduce wurde für eine hohe Fehlertoleranz konzipiert, indem Daten über mehrere Knoten hinweg repliziert werden und fehlgeschlagene Aufgaben automatisch anderen verfügbaren Knoten zugewiesen werden. Dieses Merkmal ist in kritischen Anwendungen, bei denen die Datenintegrität und die Vollständigkeit der Aufgaben von größter Bedeutung sind, unerlässlich. Auch DAGs können mit Ausfällen umgehen, aber die Strategie hängt stärker von der zugrunde liegenden Engine ab. In Spark beispielsweise wird die Ausfallsicherheit durch RDDs gewährleistet, die es ermöglichen, verlorene Daten automatisch mithilfe des DAGs neu zu berechnen, was ein Gleichgewicht zwischen Leistung und Fehlertoleranz schafft.

Darüber hinaus ist die Implementierungs- und Nutzungskomplexität zwischen den beiden Modellen unterschiedlich. MapReduce mit seinem lineareren Ansatz kann für einfache oder klar definierte Verarbeitungsaufgaben leichter zu verstehen und anzuwenden sein. Seine Starrheit kann jedoch in Anwendungen, die fortgeschrittene Optimierungen erfordern, zu einem Hindernis werden. Im Gegensatz dazu bieten DAGs wesentlich mehr Flexibilität und Effizienz, allerdings auf Kosten einer höheren Komplexität bei Implementierung und Optimierung. Entwickler müssen verstehen, wie der Operationsgraph strukturiert werden muss, um die Fähigkeiten der Ausführungsengine optimal zu nutzen, was ein tieferes Verständnis der verteilten Verarbeitung und der Ressourcennutzung erfordern kann.

In Bezug auf die Leistung übertreffen DAGs in der Regel MapReduce in Anwendungen, bei denen die Minimierung von I/O-Operationen entscheidend ist und bei denen eine speicherintensive Verarbeitung möglich ist. Die Fähigkeit von DAGs, Zwischenoperationen zu reduzieren und Daten während des gesamten Prozesses im Speicher zu halten, bietet eine überlegene Leistung in Anwendungen, die komplexe oder iterative Operationen beinhalten. MapReduce hingegen ist besser geeignet für Anwendungen, die nicht wesentlich von In-Memory-Optimierung profitieren oder die einfachere und linearere Anforderungen haben.

Die Wahl zwischen MapReduce und DAGs hängt stark von der Art der Anwendung und den spezifischen Anforderungen an die Datenverarbeitung ab. MapReduce bleibt ein großartiges Werkzeug und ist für viele Batch-Datenverarbeitungsanwendungen geeignet, während DAGs eine modernere und optimierte Lösung für Anwendungen bieten, die mehr Flexibilität, Parallelität und Effizienz bei der Handhabung komplexer oder iterativer Aufgaben erfordern. Das Verständnis der Stärken und Grenzen jedes Ansatzes ist entscheidend, um das richtige Werkzeug auszuwählen und Leistung sowie Effizienz in Big-Data-Umgebungen zu maximieren.

TEIL III

Integration von KI und Big Data

Teil III: Integration von KI und Big Data

6. Beziehung zwischen KI und Big Data

Wir haben über KI gesprochen, und wir haben über Big Data gesprochen; jetzt werden wir über beide in ihrer Beziehung sprechen. Dieses Kapitel, das sich mit der Beziehung zwischen Künstlicher Intelligenz und Big Data befasst, ist, obwohl du sie hoffentlich inzwischen schon verstehst, grundlegend, um zu begreifen, wie sich diese beiden Technologien in den letzten Jahren tiefgreifend miteinander verflochten haben; was bedeutende Fortschritte in verschiedenen Branchen und Anwendungen vorangetrieben hat. Die Konvergenz von KI und Big Data ist kein Zufall, sondern vielmehr das Ergebnis einer technologischen Entwicklung, in der jede dieser Disziplinen die Fähigkeiten der anderen verstärkt hat und einen positiven Kreislauf von Innovation und Entwicklung geschaffen hat.

Wie ich schon sagte, schauen wir uns die Dinge Schritt für Schritt an und besprechen sie, sobald es notwendig ist, um sie bei Gelegenheit zu vertiefen. Es ist sehr wichtig, sich zuerst mit den Beziehungen vertraut zu machen und sie zu verstehen. Daher ist es normal, wenn dir manche Dinge wiederholt vorkommen. Ich erinnere dich auch daran, dass wir alles immer in unterschiedlichen Kontexten betrachten, um die Informationen besser zu verinnerlichen. Das sorgt für eine optimale Lernkurve. Wenn du es also schon verstehst, funktioniert es.

Die Künstliche Intelligenz, die auf komplexen Algorithmen und mathematischen Modellen basiert, wie du selbst feststellen kannst, benötigt große Datenmengen, um diese Modelle zu trainieren, zu validieren und zu optimieren. Die Fähigkeit, Daten in großem Maßstab zu sammeln, zu speichern und zu verarbeiten, ist entscheidend dafür, dass KI-Algorithmen lernen und ihre Genauigkeit verbessern können. Ohne angemessenen Zugang zu hochwertigen Daten fehlt den KI-Modellen der "Treibstoff", "die Nahrung", "der Rohstoff", "Input", nenn es wie du willst, um effizient zu funktionieren. Diese Notwendigkeit hat zur Ausweitung von Big-Data-Infrastrukturen geführt, die nicht nur große Datenmengen speichern, sondern auch deren Analyse und Nutzung in Echtzeit ermöglichen – ein kritischer Faktor für KI-Anwendungen, die schnelle Reaktionen erfordern, wie autonomes Fahren oder LLMs (Large Language Models) wie ChatGPT, Claude und Gemini.

Auf der anderen Seite haben wir auch gesehen, dass Big Data enorm von KI-Techniken profitiert. Die heute generierten Datenmengen sind so riesig, dass traditionelle Analysemethoden nicht ausreichen, um daraus effektiv Wert zu schöpfen. Hier bietet die KI fortschrittliche Lösungen, wie das maschinelle Lernen, um verborgene Muster zu erkennen, präzise Vorhersagen zu treffen und datenbasierte Entscheidungen zu fällen, anstatt sich auf Annahmen oder Theorien zu stützen. Das optimiert nicht nur die Datennutzung, sondern eröffnet auch neue Innovationsmöglichkeiten in Bereichen wie Medizin, Finanzen und Marketing, wo die Fähigkeit, große Datenmengen intelligent zu verarbeiten, entscheidend ist, um die wettbewerbsfähigsten Vorteile zu erzielen.

Der durch die Kombination von KI und Big Data erzeugte Wert ist ein weiterer zentraler Punkt in dieser Beziehung. Organisationen, die diese Technologien übernommen haben, berichten von erheblichen Verbesserungen in Effizienz, Genauigkeit und Reaktionsfähigkeit. In vielen Fällen liegt der Wert dieser Technologien nicht nur in den individuellen Fähigkeiten von KI oder Big Data, sondern in ihrer gegenseitigen Ergänzung, um Lösungen zu bieten, die mit nur einer von beiden nicht erreichbar wären. Zum Beispiel hat sich die Personalisierung von Angeboten im Marketing grundlegend verändert, da KI-Algorithmen Verhaltensmuster in großen Datensätzen analysieren können, um detaillierte Kundenprofile zu erstellen und Angebote in Echtzeit anzupassen, was die Wirksamkeit von Kampagnen erhöht und das Kundenerlebnis verbessert.

Was die Herausforderungen betrifft, so ist die Integration von KI und Big Data nicht frei von Schwierigkeiten. Der Umgang mit großen Datenmengen, die Notwendigkeit robuster und skalierbarer Infrastrukturen und die Komplexität von KI-Algorithmen sind nur einige der Hindernisse, die Organisationen überwinden müssen, um die Synergien zwischen diesen beiden Bereichen voll auszuschöpfen. Gleichzeitig bieten diese Herausforderungen jedoch auch Chancen für Innovationen und die Entwicklung neuer Technologien, die die Integration erleichtern und den aus Daten gewonnenen Wert maximieren.

Während wir uns weiter in diesem digitalen Zeitalter bewegen, wird sich die Beziehung zwischen KI und Big Data zweifellos mit neuen Technologien und Ansätzen weiterentwickeln, die die Grenzen des Möglichen erweitern. Die Fähigkeit, Daten im großen Maßstab zu verwalten und fortschrittliche KI-Techniken zu ihrer Analyse zu nutzen, wird ein entscheidender Unterscheidungsfaktor für Unternehmen sein, die in einem zunehmend komplexen und anspruchsvollen globalen Markt wettbewerbsfähig bleiben wollen. Ein tiefes Verständnis dafür, wie sich diese Technologien gegenseitig beeinflussen und verstärken, ist daher für jeden Fachmann unerlässlich, der in diesem Bereich führend sein möchte. Du kannst keine guten Ergebnisse erzielen, wenn du KI nicht gründlich kennst und die Daten, mit denen du arbeitest, nicht verstehst. Ich wiederhole das ständig meinen Kunden, meinen Partnern und meinen Studenten – und genauso wiederhole ich es dir, denn es ist sehr wichtig. Merke dir das.

6.1. Wie Big Data die KI vorantreibt

6.1.1. Zugang zu großen Datenmengen

Der Zugang zu großen Datenmengen ist ein entscheidender Faktor, der die Entwicklung und Effektivität der Künstlichen Intelligenz im letzten Jahrzehnt vorangetrieben hat. Während Organisationen im öffentlichen wie auch im privaten Sektor zunehmend digitale Technologien übernehmen, ist die Menge der generierten Daten exponentiell gestiegen. Erinnerst du dich an das Beispiel mit der Geburtenrate und dem Verkauf von Smartphones? Genau darauf wollte ich hinaus. Dieser Anstieg hat nicht nur neue Möglichkeiten für die Künstliche Intelligenz eröffnet, sondern auch neu definiert, was im Bereich Datenanalyse, Entscheidungsfindung und Prozessautomatisierung möglich ist.

Das Konzept von Big Data, das sich auf Datensätze bezieht, die so groß und komplex sind, dass sie fortschrittliche Technologien für ihre Verarbeitung und Analyse erfordern, hat der Künstlichen Intelligenz den Zugang zu beispiellosen Datenmengen ermöglicht. Diese Datenverfügbarkeit ist grundlegend für das Training von KI-Modellen, da deren Leistung in der Regel direkt mit der Menge und Qualität der verfügbaren Daten zusammenhängt. Im Kontext des überwachten Lernens zum Beispiel benötigen KI-Modelle große Mengen an gelabelten Daten, um spezifische Aufgaben zu erlernen, wie etwa die Bildklassifikation, Spracherkennung oder die Vorhersage von Marktverhalten.

Große Datenmengen verbessern nicht nur die Genauigkeit von KI-Modellen, sondern ermöglichen auch die Entwicklung komplexerer und ausgefeilterer Algorithmen. Mit Zugang zu massiven Daten können Deep-Learning-Modelle trainiert werden, um Muster zu erkennen und Vorhersagen mit einem Genauigkeitsgrad zu treffen, der mit kleineren Datensätzen – wie denen, mit denen du in deinem Unternehmen wahrscheinlich arbeitest – unmöglich wäre. Ein bemerkenswertes Beispiel ist die Entwicklung von Modellen für natürliche Sprache, wie sie in virtuellen Assistenten von Apple oder Google oder automatischen Übersetzern wie DeepL verwendet werden, die mit Milliarden von Wörtern trainiert werden, um ihre Fähigkeit zu verbessern, menschliche Sprache zu verstehen und zu erzeugen. Wenn du DeepL benutzt hast und nicht wusstest, woher der Name stammt, hoffe ich, dass es dir jetzt klarer ist.

Der Zugang zu großen Datenmengen hat auch die Entwicklung von KI-Systemen erleichtert, die in Echtzeit arbeiten können. In Bereichen wie digitale Werbung, Bankenwesen und Gesundheitswesen ist die Fähigkeit, Daten in Echtzeit zu verarbeiten und sofortige Entscheidungen zu treffen, unerlässlich, und hier kommen die Technologien ins Spiel, die wir zuvor gesehen haben. Ich hoffe also, dass du die Bedeutung all dessen verstehst. Beispielsweise basieren Empfehlungssysteme von E-Commerce-Plattformen auf der Fähigkeit, große Mengen an Nutzerdaten schnell zu analysieren, um relevante Produkte vorzuschlagen. Ebenso verwenden Banken KI-Systeme zur Betrugserkennung, die Tausende von Transaktionen in Echtzeit analysieren, um verdächtige Muster zu erkennen und Betrug zu verhindern, bevor er passiert.

Der Zugang zu großen Datenmengen hat es der Künstlichen Intelligenz ermöglicht, Probleme anzugehen, die früher aufgrund fehlender Daten unlösbar waren. In der medizinischen Forschung zum Beispiel hat die Verfügbarkeit großer Gesundheitsdatenbanken die Entwicklung prädiktiver Modelle ermöglicht, die Krankheitsrisiken präziser identifizieren können als je zuvor. Diese Modelle basieren auf der Analyse klinischer Daten von Millionen Patienten, was es den Forschern ermöglicht, Muster und Risikofaktoren zu erkennen, die in Studien mit weniger Daten nicht sichtbar wären.

Die Speicherung und Verarbeitung dieser großen Datenmengen wurde durch die Entwicklung von Big-Data-Infrastrukturen wie verteilten Speichersystemen und Plattformen für parallele Verarbeitung ermöglicht. Werkzeuge wie Hadoop, Amazon S3 und Google Cloud Storage waren entscheidend, um die notwendige Speicherkapazität für den Umgang mit großen Datenmengen bereitzustellen, während Verarbeitungstechnologien wie MapReduce und Apache Spark eine effiziente und effektive Analyse dieser Daten ermöglicht haben.

Es ist wichtig, nochmals zu betonen, dass ungenaue oder unvollständige Daten zu voreingenommenen oder falschen KI-Modellen führen können, was negative Folgen in deren Anwendung haben kann. Darüber hinaus ist der Datenschutz ein wachsendes Anliegen, insbesondere in Kontexten, in denen sensible personenbezogene Daten verarbeitet werden, wie im Gesundheitswesen oder im Finanzbereich.

Der Zugang zu großen Datenmengen war ein entscheidender Wegbereiter für Fortschritte in der Künstlichen Intelligenz. Er hat die Entwicklung präziserer und komplexerer Modelle, die Fähigkeit zum Echtzeitbetrieb und die Möglichkeit ermöglicht, Probleme anzugehen, die früher unlösbar waren. Gleichzeitig hat er jedoch neue Herausforderungen in Bezug auf Datenmanagement, -qualität, -sicherheit und -schutz mit sich gebracht, die sorgfältig gehandhabt werden müssen, um die Vorteile der Künstlichen Intelligenz zu maximieren und gleichzeitig die damit verbundenen Risiken zu minimieren. Vor dem „Boom“ gab es keine Gesetze, die dies regulierten, aber mit dem massiven Einzug von KI-Systemen in unser Leben hat sich das begonnen zu ändern und wird sich noch weiter verändern.

6.1.2. Verbesserung der Modellgenauigkeit

Wie bereits zuvor erläutert, ist die Verbesserung der Genauigkeit von Modellen der Künstlichen Intelligenz eines der zentralen Ziele in der Forschung und Anwendung der KI, insbesondere in Kontexten, in denen Genauigkeit und Zuverlässigkeit kritisch sind. Die Genauigkeit eines Modells bezieht sich auf seine Fähigkeit, korrekte Vorhersagen zu treffen, sei es bei Klassifizierungs-, Regressions- oder anderen Arten prädiktiver Analysen. Mit dem Anstieg der verfügbaren Datenmengen hat sich auch die Fähigkeit von KI-Modellen zur Verbesserung ihrer Genauigkeit erhöht, da die Qualität und Quantität der verfügbaren Daten entscheidende Faktoren für die Leistung dieser Modelle sind.

Der Zugang zu großen Datenmengen ermöglicht es KI-Modellen, mit einer größeren Vielfalt von Beispielen trainiert zu werden, was wiederum ihre Fähigkeit zur Generalisierung verbessert, also präzise Vorhersagen über unbekannte Daten zu treffen. Wird ein Modell mit einem kleinen oder begrenzten Datensatz trainiert, besteht das Risiko, dass es zu spezifisch wird oder die Trainingsdaten „auswendig lernt", ein Phänomen, das als „Overfitting" bekannt ist. Mit einem großen und vielfältigen Datensatz ist es jedoch wahrscheinlicher, dass das Modell zugrunde liegende Muster in den Daten erkennt, was zu einer besseren Genauigkeit bei neuen Daten führt.

Auch der Einsatz fortgeschrittener Techniken wie der Modell-Ensembles hat sich als wirksam zur Verbesserung der Genauigkeit erwiesen. Ensemble-Methoden bestehen darin, mehrere Modelle zu kombinieren, um Vorhersagen zu treffen, mit der Idee, dass die Kombination verschiedener Ansätze die Schwächen einzelner Modelle ausgleichen kann. Dies kann zu erheblichen Verbesserungen der Genauigkeit führen, da die Stärken jedes Modells genutzt werden.

6.2. Herausforderungen und Chancen

Wie bereits zuvor bei einigen Anwendungen und Anwendungsfällen erwähnt, hat die Integration von Künstlicher Intelligenz und Big Data zahlreiche Sektoren revolutioniert, indem sie fortschrittliche analytische Fähigkeiten und großflächige Automatisierung ermöglicht hat. Diese Integration ist jedoch nicht ohne Herausforderungen und Probleme, von denen einige technischer Natur sind, während andere mit Datenmanagement, Sicherheit, Ethik und Infrastruktur zusammenhängen. Diese Herausforderungen können die Entwicklung, Implementierung und Wartung effektiver Lösungen, die KI und Big Data kombinieren, erschweren, und es ist entscheidend, sie zu verstehen, um ihnen angemessen zu begegnen.

Eine der bedeutendsten Herausforderungen ist die Qualität und Aufbereitung der Daten. Künstliche Intelligenz ist in hohem Maße auf Daten angewiesen, um ihre Modelle zu trainieren und Entscheidungen zu treffen. Daten aus verschiedenen Quellen sind jedoch oft heterogen, verrauscht und unstrukturiert. Das bedeutet, dass sie vor der Nutzung durch KI-Algorithmen bereinigt, transformiert und organisiert werden müssen. Dieser Datenvorverarbeitungsprozess ist komplex und zeitaufwendig, und Fehler in dieser Phase können, wie bereits bekannt, zu ungenauen oder verzerrten Modellen führen. In Big-Data-Umgebungen, in denen riesige Datenmengen in Echtzeit verarbeitet werden, ist es noch schwieriger, Konsistenz und Integrität der Daten zu gewährleisten.

Eine weitere wichtige technische Herausforderung ist die Skalierbarkeit. KI-Anwendungen erfordern erhebliche Rechenressourcen, insbesondere bei der Verarbeitung großer Datenmengen. Dies betrifft nicht nur Speicher- und Rechenkapazitäten, sondern auch die Infrastruktur zur Handhabung von Datenströmen in Echtzeit und zur Durchführung kontinuierlicher Analysen. Mit zunehmenden Datenmengen müssen KI-Lösungen skalierbar sein, ohne die Leistung zu beeinträchtigen. Um diese Skalierbarkeit zu erreichen, ist eine sorgfältige Planung der Infrastruktur erforderlich, einschließlich der Auswahl geeigneter Technologien wie Cloud-Computing, verteiltem Speicher und paralleler Datenverarbeitung. Skalierbarkeit bringt jedoch auch zusätzliche Komplexitäten mit sich, etwa in Bezug auf Ressourcenkoordination, Latenz und operative Effizienz.

Die Integration von KI und Big Data wirft auch erhebliche Sicherheits- und Datenschutzprobleme auf. Wie von Anfang an gesehen, enthalten die in diesen Systemen verwendeten Daten häufig sensible und persönliche Informationen, weshalb der Schutz der Privatsphäre der Nutzer oberste Priorität hat. Der sichere Umgang mit großen Datenmengen ist jedoch von Natur aus komplex. Wenn Daten aus mehreren Quellen gesammelt und in KI-Systeme integriert werden, steigt das Risiko von Sicherheitslücken, Cyberangriffen und Datenlecks. Darüber hinaus stellen Datenschutzvorschriften wie die Datenschutz-Grundverordnung (DSGVO) in Europa strenge Anforderungen an die Handhabung, Speicherung und Weitergabe von Daten. Die Einhaltung dieser Vorschriften und gleichzeitig die Maximierung des Nutzens der Daten für die KI ist ein schwieriger Balanceakt.

Voreingenommenheiten in KI-Algorithmen stellen eine weitere kritische Herausforderung dar. Da KI-Modelle aus den Daten lernen, mit denen sie trainiert werden, kann jede in den Daten vorhandene Voreingenommenheit durch das Modell verstärkt werden, was zu unfairen oder falschen Entscheidungen führen kann. Dieses Problem ist im Kontext von Big Data besonders ausgeprägt, da die Daten aus verschiedenen Quellen mit unterschiedlicher Qualität und Repräsentation stammen können. Die Bekämpfung von

Voreingenommenheit erfordert einen bewussten und proaktiven Ansatz, einschließlich der Diversifizierung von Datensätzen, der Implementierung von Regularisierungstechniken und der kontinuierlichen Bewertung der Modellleistung unter dem Gesichtspunkt der Fairness. Dennoch kann es selbst mit diesen Maßnahmen extrem schwierig sein, Voreingenommenheit vollständig zu eliminieren, insbesondere in komplexen KI- und Big-Data-Systemen.

Darüber hinaus steht die Integration von KI und Big Data vor organisatorischen und Management-Herausforderungen. Die Implementierung fortschrittlicher Technologien erfordert einen Wandel in der Unternehmenskultur sowie die Bildung multidisziplinärer Teams mit Kompetenzen in den Bereichen Data Science, Data Engineering und KI-Entwicklung. Oft haben Organisationen Schwierigkeiten, qualifizierte Fachkräfte zu gewinnen und zu halten, was ihre Fähigkeit zur Entwicklung und Implementierung effektiver Lösungen einschränken kann. Auch die Zusammenarbeit zwischen verschiedenen Abteilungen ist essenziell, aber nicht immer leicht umzusetzen, insbesondere in großen Unternehmen, in denen Datensilos und mangelnde Kommunikation eine effektive Integration von KI und Big Data behindern können.

Die auf KI und Big Data basierende Entscheidungsfindung sieht sich auch Herausforderungen in Bezug auf Interpretierbarkeit und Transparenz gegenüber. Wenn es schon heute schwierig ist, stell dir vor, wie es sein wird, wenn KI-Modelle noch komplexer werden – es kann für Nutzer und Entscheidungsträger schwierig sein, zu verstehen, wie und warum ein Modell zu einer bestimmten Schlussfolgerung gelangt ist. Dieser Mangel an Transparenz kann zu einem Vertrauensverlust in KI-Lösungen führen, insbesondere in Sektoren, in denen Interpretierbarkeit entscheidend ist, wie etwa im Gesundheitswesen, im Finanzwesen oder im juristischen Bereich. Probleme mit der Interpretierbarkeit können es auch erschweren, Fehler oder Verzerrungen in den Modellen zu erkennen, was wiederum zu suboptimalen oder gar schädlichen Entscheidungen führen kann.

Auch die technologische Infrastruktur und die Systemintegration stellen eine erhebliche Herausforderung dar. Big-Data-Lösungen basieren in der Regel auf verteilten Architekturen und heterogenen Systemen, was die Integration mit KI-Tools erschweren kann, die oft ihre eigenen spezifischen Anforderungen an Hard- und Software haben. Die Abstimmung dieser unterschiedlichen Technologien und die Sicherstellung eines harmonischen Zusammenspiels erfordern eine detaillierte technische Planung und ein tiefes Verständnis der Fähigkeiten und Einschränkungen der einzelnen Komponenten. Der Mangel an Standardisierung bei den sowohl in Big Data als auch in KI verwendeten Plattformen und Tools kann diese Herausforderung zusätzlich verschärfen, indem er die Interoperabilität und effektive Integration erschwert.

Eine der größten Herausforderungen bei der Integration von KI und Big Data sind die Kosten. Die Entwicklung, Implementierung und Wartung dieser Technologien erfordert erhebliche Investitionen in Hardware, Software, Cloud-Infrastruktur und spezialisiertes Fachpersonal. Für viele Organisationen, insbesondere kleine und mittlere Unternehmen, können diese Kosten unerschwinglich sein. Darüber hinaus ist die Einführung dieser Technologien oft mit einer steilen Lernkurve verbunden, was die Nutzenrealisierung verzögert und die operativen Kosten in den Anfangsphasen erhöht. Dies zwingt Organisationen dazu, eine detaillierte Kosten-Nutzen-Analyse durchzuführen und sorgfältig abzuwägen, ob sich die Investition in KI und Big Data mit ihren langfristigen strategischen Zielen deckt.

7. Plattformen und integrierte Werkzeuge

Die Entwicklung von Künstlicher Intelligenz und fortgeschrittener Datenanalyse erfordert nicht nur theoretisches Wissen, sondern auch praktische Werkzeuge, die eine effiziente und skalierbare Umsetzung von Lösungen ermöglichen. Die Libraries und Frameworks des Machine Learning haben die Art und Weise revolutioniert, wie prädiktive Modelle und intelligente Systeme erstellt werden. Sie erleichtern sowohl Forschern als auch Unternehmen den Zugang zu Technologien, die zuvor nur großen Konzernen vorbehalten waren. Hinzu kommen integrierte Plattformen, die Rechenleistung, Speicher und spezialisierte Dienste in zugänglichen und kollaborativen Umgebungen kombinieren und die Prozesse von der Datenerfassung bis zur Produktion von Modellen optimieren. Das Verständnis und die Beherrschung dieser Werkzeuge sind entscheidend, um Daten in echten und wettbewerbsfähigen Mehrwert zu verwandeln und den aktuellen Herausforderungen in jedem Sektor erfolgreich zu begegnen.

An diesem Punkt werden wir die wichtigsten und am häufigsten verwendeten Werkzeuge sowie die in diesem Zusammenhang am meisten empfohlenen Plattformen betrachten.

7.1. Werkzeuge für Machine Learning

7.1.1. Einführung in TensorFlow

TensorFlow ist eine Open-Source-Plattform, die von Google für die Erstellung und Bereitstellung von Machine-Learning- und Deep-Learning-Modellen entwickelt wurde. Seit seiner ersten Veröffentlichung im Jahr 2015 hat es sich zu einem der beliebtesten und am weitesten verbreiteten Werkzeuge für die Entwicklung von Anwendungen der Künstlichen Intelligenz entwickelt, die von der akademischen Forschung bis hin zu industriellen Produktionsanwendungen reichen.

TensorFlow wurde ursprünglich entwickelt, um die Implementierung von tiefen neuronalen Netzwerken zu erleichtern, die auch als Deep Learning bekannt sind und die Verarbeitung großer Datenmengen und komplexer mathematischer Operationen erfordern. Der Kern von TensorFlow basiert auf einem System rechnerischer Graphen, das die Darstellung und Ausführung mathematischer Operationen effizient und skalierbar ermöglicht, wobei sowohl CPUs als auch GPUs für die parallele Verarbeitung genutzt werden.

Ein zentraler Aspekt von TensorFlow ist seine Fähigkeit, Rechen-Graphen zu erstellen. In TensorFlow ist ein Graph eine strukturierte Darstellung einer Reihe von mathematischen Operationen und deren Beziehungen. Jeder Knoten im Graph stellt eine Operation dar, wie etwa eine Multiplikation oder eine Faltung, während die Kanten die Datenflüsse zwischen diesen Operationen darstellen. Diese Struktur ermöglicht es TensorFlow, Berechnungen effizient zu optimieren und auszuführen, indem es die Operationen bei Bedarf auf mehrere Hardwaregeräte verteilt.

TensorFlow ermöglicht nicht nur die Erstellung von Modellen über seine niedrigstufigen mathematischen Operationen, sondern bietet auch High-Level-Schnittstellen zur Vereinfachung der Entwicklung. Keras, das seit Version 2.0 in TensorFlow integriert ist, ist eine dieser High-Level-Schnittstellen, die den Aufbau, das Training und die Bewertung von Deep-Learning-Modellen vereinfacht. Mit Keras können Entwickler Modelle intuitiver mithilfe einer auf Python basierenden API definieren, was eine schnelle Experimentierung und die Umsetzung komplexerer Modelle erleichtert.

Neben dem Modellaufbau bietet TensorFlow robuste Werkzeuge für das Training und die Optimierung von Machine-Learning-Modellen. Dazu gehören Optimierungsalgorithmen wie der Gradientenabstieg und seine Varianten, Methoden zur Regularisierung sowie fortgeschrittene Techniken wie Reinforcement Learning und föderiertes Lernen. Dies macht TensorFlow vielseitig einsetzbar und geeignet für eine breite Palette von Anwendungen, von der Bildklassifikation über die Verarbeitung natürlicher Sprache bis hin zu Empfehlungssystemen.

Ein weiteres bemerkenswertes Merkmal von TensorFlow ist die Unterstützung für mehrere Plattformen. Die in TensorFlow erstellten Modelle können in einer Vielzahl von Umgebungen bereitgestellt werden, darunter Hochleistungsserver, mobile Geräte und eingebettete Systeme. TensorFlow Lite, eine leichtgewichtige Version der Library, ist speziell für die Ausführung von Modellen auf mobilen und eingebetteten Geräten mit begrenzten Ressourcen konzipiert, wie Smartphones, Tablets und IoT-Geräte. Dies hat den

Einsatz von TensorFlow in Anwendungen ermöglicht, die Echtzeit-Inferenz am Rand erfordern, wie Spracherkennung, Bildverarbeitung und Sensoranalyse.

TensorFlow wurde auch mit Blick auf Skalierbarkeit und Produktion entwickelt. TensorFlow Serving ist ein System, das die Bereitstellung von Machine-Learning-Modellen in Produktionsumgebungen erleichtert, indem es kontinuierliche Modellaktualisierungen ohne Dienstunterbrechung ermöglicht. TensorFlow Extended (TFX) ist eine weitere Komponente, die eine vollständige Plattform für die Produktion von Machine-Learning-Modellen bereitstellt, von der Datenverwaltung bis zur Überwachung von Produktionsmodellen.

Die Community rund um TensorFlow ist groß und aktiv, was erheblich zu seinem Wachstum und seiner Weiterentwicklung beigetragen hat. Google und andere Mitwirkende aus der Open-Source-Community entwickeln und verbessern TensorFlow kontinuierlich weiter, was zur Einführung neuer Funktionen, Leistungsverbesserungen und erweitertem Support für verschiedene Hardwarearchitekturen geführt hat. Die umfassende Dokumentation, Tutorials und Beispiele aus der Community machen TensorFlow sowohl für Anfänger als auch für Experten im Bereich Machine Learning zugänglich.

TensorFlow unterstützt auch andere Programmiersprachen neben Python, wie C++, JavaScript und Java, was seine Anwendbarkeit in verschiedenen Kontexten erweitert. TensorFlow.js zum Beispiel ermöglicht die Ausführung von Machine-Learning-Modellen direkt im Browser, was neue Möglichkeiten für interaktive Webanwendungen eröffnet, die Inferenzaufgaben auf der Clientseite ohne Datentransfer zu einem Server durchführen können.

Ein weiterer wichtiger Aspekt ist die Fähigkeit von TensorFlow, sich mit anderen Werkzeugen und Bibliotheken aus dem Machine-Learning-Ökosystem zu integrieren. TensorFlow kann zusammen mit Frameworks wie Apache Spark für die Verarbeitung großer Datenmengen oder mit Visualisierungswerkzeugen wie TensorBoard verwendet werden, das die Überwachung und Analyse der Modellleistung während des Trainings ermöglicht. TensorFlow hat sich dank seiner Flexibilität, Skalierbarkeit und Robustheit als das zentrale Werkzeug im Bereich des Machine Learning und Deep Learning etabliert. Seine Fähigkeit, sowohl Forschung als auch Produktion auf verschiedenen Plattformen zu unterstützen, hat TensorFlow zu einer bevorzugten Wahl für Entwickler und Datenwissenschaftler weltweit gemacht. Die kontinuierliche Innovation und die Unterstützung durch die Community sorgen dafür, dass TensorFlow ein zentrales Werkzeug in der Entwicklung von Künstlicher Intelligenz und Machine Learning bleiben wird.

7.1. 2. Verfügbare Modelle in Scikit-learn

Scikit-learn ist eine der am häufigsten verwendeten Libraries im Python-Ökosystem zur Implementierung von Machine-Learning-Algorithmen. Sein einfaches Design und seine konsistente Schnittstelle ermöglichen es Entwicklern und Datenwissenschaftlern, schnell mit verschiedenen Modellen zu experimentieren, ohne komplexe Implementierungen vornehmen zu müssen. Im Laufe der Jahre hat Scikit-learn an Popularität gewonnen, weil es leicht zugänglich ist und eine breite Palette verfügbarer Modelle bietet, die ein breites Spektrum überwachter und unüberwachter Lerntechniken sowie Werkzeuge zur Vorverarbeitung, Validierung und Modellauswahl abdecken.

Einer der Hauptvorteile von Scikit-learn ist die Vielfalt an Regressionsalgorithmen. Der grundlegendste davon ist die lineare Regression, die die Beziehung zwischen einer abhängigen Variablen und einer oder mehreren unabhängigen Variablen durch eine gerade Linie modelliert. Obwohl sie einfach ist, ist die lineare Regression äußerst nützlich und dient als Ausgangspunkt für viele Analysen. Für Probleme mit komplexeren Beziehungen zwischen den Variablen bietet Scikit-learn Varianten wie die polynomiale Regression sowie Ridge- und Lasso-Regressionen, die Regularisierung beinhalten, um Überanpassung zu vermeiden.

Eine weitere grundlegende Gruppe von Modellen in Scikit-learn sind Klassifikationsalgorithmen. Einer der bekanntesten Algorithmen ist die logistische Regression, die trotz ihres Namens für binäre Klassifikation verwendet wird. Sie modelliert die Wahrscheinlichkeit einer positiven gegenüber einer negativen Klasse und ist ein wesentliches Werkzeug bei Problemen wie Betrugserkennung oder Krankheitsvorhersage. Weitere Klassifikationsmodelle in Scikit-learn umfassen entscheidungsbaumbasierte Klassifikatoren, die den Merkmalsraum in Regionen unterteilen, die durch einfache Regeln definiert sind, und k-Nächste-Nachbarn-Klassifikatoren (k-Nearest Neighbors, k-NN), die Datenpunkte auf der Grundlage der Klassen der nächstgelegenen Punkte im Merkmalsraum klassifizieren.

Für komplexere und nichtlineare Aufgaben bietet Scikit-learn auch Support Vector Machines (SVM), die in hochdimensionalen Räumen sehr effektiv sind. SVM maximiert den Abstand zwischen den Klassen, ist robust gegenüber Ausreißern und kann Fälle behandeln, in denen die Klassen nicht linear trennbar sind, indem der Merkmalsraum transformiert wird. Darüber hinaus erlaubt das Support-Vector-Machine-Modell die Verwendung von Kerneln (Kernels), um die Daten in einen höherdimensionalen Raum zu transformieren, in dem eine lineare Trennung leichter möglich ist.

Scikit-learn bietet auch eine Vielzahl von Clustering-Algorithmen an, einem der wichtigsten unüberwachten Lernverfahren. Dazu gehören der k-Means-Algorithmus, der Daten in k-Cluster aufteilt, basierend auf der minimalen euklidischen Distanz zu einem Zentrum, und hierarchisches Clustering, das eine Clusterhierarchie in einem Dendrogramm erstellt, wodurch sichtbar wird, wie sich die Daten auf verschiedenen Ähnlichkeitsniveaus gruppieren. Ein weiterer wichtiger Algorithmus ist DBSCAN (Density-Based Spatial Clustering of Applications with Noise), der Cluster beliebiger Form auf Basis der Punktdichte erkennt und sich gut zur Identifikation von Ausreißern und unregelmäßigen Clustern eignet.

Neben Regressions-, Klassifikations- und Clusteringmodellen bietet Scikit-learn fortgeschrittene Werkzeuge wie Random Forests und Gradient Boosting. Random Forests bestehen aus einer Vielzahl von Entscheidungsbäumen, die auf verschiedenen Datensubsets trainiert und dann kombiniert werden, um Genauigkeit zu verbessern und Überanpassung zu verringern. Boosting-Modelle wie Gradient Boosting Machines (GBM) erstellen ein starkes Modell, indem sie mehrere schwache Modelle in einer Lernsequenz kombinieren, wobei jedes neue Modell versucht, die Fehler der vorherigen zu korrigieren.

Scikit-learn bietet auch Modelle zur Dimensionsreduktion wie die Hauptkomponentenanalyse (Principal Component Analysis, PCA) und die lineare Diskriminanzanalyse (Linear Discriminant Analysis, LDA). PCA ist eine statistische Technik, die die Originaldaten in ein neues Set unkorrelierter Variablen transformiert, die als Hauptkomponenten bezeichnet werden, während LDA die Trennung zwischen Klassen maximiert und gleichzeitig die Variabilität innerhalb jeder Klasse beibehält. Beide Methoden sind im Datenvorverarbeitungsprozess unerlässlich, um die Komplexität und Rechenzeit zu reduzieren.

Die Library beschränkt sich nicht nur auf Lernalgorithmen. Scikit-learn beinhaltet auch Werkzeuge zur Datenvorbereitung, wie Normalisierung, Standardisierung und Umgang mit fehlenden Daten, was entscheidend ist, bevor Daten einem Machine-Learning-Modell zugeführt werden. Die Pipeline-Funktion von Scikit-learn ist besonders nützlich, um mehrere Verarbeitungsschritte und Modellierungsvorgänge zu verketten, wodurch sichergestellt wird, dass die Operationen in einer sequentiellen Reihenfolge angewendet werden, was bei der Kreuzvalidierung und Hyperparameteroptimierung wichtig ist.

Darüber hinaus bietet Scikit-learn Werkzeuge zur Modellvalidierung, wie Kreuzvalidierung und Hyperparameteranpassung durch Grid Search oder Random Search, wodurch die beste Konfiguration für ein gegebenes Modell gefunden werden kann, ohne dass es zu einer Überanpassung an das

Trainingsset kommt. Diese Fähigkeiten machen Scikit-learn zu einer umfassenden Bibliothek, die es ermöglicht, nicht nur Modelle zu erstellen und zu trainieren, sondern auch deren Leistung zu evaluieren und ihre Parameter optimal anzupassen.

Scikit-learn hat nicht nur wegen seiner Robustheit und Flexibilität an Popularität gewonnen, sondern auch wegen seiner Zugänglichkeit. Die ausführliche Dokumentation, praktische Beispiele und eine aktive Community haben Scikit-learn zu einem unverzichtbaren Werkzeug für alle gemacht, die Machine-Learning-Techniken effizient und effektiv implementieren möchten. Durch das Angebot einer so breiten Palette an Modellen und Werkzeugen ermöglicht Scikit-learn die Bearbeitung nahezu jedes Machine-Learning-Problems, von den einfachsten bis zu den komplexesten, und erleichtert so die Anwendung dieser Techniken in Produktionsumgebungen.

7.1.3. Vergleich von Frameworks

Die Wahl des richtigen Frameworks für die Entwicklung von Machine-Learning-Modellen ist eine ausschlaggebende Entscheidung, die den Implementierungsprozess und die erzielten Ergebnisse erheblich beeinflussen kann. Im heutigen Ökosystem gibt es mehrere beliebte Frameworks, jedes mit eigenen Stärken, Schwächen und spezifischen Anwendungsfällen. Zu den bekanntesten gehören TensorFlow, PyTorch, Scikit-learn und Keras. Jedes dieser Frameworks wurde mit unterschiedlichen Prioritäten entwickelt, was sie für bestimmte Aufgaben besser geeignet macht als für andere.

TensorFlow, entwickelt von Google, ist eines der am häufigsten verwendeten Frameworks im Bereich des Deep Learning. Seine Hauptstärke liegt in der Fähigkeit, komplexe mathematische Operationen in großem Maßstab zu verarbeiten, was es zur bevorzugten Option für das Training von Deep-Learning-Modellen auf großen Datensätzen macht. TensorFlow ist hoch skalierbar und unterstützt sowohl verteiltes Training als auch Inferenz auf verschiedenen Plattformen, von Hochleistungsservern bis hin zu mobilen Geräten. Seine Flexibilität ist ein weiterer bedeutender Vorteil, da es Entwicklern ermöglicht, benutzerdefinierte neuronale Netzwerkarchitekturen zu definieren. Diese Flexibilität kann jedoch auch dazu führen, dass TensorFlow für Anfänger schwieriger zu erlernen und zu verwenden ist. Seine Lernkurve kann steil sein, und seine API, obwohl leistungsstark, wurde kritisiert, weil sie weniger intuitiv ist als andere Optionen.

PyTorch, entwickelt von Facebook, hat aufgrund seiner Einfachheit und Benutzerfreundlichkeit breite Akzeptanz in der akademischen und forschenden Gemeinschaft gefunden. Im Gegensatz zu TensorFlow ermöglicht PyTorch den Aufbau neuronaler Netzwerke mit einem intuitiveren und dynamischeren Ansatz, was die Experimentierfreudigkeit und schnelle Entwicklung erleichtert. Eine der herausragendsten Eigenschaften von PyTorch ist die Fähigkeit, Berechnungen in dynamischen Rechen-Graphen durchzuführen, was eine bessere Kontrolle über den Datenfluss ermöglicht und das Debugging erleichtert. Darüber hinaus lässt sich PyTorch gut mit anderen Python-Tools integrieren, was es zur bevorzugten Wahl für Forscher macht, die schnell prototypisieren und mit neuen Ideen experimentieren möchten. Allerdings war PyTorch traditionell nicht so robust in der Produktion wie TensorFlow, obwohl sich dies mit der Zeit durch Verbesserungen im Ökosystem und die Einführung von Tools wie TorchServe ändert.

Scikit-learn ist zwar kein Deep-Learning-Framework im traditionellen Sinne, aber ein grundlegendes Werkzeug im Toolkit des Machine Learning, insbesondere für Aufgaben des überwachten und unüberwachten Lernens bei kleinen bis mittelgroßen Problemstellungen. Seine Einfachheit, Konsistenz und die breite Palette von Algorithmen machen es zur idealen Option für diejenigen, die schnell Machine-Learning-Modelle implementieren möchten, ohne eine steile Lernkurve durchlaufen zu müssen. Scikit-learn ist besonders nützlich für Probleme, die nicht die Rechenleistung von Deep-Learning-Modellen erfordern, wie Regression, einfache Klassifikation und Clustering. Allerdings macht sein Fokus auf traditionellere Algorithmen es weniger geeignet für Aufgaben, die große Datenmengen oder komplexe neuronale Architekturen erfordern, wo Frameworks wie TensorFlow oder PyTorch besser geeignet sind.

Keras, ursprünglich eine High-Level-API, die auf TensorFlow aufbaute, wurde mit dem Ziel entwickelt, Einfachheit und schnelles Prototyping zu ermöglichen. Keras erlaubt es Entwicklern, Deep-Learning-Modelle einfach und schnell zu erstellen und zu trainieren, mit einem Schwerpunkt auf Benutzerfreundlichkeit. Seine API ist intuitiv, was es zu einer ausgezeichneten Wahl für Anfänger und für diejenigen macht, die Ideen schnell entwickeln und testen möchten. Obwohl Keras eine Abstraktion bietet, die viele der komplexen Aspekte des Deep Learning vereinfacht, geht diese Vereinfachung manchmal auf Kosten der Flexibilität und Kontrolle. Da TensorFlow Keras mittlerweile als offizielle High-Level-API integriert hat, können Nutzer nun von der Kombination der Einfachheit von Keras mit der Leistung von TensorFlow profitieren.

Die Wahl zwischen diesen Frameworks hängt in hohem Maße von der Art des zu entwickelnden Projekts und den spezifischen Anforderungen des Teams oder Entwicklers ab. Beispielsweise ist TensorFlow für Anwendungen, die den Aufbau und das Training von Deep-Learning-Modellen auf großen Datenmengen erfordern, eine natürliche Wahl aufgrund seiner Skalierbarkeit und Unterstützung für verteiltes Training. PyTorch hingegen ist besser geeignet für Forschungs- und Entwicklungsumgebungen, in denen

Flexibilität und Debugging-Fähigkeiten wichtiger sind. Scikit-learn bleibt die bevorzugte Option für diejenigen, die mit strukturierten Daten arbeiten und traditionelle Machine-Learning-Modelle schnell und effizient implementieren müssen. Keras mit seinem Fokus auf Benutzerfreundlichkeit ist ideal für diejenigen, die eine vereinfachte Entwicklungserfahrung suchen, ohne den Zugriff auf die zugrunde liegenden Fähigkeiten von TensorFlow zu verlieren.

Jedes Framework hat seinen Platz im Machine-Learning-Ökosystem, und oft hängt die Entscheidung, welches verwendet wird, von Faktoren wie der Vertrautheit des Teams mit dem Framework, der Art des zu lösenden Problems und den Anforderungen an Skalierbarkeit und Produktion ab. Diese Frameworks schließen sich nicht gegenseitig aus und können in vielen Fällen innerhalb eines Projekts miteinander kombiniert werden, um dem Entwicklungsteam die notwendigen Werkzeuge zur effizienten und effektiven Lösung von Machine-Learning-Problemen zur Verfügung zu stellen.

7.2. Integrierte Plattformen (Databricks, Google Cloud AI)

7.2.1. Merkmale von Databricks

Databricks ist eine umfassende Plattform, die entwickelt wurde, um Datenengineering, Analyse, Machine Learning und Echtzeitverarbeitung in einer einheitlichen cloudbasierten Umgebung zu erleichtern. Ursprünglich von den Gründern von Apache Spark ins Leben gerufen, wurde Databricks entwickelt, um das volle Potenzial dieser verteilten Verarbeitungs-Engine auszuschöpfen, indem es deren Funktionen mit einer Reihe zusätzlicher Tools integriert, die es Unternehmen ermöglichen, den gesamten Lebenszyklus von Daten effizient zu verwalten.

Eines der Hauptmerkmale von Databricks ist seine Fähigkeit, große Datenmengen in einer skalierbaren und verteilten Umgebung zu verarbeiten. Die Plattform ermöglicht es den Nutzern, Aufgaben der Massendatenverarbeitung mit verwalteten Clustern in der Cloud durchzuführen, wodurch die Notwendigkeit entfällt, die zugrunde liegende Infrastruktur manuell zu verwalten. Nutzer können die Größe der Verarbeitungs-Cluster dynamisch an die Arbeitslast anpassen, was sowohl Leistung als auch Kosten optimiert.

Databricks zeichnet sich auch durch seine native Unterstützung mehrerer Programmiersprachen aus, darunter Python, Scala, R und SQL, was die Zusammenarbeit zwischen Datenwissenschaftlern, Dateningenieuren und Analysten erleichtert. Diese Sprachflexibilität ermöglicht es den Teams, in einer gemeinsamen Umgebung zu arbeiten, ohne ihre üblichen Werkzeuge oder Arbeitsabläufe ändern zu müssen. Darüber hinaus bietet Databricks kollaborative Cloud-Notebooks, die es Teams ermöglichen, in Echtzeit zusammenzuarbeiten, Analysen und Ergebnisse zu teilen und direkt im Code Kommentare zu hinterlassen, was die Kommunikation und Produktivität verbessert.

Ein weiterer Schlüsselpunkt von Databricks ist die tiefe Integration mit Apache Spark, was die äußerst effiziente Durchführung großskaliger Datenverarbeitungsaufgaben ermöglicht. Neben Spark lässt sich Databricks problemlos mit Machine-Learning-Bibliotheken wie MLlib und TensorFlow integrieren, was den Aufbau, das Training und die Bereitstellung von Machine-Learning-Modellen innerhalb derselben Plattform erleichtert. Diese Fähigkeit, Daten und Machine-Learning-Modelle in einem einzigen Arbeitsablauf zu integrieren, ist einer der Aspekte, die Databricks im Datenplattform-Umfeld hervorheben.

In Bezug auf Sicherheit und Compliance bietet Databricks eine vollständige Palette von Funktionen zum Schutz von Daten und zur Einhaltung von Vorschriften. Die Plattform umfasst Datenverschlüsselung während der Übertragung und im Ruhezustand, rollenbasierte Zugriffskontrollen und Unterstützung für Integrationen mit externen Authentifizierungstools wie Active Directory und OAuth. Darüber hinaus bietet Databricks detaillierte Prüfprotokolle und Aktivitätsaufzeichnungen, die es Organisationen ermöglichen, Vorschriften wie GDPR und CCPA einzuhalten und gleichzeitig die Integrität und Vertraulichkeit der Daten zu gewährleisten.

Ein weiteres wichtiges Merkmal von Databricks ist seine Integrationsfähigkeit mit mehreren Cloud-Diensten, darunter Amazon Web Services, Microsoft Azure und Google Cloud Platform. Diese Multi-Cloud-Kompatibilität ermöglicht es Unternehmen, ihre bestehenden Investitionen in Cloud-Infrastrukturen zu nutzen und hybride oder vollständig cloudbasierte Workflows zu erstellen. Die Plattform unterstützt auch die Integration mit verschiedenen Speicher- und Datenbanklösungen wie Amazon S3, Azure Blob Storage und Google Cloud Storage, was den Zugriff auf und die Verarbeitung großer Datenmengen erleichtert.

Databricks konzentriert sich auch auf Leistungsoptimierung und bietet Technologien wie Delta Lake, die die Zuverlässigkeit und Leistung von Daten-Workflows verbessern. Delta Lake ermöglicht die Verarbeitung strukturierter und unstrukturierter Daten in einem Format, das Datenkonsistenz und -verfügbarkeit gewährleistet und häufige Probleme wie beschädigte oder inkonsistente Daten eliminiert. Diese Technologie ist entscheidend für Anwendungen, die eine hohe Verfügbarkeit und Genauigkeit bei der Datenverarbeitung erfordern, wie Echtzeitanalyse und Machine Learning.

Der Fokus von Databricks auf Automatisierung und Benutzerfreundlichkeit zeigt sich in seinen Funktionen zur Aufgabenverwaltung. Die Plattform ermöglicht die Planung von Jobs, die Nachverfolgung von Abhängigkeiten und das Management komplexer Workflows über eine intuitive Benutzeroberfläche. Nutzer können die Ausführung von Skripten und Modellen automatisieren, A/B-Tests durchführen und Datenpipelines verwalten, alles innerhalb derselben Plattform, was den Entwicklungs- und Bereitstellungsprozess von Big-Data- und Machine-Learning-Lösungen erheblich vereinfacht.

Databricks fördert zudem eine aktive Community und ein Partner-Ökosystem, das zusätzliche Ressourcen, Integrationen und Support bietet. Die Plattform verfügt über umfangreiche Dokumentation, Tutorials und Diskussionsforen, die den Nutzern helfen, das volle Potenzial der Plattform auszuschöpfen. Darüber hinaus organisiert Databricks Veranstaltungen und Workshops, die es Fachleuten ermöglichen, über die neuesten Trends und Technologien im Bereich Big Data und Machine Learning auf dem Laufenden zu bleiben.

Databricks vereint mehrere Tools und Funktionen in einer einheitlichen Umgebung und ermöglicht es Unternehmen, den gesamten Datenlebenszyklus von der Erfassung über die Analyse bis hin zum Machine Learning effizient zu verwalten. Die Integration mit Apache Spark, die Multi-Cloud-Flexibilität, der Fokus auf Sicherheit und Skalierbarkeit sowie das Engagement für Automatisierung und Benutzerfreundlichkeit machen Databricks zu einer herausragenden Wahl für Organisationen, die den Wert ihrer Daten in der digitalen Ära maximieren möchten.

7.2.2. Google Cloud AI-Dienste

Google Cloud AI ist eine umfassende Sammlung von Diensten und Tools, die entwickelt wurden, um die Implementierung und Entwicklung von Anwendungen der Künstlichen Intelligenz in der Cloud zu erleichtern. Diese Dienste ermöglichen es Unternehmen und Entwicklern, auf fortschrittliche KI-Funktionen zuzugreifen, ohne komplexe Infrastrukturen von Grund auf neu aufbauen zu müssen, was Innovationen beschleunigt und die Markteinführungszeit verkürzt.

Einer der herausragendsten Dienste von Google Cloud AI ist die AI Platform, eine Plattform, die Tools für den gesamten Lebenszyklus der Entwicklung von Machine-Learning-Modellen bereitstellt – von der Datenaufbereitung bis hin zum Einsatz in der Produktion. AI Platform ermöglicht es den Nutzern, Modelle in verwalteten Umgebungen zu trainieren, wobei skalierbare und optimierte Infrastrukturen verwendet werden, und unterstützt beliebte Frameworks wie TensorFlow, PyTorch und Scikit-learn. Die Plattform bietet auch AutoML-Dienste an, die den Prozess der Erstellung hochwertiger, maßgeschneiderter Modelle automatisieren, ohne dass tiefgreifende Kenntnisse in ML erforderlich sind, wodurch der Zugang zu fortschrittlichen KI-Technologien demokratisiert wird.

AutoML ist ein weiterer zentraler Dienst im Portfolio von Google Cloud AI, der für jene entwickelt wurde, die maßgeschneiderte KI-Modelle entwickeln möchten, aber nicht über das technische Know-how verfügen, dies manuell zu tun. AutoML stellt eine einfache Benutzeroberfläche bereit, mit der Nutzer ihre Daten hochladen, ein Ziel auswählen und die Plattform die Arbeit übernehmen lassen können – vom Datenvorverarbeitungsprozess bis hin zur Modelloptimierung. Dieser Dienst ist besonders nützlich bei Anwendungen wie Computer Vision, Verarbeitung natürlicher Sprache und Analyse tabellarischer Daten, bei denen Modellqualität und -genauigkeit entscheidend sind.

Im Bereich der künstlichen Bilderkennung bietet Google Cloud Vision AI an, einen Dienst zur Analyse von Bildern und Videos zur Identifikation von Objekten, Gesichtern, Texten und mehr. Dieser Dienst basiert auf vortrainierten Modellen, die mit riesigen Datenmengen optimiert wurden, was es Nutzern ermöglicht, robuste Lösungen mit hoher Genauigkeit einzusetzen, ohne eigene Modelle von Grund auf trainieren zu müssen. Vision AI wird in Branchen wie Sicherheit, Einzelhandel und Gesundheitswesen weit verbreitet eingesetzt, wo Bildanalyse und Erkennung eine zentrale Rolle spielen.

Im Bereich der Verarbeitung natürlicher Sprache stellt Google Cloud AI die Natural Language API zur Verfügung, einen Dienst, der es Anwendungen ermöglicht, geschriebene Texte in mehreren Sprachen zu verstehen und zu analysieren. Diese API kann Entitäten erkennen, Stimmungsanalysen durchführen, Inhalte klassifizieren und die Textstruktur verstehen, was äußerst nützlich für Anwendungen wie Meinungsanalysen, Chatbots und Suchmaschinen ist. Darüber hinaus bietet Google Cloud Dialogflow an, eine Plattform zur Erstellung von Konversationsschnittstellen wie Chatbots und virtuellen Assistenten, die sich mit verschiedenen Kommunikationskanälen wie Websites, mobilen Apps und virtuellen Assistenten-Geräten integrieren lässt.

Speech-to-Text und Text-to-Speech sind weitere bedeutende Dienste im Google Cloud AI-Ökosystem, die die präzise Umwandlung von Sprache in Text und umgekehrt ermöglichen. Speech-to-Text transkribiert Audio in Echtzeit oder von vorab aufgezeichneten Dateien und unterstützt eine breite Palette an Sprachen und Dialekten. Text-to-Speech hingegen erzeugt menschliche Sprache aus Text, mit zahlreichen Anpassungsoptionen in

Bezug auf Ton, Geschwindigkeit und Stil, sodass KI-Anwendungen natürlicher mit Nutzern interagieren können.

Google Cloud bietet zudem Recommendations AI an, einen Dienst, der Unternehmen dabei unterstützt, personalisierte Empfehlungen für ihre Kunden bereitzustellen – basierend auf der Analyse großer Datenmengen über das Kundenverhalten. Dieses Tool ist besonders essenziell für E-Commerce-Anwendungen, bei denen Personalisierung die Konversionsraten und die Kundenzufriedenheit erheblich steigern kann.

Ein weiteres zentrales Themenfeld ist die AI Infrastructure, die eine Reihe von Diensten und Tools umfasst, die das Training und den Einsatz von ML-Modellen im großen Maßstab unterstützen. Dazu gehören für ML optimierte Recheninstanzen wie die Tensor Processing Units (TPUs), spezielle Chips, die von Google entwickelt wurden, um das Deep-Learning-Training zu beschleunigen. TPUs sind eine leistungsstarke Option für das schnelle Training komplexer Modelle und helfen dabei, Kosten und Entwicklungszeit zu senken.

Google Cloud AI erleichtert auch die Integration von in der Cloud trainierten Modellen in Datenanwendungen über BigQuery ML, ein Dienst, der es Analysten und Datenwissenschaftlern erlaubt, ML-Modelle direkt innerhalb von BigQuery zu erstellen und auszuführen – dem Data Warehouse von Google Cloud. Dies vereinfacht den Modellierungsprozess erheblich, da kein Datentransfer zwischen unterschiedlichen Umgebungen oder die Nutzung externer Infrastrukturen erforderlich ist.

Der Fokus von Google Cloud AI auf Sicherheit und Datenschutz ist ein weiterer kritischer Aspekt und bietet Funktionen wie Datenverschlüsselung und die Einhaltung von Vorschriften wie der DSGVO. Dies gewährleistet, dass KI-Anwendungen, die auf Google Cloud aufgebaut sind, innerhalb strenger regulatorischer Rahmenbedingungen betrieben werden können, wobei die Privatsphäre der Nutzer und die Integrität der Daten geschützt bleiben.

Google Cloud AI ist eine robuste und wirklich vielseitige Plattform, die eine breite Palette von Diensten bietet, die auf die einfache Implementierung von Künstlicher Intelligenz in Unternehmensanwendungen ausgelegt sind. Von Entwicklungstools und Trainingsumgebungen bis hin zu speziellen APIs für Aufgaben in den Bereichen Vision, Sprache und Empfehlungen deckt Google Cloud AI alle Anforderungen ab, die Unternehmen auf ihrem Weg zur digitalen Transformation mittels Künstlicher Intelligenz haben könnten.

7.2.3. Erfolgsbeispiele für den Einsatz integrierter Plattformen

Integrierte Plattformen waren für zahlreiche Unternehmen von grundlegender Bedeutung auf ihrem Weg zur digitalen Transformation durch den Einsatz von Künstlicher Intelligenz und Big Data. Diese Plattformen, wie Google Cloud AI, Databricks und andere, haben es Organisationen ermöglicht, komplexe Herausforderungen zu bewältigen, ihre Abläufe zu optimieren und neue Geschäftsmöglichkeiten zu erschließen.

Ein herausragendes Beispiel ist Zillow, das Immobilienunternehmen, das Databricks in Kombination mit Apache Spark nutzt, um seine Fähigkeiten im Bereich Predictive Analytics und Machine Learning zu verbessern. Zillow verarbeitet große Datenmengen, um den Immobilienwert in Echtzeit vorherzusagen – eine komplexe Aufgabe, bei der heterogene Daten wie Marktentwicklungen, Immobilienmerkmale und demografische Daten berücksichtigt werden müssen. Mit Databricks konnte Zillow die Verarbeitungszeit seiner Vorhersagemodelle deutlich reduzieren, was genauere und aktuellere Schätzungen für die Nutzer ermöglicht. Die Plattform hat die Zusammenarbeit zwischen Datenwissenschaftlern und Ingenieuren erleichtert und den Workflow für Modellierung und Datenanalyse optimiert, was zu höherer Effizienz und schnelleren Entscheidungen geführt hat.

Im Gesundheitssektor hat Sanofi, eines der größten Pharmaunternehmen der Welt, Google Cloud AI genutzt, um seine Prozesse in der Arzneimittelentwicklung und -forschung zu verbessern. Sanofi hat Tools für Machine Learning und Big Data implementiert, um große Mengen an genomischen und klinischen Daten zu analysieren und Muster zu identifizieren, die die Entwicklung neuer Therapien beschleunigen könnten. Dank der Integration von Plattformen wie Google Cloud AI konnte Sanofi die Zeit für Datenanalysen verkürzen, die Genauigkeit seiner Vorhersagemodelle verbessern und letztlich die Markteinführung neuer Medikamente beschleunigen. Diese Integration ermöglichte es Sanofi außerdem, die Datenschutz- und Sicherheitsvorschriften einzuhalten, was im Pharmabereich von entscheidender Bedeutung ist.

Ein weiteres Erfolgsbeispiel ist Toyota, das die Möglichkeiten von Big Data und Machine Learning in seinen Fertigungsprozessen nutzt, indem es integrierte Plattformen wie Google Cloud AI und Databricks einsetzt. Toyota hat prädiktive Wartungsmodelle implementiert, um die Leistung seiner Produktionsstätten zu optimieren. Mithilfe von Sensordaten aus Maschinen und Fahrzeugen kann Toyota Ausfälle vorhersagen, bevor sie auftreten, wodurch ungeplante Ausfallzeiten und Wartungskosten reduziert werden. Dieser Ansatz hat nicht nur die operative Effizienz gesteigert, sondern auch die Produktqualität verbessert, da Fehler vermieden werden, bevor sie zu ernsthaften Problemen werden. Die Integration dieser Plattformen hat es Toyota ermöglicht, große Datenmengen in Echtzeit zu verarbeiten, seine Fertigungsprozesse zu optimieren und seine Position auf dem globalen Automobilmarkt zu stärken.

Im Bereich des E-Commerce hat Alibaba integrierte Plattformen genutzt, um seine Fähigkeiten zur Produktempfehlung erheblich zu verbessern. Alibaba hat fortschrittliche Machine-Learning-Systeme in seine E-Commerce-Plattform integriert, um das Nutzerverhalten zu analysieren und in Echtzeit personalisierte Empfehlungen zu geben. Mithilfe von Tools wie TensorFlow und der Infrastruktur von Google Cloud AI verarbeitet Alibaba große Mengen an Nutzerdaten – von Kaufhistorien bis hin zu Interaktionen auf der Plattform –, um Empfehlungsmodelle zu erstellen, die das Nutzererlebnis verbessern und die Konversionsraten steigern. Dieser Ansatz hat es Alibaba ermöglicht, nicht nur den Umsatz zu steigern, sondern auch die Kundenbindung zu erhöhen, indem relevantere und personalisierte Produkte und Dienstleistungen angeboten werden.

Im Finanzsektor hat JPMorgan Chase Google Cloud AI eingesetzt, um die Analyse juristischer Verträge zu automatisieren – ein Prozess, der traditionell viel Zeit und personelle Ressourcen erforderte. Mit Hilfe von in Google Cloud entwickelten Modellen für natürliche Sprachverarbeitung konnte JPMorgan Chase Tausende von Verträgen in einem Bruchteil der bisherigen Zeit analysieren, menschliche Fehler reduzieren und die operative Effizienz steigern. Diese Automatisierung ermöglichte es der Bank, rechtliche Risiken besser zu managen und finanzielle Vorschriften effektiver einzuhalten.

Diese Erfolgsgeschichten zeigen, wie integrierte Plattformen für Unternehmen entscheidend sind, um komplexe Herausforderungen zu bewältigen und neue Chancen zu erkunden. Von der Optimierung von Fertigungsprozessen über die Personalisierung des Kundenerlebnisses bis hin zur Beschleunigung der Medikamentenentwicklung – Unternehmen nutzen die fortschrittlichen Fähigkeiten dieser Plattformen, um ihre Abläufe zu transformieren und in einer zunehmend digitalen und datengetriebenen Geschäftswelt wettbewerbsfähig zu bleiben.

TEIL IV

Datenmodellierung und -analyse

Teil IV: Datenmodellierung und -analyse

8. Datenvorverarbeitung und -bereinigung

Die Datenvorverarbeitung und -bereinigung sind grundlegende Schritte in jedem Projekt der Datenanalyse, des maschinellen Lernens oder der Künstlichen Intelligenz. Die Qualität der verwendeten Daten hat einen direkten Einfluss auf die Genauigkeit, Robustheit und Zuverlässigkeit der nachfolgenden Modelle und Analysen. Dieses Kapitel konzentriert sich auf die wesentlichen Techniken und Praktiken zur Vorbereitung der Rohdaten, bevor diese in prädiktiven Modellen verwendet werden, um sicherzustellen, dass die Daten genau, vollständig und in einem geeigneten Format vorliegen.

Die Datenvorverarbeitung umfasst eine Vielzahl von Aufgaben, die von der Fehlerkorrektur bis hin zur Umwandlung der Daten in ein für die Analyse geeigneteres Format reichen. Rohdaten sind häufig mit Problemen behaftet, wie fehlenden Werten, Duplikaten, Inkonsistenzen und Fehlern. Darüber hinaus können sie in unterschiedlichen Formaten oder Strukturen vorliegen, was ihre direkte Verwendung in analytischen Modellen oder maschinellen Lernalgorithmen erschwert. Deshalb sind Datenvorverarbeitung und -bereinigung nicht nur notwendig, sondern kritische Schritte, die besondere Aufmerksamkeit erfordern.

Einer der wichtigsten Aspekte der Vorverarbeitung ist die Sicherstellung der Datenqualität. Wie du an diesem Punkt hoffentlich bereits sehr gut verstanden hast, ist die Datenqualität ein entscheidender Faktor für die Leistung jedes prädiktiven Modells oder jeder Analyse. Daten von schlechter Qualität können zu fehlerhaften Schlussfolgerungen führen, was sich negativ auf datenbasierte Entscheidungsprozesse auswirken kann. Daher ist die Identifikation und Korrektur von Qualitätsproblemen eine Priorität in der Datenvorverarbeitung. Ich sage es dir von Herzen und ich werde es dir so oft wie nötig wiederholen: Es ist sehr wichtig, dass du dich in diesem Bereich sehr gut auskennst. Dieser Faktor kann dir nicht nur bessere Ergebnisse bringen, sondern dich auch als Kandidaten mit größerem Potenzial positionieren und somit interessanter machen.

8.1. Bedeutung der Datenqualität

8.1.1. Verbesserung der Modellleistung

Die Verbesserung der Modellleistung ist ein zentrales Ziel bei der Entwicklung und Anwendung von Techniken des Machine Learnings und der Datenanalyse. Die Qualität der Datenvorverarbeitung und -bereinigung spielt eine entscheidende Rolle bei der Erstellung effizienter, präziser und generalisierbarer Modelle. Bei der Verbesserung der Modellleistung können verschiedene Aspekte berücksichtigt werden, von der Merkmalsauswahl bis zur angemessenen Vorbereitung der Eingabedaten.

Einer der einflussreichsten Faktoren für die Verbesserung der Modellleistung ist die Qualität der verwendeten Daten. Gut vorverarbeitete, saubere und organisierte Daten ermöglichen es den Lernalgorithmen, Muster klarer und präziser zu erkennen. Das Entfernen von Rauschen, Duplikaten und irrelevanten Daten verringert die Wahrscheinlichkeit, dass das Modell falsche oder bedeutungslose Muster erlernt, was als Overfitting bekannt ist. Zum Beispiel kann ein Modell, das auf ein verrauschtes Datenset mit Ausreißern oder Fehlern trainiert wird, zu sehr an diese anomalen Daten angepasst werden, wodurch seine Fähigkeit zur Generalisierung auf neue, unbekannte Daten reduziert wird. Eine sorgfältige Bereinigung und Korrektur solcher Fehler verbessert direkt die Fähigkeit des Modells, in Zukunft genauere Vorhersagen zu treffen.

Ein weiterer entscheidender Aspekt ist die Normalisierung und Standardisierung der Merkmale. Rohdaten enthalten oft Variablen in unterschiedlichen Skalen oder Einheiten, was das Training bestimmter Machine-Learning-Modelle, insbesondere solcher, die auf Distanzmaßen beruhen, wie Clustering- oder Regressionsalgorithmen, beeinträchtigen kann. Die Normalisierung der Daten (d. h. das Reskalieren der Merkmalswerte auf einen einheitlichen Bereich) oder deren Standardisierung (Reskalieren der Werte auf einen Mittelwert von null und eine Standardabweichung von eins) kann den Algorithmen helfen, schneller zu konvergieren und effektivere Lösungen zu finden. Dies führt zu einer Verbesserung der Genauigkeit und der Geschwindigkeit des Modells.

Die Behandlung fehlender Werte ist ebenfalls grundlegend für die Leistungssteigerung. Unvollständige Daten können Unsicherheiten und Verzerrungen in ein Modell einführen, insbesondere wenn fehlende Werte häufig sind oder einem nicht völlig zufälligen Muster folgen. Es gibt verschiedene Techniken zum Umgang mit fehlenden Werten, wie das Entfernen der betroffenen Zeilen oder Spalten oder die Imputation fehlender Werte mit Methoden wie Mittelwert, Median oder fortgeschritteneren Verfahren wie der auf Maschine Learning basierenden Imputation. Die Wahl der geeigneten Methode zur Behandlung fehlender Werte kann einen großen Unterschied in der Vorhersagekraft des Modells machen, da sie hilft, nützliche Informationen zu bewahren, ohne signifikante Verzerrungen einzuführen.

Die Merkmalsauswahl ist ein weiterer wesentlicher Aspekt zur Verbesserung der Modellleistung. Nicht alle Merkmale in einem Datensatz sind relevant für das zu lösende Problem. Einige Merkmale können redundant sein oder keine zusätzlichen nützlichen Informationen liefern, während andere sogar schädlich sein können, wenn sie Rauschen einführen. Die Verwendung von Techniken zur Merkmalsauswahl, wie die Auswahl auf Grundlage der Merkmalswichtigkeit, das Entfernen stark korrelierter Merkmale oder die Verwendung von Techniken wie LASSO, die eine Auswahl eines relevanteren Merkmalsuntersets erzwingen, kann die Dimensionalität des Problems verringern. Dies verbessert nicht nur die Modellleistung hinsichtlich Genauigkeit, sondern reduziert auch die Rechenkosten und die Modellkomplexität.

Darüber hinaus kann die Erstellung neuer Merkmale (Feature Engineering) entscheidend zur Leistungssteigerung eines Modells beitragen. Manchmal enthalten die ursprünglichen Daten nicht alle Informationen, die für präzise Vorhersagen erforderlich sind. Durch das Erstellen neuer Merkmale, wie Aggregationen, Interaktionen zwischen Variablen oder log- und polynomiellen Transformationen, kann dem Modell eine bessere Repräsentation des Problems bereitgestellt werden, was die Erkennung komplexerer Muster ermöglicht und somit die Vorhersagefähigkeit verbessert.

Das Management unausgewogener Daten ist ein weiterer Faktor, der die Modellleistung beeinflusst, insbesondere bei Klassifikationsproblemen, bei denen einige Klassen im Datensatz unterrepräsentiert sind. Dies kann dazu führen, dass das Modell zu den Mehrheitsklassen tendiert, während es die Minderheitsklassen ignoriert oder falsch vorhersagt. Techniken wie das Oversampling der Minderheitsklasse, das Undersampling der Mehrheitsklasse oder die Verwendung fortgeschrittener Methoden wie der Synthetic Minority Oversampling Technique (SMOTE) können helfen, den Datensatz auszugleichen und die Fähigkeit des Modells zu verbessern, alle Klassen korrekt vorherzusagen.

Regularisierung ist eine leistungsstarke Technik zur Verbesserung der Modellleistung, da sie Overfitting verhindert. Modelle wie lineare oder logistische Regressionen, neuronale Netze und andere Algorithmen können zu sehr auf die Trainingsdaten angepasst sein und dabei Rauschen statt relevanter Zusammenhänge lernen. Regularisierungstechniken wie L1 (LASSO) und L2 (Ridge) fügen einen Strafterm hinzu, der die Modellkoeffizienten einschränkt und das Modell dazu zwingt, sich auf die wichtigsten Merkmale zu konzentrieren und unnötige Anpassungen an die Trainingsdaten zu vermeiden. Dies verbessert nicht nur die Generalisierbarkeit des Modells auf neue Daten, sondern macht das Modell auch interpretierbarer und handhabbarer.

Die Verbesserung der Modellleistung hängt in hohem Maße davon ab, wie die Daten vor dem Training des Modells verwaltet und vorverarbeitet werden. Die Kombination von Techniken zur Datenbereinigung,

Merkmalsauswahl und -erstellung, Normalisierung, Umgang mit unausgewogenen Daten und Regularisierung optimiert nicht nur die Genauigkeit der Modelle, sondern stellt auch sicher, dass diese Modelle robuster, effizienter und in realen Situationen anwendbar sind.

8.1.2. Werkzeuge zur Sicherstellung der Datenqualität

Wie du bereits weißt, ist die Sicherstellung der Datenqualität in jedem Datenanalyse- oder KI-Projekt von entscheidender Bedeutung, da Daten minderer Qualität zu falschen Ergebnissen und ineffektiven Modellen führen können. Um sicherzustellen, dass die Daten von hoher Qualität sind, gibt es verschiedene Werkzeuge und Techniken, die unterschiedliche Aspekte des Prozesses der Datenvorbereitung und -bereinigung abdecken. Im Folgenden werden einige der relevantesten Werkzeuge in diesem Bereich vorgestellt.

Eines der am weitesten verbreiteten Werkzeuge ist OpenRefine. OpenRefine ist ein Open-Source-Tool, das es den Nutzern ermöglicht, Daten zu bereinigen, sie von einem Format in ein anderes zu transformieren und große Datensätze einfach zu erkunden. OpenRefine ist besonders nützlich, um Inkonsistenzen in den Daten zu erkennen und zu korrigieren, wie Tippfehler, Unterschiede in der Groß- und Kleinschreibung oder das Vorhandensein von Duplikaten. Die intuitive Benutzeroberfläche ermöglicht es den Nutzern, komplexe Operationen ohne fortgeschrittene Programmierkenntnisse durchzuführen, was es zu einer zugänglichen Option für eine breite Palette von Fachleuten macht.

Trifacta Wrangler ist ein weiteres leistungsfähiges Werkzeug, das die Datenbereinigung, -transformation und -anreicherung erleichtert. Trifacta verwendet einen auf Künstlicher Intelligenz und Maschine Learning basierenden Ansatz, um Datenumwandlungen vorzuschlagen, was den Nutzern hilft, Probleme mit der Datenqualität effizient zu erkennen und zu beheben. Das Tool ermöglicht die Visualisierung von Datenumwandlungen in Echtzeit, was unmittelbares Feedback zu den Auswirkungen der vorgenommenen Operationen liefert und sicherstellt, dass die resultierenden Daten den Anforderungen für weitere Analysen entsprechen.

Talend Data Quality ist eine Toolsuite, die ein umfassendes Set an Funktionen zur Sicherstellung der Datenqualität bietet, einschließlich Validierung, Datenprofiling, Bereinigung und Duplikaterkennung. Talend Data Quality ermöglicht es den Nutzern, benutzerdefinierte Regeln zur Sicherstellung der Konsistenz und Genauigkeit der Daten zu definieren sowie Muster und Anomalien zu identifizieren, die auf zugrunde liegende Probleme in den Daten hinweisen könnten. Die Integration mit anderen Talend-Tools erleichtert den Datenfluss innerhalb der Organisation und stellt sicher, dass die Datenqualität im gesamten Prozess erhalten bleibt.

Ataccama ONE ist ein weiteres umfassendes Werkzeug, das Datenqualitätsmanagement mit Daten-Governance und -Profiling kombiniert. Ataccama ONE ermöglicht es den Nutzern, den Prozess der Datenbereinigung zu automatisieren und sicherzustellen, dass die Daten den definierten Geschäftsregeln entsprechen. Das Tool bietet zudem kontinuierliche Überwachungsfunktionen, sodass Organisationen Datenqualitätsprobleme in Echtzeit identifizieren und beheben können, wodurch der Einfluss auf Analysen und Entscheidungsprozesse minimiert wird.

Pandas ist eine Python-Library, die zwar nicht ausschließlich für die Datenbereinigung entwickelt wurde, aber aufgrund ihrer Flexibilität und Leistungsfähigkeit häufig für diesen Zweck verwendet wird. Pandas ermöglicht die effiziente Manipulation und Analyse strukturierter Daten und bietet Funktionen zur Erkennung von Nullwerten, zum Entfernen von Duplikaten, zur Transformation von Spalten und zur Erstellung neuer Merkmale. Die Möglichkeit, Pandas mit anderen Python-Libraries zu integrieren, macht es zu einer beliebten Wahl unter Datenwissenschaftlern und Dateningenieuren.

Great Expectations ist ein relativ neues Werkzeug, das durch seinen Ansatz der Datenvalidierung an Popularität gewonnen hat. Great Expectations ermöglicht es den Nutzern, Erwartungen an ihre Daten zu definieren, also Regeln oder Einschränkungen, denen die Daten entsprechen müssen. Diese Erwartungen können so einfach sein wie die Sicherstellung, dass keine Nullwerte in einer Spalte vorhanden sind, oder so komplex wie die Validierung kompletter statistischer Verteilungen. Das Tool generiert automatisch Berichte über den Zustand der Daten in Bezug auf diese Erwartungen, was die Identifizierung von Problemen und deren frühzeitige Behebung erleichtert, bevor sie Analysen oder Modelle beeinflussen.

DataCleaner ist ein weiteres Werkzeug, das sich auf die Datenbereinigung und das Profiling spezialisiert. DataCleaner bietet eine breite Palette an Funktionen zur Erkennung von Duplikaten, zur Identifizierung von Ausreißern und zur Normalisierung von Daten. Das Tool beinhaltet auch Integrationsmöglichkeiten mit Datenbanken und anderen Datenquellen, was die Anwendung von Datenqualitätsregeln in komplexen und verteilten Umgebungen erleichtert.

Für Unternehmensumgebungen, die eine robuste und skalierbare Lösung benötigen, ist Informatica Data Quality eine der führenden Optionen. Informatica bietet eine vollständige Plattform mit erweiterten Funktionen für das Datenqualitätsmanagement, von der Bereinigung und Standardisierung bis zur Validierung und Anreicherung von Daten. Die Plattform lässt sich gut in andere Datenmanagementsysteme des Unternehmens integrieren, was eine ganzheitliche Sicht und zentrale Kontrolle der Datenqualität in der gesamten Organisation ermöglicht.

In Big-Data-Umgebungen, in denen Datensätze extrem groß und komplex sein können, bieten Werkzeuge wie Apache Griffin Qualitätskontrollfunktionen im großen Maßstab. Apache Griffin ermöglicht es, benutzerdefinierte Datenqualitätsmetriken zu definieren und diese auf große, verteilte Datensätze anzuwenden. Das Tool bietet eine Benutzeroberfläche zur Konfiguration und Überwachung der Datenqualität sowie die Möglichkeit, Warnmeldungen und Berichte zu erstellen, wenn Probleme erkannt werden.

DQ Analyzer, ein Datenprofilierungswerkzeug von Uniserv, konzentriert sich auf die Identifizierung von Datenqualitätsproblemen und das Vorschlagen von Verbesserungen. Das Tool ist besonders nützlich für Unternehmen, die große Mengen an Kundendaten verwalten, da es die Datenqualität durch die Erkennung von Duplikaten, die Validierung von Feldern und die Normalisierung von Daten verbessern kann.

Diese Werkzeuge bieten ein umfassendes Set an Optionen, um sicherzustellen, dass die in jeder Analyse oder jedem KI-Projekt verwendeten Daten von hoher Qualität sind, Fehler minimiert und die Genauigkeit der resultierenden Modelle und Analysen maximiert wird. Die Wahl des geeigneten Werkzeugs oder der geeigneten Werkzeugkombination hängt von der spezifischen Umgebung, den Projektanforderungen und der verfügbaren technologischen Infrastruktur ab, aber all diese Werkzeuge spielen eine entscheidende Rolle bei der Aufrechterhaltung und kontinuierlichen Verbesserung der Datenqualität.

8.2. Techniken zur Datenbereinigung und -transformation

8.2.1. Entfernung von Duplikaten

Die Entfernung von Duplikaten ist ein entscheidender Schritt bei der Datenvorverarbeitung, um sicherzustellen, dass Datensätze sauber, konsistent und frei von Redundanzen sind, die Analysen und Ergebnisse von KI-Modellen verfälschen könnten. Duplikate können aus verschiedenen Quellen stammen, wie z. B. Eingabefehler, Zusammenführungen von Datenbanken und mehreren Importvorgängen. Wenn sie nicht korrekt behandelt werden, können Duplikate zu verzerrten oder ungenauen Ergebnissen führen und die Qualität jeder Analyse oder jedes darauf basierenden Modells negativ beeinflussen.

Der erste Schritt zur Entfernung von Duplikaten ist die Identifizierung dieser innerhalb des Datensatzes. Diese Aufgabe kann einfach oder komplex sein, abhängig von der Natur der Daten und davon, wie Duplikate definiert sind. In einfachen Fällen kann ein Duplikat eine Zeile sein, die exakt mehrmals vorkommt. In komplexeren Situationen sind Duplikate möglicherweise nicht in allen Spalten identisch, was eine detailliertere Analyse erfordert, um festzustellen, ob die Zeilen tatsächlich redundant sind. Zum Beispiel können zwei Kundeneinträge ähnliche Namen und Adressen haben, aber mit kleinen Rechtschreibunterschieden, was ein Duplikat auf den ersten Blick schwer erkennbar macht.

Die Werkzeuge und Methoden zur Identifizierung und Entfernung von Duplikaten variieren je nach Arbeitsumgebung und eingesetzter Technologie. In der Python-Umgebung ist Pandas eine der beliebtesten Libraries zur Datenverarbeitung. Pandas bietet Funktionen wie

```
drop_duplicates()
```

die es ermöglichen, doppelte Zeilen in einem DataFrame zu identifizieren und zu entfernen. Diese Methode kann so konfiguriert werden, dass sie Duplikate in allen Spalten oder nur in einem bestimmten Teilbereich überprüft, wodurch Flexibilität bei der Definition eines Duplikats gegeben ist.

Für Projekte mit größeren und komplexeren Datenbanken können Werkzeuge wie SQL verwendet werden, um Duplikate zu verwalten. SQL-Abfragen ermöglichen die Identifizierung von Duplikaten durch Befehle wie

```
select distinct
```

oder die Verwendung von Unterabfragen mit

```
row_number()
```

um Duplikate auf der Grundlage bestimmter Kriterien zu entfernen. Dieser Ansatz ist besonders nützlich in relationalen Datenbankumgebungen, in denen Daten über mehrere Tabellen strukturiert sind und Beziehungen zwischen verschiedenen Datensätzen berücksichtigt werden müssen.

In Szenarien, in denen Duplikate nicht exakt identisch sind, ist der Einsatz fortgeschrittener Techniken wie Fuzzy Matching erforderlich. Werkzeuge wie OpenRefine ermöglichen Vergleiche auf Grundlage von Zeichenkettenähnlichkeiten, was nützlich ist, um Einträge zu erkennen, die Duplikate sind, aber kleine Unterschiede in der Dateneingabe aufweisen, wie Tippfehler. Solche Analysen können Algorithmen wie Levenshtein, Jaro-Winkler oder Clustering-Techniken verwenden, um die Ähnlichkeit zwischen Einträgen zu bestimmen.

Ein weiterer Ansatz zur Duplikatsentfernung ist die regelbasierte Deduplizierung. Dabei werden Regeln basierend auf Schlüsselattributen des Datensatzes erstellt, wie Kombinationen aus Namen, E-Mail-Adressen und Telefonnummern. Die Definition benutzerdefinierter Regeln ist besonders nützlich in Systemen, in denen Duplikate auf nicht triviale Weise auftreten können und eine differenziertere Analyse erforderlich ist, um festzustellen, ob die Einträge tatsächlich Duplikate sind.

In Big-Data-Umgebungen, in denen Datensätze extrem groß sein können, kann die Deduplizierung aufgrund von Leistungsbeschränkungen zu einer Herausforderung werden. Werkzeuge wie Apache Spark können zur Deduplizierung großer Datenmengen verwendet werden. Spark ermöglicht die Entfernung von Duplikaten in einer verteilten Umgebung, in der Daten parallel über einen Cluster von Rechnern verarbeitet werden, was sicherstellt, dass Duplikate effizient entfernt werden, ohne die Gesamtleistung des Systems zu beeinträchtigen.

Außerdem ist es zur Sicherstellung der Integrität des Duplikatentfernungsprozesses wichtig, ein Protokoll der entfernten Daten zu führen. Dies ermöglicht eine Prüfung und Verifizierung, dass die entfernten Einträge tatsächlich Duplikate waren und keine einzigartigen Daten versehentlich gelöscht wurden. Die Führung eines Logs dieser Operationen hilft auch bei der Rückverfolgbarkeit, insbesondere in regulierten Umgebungen, in denen jede Datenoperation dokumentiert und nachvollziehbar sein muss.

Die Entfernung von Duplikaten verbessert nicht nur die Genauigkeit und Effizienz von Machine-Learning-Modellen, sondern optimiert auch die Speichernutzung und verkürzt die Verarbeitungszeit, da die Modelle keine redundanten Informationen verarbeiten müssen. Durch die Entfernung von Duplikaten wird sichergestellt, dass jeder Datensatz eindeutig und bedeutungsvoll ist, was zur Gesamtqualität der Analyse und zur Verlässlichkeit der daraus gewonnenen Ergebnisse beiträgt.

Die Entfernung von Duplikaten ist ein wesentlicher Bestandteil der Datenbereinigung und entscheidend für jedes Analyse- oder Modellierungsprojekt. Die korrekte Identifizierung und Entfernung von Duplikaten mit den geeigneten Werkzeugen und Methoden stellt die Datenintegrität sicher und verbessert somit die Qualität und Zuverlässigkeit der daraus abgeleiteten Ergebnisse.

8.2.2. Normalisierung und Standardisierung

Die Normalisierung und die Standardisierung sind zwei grundlegende Techniken der Datenvorverarbeitung, insbesondere bei der Arbeit mit Machine-Learning-Algorithmen. Beide Techniken sind wesentlich, um sicherzustellen, dass numerische Daten sich in einem geeigneten Bereich befinden und untereinander vergleichbar sind, was entscheidend für die Leistung von Modellen des Maschine Learnings ist.

Normalisierung

Die Normalisierung ist der Prozess, bei dem die Werte einer Variablen auf einen bestimmten Bereich, in der Regel zwischen 0 und 1, skaliert werden. Dies ist besonders nützlich, wenn vermieden werden soll, dass Variablen mit unterschiedlichen Einheiten oder Größenordnungen das Modell dominieren. Die Normalisierung ist gängig bei Algorithmen, die auf Distanzen basieren, wie k-Means-Clustering oder k-NN.

Die gebräuchlichste Methode zur Normalisierung eines Datensatzes ist das Min-Max-Scaling, bei dem jeder Wert anhand der folgenden Formel skaliert wird:

```
X_normalisiert = (X - X_min) / (X_max - X_min)
```

In dieser Formel:
- `X` ist der ursprüngliche Wert des Merkmals.
- `X_min` ist der kleinste Wert des Merkmals im Datensatz.
- `X_max` ist der größte Wert des Merkmals im Datensatz.

Die Normalisierung ist besonders nützlich, wenn der Datensatz Merkmale mit unterschiedlichen Skalen enthält. Zum Beispiel sorgt in einem Datensatz, der sowohl das Alter (zwischen 0 und 100 Jahre) als auch das Jahreseinkommen (zwischen Tausenden und Millionen) enthält, die Normalisierung dafür, dass beide Variablen im Modell die gleiche Bedeutung erhalten.

Eine Implementierung in Python mit Pandas könnte folgendermaßen aussehen:

```
import pandas as pd
from sklearn.preprocessing import MinMaxScaler

# Beispiel eines DataFrames
df = pd.DataFrame({
    'Alter': [20, 30, 40, 50],
    'Einkommen': [20000, 50000, 80000, 110000]
})
```

```
# MinMaxScaler initialisieren
scaler = MinMaxScaler()

# Normalisierung anwenden
df_normalisiert = pd.DataFrame(scaler.fit_transform(df),
columns=df.columns)

print(df_normalisiert)
```

In diesem Beispiel wandelt die Normalisierung die ursprünglichen Werte in einen Bereich zwischen 0 und 1 um, sodass beide Merkmale im Hinblick auf die Skalierung vergleichbar sind.

Standardisierung

Die Standardisierung hingegen transformiert die Daten so, dass sie einen Mittelwert von 0 und eine Standardabweichung von 1 haben. Dieser Prozess ist entscheidend bei Algorithmen wie neuronalen Netzen und Regressionsverfahren, die eine Normalverteilung der Daten voraussetzen.

Die Formel zur Standardisierung eines Wertes lautet:

```
X_standardisiert = (X - μ) / σ
```

Dabei gilt:
- \`X\` ist der ursprüngliche Wert.
- \`μ\` ist der Mittelwert der Werte im Datensatz.
- \`σ\` ist die Standardabweichung der Werte im Datensatz.

Die Standardisierung ist besonders wichtig, wenn die Daten einer (annähernd) normalen Verteilung folgen. Durch die Standardisierung können Modelle, die von einer Normalverteilung ausgehen, effizienter und präziser arbeiten.

Ein Beispiel für eine Standardisierung in Python mit Pandas und Scikit-learn ist folgendes:

```
import pandas as pd
from sklearn.preprocessing import StandardScaler

# Beispiel eines DataFrames
df = pd.DataFrame({
    'Alter': [20, 30, 40, 50],
    'Einkommen': [20000, 50000, 80000, 110000]
})

# StandardScaler initialisieren
scaler = StandardScaler()
```

```
# Standardisierung anwenden
df_standardisiert = pd.DataFrame(scaler.fit_transform(df),
columns=df.columns)

print(df_standardisiert)
```

In diesem Fall haben die standardisierten Werte einen Mittelwert von 0 und eine Standardabweichung von 1, was ihre Verwendung in Modellen erleichtert, die sensibel auf Datenverteilungen reagieren.

Vergleich und Wahl der Techniken

Die Wahl zwischen Normalisierung und Standardisierung hängt vom Machine-Learning-Algorithmus und der Natur der Daten ab. Die Normalisierung wird bevorzugt bei Techniken wie Clustering und distanzbasierten Methoden, bei denen unterschiedliche Skalen die Distanzberechnung beeinflussen können. Im Gegensatz dazu ist die Standardisierung essenziell bei Methoden wie linearer Regression, SVM oder neuronalen Netzen, wo die Verteilung der Daten die Konvergenz und Genauigkeit des Modells beeinflusst.

Es ist wichtig zu beachten, dass in einigen Fällen beide Techniken in verschiedenen Phasen der Vorverarbeitung angewendet werden können, abhängig von der Struktur und dem Verhalten der Daten. Darüber hinaus sind manche Modelle, wie Entscheidungsbäume und Boosting-Algorithmen, weniger empfindlich gegenüber der Skalierung von Daten, sodass in diesen Fällen Normalisierung oder Standardisierung möglicherweise nicht erforderlich ist.

Die korrekte Anwendung von Normalisierung oder Standardisierung ist entscheidend, um die Leistung und Genauigkeit von Modellen zu verbessern und sicherzustellen, dass alle Merkmale gleichwertig und effektiv zum Modellierungsprozess beitragen. Diese Entscheidung sollte auf einem tiefen Verständnis des zu verwendenden Algorithmus und der Art der vorliegenden Daten basieren.

8.2.3. Transformationen und Umgang mit kategorialen Variablen

Der Umgang mit kategorialen Variablen ist ein entscheidender Teil der Datenvorverarbeitung, insbesondere im Kontext des Maschine Learnings. Kategoriale Variablen sind solche, die diskrete Kategorien oder Etiketten darstellen, anstatt kontinuierlicher numerischer Werte. Gängige Beispiele sind Geschlecht, Farben, Produkttypen und andere. Da viele Machine-Learning-Algorithmen numerische Daten benötigen, ist es notwendig, diese kategorialen Variablen in ein geeignetes Format für deren Verarbeitung zu transformieren.

Arten von kategorialen Variablen

Bevor man sich mit Transformationstechniken befasst, ist es wichtig zu verstehen, dass kategoriale Variablen in zwei Haupttypen unterteilt werden können:

1. **Nominale:** Diese sind Kategorien ohne eine inhärente Reihenfolge. Zum Beispiel haben Farben wie „`rot`", „`blau`" und „`grün`" keine logische Reihenfolge.
2. **Ordinale:** Diese Kategorien haben eine inhärente Reihenfolge. Zum Beispiel haben „`niedrig`", „`mittel`" und „`hoch`" eine natürliche Reihenfolge.

Transformationstechniken für kategoriale Variablen

Es gibt verschiedene Techniken, um kategoriale Variablen in ein Format zu transformieren, das von Machine-Learning-Modellen verarbeitet werden kann. Im Folgenden werden die gebräuchlichsten beschrieben.

One-Hot-Encoding

Das One-Hot-Encoding ist eine der am häufigsten verwendeten Techniken zur Transformation nominaler kategorialer Variablen. Dabei wird für jede Kategorie der ursprünglichen Variable eine neue binäre Variable (0 oder 1) erstellt. Diese Methode stellt sicher, dass keine künstliche Reihenfolge in die kategorialen Variablen eingeführt wird.

Zum Beispiel: Wenn eine Variable „`Farbe`" mit den Kategorien „`rot`", „`blau`" und „`grün`" vorliegt, würde das One-Hot-Encoding drei neue Variablen erzeugen:

- `farbe_rot`
- `farbe_blau`
- `farbe_grün`

Wenn ein Datensatz den Wert „`rot`" für die Variable „`Farbe`" hat, wird er wie folgt dargestellt:

```
farbe_rot = 1, farbe_blau = 0, farbe_grün = 0
```

In Python kann dies mit der Library Pandas umgesetzt werden:

```
import pandas as pd
```

```
# Beispiel-DataFrame
df = pd.DataFrame({
    'Farbe': ['rot', 'blau', 'grün', 'rot', 'grün']
})

# One-Hot-Encoding anwenden
df_one_hot = pd.get_dummies(df, columns=['Farbe'])

print(df_one_hot)
```

Ordinales Encoding

Ordinales Encoding ist geeignet für ordinale kategoriale Variablen. Dabei wird jeder Kategorie ein numerischer Wert entsprechend ihrer Reihenfolge zugewiesen. Diese Methode bewahrt die inhärente Ordnungsbeziehung in der Variable.
Zum Beispiel: Wenn eine Variable „`Größe`“ mit den Kategorien „`klein`“, „`mittel`“ und „`groß`“ vorliegt, können folgende Werte zugewiesen werden:

```
- klein = 1
- mittel = 2
- groß = 3
```

In Python kann das ordinale Encoding folgendermaßen umgesetzt werden:

```
import pandas as pd
from sklearn.preprocessing import OrdinalEncoder

# Beispiel-DataFrame
df = pd.DataFrame({
    'Größe': ['klein', 'mittel', 'groß', 'klein', 'groß']
})

# OrdinalEncoder initialisieren
ordinal_encoder = OrdinalEncoder(categories=[['klein', 'mittel',
'groß']])

# Ordinales Encoding anwenden
df['Größe_ordinal'] = ordinal_encoder.fit_transform(df[['Größe']])

print(df)
```

Frequenz-Encoding

Beim Frequenz-Encoding wird jeder Kategorie ein numerischer Wert zugewiesen, basierend auf der Häufigkeit ihres Auftretens im Datensatz. Diese Methode ist nützlich, wenn die Häufigkeit der Kategorien für das Modell von Bedeutung ist.

Wenn eine Kategorie häufiger vorkommt, wird ihr ein höherer Wert zugewiesen. Diese Art der Kodierung kann besonders in Modellen nützlich sein, bei denen die Häufigkeit der Kategorien einen signifikanten Einfluss auf das Ergebnis hat.

Hier ein Beispiel, wie dies in Python umgesetzt werden kann:

```
import pandas as pd

# Beispiel-DataFrame
df = pd.DataFrame({
    'Farbe': ['rot', 'blau', 'grün', 'rot', 'grün', 'rot']
})

# Häufigkeit berechnen
freq_encoding = df['Farbe'].value_counts(normalize=True)

# Frequenzwerte den Kategorien zuweisen
df['Farbe_freq'] = df['Farbe'].map(freq_encoding)

print(df)
```

Target-Encoding

Beim Target-Encoding (auch bekannt als Mean Encoding) wird jeder Kategorie der Durchschnittswert der Zielvariable (`Target`) für die Beobachtungen zugewiesen, bei denen diese Kategorie vorkommt. Diese Methode kann nützlich sein, sollte jedoch mit Vorsicht angewendet werden, da ein Risiko für Overfitting besteht.

Beispiel: Wenn eine Variable „`Stadtteil`“ vorliegt und man den Preis eines Hauses vorhersagen möchte, kann man „`Stadtteil`“ mit dem Durchschnittspreis der Häuser in diesem Stadtteil kodieren.

Hier ein einfaches Beispiel für die Implementierung:

```
import pandas as pd

# Beispiel-DataFrame
df = pd.DataFrame({
    'Stadtteil': ['A', 'B', 'A', 'C', 'B'],
    'Preis': [200000, 250000, 220000, 180000, 260000]
})

# Durchschnittspreis pro Stadtteil berechnen
mean_encoding = df.groupby('Stadtteil')['Preis'].mean()

# Durchschnittswerte den Stadtteilen zuordnen
df['Stadtteil_encoded'] = df['Stadtteil'].map(mean_encoding)
```

```
print(df)
```

Überlegungen bei der Auswahl einer Technik

Die Wahl der Kodierungstechnik hängt von mehreren Faktoren ab, einschließlich des Typs der kategorialen Variable (nominal oder ordinal), des verwendeten Machine-Learning-Modells und der Art der Daten. Zum Beispiel:

- Für lineare Modelle und baumbasierte Modelle ist das One-Hot-Encoding oft eine sichere und effektive Wahl.
- Ordinales Encoding ist ideal für kategoriale Variablen mit natürlicher Reihenfolge, sollte jedoch nicht bei nominalen Variablen verwendet werden.
- Frequenz- und Target-Encoding können leistungsfähig sein, müssen jedoch vorsichtig eingesetzt werden, um Overfitting zu vermeiden, insbesondere bei kleinen Datensätzen.

Darüber hinaus sollte der Einfluss auf die Größe des Datensatzes berücksichtigt werden. Das One-Hot-Encoding kann die Dimensionalität des Datensatzes erheblich erhöhen, was das Modelltraining verlangsamen oder den Speicherbedarf steigern kann.

Der richtige Umgang mit kategorialen Variablen ist entscheidend für die Erstellung präziser und effizienter Machine-Learning-Modelle. Durch korrekt angewendete Transformationen kann die Vorhersagefähigkeit des Modells und seine Fähigkeit zur Generalisierung auf neue Daten erheblich verbessert werden.

8.3. Umgang mit fehlenden und anomalen Daten

8.3.1. Identifizierung und Behandlung fehlender Daten

Die Identifizierung und Behandlung fehlender Daten ist ein entscheidender Schritt in der Datenvorverarbeitung, insbesondere in Machine-Learning-Projekten. Fehlende Daten können Verzerrungen einführen und die Genauigkeit prädiktiver Modelle verringern, weshalb es wesentlich ist, sie systematisch und effektiv zu behandeln.

Identifizierung fehlender Daten

Bevor fehlende Daten behandelt werden können, müssen sie identifiziert werden. Fehlende Daten können auf unterschiedliche Weise auftreten, je nachdem, wie der Datensatz erhoben wurde. Häufig werden fehlende Werte in Libraries wie Pandas in Python als `NaN` (Not a Number) dargestellt, aber sie können auch als Leerzeichen, Nullen oder sogar als extrem hohe oder niedrige Werte erscheinen, die im Kontext der Daten nicht plausibel sind.

In Python kann die Identifizierung fehlender Werte in einem DataFrame wie folgt erfolgen:

```
import pandas as pd

# Beispiel eines DataFrames mit fehlenden Werten
data = {
    'A': [1, 2, None, 4],
    'B': [5, None, None, 8],
    'C': [9, 10, 11, 12]
}

df = pd.DataFrame(data)

# Fehlende Werte identifizieren
print(df.isnull())

# Fehlende Werte pro Spalte zählen
print(df.isnull().sum())
```

Dieser Code zeigt, welche Werte fehlen (True bedeutet, dass der Wert fehlt) und zählt, wie viele Werte in jeder Spalte fehlen. Diese Analyse ist der erste Schritt, um zu entscheiden, wie man mit fehlenden Daten umgeht.

Arten fehlender Daten

Fehlende Daten können in drei Hauptkategorien eingeteilt werden:

1. MCAR (Missing Completely at Random): Die Daten fehlen völlig zufällig und stehen in keinem Zusammenhang mit anderen Variablen im Datensatz. Zum Beispiel, wenn eine Stichprobe aufgrund eines technischen Fehlers verloren geht, der in keinem Zusammenhang mit den Datenmerkmalen steht.

2. MAR (Missing at Random): Die Daten fehlen zufällig, aber in Zusammenhang mit einer anderen beobachtbaren Variablen. Zum Beispiel, wenn das Einkommen einer Person in Abhängigkeit vom Bildungsniveau fehlt, aber nicht von einer anderen Variablen im Datensatz.

3. MNAR (Missing Not at Random): Die Daten fehlen nicht zufällig und stehen in Zusammenhang mit der fehlenden Variable selbst. Zum Beispiel, wenn Personen ihr Einkommen aufgrund der Sensibilität der Information nicht angeben.

Die Behandlung fehlender Daten hängt von der Art der fehlenden Daten und deren potenziellem Einfluss auf die Analyse oder das Modell ab.

Entfernung fehlender Daten

Ein direkter Ansatz ist das Entfernen von Zeilen oder Spalten mit fehlenden Daten. Dies ist sinnvoll, wenn die Menge fehlender Daten gering ist und durch das Entfernen keine wesentlichen Informationen verloren gehen.

In Python kann dies folgendermaßen erfolgen:

```
# Zeilen mit fehlenden Werten entfernen
df_dropped_rows = df.dropna()

# Spalten mit fehlenden Werten entfernen
df_dropped_columns = df.dropna(axis=1)
```

Imputierung fehlender Daten

Wenn das Entfernen fehlender Daten nicht möglich ist, kann man fehlende Werte durch geeignete Werte ersetzen (Imputierung). Gängige Imputierungstechniken sind:

- Imputierung mit dem Mittelwert
- Imputierung mit dem Median
- Imputierung mit dem Modus
- Imputierung mit einem konstanten Wert
- Imputierung basierend auf einem prädiktiven Modell

Um diese Punkte nicht wiederholen zu müssen, werde ich diese in den folgenden Punkten erklären und vertiefen.

Verwendung von Algorithmen, die mit fehlenden Daten umgehen können

Einige Machine-Learning-Algorithmen können fehlende Daten effektiv verarbeiten, ohne dass eine vorherige Imputierung erforderlich ist. Entscheidungsbäume und einige ensemble-basierte Modelle wie Random Forests können mit fehlenden Daten während des Trainingsprozesses umgehen.

Überlegungen zur Behandlung fehlender Daten

Es ist wichtig, die Auswirkungen der Behandlung fehlender Daten auf die Analyse oder das prädiktive Modell zu berücksichtigen. Eine unsachgemäße Imputierung kann Verzerrungen verursachen, und das Entfernen fehlender Daten kann die Datensatzgröße erheblich reduzieren und dadurch die Repräsentativität der Daten beeinträchtigen.

Zudem empfiehlt sich eine Sensitivitätsanalyse, um zu bewerten, wie verschiedene Techniken zur Behandlung fehlender Daten die Modellergebnisse beeinflussen. Dies ermöglicht die Auswahl des am besten geeigneten Ansatzes für den spezifischen Kontext.

Die Identifizierung und Behandlung fehlender Daten erfordert einen sorgfältigen Ansatz, um sicherzustellen, dass keine Verzerrungen eingeführt werden und die Analyse oder das prädiktive Modell so genau wie möglich ist.

8.3.2. Erkennung von Ausreißern

Die Erkennung von Ausreißern ist ein kritischer Schritt in der Datenvorverarbeitung, insbesondere bei der Datenanalyse und beim Aufbau von Machine-Learning-Modellen. Ausreißer, auch bekannt als „Outliers", sind Beobachtungen, die signifikant von den übrigen Daten abweichen. Sie können durch Messfehler, fehlerhafte Dateneingaben oder reale Phänomene in der Datenverteilung entstehen und können die Analyseergebnisse sowie die Leistung prädiktiver Modelle unverhältnismäßig stark beeinflussen.

Bedeutung der Ausreißererkennung

Ausreißer können einen erheblichen Einfluss auf statistische Modelle und Machine-Learning-Modelle haben. In linearen Modellen, wie der Regression, kann ein einziger Ausreißer die geschätzten Koeffizienten drastisch verändern, was zu falschen Schlussfolgerungen führt. In der Cluster- oder Klassifikationsanalyse können Ausreißer die Entscheidungsgrenzen oder die durch die Daten gebildeten Gruppen verzerren.

Aus diesen Gründen ist die Erkennung und angemessene Handhabung von Ausreißern entscheidend, um sicherzustellen, dass Modelle präzise und generalisierbar sind.

Methoden zur Erkennung von Ausreißern

Es gibt verschiedene Methoden zur Erkennung von Ausreißern, jede mit ihren eigenen Vor- und Nachteilen. Die gebräuchlichsten Methoden umfassen univariate Analyse, multivariate Analyse und spezifische Machine-Learning-Techniken.

1. Univariate Analyse

Diese Methode konzentriert sich auf die Erkennung von Ausreißern in einer einzelnen Variablen. Einige der am häufigsten verwendeten Techniken sind:

- **Visualisierung mit Boxplots:** Ein Boxplot ist ein grafisches Werkzeug, das die Verteilung einer Variablen über ihre Quartile hinweg zeigt. Werte, die über die "Whiskers" des Diagramms hinausgehen, gelten als Ausreißer.

```
import matplotlib.pyplot as plt
import seaborn as sns

# Beispiel für die Erstellung eines Boxplots
sns.boxplot(x=df['A'])
plt.show()
```

- **Identifikation basierend auf der Tukey-Regel:** Nach dieser Regel gilt jede Beobachtung, die mehr als das 1,5-fache der interquartilen Spanne (IQR) über dem dritten Quartil oder unter dem ersten Quartil liegt, als Ausreißer.

```
Q1 = df['A'].quantile(0.25)
Q3 = df['A'].quantile(0.75)
IQR = Q3 - Q1

lower_bound = Q1 - 1.5 * IQR
upper_bound = Q3 + 1.5 * IQR

outliers = df[(df['A'] < lower_bound) | (df['A'] > upper_bound)]
```

2. Multivariate Analyse

Die multivariate Analyse berücksichtigt die Beziehung zwischen mehreren Variablen, um Ausreißer zu identifizieren. Einige der am häufigsten verwendeten Techniken sind:

- **Mahalanobis-Distanz:** Diese Metrik berechnet die Entfernung jedes Datenpunkts vom Zentrum einer multivariaten Verteilung unter Berücksichtigung der Korrelationen zwischen den Variablen. Punkte mit großen Mahalanobis-Distanzen gelten als Ausreißer.

```
import numpy as np
from scipy.spatial.distance import mahalanobis
from scipy.stats import chi2

mean = np.mean(df[['A', 'B', 'C']], axis=0)
cov = np.cov(df[['A', 'B', 'C']].values.T)
inv_covmat = np.linalg.inv(cov)
```

```
df['Mahalanobis'] = df.apply(lambda x: mahalanobis(x[['A', 'B',
'C']], mean, inv_covmat), axis=1)
df['p_value'] = df['Mahalanobis'].apply(lambda x: 1 - chi2.cdf(x,
df=2))

outliers = df[df['p_value'] < 0.01]
```

- **Hauptkomponentenanalyse (PCA):** PCA kann die Dimensionalität der Daten reduzieren und Beobachtungen hervorheben, die nicht mit den Hauptkomponenten übereinstimmen, was darauf hinweisen kann, dass es sich um Ausreißer handelt. Wir werden dies später näher betrachten, um unnötige Wiederholungen zu vermeiden.

3. Techniken des Machine Learning

Einige Machine-Learning-Algorithmen sind darauf ausgelegt, Ausreißer automatisch zu erkennen, indem sie komplexe Muster in den Daten berücksichtigen. Einige Beispiele sind:

- **Isolation Forest:** Dieser Algorithmus basiert auf dem Aufbau von Entscheidungsbäumen, die einzelne Beobachtungen isolieren. Beobachtungen, die weniger Teilungen benötigen, um isoliert zu werden, gelten als Ausreißer.

```
from sklearn.ensemble import IsolationForest

iso_forest = IsolationForest(contamination=0.05)
df['outlier'] = iso_forest.fit_predict(df[['A', 'B', 'C']])
```

- **Support Vector Machine (SVM) zur Ausreißererkennung:** Mit einer modifizierten Version von SVM, der sogenannten One-Class SVM, ist es möglich, die Grenze zu identifizieren, die den Großteil der Daten umfasst, und Werte zu erkennen, die außerhalb dieser Grenze liegen.

```
from sklearn.svm import OneClassSVM

svm = OneClassSVM(gamma='auto', nu=0.05)
df['outlier'] = svm.fit_predict(df[['A', 'B', 'C']])
```

Überlegungen zur Handhabung von Ausreißern

Sobald Ausreißer identifiziert wurden, müssen Entscheidungen über deren Behandlung getroffen werden. Einige der gängigsten Optionen sind:

- **Entfernen der Ausreißer:** Wenn Ausreißer Fehler sind oder die allgemeine Population nicht repräsentieren, können sie aus dem Datensatz entfernt werden.

- **Imputation:** Anstatt Ausreißer zu entfernen, können Werte imputiert werden, die besser mit dem Rest des Datensatzes übereinstimmen.

- **Behandlung der Ausreißer als eigene Kategorie:** In bestimmten Kontexten kann es sinnvoll sein, Ausreißer als separate Kategorie zu behandeln oder sie zu transformieren, um ihren Einfluss zu reduzieren.

- **Verwendung robuster Algorithmen:** Anstatt Ausreißer zu entfernen oder zu transformieren, können Modelle verwendet werden, die weniger empfindlich auf Ausreißer reagieren, wie beispielsweise die Verwendung von Medianen statt Mittelwerten.

Die Wahl der geeigneten Technik hängt vom spezifischen Kontext und von der Beschaffenheit des Datensatzes ab. Das Ignorieren von Ausreißern kann zu irreführenden Ergebnissen und einer schlechteren Modellleistung führen, während eine angemessene Behandlung die Genauigkeit und Generalisierbarkeit des prädiktiven Modells verbessern kann.

8.3.3. Imputationsmethoden

Die Datenimputation ist ein grundlegender Prozess in der Datenvorverarbeitung, insbesondere wenn mit Datensätzen gearbeitet wird, die fehlende Werte enthalten. Fehlende Werte können aus verschiedenen Gründen entstehen, wie Messfehlern, Fehlern bei der Dateneingabe oder einfach, weil die Information zum Zeitpunkt der Datenerhebung nicht verfügbar war. Das Belassen dieser fehlenden Werte ohne Behandlung kann zu verzerrten oder fehlerhaften Ergebnissen in Analysen und prädiktiven Modellen führen. Es gibt verschiedene Imputationsmethoden, die je nach Art der Daten und dem Kontext der Analyse verwendet werden können.

Einfache Imputation

1. Imputation durch Mittelwert, Median oder Modus

Dies ist eine der einfachsten und gebräuchlichsten Methoden zur Imputation fehlender Werte. Sie besteht darin, die fehlenden Werte durch den Mittelwert, Median oder Modus der jeweiligen Variable zu ersetzen. Die Wahl zwischen Mittelwert, Median oder Modus hängt von der Art der Daten ab:

- **Mittelwert:** Geeignet für numerische Variablen, die einer annähernd normalen Verteilung folgen. Allerdings ist der Mittelwert empfindlich gegenüber Ausreißern.

```
df['column'].fillna(df['column'].mean(), inplace=True)
```

- **Median:** Robuster gegenüber Ausreißern und nützlich für schiefe numerische Variablen.

```
df['column'].fillna(df['column'].median(), inplace=True)
```

- **Modus:** Wird hauptsächlich für kategoriale Variablen verwendet, wobei die fehlenden Werte durch die am häufigsten vorkommende Kategorie ersetzt werden.

```
df['column'].fillna(df['column'].mode()[0], inplace=True)
```

2. Imputation mit einem konstanten Wert

In einigen Fällen ist es sinnvoll, die fehlenden Werte mit einem konstanten Wert zu imputieren, der im Kontext der Analyse Sinn ergibt. Zum Beispiel in einem Datensatz, in dem Einkommen erfasst wird, könnten fehlende Werte mit einem Wert wie "0" imputiert werden, wenn davon ausgegangen wird, dass das Fehlen eines Einkommens auf kein Einkommen hinweist.

```
df['column'].fillna(0, inplace=True)
```

Fortgeschrittene Imputation

1. Imputation basierend auf prädiktiven Modellen

Diese Methode verwendet Machine-Learning-Algorithmen, um die fehlenden Werte auf Basis anderer Merkmale des Datensatzes vorherzusagen. Die am häufigsten für diesen Zweck verwendeten Modelle sind lineare Regression, Entscheidungsbäume und Random Forests.

- **Lineare Regression:** Ein Regressionsmodell wird erstellt, bei dem die Variable mit fehlenden Werten in Abhängigkeit von anderen Variablen vorhergesagt wird.

```
from sklearn.linear_model import LinearRegression

# Aufteilen des Datensatzes in vollständige und unvollständige Beo-
bachtungen
complete_data = df[df['column'].notnull()]
missing_data = df[df['column'].isnull()]

# Training eines Regressionsmodells mit vollständigen Daten
reg = LinearRegression()
reg.fit(complete_data[['feature1', 'feature2']],
complete_data['column'])

# Vorhersage der fehlenden Werte
predicted_values = reg.predict(missing_data[['feature1',
```

```
'feature2']])

# Auffüllen der fehlenden Werte mit den Vorhersagen
df.loc[df['column'].isnull(), 'column'] = predicted_values
```

- **Random Forests:** Diese Methode ist besonders nützlich für komplexe Datensätze mit nichtlinearen Interaktionen zwischen den Variablen.

```
from sklearn.ensemble import RandomForestRegressor

rf = RandomForestRegressor()
rf.fit(complete_data[['feature1', 'feature2']], com-
plete_data['column'])

predicted_values = rf.predict(missing_data[['feature1',
'feature2']])

df.loc[df['column'].isnull(), 'column'] = predicted_values
```

2. Imputation mit k-Nearest Neighbors (k-NN)

KNN ist ein weiterer auf Machine Learning basierender Ansatz, der fehlende Werte unter Verwendung des Mittelwerts, Medians oder Modus der nächsten Beobachtungen (Nachbarn) im Merkmalsraum imputiert. Diese Methode ist flexibel und kann komplexe Zusammenhänge zwischen Variablen erfassen.

```
from sklearn.impute import KNNImputer

imputer = KNNImputer(n_neighbors=5)
df[['column1', 'column2']] = imputer.fit_transform(df[['column1',
'column2']])
```

Imputation bei Zeitreihendaten

Für Daten mit zeitlichem Charakter ist es wichtig, Methoden zu berücksichtigen, die die zeitliche Struktur der Daten respektieren.

- **Forward Fill (Vorwärtsergänzung):** Imputiert die fehlenden Werte mit dem letzten bekannten vorherigen Wert.

```
df['column'].fillna(method='ffill', inplace=True)
```

- **Backward Fill (Rückwärtsergänzung):** Imputiert die fehlenden Werte mit dem nächsten bekannten nachfolgenden Wert.

```
df['column'].fillna(method='bfill', inplace=True)
```

- **Interpolation:** Berechnet die fehlenden Werte mittels linearer oder polynomieller Interpolation basierend auf vorhergehenden und nachfolgenden Werten.

```
df['column'].interpolate(method='linear', inplace=True)
```

Zusätzliche Überlegungen

Die Wahl der Imputationsmethode sollte mit Bedacht erfolgen, unter Berücksichtigung der Auswirkungen auf die nachfolgenden Analysen und Modelle. Beispielsweise kann die Imputation mit dem Mittelwert die Variabilität in den Daten reduzieren, während modellbasierte Imputation Verzerrungen einführen kann, wenn das prädiktive Modell nicht gut kalibriert ist.

In einigen Fällen, insbesondere wenn der Anteil fehlender Daten sehr hoch ist, kann es angemessener sein, Methoden wie die multiple Imputation in Betracht zu ziehen, bei der mehrere imputierte Datensätze generiert und die Ergebnisse kombiniert werden, um eine robustere Schätzung zu erhalten.

Die Imputation ist ein Werkzeug zur Verbesserung der Datenqualität und zur Sicherstellung, dass Analysen repräsentativ und präzise sind. Dennoch ist es immer ratsam, die Auswirkungen der Imputation auf die Ergebnisse zu bewerten und, wenn möglich, Sensitivitätsanalysen durchzuführen, um zu verstehen, wie sich Imputationsentscheidungen auf die gezogenen Schlussfolgerungen auswirken.

9. Datenmodellierung

Die Datenmodellierung ist eine der entscheidendsten und komplexesten Phasen im Prozess der Datenanalyse und der Entwicklung von Modellen für maschinelles Lernen. Im Allgemeinen beinhaltet die Datenmodellierung die Umwandlung von Rohdaten in ein Format, das genutzt werden kann, um bedeutungsvolle Informationen zu extrahieren, Vorhersagen zu treffen und datenbasierte Entscheidungen zu treffen. Dieser Prozess umfasst die Auswahl und Transformation von Merkmalen sowie den Aufbau, das Training und die Bewertung von Vorhersagemodellen. Sie ist in jedem Data-Science-Projekt essenziell, da sie definiert, wie die Daten strukturiert sind und wie Modelle für Maschine Learning darauf angewendet werden.

Die Datenmodellierung beginnt mit der Identifizierung und Auswahl relevanter Merkmale, einem Prozess, der als Merkmalsauswahl oder Feature Selection bekannt ist. Dieser Schritt ist grundlegend, um die Dimensionalität des Datensatzes zu reduzieren und sowohl die Effizienz des Modells als auch seine Fähigkeit zur Generalisierung auf unbekannte Daten zu verbessern. Die ausgewählten Merkmale oder Variablen sollten eine starke Korrelation mit der Zielvariable aufweisen und frei von Rauschen oder Redundanz sein. Es gibt verschiedene Techniken zur Merkmalsauswahl, die von einfachen statistischen Methoden bis hin zu komplexeren Ansätzen reichen, die auf der Bedeutung der Merkmale innerhalb von Modellen für Maschine Learning basieren.

Ein weiterer zentraler Aspekt der Datenmodellierung ist die Dimensionsreduktion. Dieser Prozess ist entscheidend, wenn mit Datensätzen gearbeitet wird, die eine große Anzahl an Variablen enthalten, was zu Problemen wie Overfitting oder dem Fluch der Dimensionalität führen kann. Die Dimensionsreduktion zielt darauf ab, die Daten in einen Raum geringerer Dimension zu projizieren, ohne dabei relevante Informationen zu verlieren. Methoden wie die Hauptkomponentenanalyse und die lineare Diskriminanzanalyse sind beliebte Techniken, die die Anzahl der Merkmale reduzieren, während gleichzeitig möglichst viel Varianz oder Klassentrennung erhalten bleibt. Diese beiden Methoden werden wir im weiteren Verlauf vertiefen, um eine Analyse beider zu ermöglichen.

Sobald die Merkmale ausgewählt und transformiert wurden, besteht der nächste Schritt der Datenmodellierung im Aufbau und Training des Modells. Der Modellaufbau beinhaltet die Wahl eines geeigneten Lernalgorithmus, der je nach Art des Problems (Regression, Klassifikation, Clustering usw.) und der Beschaffenheit der Daten variieren kann. Bei Regressionsproblemen können beispielsweise Modelle wie lineare oder polynomiale Regression verwendet werden, während bei Klassifikationsaufgaben Algorithmen wie Entscheidungsbäume, Support Vector Machines oder neuronale Netze zum Einsatz kommen können.

Das Modelltraining besteht darin, die Parameter des Modells so anzupassen, dass es aus den Trainingsdaten lernen kann. Während dieser Phase wird eine Verlust- oder Fehlerfunktion minimiert, die misst, wie gut das Modell Vorhersagen trifft. Es ist wichtig, beim Training das Problem des Overfittings zu berücksichtigen. Das bedeutet, dass das Modell die Details und das Rauschen der Trainingsdaten zu gut lernt und dadurch seine Generalisierungsfähigkeit verliert.

Der Prozess der Datenmodellierung wäre nicht vollständig ohne die Bewertung und Anpassung der Modelle. Nach dem Training muss die Leistung des Modells anhand eines separaten Datensatzes bewertet werden, der üblicherweise als Validierungs- oder Testdatensatz bezeichnet wird. Leistungskennzahlen wie Genauigkeit, Recall, F1-Score oder mittlerer quadratischer Fehler (bei Regressionsproblemen) ermöglichen es, die Effektivität des Modells zu messen und es mit anderen Modellen oder Versionen zu vergleichen. Darüber hinaus kann es notwendig sein, Hyperparameter anzupassen – das sind

Parameter, die nicht während des Trainings gelernt, sondern vor dem Trainingsprozess festgelegt werden. Zu diesen Hyperparametern zählen zum Beispiel die Anzahl der Schichten eines neuronalen Netzes, die maximale Tiefe eines Entscheidungsbaums oder die Lernrate bei einem Optimierungsalgorithmus.

Die Datenmodellierung ist ein iterativer Prozess, der oft mehrere Zyklen der Anpassung und Neubewertung erfordert, um das optimale Modell zu erreichen. Da sich die Datenumgebung verändern kann, ist es möglich, dass bestehende Modelle neu bewertet oder erneut trainiert werden müssen, was die Bedeutung eines kontinuierlichen Lebenszyklus bei der Modellentwicklung unterstreicht.

Dieser Prozess ist entscheidend, um sicherzustellen, dass Modelle des Maschine Learnings präzise, effizient und auf reale Probleme anwendbar sind.

Schauen wir es uns genauer an.

9.1. Merkmalsauswahl (Feature Selection)

Die Merkmalsauswahl, oder Feature Selection, ist ein grundlegender Schritt im Prozess der Datenmodellierung, da sie die Identifikation und Auswahl der relevantesten Variablen eines Datensatzes beinhaltet, um genauere und effizientere Vorhersagemodelle zu erstellen. Eine geeignete Merkmalsauswahl verbessert nicht nur die Genauigkeit der Modelle, sondern reduziert auch die Rechenkomplexität, verringert das Risiko von Overfitting und erleichtert die Interpretation des Modells.

Die Notwendigkeit der Merkmalsauswahl ergibt sich hauptsächlich aus der heutigen Datenflut. In vielen Anwendungen des Maschine Learnings können Datensätze Hunderte oder Tausende von Variablen (oder Merkmalen) enthalten, von denen viele irrelevant oder redundant für die spezifische Vorhersageaufgabe sein können. Die Verwendung aller verfügbaren Merkmale ist nicht immer die effektivste Lösung, da dies das Rauschen im Modell erhöhen und die Extraktion signifikanter Muster erschweren kann.

Der Prozess der Merkmalsauswahl kann mit verschiedenen Ansätzen durchgeführt werden, die im Allgemeinen in drei Kategorien unterteilt werden: Filtermethoden, Wrapper-Methoden und eingebettete Methoden (Embedded Methods).

Filtermethoden bewerten die Relevanz jedes Merkmals unabhängig vom später eingesetzten Lernmodell. Diese Methoden basieren auf statistischen Kennzahlen zur Auswahl der wichtigsten Merkmale. So können zum

Beispiel Verfahren wie der Chi-Quadrat-Test für kategoriale Variablen oder der Pearson-Korrelationskoeffizient für numerische Variablen eingesetzt werden, um zu bestimmen, welche Merkmale die stärkste Beziehung zur Zielvariable haben. Ein wesentlicher Vorteil von Filtermethoden ist ihre Schnelligkeit und Einfachheit, da sie modellunabhängig sind. Ihr Nachteil liegt jedoch darin, dass sie Wechselwirkungen zwischen Merkmalen nicht berücksichtigen, was zu einer suboptimalen Auswahl führen kann.

Wrapper-Methoden hingegen berücksichtigen die Auswirkungen der Merkmale auf ein spezifisches Lernmodell. Bei diesem Ansatz wird ein Teilmenge von Merkmalen ausgewählt und das Modell damit trainiert, um seine Leistung zu bewerten. Dieser Prozess wird mit verschiedenen Kombinationen von Merkmalen wiederholt, um herauszufinden, welche Merkmalsgruppe die beste Modellleistung ergibt. Zu den gängigen Wrapper-Methoden gehört die sequentielle Vorwärtsauswahl, bei der man mit einem leeren Merkmalsatz beginnt und in jedem Schritt das Merkmal hinzufügt, das die Modellleistung am meisten verbessert. Ebenso existiert die sequentielle Rückwärtselimination, bei der mit allen Merkmalen gestartet wird und diese schrittweise entfernt werden. Obwohl diese Methoden oft bessere Ergebnisse liefern, sind sie rechnerisch aufwendig, insbesondere bei Datensätzen mit einer großen Anzahl von Variablen.

Eingebettete Methoden kombinieren die Vorteile von Filter- und Wrapper-Methoden. Diese Methoden führen die Merkmalsauswahl während des Trainingsprozesses des Modells durch. Ein häufiges Beispiel ist der Einsatz von Regularisierungsalgorithmen wie Lasso (Least Absolute Shrinkage and Selection Operator), der eine Strafkomponente zur Verlustfunktion des Modells hinzufügt, um die Koeffizienten irrelevanter Merkmale auf null zu reduzieren und diese damit effektiv aus dem Modell zu entfernen. Ein weiteres Beispiel ist die Nutzung von Entscheidungsbäumen oder Random Forests, bei denen die Wichtigkeit der Merkmale direkt basierend auf ihrer Verwendung im Entscheidungsprozess des Modells bewertet werden kann.

Der Prozess der Merkmalsauswahl kann auch Techniken beinhalten wie die Auswahl basierend auf Merkmalsbedeutung aus trainierten Modellen, bei der analysiert wird, welche Merkmale laut einem bereits trainierten Modell am wichtigsten sind, sowie Techniken der Dimensionsreduktion wie die Hauptkomponentenanalyse, obwohl letztere sich mehr auf die Transformation als auf die Auswahl von Merkmalen konzentriert.

In der Praxis ist die Merkmalsauswahl ein iterativer Prozess, der häufig die Kombination mehrerer Methoden und die kontinuierliche Bewertung der Modellleistung erfordert. Abhängig von der Art des Problems und dem Datensatz können unterschiedliche Ansätze angemessener sein. In jedem Fall ist eine geeignete Merkmalsauswahl entscheidend, um robuste Modelle zu erstellen, die nicht nur eine hohe Vorhersageleistung bieten, sondern auch interpretierbar und skalierbar sind.

Ein Beispiel dafür, wie man einen Merkmalsauswahlprozess in Python mit Scikit-learn implementieren kann, könnte wie folgt aussehen:

```
from sklearn.feature_selection import SelectKBest, f_classif
from sklearn.datasets import load_iris
from sklearn.model_selection import train_test_split
from sklearn.ensemble import RandomForestClassifier
from sklearn.metrics import accuracy_score

# Load the dataset
data = load_iris()
X, y = data.data, data.target

# Split the dataset into training and test sets
X_train, X_test, y_train, y_test = train_test_split(X, y,
test_size=0.3, random_state=42)

# Apply feature selection using ANOVA F-test
selector = SelectKBest(score_func=f_classif, k=2) # Selects the 2
best features
X_train_selected = selector.fit_transform(X_train, y_train)
X_test_selected = selector.transform(X_test)

# Train a model using the selected features
model = RandomForestClassifier(random_state=42)
model.fit(X_train_selected, y_train)

# Evaluate the model
y_pred = model.predict(X_test_selected)
accuracy = accuracy_score(y_test, y_pred)

print(f"Model accuracy with selected features: {accuracy:.4f}")
```

Dieser Code zeigt, wie man mit der ANOVA-F-Test-Methode die zwei relevantesten Merkmale auswählt und ein Random-Forest-Modell damit trainiert. Dieser Merkmalsauswahlprozess kann je nach Modell und Auswahlmethode angepasst werden, um den spezifischen Anforderungen des Problems und des Datensatzes gerecht zu werden.

Schauen wir uns das Thema nun genauer an, um ein besseres Verständnis zu gewinnen.

9.1.1. Techniken zur Merkmalsauswahl

Die Merkmalsauswahl ist ein entscheidender Schritt beim Aufbau von Modellen des Maschine Learnings, und es gibt verschiedene Techniken, die verwendet werden können, um die relevantesten Variablen zu identifizieren, die die Leistung des Modells verbessern. Diese Techniken können je nach Ansatz in drei Hauptkategorien eingeteilt werden: Filtermethoden, Wrapper-Methoden und eingebettete Methoden. Jede dieser Techniken hat ihre eigene Reihe spezifischer Methoden, die je nach Art des Problems und der Datenart verwendet werden können.

1. Filtermethoden:

Filtermethoden sind unabhängig vom Modell des Maschine Learnings und basieren auf statistischen Eigenschaften der Daten. Sie bewerten die Relevanz jedes Merkmals, bevor ein Modell angewendet wird, und wählen die wichtigsten Merkmale anhand bestimmter statistischer Metriken aus.

- **Chi-Quadrat-Test (Chi-squared test):** Dies ist ein statistischer Test zur Überprüfung der Unabhängigkeit zwischen zwei kategorialen Variablen. Bei der Merkmalsauswahl wird er verwendet, um die Beziehung zwischen jedem Merkmal und der Zielvariablen zu bewerten. Merkmale mit höheren Chi-Quadrat-Werten gelten als relevanter.

```
from sklearn.feature_selection import SelectKBest, chi2
X_new = SelectKBest(chi2, k=10).fit_transform(X, y)
```

- **Mutual Information:** Misst die Abhängigkeit zwischen zwei Variablen, indem bewertet wird, wie viele Informationen über eine Variable durch die andere gewonnen werden können. Dies ist sowohl für kategoriale als auch für kontinuierliche Variablen nützlich.

```
from sklearn.feature_selection import mutual_info_classif
mutual_info = mutual_info_classif(X, y)
```

- **Pearson-Korrelationskoeffizient:** Wird verwendet, um die lineare Korrelation zwischen zwei kontinuierlichen Variablen zu messen. Merkmale mit hoher Korrelation mit der Zielvariablen (positiv oder negativ) sind im Allgemeinen nützlicher.

```
from scipy.stats import pearsonr
correlation, _ = pearsonr(X[:,0], y)
```

- **ANOVA (Analyse der Varianz):** Bewertet, ob signifikante Unterschiede zwischen den Mittelwerten verschiedener kategorialer Gruppen bestehen. Wird häufig verwendet, wenn die Zielvariable kategorial und die Merkmale kontinuierlich sind.

```
from sklearn.feature_selection import SelectKBest, f_classif
X_new = SelectKBest(f_classif, k=10).fit_transform(X, y)
```

2. Wrapper-Methoden:

Wrapper-Methoden berücksichtigen ein spezifisches Lernmodell und verwenden dessen Leistung als Kriterium für die Merkmalsauswahl. Diese Methoden sind in der Regel rechnerisch aufwendiger, da sie das Modell mehrfach bewerten.

- **Recursive Feature Elimination (RFE):** RFE ist eine iterative Methode, bei der ein Modell trainiert und die am wenigsten wichtigen Merkmale auf Basis der vom Modell zugewiesenen Gewichte entfernt werden. Dieser Prozess wird wiederholt, bis die gewünschte Anzahl an Merkmalen erreicht ist.

```
from sklearn.feature_selection import RFE
from sklearn.ensemble import RandomForestClassifier
rfe = RFE(estimator=RandomForestClassifier(), n_features_to_se-
lect=10)
X_new = rfe.fit_transform(X, y)
```

- **Sequential Feature Selection:** Diese Methode fügt Merkmale sequentiell hinzu oder entfernt sie und bewertet die Modellleistung in jeder Iteration. Es gibt zwei Varianten: Forward Selection, die mit einem leeren Satz beginnt und Merkmale hinzufügt, und Backward Elimination, die mit allen Merkmalen beginnt und die am wenigsten relevanten entfernt.

```
from sklearn.feature_selection import SequentialFeatureSelector
sfs = SequentialFeatureSelector(RandomForestClassifier(),
n_features_to_select=10)
X_new = sfs.fit_transform(X, y)
```

3. Eingebettete Methoden:

Eingebettete Methoden führen die Merkmalsauswahl während des Trainingsprozesses des Modells durch. Im Gegensatz zu Filter- und Wrapper-Methoden sind diese Methoden in die Modellbildung integriert und erfordern keinen separaten Schritt zur Merkmalsauswahl.

- **Lasso (Least Absolute Shrinkage and Selection Operator):** Lasso ist eine Form der linearen Regression, die eine Strafe für die Summe der absoluten Werte der Modellkoeffizienten enthält. Diese Strafe führt dazu, dass die Koeffizienten weniger wichtiger Merkmale auf null reduziert werden, wodurch sie effektiv aus dem Modell entfernt werden.

```
from sklearn.linear_model import Lasso
lasso = Lasso(alpha=0.1)
lasso.fit(X, y)
selected_features = X[:, lasso.coef_ != 0]
```

- **Elastic Net:** Ist eine Verallgemeinerung von Lasso, die die Lasso-Strafe mit der Ridge-Regression-Strafe kombiniert (welche die Summe der Quadratwerte der Koeffizienten bestraft). Dies ermöglicht die Handhabung von Datensätzen mit stark korrelierten Merkmalen.

```
from sklearn.linear_model import ElasticNet
enet = ElasticNet(alpha=1.0, l1_ratio=0.5)
enet.fit(X, y)
selected_features = X[:, enet.coef_ != 0]
```

- **Random Forest Importance:** Entscheidungsbaum- und Random-Forest-Modelle bieten eine natürliche Möglichkeit zur Merkmalsauswahl, indem sie während des Trainings die Bedeutung jedes Merkmals berechnen. Die Merkmale, die am häufigsten zur Teilung der Knoten verwendet werden, sind in der Regel die wichtigsten.

```
from sklearn.ensemble import RandomForestClassifier
model = RandomForestClassifier()
model.fit(X, y)
importances = model.feature_importances_
```

Praktische Anwendung:

Angenommen, wir arbeiten mit einem Datensatz, der eine große Anzahl an Variablen enthält, und möchten ein Random-Forest-Modell verwenden, um die Klasse einer Probe vorherzusagen. Wir können RFE verwenden, um die wichtigsten Merkmale auszuwählen und dann das Modell nur mit diesen ausgewählten Merkmalen trainieren.

```
from sklearn.datasets import load_iris
from sklearn.ensemble import RandomForestClassifier
from sklearn.feature_selection import RFE
from sklearn.model_selection import train_test_split
from sklearn.metrics import accuracy_score

# Datensatz laden
data = load_iris()
X, y = data.data, data.target

# Datensatz in Trainings- und Testdaten aufteilen
X_train, X_test, y_train, y_test = train_test_split(X, y,
test_size=0.3, random_state=42)

# RFE anwenden, um die besten Merkmale auszuwählen
rfe = RFE(estimator=RandomForestClassifier(),
n_features_to_select=2)
X_train_rfe = rfe.fit_transform(X_train, y_train)
X_test_rfe = rfe.transform(X_test)

# Modell mit den ausgewählten Merkmalen trainieren
```

```
model = RandomForestClassifier(random_state=42)
model.fit(X_train_rfe, y_train)

# Modell bewerten
y_pred = model.predict(X_test_rfe)
accuracy = accuracy_score(y_test, y_pred)
print(f"Genauigkeit des Modells mit RFE: {accuracy:.4f}")
```

Die Merkmalsauswahl ist ein grundlegender Prozess, der, wenn er korrekt durchgeführt wird, die Leistung und Interpretierbarkeit von Modellen des maschinellen Lernens erheblich verbessern kann.

9.1.2. Bedeutung von Merkmalen in Machine-Learning-Modellen

Die Bedeutung von Merkmalen in Machine-Learning-Modellen ist ein zentrales Konzept, das sich direkt auf die Vorhersagefähigkeit und die Interpretierbarkeit von Modellen auswirkt. Das Verstehen und Bewerten der Bedeutung jedes Merkmals ermöglicht es Datenwissenschaftlern und Machine-Learning-Ingenieuren, ihre Modelle zu optimieren, die Genauigkeit der Vorhersagen zu verbessern und in vielen Fällen die Rechenzeit sowie die Modellkomplexität zu reduzieren. Die Bedeutung von Merkmalen spielt auch eine entscheidende Rolle bei fundierten Entscheidungen, insbesondere in Kontexten, in denen die Interpretierbarkeit des Modells kritisch ist, wie in der Medizin oder im Finanzwesen.

1. Konzept der Merkmalsbedeutung:

Die Merkmalsbedeutung bezieht sich im Kontext von Machine Learning auf das Ausmaß, in dem ein Merkmal die Vorhersage eines Modells beeinflusst. Diese Bedeutung kann je nach verwendetem Modelltyp und der Beziehung zwischen Merkmalen und Zielvariable variieren. Einige Merkmale können einen direkten und signifikanten Einfluss auf die Modellausgabe haben, während andere kaum oder gar keinen Effekt zeigen. Das korrekte Erkennen dieser Unterschiede ist entscheidend für den Aufbau effizienter und effektiver Modelle.

2. Merkmalsbedeutung in verschiedenen Modelltypen:

Verschiedene Machine-Learning-Algorithmen bewerten die Merkmalsbedeutung auf unterschiedliche Weise. Im Folgenden werden einige gängige Ansätze beschrieben, die in verschiedenen Modelltypen verwendet werden:

- Entscheidungsbäume und Random Forests: In diesen Modellen kann die Bedeutung eines Merkmals anhand der Reduktion der Unreinheit (gemessen z. B. durch Gini oder Entropie) bei jeder Aufteilung des Baumes bestimmt werden. Merkmale, die häufig zur Aufteilung von Knoten mit hohen Informationsgewinnen verwendet werden, gelten als wichtiger. In Random Forests wird die Bedeutung jedes Merkmals über alle Bäume des Modells gemittelt.

```
from sklearn.ensemble import RandomForestClassifier
model = RandomForestClassifier()
model.fit(X, y)
importances = model.feature_importances_
```

- Lineare Modelle (wie lineare oder logistische Regression): In diesen Modellen steht die Bedeutung eines Merkmals in direktem Zusammenhang mit dem ihm zugewiesenen Koeffizienten. Ein höherer Absolutwert des Koeffizienten bedeutet einen größeren Einfluss auf die Vorhersage. Es ist jedoch wichtig, die Merkmale vor der Interpretation der Koeffizienten zu normalisieren, insbesondere wenn die Merkmale unterschiedliche Skalen haben.

```
from sklearn.linear_model import LogisticRegression
model = LogisticRegression()
model.fit(X, y)
coefficients = model.coef_
```

- Gradient Boosting Machines (GBMs): Ähnlich wie bei Entscheidungsbäumen wird bei Boosting-Modellen (wie XGBoost oder LightGBM) die Merkmalsbedeutung danach berechnet, wie sehr sie zur Reduktion der Verlustfunktion im Laufe der Iterationen beitragen. Merkmale, die häufiger ausgewählt werden und signifikant zur Fehlerreduktion beitragen, gelten als wichtiger.

```
import xgboost as xgb
model = xgb.XGBClassifier()
model.fit(X, y)
importances = model.feature_importances_
```

3. Methoden zur Bewertung der Merkmalsbedeutung:

Es gibt verschiedene Methoden, um die Merkmalsbedeutung in einem Machine-Learning-Modell zu bewerten:

- Permutation Feature Importance: Diese Methode bewertet die Bedeutung eines Merkmals, indem sie misst, wie stark die Genauigkeit des Modells abnimmt, wenn die Werte des Merkmals zufällig vertauscht werden. Wenn eine Permutation eines Merkmals die Genauigkeit stark verringert, ist dieses Merkmal für das Modell wichtig.

```
from sklearn.inspection import permutation_importance
```

```
result = permutation_importance(model, X, y, n_repeats=10, ran-
dom_state=42)
importances = result.importances_mean
```

- **SHAP (SHapley Additive Explanations):** SHAP ist eine auf Spieltheorie basierende Methode, die eine konsistente Art der Zuweisung von Merkmalsbedeutung bietet. Sie berechnet den Beitrag jedes Merkmals zur Modellvorhersage unter Berücksichtigung aller möglichen Merkmalskombinationen. Diese und andere Methoden werden im Verlauf des Buches weiter behandelt.

```
import shap
explainer = shap.TreeExplainer(model)
shap_values = explainer.shap_values(X)
shap.summary_plot(shap_values, X)
```

- **LIME (Local Interpretable Model-agnostic Explanations):** LIME erklärt die einzelnen Vorhersagen jedes Machine-Learning-Modells, indem ein interpretierbares Modell (wie eine lineare Regression) an die lokalen Vorhersagen des komplexen Modells angepasst wird. Die Bedeutung eines Merkmals wird durch seinen Koeffizienten in diesem lokalen Modell gemessen. LIME, ebenso wie SHAP, wird im weiteren Verlauf des Buches noch behandelt, da sowohl SHAP als auch LIME eng mit den Merkmalen der Daten verbunden sind und daher an weiteren relevanten Stellen in Bezug auf Merkmale auftauchen. Also keine Sorge. Wenn du mit KI und Big Data arbeiten willst, ist es sehr wichtig, dass du alles sehr gründlich verstehst, und es ist egal, wie oft ein Begriff wiederholt wird! Hier wird mit Programmierung und Daten gearbeitet, und das Verständnis sowohl des Codes als auch der Informationen, die uns die Daten liefern, steht an erster Stelle!

```
import lime
from lime.lime_tabular import LimeTabularExplainer
explainer = LimeTabularExplainer(X_train,
feature_names=feature_names, class_names=class_names,
mode='classification')
exp = explainer.explain_instance(X[0], model.predict_proba)
exp.show_in_notebook()
```

4. Praktische Auswirkungen der Merkmalsbedeutung:

Die korrekte Bewertung der Merkmalsbedeutung hat mehrere praktische Auswirkungen:

- **Reduktion der Dimensionalität:** Durch die Identifizierung weniger wichtiger Merkmale können diese aus dem Modell entfernt werden, wodurch die Komplexität verringert und die Recheneffizienz verbessert wird, ohne (oder sogar bei Verbesserung) der Modellgenauigkeit.

- Interpretierbarkeit des Modells: Das Wissen darüber, welche Merkmale am wichtigsten sind, ermöglicht es Stakeholdern, das Modell besser zu interpretieren und fundierte Entscheidungen zu treffen. Dies ist besonders relevant in Bereichen, in denen Entscheidungen begründet werden müssen, wie in der Medizin oder im Finanzwesen.

- Verbesserung der Modellleistung: Wenn sich das Training auf die wichtigsten Merkmale konzentriert, können genauere und besser generalisierbare Modelle entstehen, da Störungen vermieden und starke Signale genutzt werden.

- Erkennung irrelevanter oder redundanter Merkmale: Die Bewertung der Merkmalsbedeutung hilft dabei, Merkmale zu identifizieren, die keine relevanten Informationen liefern oder stark mit anderen korreliert sind. Diese können entfernt werden, um Probleme wie Overfitting zu vermeiden.

5. Überlegungen zur Bewertung der Merkmalsbedeutung:

Es ist wichtig zu beachten, dass die Bedeutung von Merkmalen je nach verwendetem Modelltyp variieren kann. Ein in einem linearen Modell wichtiges Merkmal muss in einem Entscheidungsbaum nicht wichtig sein, und umgekehrt. Darüber hinaus können einige Bewertungstechniken, wie Permutation oder SHAP, besonders bei großen Datensätzen rechentechnisch aufwendig sein.

Außerdem sollte die Interpretation der Merkmalsbedeutung mit Vorsicht erfolgen, da die Beziehung zwischen Merkmalen und Zielvariable nichtlinear oder interaktiv sein kann, was nicht von allen Bewertungsmethoden korrekt erfasst wird.

Angenommen, wir arbeiten an einem Klassifikationsmodell mit einem Datensatz, in dem Merkmale korreliert sind. Es ist möglich, dass ein Random-Forest-Modell einige Merkmale als wichtiger identifiziert als andere, was jedoch auf die hierarchische Aufteilung der Knoten im Modell zurückzuführen sein kann und nicht unbedingt darauf, dass diese Merkmale in absoluten Begriffen die relevantesten sind.

Im Code könnten wir die Merkmalsbedeutung mit einem RandomForest-Classifier-Modell und der integrierten Merkmalsbedeutungsmethode bewerten:

```
from sklearn.ensemble import RandomForestClassifier
from sklearn.datasets import load_iris
import pandas as pd
```

```
# Datensatz laden
data = load_iris()
X, y = data.data, data.target

# Random-Forest-Modell trainieren
model = RandomForestClassifier(n_estimators=100, random_state=42)
model.fit(X, y)

# Merkmalsbedeutung erhalten
importances = model.feature_importances_

# DataFrame zur Visualisierung der Bedeutung erstellen
feature_names = data.feature_names
importance_df = pd.DataFrame({'Feature': feature_names,
'Importance': importances})
importance_df = importance_df.sort_values(by='Importance',
ascending=False)

print(importance_df)
```

Dieses Beispiel zeigt, wie man die wichtigsten Merkmale in einem Modell identifizieren kann, was wiederum die Entscheidungsfindung darüber unterstützt, wie das Modell verbessert, vereinfacht oder besser interpretiert werden kann.

Das Verständnis der Merkmalsbedeutung ist ein sehr wichtiger Schritt bei der Entwicklung und Optimierung von Machine-Learning-Modellen, da es sowohl Genauigkeit als auch Interpretierbarkeit verbessert – zwei Schlüsselaspekte für reale Anwendungen und daher von entscheidender Bedeutung für die Entscheidungsfindung.

9.1.3. Werkzeuge für die Merkmalsauswahl

Der Prozess der Merkmalsauswahl (Feature Selection) ist ein entscheidender Schritt beim Aufbau von Machine-Learning-Modellen, da er es ermöglicht, nur diejenigen Merkmale zu identifizieren und zu verwenden, die signifikant zur Vorhersage des Modells beitragen. Es gibt verschiedene Werkzeuge und Bibliotheken, die die Implementierung von Techniken zur Merkmalsauswahl erleichtern, sowohl automatisch als auch manuell.

1. Scikit-learn:

Scikit-learn ist eine der am häufigsten verwendeten Libraries in Python für Machine Learning. Sie bietet verschiedene Funktionen zur Merkmalsauswahl, sowohl Filter- als auch Wrapper-Methoden sowie eingebettete Methoden. Einige der in Scikit-learn verfügbaren Techniken sind:

- **SelectKBest:** Diese Technik wählt die besten Merkmale basierend auf einer statistischen Bewertungsfunktion aus. Beispielsweise kann die Chi-Quadrat-Statistik (chi2) für kategoriale Merkmale oder ANOVA (f_classif) für kontinuierliche Merkmale verwendet werden. Diese Methode ist eine Art der filterbasierten Merkmalsauswahl.

```
from sklearn.feature_selection import SelectKBest, f_classif
X_new = SelectKBest(f_classif, k=10).fit_transform(X, y)
```

- **RFE (Recursive Feature Elimination):** Dies ist eine Wrapper-Methode, die Merkmale rekursiv eliminiert und das Modell mit den verbleibenden Merkmalen erstellt. Ziel ist es, eine Teilmenge von Merkmalen auszuwählen, die das beste Modell ergibt.

```
from sklearn.feature_selection import RFE
from sklearn.linear_model import LogisticRegression
model = LogisticRegression()
rfe = RFE(model, n_features_to_select=10)
X_new = rfe.fit_transform(X, y)
```

- **SelectFromModel:** Diese Technik wählt Merkmale basierend auf ihrer Wichtigkeit aus, wie sie von einem bestimmten Modell bewertet werden, z. B. einem Entscheidungsbaum-Modell oder einem linearen Modell mit Regularisierung. Sie wird häufig mit Modellen verwendet, die Koeffizienten oder Merkmalswichtigkeiten besitzen, wie z. B. Random Forests.

```
from sklearn.ensemble import RandomForestClassifier
from sklearn.feature_selection import SelectFromModel
model = RandomForestClassifier()
model.fit(X, y)
selector = SelectFromModel(model, prefit=True)
X_new = selector.transform(X)
```

2. XGBoost:

XGBoost ist eine effiziente und skalierbare Implementierung von Gradient Boosted Decision Trees. Neben seiner Stärke bei Klassifikations- und Regressionsaufgaben bietet XGBoost auch integrierte Fähigkeiten zur Merkmalsauswahl basierend auf ihrer Wichtigkeit.

- **Merkmalswichtigkeit:** XGBoost berechnet die Wichtigkeit jedes Merkmals basierend auf dem Gewinn, der Abdeckung oder dem Gewicht. Diese Messungen geben an, wie wichtig ein Merkmal für die Verbesserung des Modells während der Boosting-Iterationen ist.

```
import xgboost as xgb
model = xgb.XGBClassifier()
```

```
model.fit(X, y)
importances = model.feature_importances_
```

- **Plot_importance:** Diese Funktion visualisiert die Merkmalswichtigkeit grafisch, was die Interpretation und Auswahl der wichtigsten Merkmale erleichtert.

```
xgb.plot_importance(model)
```

3. LASSO (Least Absolute Shrinkage and Selection Operator):

LASSO ist eine Regularisierungstechnik, die sowohl zur Merkmalsauswahl als auch zur Vermeidung von Overfitting bei linearen Modellen verwendet wird. Durch Anwendung einer L1-Strafe kann LASSO die Koeffizienten bestimmter Merkmale auf null reduzieren und sie somit effektiv aus dem Modell entfernen.

- **LASSO in Scikit-learn:** Scikit-learn bietet eine LASSO-Implementierung, die zur Merkmalsauswahl in linearen Modellen verwendet werden kann.

```
from sklearn.linear_model import Lasso
model = Lasso(alpha=0.1)
model.fit(X, y)
coef = model.coef_
```

4. Boruta:

Boruta ist ein Algorithmus, der mit Random-Forest-Modellen arbeitet, um alle relevanten Merkmale zu identifizieren. Es handelt sich um einen Alles-oder-Nichts-Ansatz, der sicherstellt, dass kein wichtiges Merkmal während des Auswahlprozesses verloren geht.

- **Verwendung von Boruta in Python:** Die BorutaPy-Library in Python erleichtert die Implementierung dieses Algorithmus.

```
from boruta import BorutaPy
from sklearn.ensemble import RandomForestClassifier
model = RandomForestClassifier()
boruta = BorutaPy(model, n_estimators='auto', verbose=2, ran-
dom_state=42)
boruta.fit(X, y)
```

5. FSelector (in R):

FSelector ist eine R-Library, die verschiedene Methoden zur Merkmalsauswahl bietet, darunter Chi-Quadrat, Informationsgewinn und

Attributwichtigkeit aus Random Forest. Sie wird in der R-Umgebung aufgrund ihrer Vielseitigkeit häufig verwendet.

- Verwendung von FSelector in R:

```
library(FSelector)
weights <- information.gain(Species~., iris)
subset <- cutoff.k(weights, 2)
print(subset)
```

6. SHAP (SHapley Additive exPlanations):

Wie bereits im vorherigen Punkt erläutert, ist SHAP eine auf Spieltheorie basierende Technik, die interpretierbare Erklärungen für Modellvorhersagen liefert. Sie ist besonders nützlich für die Merkmalsauswahl, da sie den Beitrag jedes Merkmals zu den Vorhersagen quantifiziert.

Hier ist nochmals der Python-Code:

```
import shap
explainer = shap.TreeExplainer(model)
shap_values = explainer.shap_values(X)
shap.summary_plot(shap_values, X)
```

7. LIME (Local Interpretable Model-agnostic Explanations):

LIME wurde bereits im vorherigen Punkt im Zusammenhang mit Merkmalsinterpretation vorgestellt. Darüber hinaus liefert es lokale Erklärungen für Modellvorhersagen. Es kann verwendet werden, um die Wichtigkeit von Merkmalen bei individuellen Vorhersagen zu bestimmen, was hilfreich ist für Modelle, bei denen Interpretierbarkeit erforderlich ist.

Hier nochmals der Python-Code, damit du nicht zum vorherigen Thema zurückkehren musst:

```
import lime
from lime.lime_tabular import LimeTabularExplainer
explainer = LimeTabularExplainer(X_train, feature_names=fea-
ture_names, class_names=class_names, mode='classification')
exp = explainer.explain_instance(X[0], model.predict_proba)
exp.show_in_notebook()
```

8. Featuretools:

Featuretools ist eine Python-Library, die für automatisierte Merkmalsgenerierung entwickelt wurde. Obwohl ihr Hauptfokus auf der Erzeugung neuer Merkmale liegt, kann sie auch zur Auswahl relevanter Merkmale verwendet werden, indem neue Transformationen und Aggregationen der Daten erstellt werden.

- Verwendung von Featuretools in Python:

```
import featuretools as ft
es = ft.EntitySet(id="customers")
es = es.entity_from_dataframe(entity_id="transactions", data-
frame=df, index="id")
feature_matrix, feature_defs = ft.dfs(entityset=es, target_en-
tity="transactions")
```

9.2. Techniken zur Dimensionsreduktion

Die Dimensionsreduktion ist eine essenzielle Technik in der Datenvorverarbeitung und beim Aufbau von Machine-Learning-Modellen, insbesondere wenn mit Datensätzen gearbeitet wird, die eine große Anzahl von Merkmalen oder Variablen enthalten. Das Vorhandensein zu vieler Merkmale kann nicht nur zu einem Overfitting des Modells führen, sondern auch die Rechenkosten erhöhen und die Interpretation des Modells erschweren. Zudem können viele der Merkmale redundant oder irrelevant sein, was nicht zur Leistungsverbesserung des Modells beiträgt. Daher zielt die Dimensionsreduktion darauf ab, die Daten zu vereinfachen und dabei so viele relevante Informationen wie möglich zu bewahren. Im Folgenden werden einige der wichtigsten und am weitesten verbreiteten Techniken zur Dimensionsreduktion beschrieben.

Ich werde zunächst eine allgemeine Übersicht geben und uns danach eingehend mit PCA beschäftigen, da dies einer der wichtigsten Teile für die Analyse und Arbeit mit Daten ist, und ich kann dir versichern, dass es eines der nützlichsten Werkzeuge ist. Meine Empfehlung ist, dass du dich so gut wie möglich mit PCA vertraut machst.

1. Hauptkomponentenanalyse (PCA): Die Hauptkomponentenanalyse ist eine statistische Technik, die einen Satz möglicherweise korrelierter Variablen in einen Satz von Werten linear unkorrelierter Variablen transformiert, die als Hauptkomponenten bezeichnet werden. Die erste Hauptkomponente erfasst die größtmögliche Varianz in den Daten, die zweite Komponente erfasst die größtmögliche Varianz unter der Bedingung, orthogonal zur ersten zu sein, und so weiter. PCA wird häufig verwendet, weil es effizient und leicht interpretierbar ist, auch wenn seine Hauptbeschränkung darin besteht, dass die neuen Variablen (Hauptkomponenten) im Kontext des Fachgebiets möglicherweise weniger interpretierbar sind. Wir werden dies im nächsten Kapitel ausführlich analysieren.

```
from sklearn.decomposition import PCA

# Anwendung von PCA
pca = PCA(n_components=2)
X_reduced = pca.fit_transform(X)
```

2. Lineare Diskriminanzanalyse (LDA): Die lineare Diskriminanzanalyse ist eine weitere Technik, die im Gegensatz zu PCA überwachtes Lernen verwendet, was bedeutet, dass sie die Klasseninformationen nutzt, um die Trennung zwischen den Klassen zu maximieren. LDA versucht, eine lineare Kombination von Merkmalen zu finden, die zwei oder mehr Datenklassen am besten trennt. Sie ist besonders nützlich bei Klassifikationsproblemen, wenn die Klassen im Merkmalsraum gut getrennt sind. Auch diese Technik werden wir im nächsten Kapitel analysieren.

```
from sklearn.discriminant_analysis import LinearDiscriminantAnalysis
as LDA

# Anwendung von LDA
lda = LDA(n_components=2)
X_reduced = lda.fit_transform(X, y)
```

3. Autoencoder: Autoencoder sind eine Art neuronales Netzwerk, das dazu dient, eine komprimierte Darstellung eines Datensatzes zu lernen. Ein Autoencoder besteht aus zwei Hauptteilen: dem Encoder, der die Dimensionalität der Daten reduziert, und dem Decoder, der die ursprünglichen Daten aus der reduzierten Darstellung rekonstruiert. Autoencoder sind besonders nützlich bei nichtlinearen und komplexen Daten, bei denen Techniken wie PCA möglicherweise nicht effektiv sind.

```
from keras.layers import Input, Dense
from keras.models import Model

# Erstellung eines einfachen Autoencoders
input_dim = X.shape[1]
encoding_dim = 2  # Reduktion auf 2 Dimensionen

input_layer = Input(shape=(input_dim,))
encoder = Dense(encoding_dim, activation='relu')(input_layer)
decoder = Dense(input_dim, activation='sigmoid')(encoder)

autoencoder = Model(inputs=input_layer, outputs=decoder)
autoencoder.compile(optimizer='adam', loss='mse')
autoencoder.fit(X, X, epochs=50, batch_size=256, shuffle=True)
```

4. t-Distributed Stochastic Neighbor Embedding (t-SNE): t-SNE ist eine nichtlineare Technik zur Dimensionsreduktion, die sich besonders gut für die Visualisierung hochdimensionaler Daten eignet. Sie minimiert die Kullback-Leibler-Divergenz zwischen der Verteilung von Punktpaaren im hochdimensionalen Raum und der Verteilung im niedrigdimensionalen Raum. t-SNE ist hervorragend zur Visualisierung der inhärenten Struktur der Daten geeignet, aber wegen ihres hohen Rechenaufwands nicht für große Datensätze zu empfehlen.

```
from sklearn.manifold import TSNE

# Anwendung von t-SNE
tsne = TSNE(n_components=2)
X_reduced = tsne.fit_transform(X)
```

5. Multiple Korrespondenzanalyse (MCA): Die Multiple Korrespondenzanalyse ist eine Technik, die PCA ähnelt, aber für kategoriale Variablen konzipiert ist. Sie ist nützlich, wenn die Dimensionalität von Datensätzen reduziert werden soll, die mehrere kategoriale Variablen enthalten. MCA transformiert kategoriale Variablen in einen euklidischen Raum, in dem die Abstände die Assoziationen zwischen den Kategorien der Variablen widerspiegeln.

```
# Anwendung von MCA in R
library(FactoMineR)
res.mca <- MCA(df, ncp=2)
```

6. Kernel-PCA: Kernel-PCA ist eine Erweiterung von PCA, die sogenannte Kernel-Tricks verwendet, um eine PCA-Transformation in einem nichtlinearen Merkmalsraum durchzuführen. Dies ermöglicht es Kernel-PCA, nichtlineare Beziehungen in den Daten zu erfassen, was ein Vorteil gegenüber linearer PCA ist, wenn mit Daten gearbeitet wird, die in einem linearen Raum nicht gut darstellbar sind.

```
from sklearn.decomposition import KernelPCA

# Anwendung von Kernel-PCA
kpca = KernelPCA(kernel='rbf', n_components=2)
X_reduced = kpca.fit_transform(X)
```

7. Nichtnegative Matrixfaktorisierung (NMF): NMF ist eine Technik, die eine Matrix in zwei kleinere Matrizen mit ausschließlich nichtnegativen Einträgen faktorisieren kann. Sie wird hauptsächlich für Aufgaben wie Merkmalsextraktion und Dimensionsreduktion bei Daten wie Bildern und Texten verwendet. Die Einschränkung auf Nichtnegativität erleichtert die Interpretation der Faktoren als additive Kombinationen.

```
from sklearn.decomposition import NMF

# Anwendung von NMF
nmf = NMF(n_components=2)
X_reduced = nmf.fit_transform(X)
```

8. Isomap: Isomap ist eine nichtlineare Technik zur Dimensionsreduktion, die versucht, die geodätischen Distanzen zwischen allen Punkten im Datensatz zu bewahren. Sie ist besonders nützlich, wenn sich die Daten auf einer niedrigdimensionalen Mannigfaltigkeit innerhalb eines hochdimensionalen Raums befinden. Isomap eignet sich gut zur Dimensionsreduktion bei Daten mit einer manifoldartigen Struktur.

```
from sklearn.manifold import Isomap

# Anwendung von Isomap
isomap = Isomap(n_components=2)
X_reduced = isomap.fit_transform(X)
```

9. Curse of Dimensionality: Der "Curse of Dimensionality" bezieht sich auf verschiedene Phänomene, die bei der Arbeit mit Daten in hochdimensionalen Räumen auftreten. Mit zunehmender Anzahl von Dimensionen neigen die Daten dazu, sich stärker zu zerstreuen, und die Abstände zwischen Datenpunkten werden weniger aussagekräftig. Techniken zur Dimensionsreduktion sind entscheidend, um diese Effekte zu mildern und die Effizienz von Machine-Learning-Algorithmen zu verbessern.

10. Merkmalsauswahl vs. Dimensionsreduktion

Obwohl Merkmalsauswahl und Dimensionsreduktion ähnlich erscheinen mögen, unterscheiden sie sich in ihrem Ansatz. Die Merkmalsauswahl beinhaltet das Entfernen irrelevanter oder redundanter Merkmale, während die Dimensionsreduktion die Merkmale in einen Raum niedrigerer Dimension transformiert. Beide Methoden können komplementär eingesetzt werden, um die Modellleistung zu verbessern.

Die Wahl der geeigneten Technik zur Dimensionsreduktion hängt nicht von dir ab, sondern vom Datentyp, der Art der Beziehungen zwischen den Variablen und dem Ziel der Analyse. Lineare Techniken wie PCA und LDA sind effizient und leicht zu interpretieren, während nichtlineare Techniken wie t-SNE und Autoencoder besser geeignet sind, komplexe Beziehungen zu erfassen, auch wenn sie schwieriger zu interpretieren und rechnerisch aufwendiger sind.

10.1. Hauptkomponentenanalyse (PCA)

Jetzt gehen wir ins Detail. Die Hauptkomponentenanalyse ist eine der beliebtesten und am weitesten verbreiteten Techniken zur Dimensionsreduktion. Ihr Hauptziel besteht darin, einen Satz möglicherweise korrelierter

Variablen in einen neuen Satz unkorrelierter Variablen umzuwandeln, die als Hauptkomponenten bezeichnet werden. Diese Transformation erfolgt so, dass die erste Hauptkomponente die größtmögliche Varianz in den Daten erfasst, die zweite Hauptkomponente die größtmögliche Varianz unter der Bedingung erfasst, dass sie orthogonal zur ersten ist, und so weiter. Diese unüberwachte Technik basiert auf der Mathematik der Singulärwertzerlegung (SVD) und findet breite Anwendung in Bereichen wie Datenkompression, Visualisierung und Rauschunterdrückung.

Der PCA-Prozess umfasst mehrere grundlegende Schritte, von der Zentrierung der Daten bis zur Konstruktion der Hauptkomponenten. Nachfolgend sind die wichtigsten Aspekte der PCA aufgeführt:

1. Zentrierung der Daten: Vor der Anwendung von PCA ist es entscheidend, dass die Daten zentriert werden, das heißt, dass der Mittelwert jeder Eigenschaft abgezogen wird. Dieser Schritt stellt sicher, dass die berechneten Hauptkomponenten die Variabilität in Bezug auf den Mittelwert der Daten widerspiegeln. Mathematisch bedeutet dies, dass der Datensatz X in einen neuen Datensatz X' umgewandelt wird, bei dem jede Spalte einen Mittelwert von null hat.

```
import numpy as np

# Angenommen, X ist unsere Datenmatrix mit n Stichproben und m Merkmalen
X_meaned = X - np.mean(X, axis=0)
```

2. Berechnung der Kovarianzmatrix: Die Kovarianzmatrix ist für die PCA grundlegend, da ihre Zerlegung die Richtungen aufzeigt, in denen die Daten am meisten variieren. Die Kovarianzmatrix C wird wie folgt berechnet:

$$C = \frac{1}{\mathrm{n} - 1} X'^T X'$$

wobei X' die zentrierte Datenmatrix ist. Die Kovarianzmatrix ist symmetrisch, und ihre Eigenwerte und Eigenvektoren enthalten die notwendigen Informationen zur Konstruktion der Hauptkomponenten.

```
cov_matrix = np.cov(X_meaned, rowvar=False)
```

3. Zerlegung der Kovarianzmatrix: Anschließend wird die Eigenwertzerlegung der Kovarianzmatrix durchgeführt. Die Eigenwerte (λ) geben die durch jede Hauptkomponente erklärte Varianz an, während die Eigenvektoren (v) die Richtungen im ursprünglichen Merkmalsraum angeben.

```
eigen_values, eigen_vectors = np.linalg.eigh(cov_matrix)
```

4. Auswahl der Hauptkomponenten: Die Eigenwerte werden in absteigender Reihenfolge sortiert, und die entsprechenden Eigenvektoren bilden die Richtungen der Hauptkomponenten. Es ist üblich, nur die ersten Hauptkomponenten auszuwählen, die einen signifikanten Anteil der Gesamtvarianz erklären. Dies ermöglicht die Reduzierung der Dimensionalität des Datensatzes unter Erhaltung des größten Teils der ursprünglichen Information.

```
# Sortieren der Eigenwerte und Eigenvektoren
sorted_index = np.argsort(eigen_values)[::-1]
sorted_eigenvalue = eigen_values[sorted_index]
sorted_eigenvectors = eigen_vectors[:, sorted_index]
```

5. Transformation der Daten: Die ursprünglichen Daten werden auf die neuen Richtungen der Hauptkomponenten projiziert, um einen neuen, reduzierten Datensatz zu erhalten. Dies geschieht durch Multiplikation der zentrierten Originalmatrix mit der Matrix der ausgewählten Eigenvektoren.

```
# Auswahl der ersten n Hauptkomponenten
n_components = 2
eigenvector_subset = sorted_eigenvectors[:, 0:n_components]

# Transformation der Daten
X_reduced = np.dot(X_meaned, eigenvector_subset)
```

6. Interpretation der Hauptkomponenten: Jede Hauptkomponente ist eine lineare Kombination der ursprünglichen Variablen, und das Gewicht jeder Variablen in dieser Kombination wird durch die Elemente des entsprechenden Eigenvektors angegeben. In der Praxis sind die ersten Hauptkomponenten meist am interpretierbarsten, da sie die Hauptstruktur der Daten erfassen. Da PCA jedoch eine lineare Transformation ist, können die neuen Variablen (Hauptkomponenten) im Vergleich zu den ursprünglichen Variablen weniger intuitiv oder interpretierbar sein.

7. Erklärte Varianz und Auswahl der Anzahl von Komponenten: Ein zentraler Aspekt der PCA ist die Entscheidung darüber, wie viele Hauptkomponenten beibehalten werden sollen. Dies basiert auf der Analyse des kumulativen Anteils der erklärten Varianz, der zeigt, wie viel Information (Varianz) der ursprünglichen Daten erhalten bleibt, wenn weitere Hauptkomponenten hinzugefügt werden. Die Auswahl der Anzahl der Komponenten basiert häufig auf einem vordefinierten Schwellenwert der erklärten Varianz (zum Beispiel 95 Prozent).

```
import matplotlib.pyplot as plt

# Berechnung der kumulierten erklärten Varianz
```

```
explained_variance = np.cumsum(sorted_eigenvalue) / np.sum(sor-
ted_eigenvalue)

# Plotten der kumulierten erklärten Varianz
plt.plot(range(1, len(explained_variance) + 1), explained_variance)
plt.xlabel('Anzahl der Komponenten')
plt.ylabel('Kumulierte erklärte Varianz')
plt.show()
```

8. Anwendungen und Einschränkungen von PCA: PCA wird häufig in Bereichen wie Datenkompression, Rauschreduktion, Visualisierung hochdimensionaler Daten und als Vorbereitungsschritt beim Aufbau von Machine-Learning-Modellen eingesetzt. PCA hat jedoch einige Einschränkungen. Zum Beispiel erfasst sie nur lineare Beziehungen zwischen den Variablen, was in Fällen mit nichtlinearen Beziehungen ungeeignet sein kann. Außerdem ist PCA empfindlich gegenüber der Skalierung der Variablen, daher wird empfohlen, die Daten vor der Anwendung der Technik zu normalisieren oder zu standardisieren.

Die Hauptkomponentenanalyse ist wesentlich zur Vereinfachung komplexer Datensätze, was die Analyse und Visualisierung erleichtert, ohne zu viel relevante Information zu verlieren. Obwohl es sich um eine auf Linearität basierende Technik handelt, machen ihre Einfachheit und Effektivität sie zu einer beliebten Wahl für eine Vielzahl von Anwendungen im Bereich Machine Learning und Datenanalyse.

10.2. Lineare Diskriminanzanalyse (LDA)

Die lineare Diskriminanzanalyse ist eine Technik zur Dimensionsreduktion und überwachter Klassifikation, die hauptsächlich verwendet wird, wenn man die Trennung zwischen verschiedenen Klassen in einem Datensatz maximieren möchte. Im Gegensatz zur PCA, die eine unüberwachte Technik ist und darauf abzielt, die Gesamtvarianz der Daten zu maximieren, versucht LDA, die Varianz zwischen den Klassen zu maximieren und gleichzeitig die Varianz innerhalb der Klassen zu minimieren, was sie zu einem leistungsstarken Werkzeug für Klassifikationsaufgaben macht.

LDA reduziert nicht nur die Dimensionalität der Daten, sondern bewahrt auch die diskriminierenden Informationen, die entscheidend sind, um zwischen den verschiedenen Klassen zu unterscheiden. Sie wird häufig in Problemen eingesetzt, bei denen die Klassen gut definiert sind und die Daten in einen Raum geringerer Dimensionalität projiziert werden sollen, der die Trennbarkeit der Klassen maximiert.

Im Folgenden betrachten wir im Detail die Schritte und Schlüsselkonzepte, die in LDA enthalten sind:

1. Annahmen und Ziele von LDA: LDA basiert auf einigen grundlegenden Annahmen. Die erste ist, dass die Klassen einer gaußschen Verteilung mit identischer Kovarianz für alle Klassen, aber unterschiedlichen Mittelwerten folgen. Das Hauptziel von LDA ist es, eine lineare Projektion der Daten zu finden, die den Abstand zwischen den Mittelwerten der Klassen maximiert und die Varianz innerhalb jeder Klasse minimiert. Dies wird erreicht, indem die Daten in einen neuen Raum projiziert werden, in dem das Signal-Rausch-Verhältnis (das Verhältnis zwischen der Varianz zwischen den Klassen und der Varianz innerhalb der Klassen) maximiert wird.

2. Berechnung der Mittelwerte und Kovarianzmatrizen: Zunächst werden die Mittelwerte jeder Klasse und der Gesamtdurchschnitt der Daten berechnet. Die Streumatrizen (oder Kovarianzmatrizen) innerhalb der Klassen S_W und zwischen den Klassen S_B werden berechnet. Diese Matrizen sind entscheidend für den Aufbau des linearen Diskriminanzvektors, da sie die Varianz innerhalb und zwischen den Klassen widerspiegeln.

Die Streumatrix innerhalb der Klassen S_W lautet:

$$S_W = \sum_{i=1}^{C} \sum_{x_j \in X_i} (x_j - \mu_i)(x_j - \mu_i)^T$$

wobei C die Anzahl der Klassen ist, X_i die zur Klasse i gehörenden Stichproben sind und μ_i der Mittelwert der Klasse i ist.

Die Streumatrix zwischen den Klassen S_B lautet:

$$S_B = \sum_{i=1}^{C} N_i (\mu_i - \mu)(\mu_i - \mu)^T$$

wobei N_i die Anzahl der Stichproben in der Klasse i ist und μ der Gesamtmittelwert aller Stichproben ist.

```
import numpy as np

def compute_mean_vectors(X, y):
mean_vectors = []
for cl in np.unique(y):
                mean_vectors.append(np.mean(X[y == cl], axis=0))
return mean_vectors
```

```
def scatter_matrices(X, y, mean_vectors):
n_features = X.shape[1]
S_W = np.zeros((n_features, n_features))
S_B = np.zeros((n_features, n_features))
overall_mean = np.mean(X, axis=0)
for cl, mv in zip(np.unique(y), mean_vectors):
                class_sc_mat = np.zeros((n_features, n_features))
                for row in X[y == cl]:
                        row, mv = row.reshape(n_features, 1),
mv.reshape(n_features, 1)    shape(n_features, 1)
                        class_sc_mat += (row - mv).dot((row - mv).T)
S_W += class_sc_mat
n = X[y == cl].shape[0]
mean_diff = (mv - overall_mean).reshape(n_features, 1)
S_B += n * mean_diff.dot(mean_diff.T)
return S_W, S_B
```

3. Bestimmung der Eigenwerte und Eigenvektoren: Um die Richtungen der maximalen Diskriminierung zu finden, wird die charakteristische Gleichung der Matrix $S_W^{-1}S_B$ gelöst, deren Eigenwerte und Eigenvektoren die optimale Projektionsrichtung liefern. Die Eigenwerte spiegeln das Ausmaß der zwischen Klassen eingefangenen Varianz durch die jeweilige Projektion wider. Die zu den größten Eigenwerten gehörenden Eigenvektoren bilden die Basis für die neuen Dimensionen, in die die Daten projiziert werden.

```
eig_vals, eig_vecs = np.linalg.eig(np.linalg.inv(S_W).dot(S_B))
```

4. Auswahl der diskriminierenden Komponenten: Die Eigenwerte werden in absteigender Reihenfolge sortiert, und die zu den größten Eigenwerten gehörenden Eigenvektoren werden ausgewählt, um die Projektionsmatrix zu bilden. Diese Matrix transformiert die ursprünglichen Daten in den Raum geringerer Dimensionalität, der die Trennung zwischen den Klassen maximiert.

```
eig_pairs = [(np.abs(eig_vals[i]), eig_vecs[:, i]) for i in
range(len(eig_vals))]
eig_pairs = sorted(eig_pairs, key=lambda k: k[0], reverse=True)

W = np.hstack([eig_pairs[i][1].reshape(X.shape[1], 1) for i in
range(n_components)])
```

5. Transformation und Projektion der Daten: Schließlich werden die Originaldaten mit der Projektionsmatrix W in den neuen Raum projiziert. Dies reduziert die Dimensionalität der Daten und bewahrt gleichzeitig die für die Klassifikation relevante Information.

```
X_lda = X.dot(W)
```

6. Anwendungen und gängige Verwendungen: LDA wird häufig bei Klassifikationsproblemen eingesetzt, bei denen die Dimensionalität der Daten reduziert werden soll, während eine klare Trennung zwischen den Klassen erhalten bleibt. Sie ist besonders nützlich bei Problemen, bei denen sich die Klassen überlappen und das Modell eine Projektion finden muss, die die Diskriminierung maximiert. Beispiele hierfür sind die Bildklassifikation, Mustererkennung und Bioinformatik. LDA wurde auch zur Dimensionsreduktion vor der Anwendung anderer Machine-Learning-Algorithmen wie SVM oder KNN eingesetzt, um deren Leistung hinsichtlich Rechenzeit und Genauigkeit zu verbessern.

7. Vergleich mit PCA: Im Gegensatz zu PCA, die nicht berücksichtigt, zu welcher Klasse jede Stichprobe gehört, ist LDA überwachend und verwendet die Klasseninformation, um die Projektionen zu finden. Dies macht LDA geeigneter, wenn das Ziel die Klassifikation ist und nicht einfach nur die Dimensionsreduktion ohne spezifische Aufgabe.

8. Einschränkungen von LDA: LDA geht davon aus, dass die Klassen gaußsche Verteilungen mit gleicher Kovarianz zwischen den Klassen aufweisen, was in der Praxis nicht immer der Fall ist. Darüber hinaus kann LDA Probleme haben, wenn die Klassen nicht gut linear trennbar sind oder wenn die Anzahl der Stichproben im Vergleich zur Anzahl der Merkmale gering ist.

10.3. Anwendungen und Anwendungsfälle

Techniken zur Dimensionsreduktion wie die Hauptkomponentenanalyse (PCA) und die lineare Diskriminanzanalyse (LDA) finden umfangreiche und vielfältige Anwendungen im Bereich des Machine Learning und der Datenanalyse. Ihr Einsatz ist durch die Notwendigkeit gerechtfertigt, Modelle zu vereinfachen, die Recheneffizienz zu verbessern und das Problem des "Fluchs der Dimensionalität" effektiv zu bewältigen. Im Folgenden werden einige der relevantesten Anwendungen und Anwendungsfälle dieser Techniken vorgestellt, die verschiedene Bereiche und Problemtypen abdecken.

Datenvorverarbeitung für prädiktive Modellierung: In vielen Anwendungen des Machine Learning enthalten Datensätze eine große Anzahl von Variablen, die bei gleichzeitiger Nutzung zu komplexen und überangepassten Modellen führen können. In solchen Fällen ist es entscheidend, die Dimensionalität vor dem Modelltraining zu reduzieren. PCA wird häufig verwendet, um den Merkmalsraum in einen neuen Raum geringerer Dimension zu transformieren, der den Großteil der ursprünglichen Varianz beibehält. Dieser Schritt vereinfacht nicht nur das Modell, sondern verkürzt auch die

Trainingszeit und verbessert die Generalisierungsfähigkeit auf neue Daten. LDA hingegen wird bei Klassifizierungsaufgaben eingesetzt, um die Daten in einen Raum zu projizieren, der die Trennung zwischen Klassen maximiert. Dies ist besonders nützlich bei Multiklassenklassifikationen.

Bilderkennung und Computer Vision: In Anwendungen des Computer Vision wie Gesichtserkennung und Bildklassifikation haben hochauflösende Bilder Tausende von Pixeln, von denen jeder eine Dimension im Merkmalsraum darstellt. PCA wird häufig verwendet, um die Anzahl der Pixel zu reduzieren und dabei die wichtigsten Informationen zu bewahren, was die Analyse und Klassifikation erleichtert. Ein Beispiel ist die Technik der "Eigenfaces" zur Gesichtserkennung, bei der PCA angewendet wird, um die Hauptvariationsrichtungen in einem Satz von Gesichtsaufnahmen zu identifizieren, die Dimensionen zu reduzieren und eine kompaktere, besser handhabbare Darstellung von Gesichtern zu ermöglichen. LDA wird ebenfalls in Kombination mit PCA verwendet, um die Unterscheidung zwischen verschiedenen Bildkategorien zu verbessern.

Bioinformatik und Analyse genomischer Daten: In der Bioinformatik umfasst die Analyse genomischer Daten wie Genexpressionsprofile oder DNA-Sequenzierungsdaten oft eine große Anzahl von Variablen (Gene) bei gleichzeitig begrenzter Anzahl an Proben. Dieser Datentyp mit hoher Dimensionalität und niedriger Stichprobe ist besonders geeignet für Dimensionsreduktion. PCA wird verwendet, um Muster in den genomischen Daten zu identifizieren und die Anzahl der Merkmale auf diejenigen zu reduzieren, die den Großteil der Variabilität erklären. LDA ist hingegen nützlich zur Klassifikation von Krebsarten oder Krankheiten basierend auf Genexpressionsprofilen, indem lineare Kombinationen von Genen gefunden werden, die die verschiedenen Krankheitsklassen am besten unterscheiden.

Finanzanalyse und Risikoreduktion: Im Finanzwesen erfordert die Portfolioverwaltung und Risikoanalyse die Arbeit mit großen Mengen an Marktdaten wie Aktienkursen, Zinssätzen und anderen wirtschaftlichen Indikatoren. PCA wird weit verbreitet eingesetzt, um latente Faktoren zu identifizieren, die die Variation dieser Daten erklären, und unterstützt Fondsmanager dabei, Risikoanalysen zu vereinfachen und ihre Portfolios auf der Grundlage dieser Faktoren zu diversifizieren. Diese Technik reduziert die Anzahl zu berücksichtigender Variablen, was besonders bei der Entwicklung von Risikomodellen und der Identifizierung der Hauptvariabilitätsquellen auf den Märkten nützlich ist.

Signalverarbeitung und Zeitreihenanalyse: In der Signalverarbeitung, etwa bei EEG-Aufnahmen oder in der Seismologie, enthalten die aufgezeichneten Signale oft Rauschen und Redundanzen. PCA wird verwendet, um die Hauptkomponenten mit dem größten Informationsgehalt zu extrahieren, das Rauschen zu eliminieren und die Dimensionalität der Signale zu reduzieren. Dies ermöglicht eine effizientere Analyse und die Erkennung signifikanter Muster in den Signalen. LDA kann ebenfalls eingesetzt werden, wenn das Ziel darin besteht, diese Signale in verschiedene Kategorien zu klassifizieren, etwa zur Identifikation von Gehirnaktivitäten anhand von EEG-Daten.

Marketing und Analyse des Kundenverhaltens: Im Marketing werden Dimensionsreduktionstechniken zur Analyse großer Kundendatenmengen wie Kauftransaktionen, Onlineverhalten und Reaktionen auf Werbekampagnen eingesetzt. PCA kann verwendet werden, um Kunden anhand ihrer Verhaltensmuster zu segmentieren, was Unternehmen ermöglicht, ihre Angebote und Marketingstrategien zu personalisieren. LDA kann darüber hinaus angewendet werden, um Kunden in vordefinierte Gruppen basierend auf ihren Merkmalen und Verhaltensweisen zu kategorisieren, was die Entscheidungsfindung im Direktmarketing und die Optimierung von Kampagnen erleichtert.

Analyse von Umfragedaten und Fragebögen: Daten aus Umfragen und Fragebögen enthalten häufig viele Fragen (Dimensionen), die miteinander korreliert sein können. PCA wird eingesetzt, um die zugrunde liegenden latenten Dimensionen zu identifizieren, die den Großteil der Variabilität in den Antworten erklären. Dies hilft Forschern, die Muster in den Daten besser zu verstehen und die Anzahl der notwendigen Fragen in späteren Analysen zu reduzieren. Dies ist besonders nützlich in sozialwissenschaftlichen und verhaltensbezogenen Studien, bei denen es darum geht, Einstellungen und Meinungen der Befragten auf eine kleinere Anzahl von Faktoren zusammenzufassen.

Anwendungen im Bereich der Wirtschaft: In der Wirtschaft bestehen makroökonomische Modelle und Zeitreihenanalysen oft aus einer großen Anzahl von Variablen wie Zinssätzen, Inflation, BIP und anderen wirtschaftlichen Messgrößen. PCA wird zur Dimensionsreduktion dieser Modelle verwendet, wodurch Ökonomen die wichtigsten Faktoren identifizieren können, die wirtschaftliche Veränderungen antreiben. Dies erleichtert die Modellierung und Prognose wichtiger wirtschaftlicher Variablen sowie die Erkennung von Zusammenhängen zwischen verschiedenen wirtschaftlichen Indikatoren.

Diese Beispiele verdeutlichen, wie grundlegend Techniken wie PCA und LDA in einer Vielzahl von Anwendungen in unterschiedlichen Bereichen sind, von der Bioinformatik und dem Computer Vision bis hin zur Finanzanalyse und zum Marketing. Die Fähigkeit, Daten zu vereinfachen und zu fokussieren, ohne kritische Informationen zu verlieren, macht diese Techniken in der Praxis so wertvoll. Darüber hinaus verbessern diese Techniken nicht nur die Recheneffizienz, sondern helfen auch dabei, interpretierbarere und robustere Modelle zu erstellen, was in vielen realen Anwendungen entscheidend ist, wie du dir sicher bereits vorstellen kannst.

11. Modellaufbau und Training

11.1. Vorbereitung des Datensatzes

Die Vorbereitung des Datensatzes ist ein grundlegender Schritt beim Aufbau und Training von Machine Learning-Modellen. Dieser Prozess stellt sicher, dass die Daten in einem optimalen Zustand für den Einsatz durch Lernalgorithmen sind, was sich direkt auf die Leistung und Genauigkeit des Modells auswirkt. Die Qualität und Struktur des Datensatzes bestimmen maßgeblich die Fähigkeit des Modells, auf unbekannte Daten zu generalisieren, und damit seine Nützlichkeit in praktischen Anwendungen. Im Folgenden werden die wichtigsten Aspekte und Schritte zur Vorbereitung eines Datensatzes für das Training von Machine Learning-Modellen beschrieben.

1. Datenerhebung
Der erste Schritt bei der Vorbereitung des Datensatzes ist die Erhebung relevanter und ausreichender Daten für die spezifische Machine Learning-Aufgabe. Die Daten können aus verschiedenen Quellen stammen, etwa aus Datenbanken, CSV-Dateien, APIs, Sensoren, Umfragen oder direkt aus dem Internet. Es ist wichtig sicherzustellen, dass die gesammelten Daten repräsentativ für das zu lösende Problem sind. In dieser Phase sollte auch die erforderliche Datenmenge berücksichtigt werden, da mehr Daten in der Regel robustere Modelle ermöglichen, aber auch den Zeit- und Ressourcenaufwand für Verarbeitung und Training erhöhen.

2. Explorative Datenanalyse (EDA)
Vor der Datenbereinigung und -transformation ist es entscheidend, eine explorative Datenanalyse durchzuführen. Die EDA ermöglicht es, die Verteilung der Daten zu verstehen, Muster zu erkennen, Anomalien aufzudecken und Beziehungen zwischen Variablen zu beobachten. In dieser Phase können Diagramme, deskriptive Statistiken und andere Analysewerkzeuge verwendet werden, um einen Überblick über die Daten zu gewinnen. Die EDA hilft auch dabei festzustellen, ob Ausreißer, fehlende Daten oder irrelevante Variablen vorhanden sind, was die nächsten Schritte der Vorverarbeitung leitet.

3. Datenbereinigung
Die Datenbereinigung ist ein kritischer Prozess zur Sicherstellung der Datenqualität. Dieser Schritt umfasst die Entfernung von Duplikaten, die

Korrektur von Tippfehlern sowie die Eliminierung oder Imputation fehlender Daten, unter anderem. Es ist wichtig, die Daten so sauber wie möglich zu halten, da Fehler in dieser Phase sich fortpflanzen und die Modellleistung negativ beeinflussen können. Die Bereinigung umfasst auch den Umgang mit Ausreißern, die das Ergebnis verzerren können, wenn sie nicht angemessen behandelt werden.

4. Datentransformation:
Sobald die Daten bereinigt sind, sollte die Transformation in Betracht gezogen werden, um sie besser an den eingesetzten Lernalgorithmus anzupassen. Dieser Prozess kann die Normalisierung oder Standardisierung numerischer Variablen, die Kodierung kategorialer Variablen und die Erstellung neuer Merkmale aus bestehenden umfassen. Normalisierung und Standardisierung sind besonders wichtig bei Algorithmen, die auf der Distanz zwischen Datenpunkten basieren, wie k-means oder SVM, da Unterschiede in den Skalen der Variablen die Ergebnisse beeinflussen können. Für kategoriale Variablen wird häufig die One-Hot-Kodierung verwendet, um Kategorien in eine numerische Darstellung zu überführen, die vom Modell verarbeitet werden kann.

5. Aufteilung des Datensatzes
Um die Leistung eines Machine Learning-Modells angemessen zu bewerten, ist es unerlässlich, den Datensatz in Trainings- und Testdaten aufzuteilen. In der Regel wird empfohlen, 20 % bis 30 % der Daten für Tests zu reservieren, wobei dieses Verhältnis je nach Größe des Datensatzes und Art des Problems variieren kann. Neben dieser grundlegenden Aufteilung ist es üblich, eine Kreuzvalidierung während des Trainings durchzuführen, um sicherzustellen, dass das Modell nicht auf einen bestimmten Teil der Daten überangepasst wird. Bei der Kreuzvalidierung wird der Datensatz in k Teilmengen unterteilt und das Modell k-mal trainiert, wobei jedes Mal ein anderer Teil als Testmenge und der Rest als Trainingsmenge verwendet wird.

6. Umgang mit unausgeglichenen Klassen
Bei Klassifikationsproblemen ist es üblich, dass die Klassen nicht ausgewogen sind, das heißt, dass einige Klassen im Datensatz überrepräsentiert sind. Dieses Ungleichgewicht kann dazu führen, dass das Modell eine Verzerrung zugunsten der Mehrheitsklasse entwickelt und die Minderheitsklasse ignoriert oder falsch klassifiziert. Um dieses Problem zu bewältigen, können Techniken wie das Oversampling der Minderheitsklasse, das Undersampling der Mehrheitsklasse oder Methoden wie SMOTE (Synthetic Minority Oversampling Technique) eingesetzt werden, die synthetische Beispiele für die Minderheitsklasse erzeugen. Auch eine Anpassung der Klassen-Gewichte im Lernalgorithmus kann helfen, das Ungleichgewicht auszugleichen.

7. Feature Engineering und Merkmalsauswahl
Feature Engineering umfasst die Erstellung neuer Variablen aus bestehenden, die die Modellleistung verbessern können. Dies kann die Bildung von Interaktionen zwischen Variablen, die Transformation bestehender Variablen oder die Bildung zeitlicher Aggregationen bei Zeitreihen umfassen. Die Merkmalsauswahl hingegen beinhaltet die Identifikation und Beibehaltung nur der relevantesten Merkmale für das Modell, während irrelevante oder redundante Merkmale entfernt werden. Merkmalsauswahltechniken wie die Auswahl basierend auf Variablenbedeutung oder das sequentielle Rückwärtseliminieren helfen dabei, die Dimensionalität des Datensatzes zu reduzieren und gleichzeitig Effizienz und Interpretierbarkeit zu verbessern.

8. Umgang mit zeitlichen und sequentiellen Daten
Beim Arbeiten mit zeitlichen oder sequentiellen Daten wie Zeitreihen oder Sensordaten ist es wichtig, die zeitliche Struktur der Daten zu berücksichtigen. Die Reihenfolge und zeitliche Abhängigkeit zwischen Beobachtungen muss bei der Datenvorbereitung respektiert werden. In diesen Fällen können zusätzliche Variablen erstellt werden, die Trends, Saisonalitäten oder zeitliche Verzögerungen (Lags) erfassen. Außerdem muss bei der Aufteilung der Daten darauf geachtet werden, dass keine zeitlichen Datenlecks zwischen Trainings- und Testdaten bestehen, da dies zu einer ungenauen Bewertung der Modellleistung führen kann.

9. Dokumentation und Reproduzierbarkeit
Es ist entscheidend, den gesamten Prozess der Datenvorbereitung zu dokumentieren, einschließlich der Entscheidungen in jedem Schritt und der verwendeten Skripte für die Transformationen. Dies gewährleistet die Reproduzierbarkeit der Arbeit und ermöglicht es anderen Forschern oder Fachleuten, den Prozess nachzuvollziehen und zu verstehen, der zum Modell geführt hat. Eine angemessene Dokumentation erleichtert auch die Fehlersuche und die Anpassung der Prozesse in späteren Modelliteration.

Jeder dieser Schritte muss sorgfältig durchgeführt werden, um sicherzustellen, dass das Machine Learning-Modell effektiv aus den Daten lernen und gut auf unbekannte Daten generalisieren kann.

11.2. Modelltrainingstechniken

Das Training von Modellen im Machine Learning ist eine kritische Phase, in der Algorithmen Muster aus den Daten lernen, um zukünftige Vorhersagen oder Klassifikationen durchzuführen. Es gibt verschiedene Techniken zum Modelltraining, jede mit ihren eigenen Eigenschaften, Vorteilen und Nachteilen. Im Folgenden werden einige der am häufigsten verwendeten Techniken im Modelltraining vorgestellt.

Eine der gebräuchlichsten Techniken ist die lineare Regression, die verwendet wird, um die Beziehung zwischen einer kontinuierlichen abhängigen Variable und einer oder mehreren unabhängigen Variablen zu modellieren. Während des Trainings lernt das Modell die Koeffizienten, die am besten zu den Trainingsdaten passen, indem es den Unterschied zwischen den Modellvorhersagen und den tatsächlichen Werten minimiert. Diese Anpassung erfolgt durch einen Prozess, der als "Minimierung der Summe der quadrierten Fehler" bekannt ist.

Im Gegensatz dazu wird die logistische Regression verwendet, wenn die abhängige Variable kategorial ist, typischerweise binär. Anstatt einen kontinuierlichen Wert vorherzusagen, schätzt das Modell die Wahrscheinlichkeit, dass eine Beobachtung zu einer bestimmten Klasse gehört. Das Training bei der logistischen Regression beinhaltet die Optimierung der Likelihood-Funktion, die die Übereinstimmung zwischen den Modellvorhersagen und den tatsächlichen Klassen in den Trainingsdaten misst.

Eine weitere Trainingstechnik ist das Training von neuronalen Netzen, das auf der Anpassung der Gewichte der Verbindungen zwischen den Neuronen in einem Netzwerk basiert. Dieser Prozess wird durch den Backpropagation-Algorithmus durchgeführt, der die Gewichte iterativ anpasst, um eine Kostenfunktion zu minimieren, in der Regel unter Verwendung von Varianten der Gradientenabstiegsmethode. Neuronale Netze können sehr leistungsfähig sein, insbesondere bei komplexen Aufgaben wie der Bildklassifikation oder der Verarbeitung natürlicher Sprache, erfordern jedoch auch große Datenmengen und erhebliche Rechenleistung.

Entscheidungsbäume stellen eine weitere beliebte Technik zum Trainieren von Klassifikations- und Regressionsmodellen dar. Ein Entscheidungsbaum wird trainiert, indem die Daten wiederholt in Teilmengen aufgeteilt werden, basierend auf dem Merkmal, das die größte Verringerung der Unreinheit bewirkt, gemessen durch Metriken wie Entropie oder Varianz. Ziel ist es, eine verzweigte Struktur zu erstellen, bei der jedes Blatt eine Klasse oder einen Vorhersagewert darstellt. Um die Genauigkeit zu verbessern und das Risiko des Overfittings zu verringern, können Techniken wie das Beschneiden von Bäumen oder die Kombination mehrerer Bäume verwendet werden, wie im Fall von Random Forests.

Das Training von Support Vector Machines (darüber haben wir bereits gesprochen) ist eine weitere Technik, die in der Klassifikation und Regression verwendet wird. Ziel von SVM ist es, diejenige Hyperbene zu finden, die die Klassen im Merkmalsraum am besten trennt. Während des Trainings optimiert SVM den Abstand zwischen den Klassen, die der Hyperbene am nächsten liegen, den sogenannten Support-Vektoren. Es gibt SVM-Versionen für nichtlineare Probleme, die den Kernel-Trick verwenden, um die

Daten in einen höherdimensionalen Raum zu projizieren, in dem sie linear trennbar sein können.

Eine Technik, die an Popularität gewonnen hat, ist das Training von Ensemble-Modellen, die mehrere Basismodelle kombinieren, um die Gesamtleistung zu verbessern. Es gibt verschiedene Formen des Ensemble-Lernens, wie Bagging und Boosting. Im Fall von Bagging, wie bei Random Forests, werden mehrere Modelle auf unterschiedlichen Teilmengen der Daten trainiert, und deren Vorhersagen werden kombiniert, um eine einzige endgültige Vorhersage zu bilden. Boosting hingegen trainiert Modelle sequentiell, wobei jedes nachfolgende Modell versucht, die Fehler der vorherigen Modelle zu korrigieren.

Eine fortgeschrittene Technik ist das Training von tiefen neuronalen Netzen (Deep Learning). Dieses Training beinhaltet mehrere Schichten von Neuronen (daher der Begriff "tief"), wobei jede Schicht zunehmend abstraktere Merkmale aus den Daten extrahiert. Der Trainingsprozess im Deep Learning ist dem der traditionellen neuronalen Netze ähnlich, aber in wesentlich größerem Maßstab, sowohl in Bezug auf die Anzahl der anzupassenden Parameter als auch auf die erforderliche Rechenkapazität.

Schließlich muss das Modelltraining einen sorgfältigen Ansatz beinhalten, um Overfitting zu vermeiden, bei dem das Modell zu stark an die Trainingsdaten angepasst wird und die Fähigkeit verliert, auf neue Daten zu generalisieren. Dies kann durch Techniken wie Kreuzvalidierung, Regularisierung und Early Stopping (bei neuronalen Netzen) gemindert werden.

Es ist entscheidend, die geeignete Trainingstechnik entsprechend der Natur des Problems, der verfügbaren Daten und dem Ziel des Modells auszuwählen. Jede Technik hat ihre eigenen Überlegungen hinsichtlich der Interpretation der Ergebnisse, der Skalierbarkeit und der Trainingsdauer, weshalb die Auswahl an die spezifischen Projektanforderungen angepasst werden sollte, ohne dabei die Komplexität zu vergessen, die zweifellos die Arbeit beeinflusst.

11.3. Bewertung und Anpassung von Hyperparametern

Die Bewertung und Anpassung von Hyperparametern ist eine entscheidende Phase im Trainingsprozess von Machine-Learning-Modellen, da die Hyperparameter das Verhalten des Modells und seine Fähigkeit, aus Daten zu lernen, steuern. Im Gegensatz zu den während des Trainings gelernten Parametern, wie zum Beispiel die Gewichte in einem neuronalen Netz, müssen Hyperparameter vor dem Training festgelegt werden und bestimmen grundlegende Aspekte des Lernprozesses. Eine korrekte Auswahl und Anpassung dieser Hyperparameter ist entscheidend, um die Leistung des Modells bei unbekannten Daten zu maximieren.

Es gibt mehrere Methoden zur Anpassung von Hyperparametern, und eine der gebräuchlichsten ist die Gitter-Suche (Grid Search). Diese Methode besteht darin, eine Menge möglicher Werte für jeden Hyperparameter zu definieren und das Modell für alle möglichen Kombinationen dieser Werte zu trainieren. Obwohl dieser Ansatz garantiert, dass alle Kombinationen erkundet werden, kann er rechnerisch sehr aufwendig sein, insbesondere wenn die Anzahl der Hyperparameter und möglichen Werte groß ist. Die Gitter-Suche ist erschöpfend, aber ihre Hauptbeschränkung ist die Skalierbarkeit, da die Anzahl der Kombinationen exponentiell mit der Anzahl der Hyperparameter wächst.

Eine rechnerisch effizientere Technik ist die Zufallssuche (Random Search). Anstatt alle möglichen Kombinationen zu testen, wählt diese Methode zufällig Kombinationen von Hyperparameterwerten innerhalb der definierten Bereiche aus. Dadurch kann ein großer Teil des Suchraums mit weniger Versuchen abgedeckt werden, was vorteilhaft sein kann, wenn Zeit und Ressourcen begrenzt sind. Studien haben gezeigt, dass in vielen Fällen die Zufallssuche Kombinationen von Hyperparametern finden kann, die genauso gut oder sogar besser sind als die der Gitter-Suche, und das in kürzerer Zeit.

Eine fortschrittliche Technik zur Hyperparameteroptimierung ist die bayessche Optimierung (Bayesian Optimization). Dieser Ansatz verwendet probabilistische Modelle zur Schätzung der Zielfunktion und wählt die Hyperparameter aus, die voraussichtlich die Leistung des Modells verbessern. Im Gegensatz zu den vorherigen Methoden behandelt die bayessche Optimierung jede Hyperparameterprobe nicht unabhängig, sondern nutzt die Informationen aus früheren Tests, um fundiertere Entscheidungen in späteren Iterationen zu treffen. Dies kann zu einer schnelleren und effizienteren Optimierung führen, insbesondere bei Problemen, bei denen die Hyperparameteranpassung kostspielig ist.

Die Anpassung von Hyperparametern sollte auch von einer rigorosen Bewertung begleitet werden, um Probleme wie Overfitting zu vermeiden. Eine gängige Praxis ist die Verwendung von Kreuzvalidierung (Cross-Validation), um die Leistung des Modells auf mehreren Partitionen des Datensatzes zu bewerten. Bei der k-fachen Kreuzvalidierung werden die Daten beispielsweise in k Teilmengen aufgeteilt, und das Modell wird auf k-1 Teilmengen trainiert und auf der verbleibenden Teilmenge evaluiert. Dieser Prozess wird k-mal wiederholt, wobei jeweils die Evaluationsmenge wechselt, und die Ergebnisse werden gemittelt. Dies bietet eine robustere Schätzung der Modellleistung und hilft sicherzustellen, dass die ausgewählten

Hyperparameter im Allgemeinen gut funktionieren und nicht nur in einer bestimmten Datenpartition.

Auch Regularisierungstechniken sollten bei der Hyperparameteranpassung berücksichtigt werden. Regularisierung ist eine Strategie, die verwendet wird, um die Modellkomplexität zu bestrafen und Overfitting zu vermeiden. Bei Regressionsmodellen fügen Regularisierungstermini wie L1-Regularisierung (Lasso) oder L2-Regularisierung (Ridge) der Verlustfunktion einen zusätzlichen Term hinzu, der die Modellkoeffizienten bestraft. Der Wert dieser Strafe wird durch einen Hyperparameter gesteuert, der sorgfältig angepasst werden muss. Bei neuronalen Netzen kann die Regularisierung Techniken wie Dropout umfassen, bei denen bestimmte Neuronen während des Trainings zufällig ignoriert werden, um zu verhindern, dass das Modell zu stark von einem bestimmten Neuronensatz abhängig wird.

Frühes Stoppen (Early Stopping) sollte als Teil des Hyperparameteranpassungsprozesses betrachtet werden, insbesondere bei tiefen neuronalen Netzen. Early Stopping überwacht die Modellleistung auf einem Validierungsdatensatz während des Trainings und beendet den Prozess, wenn sich die Leistung verschlechtert, was darauf hinweist, dass das Modell beginnt, die Trainingsdaten überzufitten. Der Abbruchpunkt wird zu einem zusätzlichen Hyperparameter, der angepasst werden muss, um ein optimales Gleichgewicht zwischen Lernen und Generalisierung zu erreichen.

Um zu veranschaulichen, wie diese Konzepte im Code implementiert werden, hier ein einfaches Beispiel mit `scikit-learn` in Python:

```
from sklearn.datasets import load_iris
from sklearn.model_selection import GridSearchCV
from sklearn.ensemble import RandomForestClassifier
from sklearn.model_selection import cross_val_score

# Load the Iris dataset
data = load_iris()
X, y = data.data, data.target

# Define the model
model = RandomForestClassifier()

# Define hyperparameters for grid search
param_grid = {
    'n_estimators': [50, 100, 200],
    'max_depth': [None, 10, 20, 30],
    'min_samples_split': [2, 5, 10]
}

# Implement grid search with cross-validation
grid_search = GridSearchCV(estimator=model, param_grid=param_grid,
cv=5)
```

```
grid_search.fit(X, y)

# Best set of hyperparameters
best_params = grid_search.best_params_
print("Mejores hiperparámetros encontrados:", best_params)

# Evaluate the model with the best hyperparameters
best_model = grid_search.best_estimator_
scores = cross_val_score(best_model, X, y, cv=5)
print("Precisión promedio con los mejores hiperparámetros:",
scores.mean())
```

In diesem Code wird eine Gitter-Suche verwendet, um die Hyperparameter eines Random-Forest-Modells anzupassen, und die Bewertung erfolgt durch Kreuzvalidierung. Diese Kombination von Techniken stellt sicher, dass das resultierende Modell gut angepasst ist und gut auf neue Daten generalisiert.

Die Anpassung und Bewertung von Hyperparametern ist eine Aufgabe, die ein tiefes Verständnis des Modells, der Daten und des zugrunde liegenden Problems erfordert und mit Sorgfalt durchgeführt werden muss, um die Modellwirksamkeit zu maximieren.

12. Prädiktive und deskriptive Analyse

Die prädiktive und deskriptive Analyse spielt eine entscheidende Rolle bei der Interpretation und Nutzung von Daten innerhalb von Systemen der Künstlichen Intelligenz und Big Data. Diese Ansätze werden verwendet, um aus Daten einen Mehrwert zu ziehen, indem Muster erkannt, Vorhersagen über zukünftiges Verhalten getroffen und ein tiefes Verständnis dessen vermittelt wird, was in den Daten geschieht.

Die deskriptive Analyse konzentriert sich darauf, zusammenzufassen und zu erklären, was bereits geschehen ist. Diese Art der Analyse ist der Ausgangspunkt für die Datenexploration, bei der Merkmale und Muster in historischen Daten untersucht werden. Durch den Einsatz von deskriptiven Statistiken, Grafiken und anderen Techniken ermöglicht die deskriptive Analyse den Analysten, Verteilungen, Trends und Zusammenhänge in den Daten zu verstehen. Sie ist grundlegend für die Erstellung von Berichten, Dashboards und Executive Summaries, die Organisationen helfen, ihre aktuelle Situation besser zu verstehen und Entscheidungen auf Basis dessen zu treffen, was die Daten über vergangene Ereignisse offenbaren. Dieser Ansatz ist entscheidend in Bereichen wie der Betrugserkennung, der Verkaufsanalyse und der Kundensegmentierung, wo das Verständnis vergangener Muster wesentlich für fundierte Entscheidungen ist.

Die prädiktive Analyse geht hingegen einen Schritt weiter, indem sie mathematische Modelle und Algorithmen verwendet, um zukünftige Ergebnisse auf der Grundlage historischer Daten vorherzusagen. Diese Art der Analyse stützt sich auf Techniken des Machine Learning und fortgeschrittener Statistik, um Modelle zu erstellen, die Verhalten, Trends und zukünftige Ereignisse mit einem gewissen Grad an Wahrscheinlichkeit vorhersagen können. In diesem Zusammenhang basiert die prädiktive Analyse nicht nur auf der Identifikation vergangener Muster, sondern extrapoliert diese auch, um Vorhersagen zu treffen. Sie wird breit eingesetzt in einer Vielzahl von Anwendungen wie der Nachfrageprognose in Lieferketten, der Ausfallprognose im Predictive Maintenance, der Bewertung von Kreditrisiken im Finanzsektor und der Personalisierung von Angeboten im Marketing. Die Fähigkeit, zukünftige Ereignisse vorherzusehen, ermöglicht es Organisationen nicht nur zu reagieren, sondern auch proaktiv strategische Entscheidungen zu treffen.

Der Erfolg der prädiktiven Analyse hängt in hohem Maße von der Qualität der Vorhersagemodelle und der verwendeten Trainingsdaten ab. Regressions- und Klassifikationsalgorithmen sind zum Beispiel grundlegend für diese Art der Analyse. Die Regression wird verwendet, um kontinuierliche Werte vorherzusagen, wie etwa zukünftige Verkaufszahlen, während Klassifikationsmodelle zur Vorhersage von Kategorien oder Klassen eingesetzt werden, zum Beispiel ob ein Kunde ein Produkt kaufen wird oder nicht. Innerhalb der prädiktiven Analyse finden sich auch fortgeschrittenere Techniken wie neuronale Netze und Zeitreihenmodelle, die komplexe Muster und Abhängigkeiten in den Daten erfassen können.

Die Zeitreihenanalyse ist ein spezialisierter Zweig innerhalb der prädiktiven Analyse, der sich auf die Modellierung und Prognose zeitlich sequenzieller Daten konzentriert, wie etwa tägliche Verkaufszahlen eines Geschäfts, Aktienkurse oder Produktionsniveaus in einer Fabrik. ARIMA-Modelle (AutoRegressive Integrated Moving Average) und rekurrente neuronale Netze (RNN) sind fortgeschrittene Techniken, die in diesem Bereich verwendet werden, um sowohl Trends als auch Saisonalitäten in Zeitreihendaten zu erfassen. Diese Modelle ermöglichen präzise Vorhersagen und helfen Unternehmen, ihre Ressourcen und Strategien besser im Hinblick auf zukünftige Ereignisse zu planen.

Clustering und Segmentierung, obwohl sie Techniken sind, die in den Bereich der deskriptiven Analyse fallen können, können auch in einem prädiktiven Kontext genutzt werden. Durch das Gruppieren von Daten in Segmente oder Cluster können prädiktive Modelle verfeinert und auf jede spezifische Gruppe zugeschnitten werden, was die Genauigkeit der Vorhersagen erhöht. Im Marketing beispielsweise ermöglicht die

Kundensegmentierung, dass prädiktive Modelle das Kaufverhalten innerhalb jedes spezifischen Segments mit höherer Präzision vorhersagen können.

Es ist wichtig zu beachten, dass die Genauigkeit und Nützlichkeit der prädiktiven und deskriptiven Analyse eng mit der Qualität der Daten und der Fähigkeit des Modells zur guten Generalisierung verknüpft sind. Hier kommt der Prozess der Datenvorverarbeitung und -bereinigung ins Spiel, denn ohne hochwertige Daten werden selbst die besten Modelle keine nützlichen Vorhersagen liefern.

12.1. Regressions- und Klassifikationsalgorithmen

12.1.1. Lineare und logistische Regression

Die lineare Regression und die logistische Regression gehören zu den grundlegendsten Algorithmen in der prädiktiven Analyse. Sie werden hauptsächlich verwendet, um die Beziehung zwischen Variablen zu modellieren und Vorhersagen auf der Grundlage verfügbarer Daten zu treffen. Obwohl beide Methoden hinsichtlich ihrer Grundstruktur einige Ähnlichkeiten aufweisen, werden sie in unterschiedlichen Kontexten angewendet und liefern unterschiedliche Ergebnisarten. Das macht sie zu unverzichtbaren Werkzeugen im Bereich des Machine Learning und der Datenanalyse.

Die lineare Regression ist ein statistisches Modell, das von einer linearen Beziehung zwischen einer abhängigen Variable (die vorhergesagt werden soll) und einer oder mehreren unabhängigen Variablen (den Merkmalen oder Inputs) ausgeht. Diese Beziehung wird durch eine lineare Gleichung ausgedrückt, wobei die abhängige Variable eine lineare Kombination der unabhängigen Variablen plus einem Fehlerterm oder Rauschen ist. Die allgemeine Formel der linearen Regression mit einer einzigen unabhängigen Variable (einfach) lautet:

$$y = \beta_0 + \beta_{1x} + \epsilon$$

Dabei gilt:
- y ist die abhängige Variable.
- x ist die unabhängige Variable.
- β_0 ist der Schnittpunkt bzw. Achsenabschnitt, also der Wert von y, wenn $x = 0$ ist.
- β_1 ist die Steigung der Geraden, die angibt, wie sich y bei einer Änderung von x um eine Einheit verändert.

- ϵ ist der Fehlerterm, der die Einflüsse anderer nicht im Modell berücksichtigter Variablen erfasst.

Bei der multiplen linearen Regression, bei der mehrere unabhängige Variablen berücksichtigt werden, erweitert sich die Gleichung zu:

$$y = \beta_0 + \beta_1 x_1 + \beta_2 x_2 + \cdots + \beta_n x_n + \epsilon$$

Dieses Modell wird hauptsächlich in Situationen eingesetzt, in denen ein kontinuierlicher Wert vorhergesagt werden soll, wie etwa der Preis eines Hauses basierend auf Größe und Lage oder die Temperatur in Abhängigkeit von verschiedenen Wetterbedingungen. Das Training des Modells besteht darin, die optimalen Werte für $\beta_0, \beta_1, \dots \beta_n$ zu finden, die die Differenz zwischen den Modellvorhersagen und den tatsächlich beobachteten Werten minimieren. Dies geschieht typischerweise durch die Methode der kleinsten Quadrate.

Die logistische Regression hingegen ist zwar strukturell ähnlich zur linearen Regression, wird aber zur Vorhersage kategorialer, meist binärer Ergebnisse verwendet, wie Ja/Nein, Wahr/Falsch oder Vorhandensein/Nichtvorhandensein eines Merkmals. Anstatt die abhängige Variable direkt zu modellieren, modelliert die logistische Regression die Wahrscheinlichkeit, dass ein Ereignis eintritt. Dabei wird die logistische Funktion oder Sigmoid-Funktion verwendet, um sicherzustellen, dass die Vorhersagen im Bereich von 0 bis 1 liegen:

$$P(y = 1|x) = \frac{1}{1 + e^{-(\beta_0 + \beta_1 x)}}$$

Dabei gilt:
- $P(y = 1|x)$ ist die Wahrscheinlichkeit, dass die abhängige Variable 1 ist, gegeben den Wert x.
- x ist die Basis des natürlichen Logarithmus.
- β_0 und β_1 sind die Modellkoeffizienten, ähnlich denen der linearen Regression.

Ziel des Modells bei der logistischen Regression ist es, die Werte von β_0 und β_1 so zu bestimmen, dass die Likelihood (Wahrscheinlichkeit) der beobachteten Daten unter dem Modell maximiert wird. Dies geschieht in der Regel durch ein Optimierungsverfahren, das als Maximum-Likelihood-Schätzung bekannt ist, anstelle der Methode der kleinsten Quadrate, die bei der linearen Regression verwendet wird.

Ein wichtiges Merkmal der logistischen Regression ist ihre Fähigkeit, Klassifikationsprobleme zu behandeln, bei denen die abhängige Variable zwei oder mehr Kategorien haben kann. Obwohl das Grundmodell der logistischen Regression auf binäre Probleme angewendet wird, gibt es Erweiterungen wie die multinomiale logistische Regression für Probleme mit mehr als zwei Kategorien.

Der Einsatz der linearen Regression ist üblich in Situationen, in denen die Beziehung zwischen den Variablen linear ist und das Ziel darin besteht, einen numerischen Wert vorherzusagen. Zum Beispiel könnte ein lineares Regressionsmodell verwendet werden, um den Umsatz eines Unternehmens basierend auf Variablen wie Werbeausgaben und Mitarbeiteranzahl vorherzusagen.

Im Gegensatz dazu wird die logistische Regression häufig bei Klassifikationsproblemen eingesetzt. Ein typisches Beispiel wäre die Vorhersage, ob ein Kunde ein Produkt kaufen wird oder nicht, basierend auf demografischen Daten und früherem Kaufverhalten. Hier besteht das Ziel darin, eine Wahrscheinlichkeit für die Zugehörigkeit zu einer Klasse vorherzusagen, nicht einen direkten numerischen Wert.

Was die Umsetzung im Code betrifft, so zeigt das folgende einfache Beispiel, wie man beide Regressionsarten mit Python und der Library `Scikit-learn` implementieren kann:

```
from sklearn.model_selection import train_test_split
from sklearn.linear_model import LinearRegression, LogisticRegres-
sion
from sklearn.metrics import mean_squared_error, accuracy_score
from sklearn.preprocessing import StandardScaler

# Let's suppose X is the feature set and y is the target variable.

# Split the data into training and test sets
X_train, X_test, y_train, y_test = train_test_split(X, y,
test_size=0.2, random_state=42)

# Scale the data
scaler = StandardScaler()
X_train_scaled = scaler.fit_transform(X_train)
X_test_scaled = scaler.transform(X_test)

# Linear Regression
print("Linear Regression")
# Create the linear regression model
linear_model = LinearRegression()
linear_model.fit(X_train, y_train)

# Make predictions
```

```
y_pred_linear = linear_model.predict(X_test)

# Evaluate the model
mse = mean_squared_error(y_test, y_pred_linear)
print(f'Mean Squared Error: {mse}')

# Logistic Regression
print("\nLogistic Regression")
# Create the logistic regression model with more iterations
logistic_model = LogisticRegression(max_iter=1000)
logistic_model.fit(X_train_scaled, y_train)

# Make predictions
y_pred_logistic = logistic_model.predict(X_test_scaled)

# Evaluate the model
accuracy = accuracy_score(y_test, y_pred_logistic)
print(f'Accuracy: {accuracy}')
```

Diesem Codebeispiel wird gezeigt, wie man ein lineares Regressionsmodell und ein logistisches Regressionsmodell mit `Scikit-learn` trainiert und bewertet. Die lineare Regression wird anhand des mittleren quadratischen Fehlers (MSE) bewertet, während die logistische Regression anhand der Genauigkeit (Accuracy) bewertet wird, die den Anteil korrekter Vorhersagen misst.

Wie man sehen kann, sind sowohl die lineare als auch die logistische Regression Werkzeuge der prädiktiven Analyse, jedoch jeweils für unterschiedliche Problemtypen geeignet. Die lineare Regression ist ideal für die Vorhersage kontinuierlicher Werte und das Modellieren linearer Zusammenhänge, während die logistische Regression für Klassifikationsprobleme unerlässlich ist und eine robuste Methode zur Modellierung von Wahrscheinlichkeiten und zur Durchführung kategorialer Vorhersagen bietet. Das Verständnis dafür, wann und wie man welches Modell einsetzt, ist entscheidend für den Erfolg in der Datenanalyse und beim Aufbau effektiver prädiktiver Modelle.

12.1.2. Support-Vektor-Maschinen (SVM)

Obwohl ich sie bereits erwähnt habe, spreche ich nun ausführlicher über die Support-Vektor-Maschinen. Diese, die SVM, sind eine Technik des überwachten Lernens, die sowohl für Klassifikations- als auch für Regressionsprobleme verwendet wird, wobei ihr häufigster Einsatz im Bereich der Klassifikation liegt. SVM ist besonders effektiv in Situationen, in denen das Ziel darin besteht, eine klare und robuste Entscheidungsgrenze zwischen verschiedenen Datenklassen zu finden, insbesondere bei Datensätzen, bei denen die Klassen nicht linear trennbar sind.

Das Grundprinzip hinter SVM besteht darin, eine optimale Hyperebene zu identifizieren, die die Datenklassen in einem mehrdimensionalen Merkmalsraum trennt. Bei binären Klassifikationsproblemen ist die Hyperebene eine Linie in zwei Dimensionen, eine Ebene in drei Dimensionen und so weiter in höheren Dimensionen. Diese Hyperebene wird so gewählt, dass sie den "Abstand" zwischen den Klassen maximiert, wobei der Abstand als die Entfernung zwischen der Hyperebene und den nächstgelegenen Datenpunkten jeder Klasse definiert ist, die als Stützvektoren bekannt sind.

Das Problem, die optimale Hyperebene zu finden, kann als ein Optimierungsproblem formuliert werden, dessen Ziel es ist, den Abstand zwischen den Klassen zu maximieren. Mathematisch lässt sich dies wie folgt ausdrücken:

Gegeben ist ein Trainingssatz $(x_1, y_1), (x_2, y_2), \dots, (x_n, y_n)$, wobei x_i die Merkmalsvektoren und y_i die entsprechenden Labels sind (in der Regel ist y_i +1 oder -1 bei binären Klassifikationsproblemen), ist das Ziel, einen Vektor w und einen Bias b zu finden, so dass die durch $w\ \ x + b = 0$ definierte Hyperebene die Datenklassen trennt. Die optimale Hyperebene ist diejenige, die den Abstand (die Margin) zwischen den Datenpunkten der beiden Klassen, die der Hyperebene am nächsten liegen, maximiert.

Mathematisch lässt sich dies als folgendes Optimierungsproblem formulieren:

$$min = \frac{1}{2}||w||^2 \text{ unter der Nebenbedingung } y_i(w \cdot x_i + b) \geq 1 \text{ für alle } i$$

Der Term $\frac{1}{2}||w||^2$ ist eine Form der Regularisierung, die die Norm des Vektors w minimiert, was hilft, die Hyperebene zu finden, die die Margin maximiert.

In vielen Fällen sind die Datenklassen im ursprünglichen Merkmalsraum nicht linear trennbar. Hier entfaltet SVM seine Stärke durch die Anwendung des sogenannten "Kernel-Tricks". Die Grundidee des Kernels besteht darin, die ursprünglichen Daten in einen höherdimensionalen Merkmalsraum abzubilden, in dem die Klassen linear trennbar sind. Die gebräuchlichsten Kernel sind der lineare Kernel, der polynomiale Kernel und der Radial-Basisfunktions-Kernel (RBF). Letzterer ist besonders beliebt in praktischen Anwendungen aufgrund seiner Fähigkeit, komplexe nichtlineare Zusammenhänge zu modellieren.

Der RBF-Kernel ist definiert als:

$$K(x_i, x_j) = \exp\left(-\gamma \left\|x_i - x_j\right\|^2\right)$$

wobei γ ein Parameter ist, der den Einflussbereich eines einzelnen Trainingsbeispiels steuert.

Neben Klassifikationsproblemen kann SVM auch für Regression verwendet werden, bekannt als "SVR" (Support Vector Regression). Anstatt eine Hyperebene zu finden, die die Klassen trennt, versucht SVR, eine Hyperebene zu finden, die den Datenpunkten so nahe wie möglich kommt, jedoch innerhalb eines akzeptablen Fehlermargins bleibt.

Die praktische Implementierung von SVM in Python kann leicht mit der Library `Scikit-learn` erfolgen, die eine zugängliche Schnittstelle bietet und das Experimentieren mit verschiedenen Kernels und Konfigurationen ermöglicht. Hier ist ein einfaches Beispiel dafür, wie ein SVM-Modell für die Klassifikation trainiert werden kann:

```
from sklearn import datasets
from sklearn.model_selection import train_test_split
from sklearn.svm import SVC
from sklearn.metrics import accuracy_score

# Load a sample dataset
iris = datasets.load_iris()
X = iris.data
y = iris.target

# Only use two classes for simplicity
X = X[y != 2]
y = y[y != 2]

# Split the dataset into training and test sets
X_train, X_test, y_train, y_test = train_test_split(X, y,
test_size=0.2, random_state=42)

# Create the SVM model with a linear kernel
model = SVC(kernel='linear', C=1.0)

# Train the model
model.fit(X_train, y_train)

# Make predictions
y_pred = model.predict(X_test)

# Evaluate the model
accuracy = accuracy_score(y_test, y_pred)
print(f'Model accuracy: {accuracy}')
```

Dieser Code trainiert ein SVM-Modell mit dem Iris-Datensatz unter Verwendung eines linearen Kernels. Die Modellgenauigkeit wird auf dem Testdatensatz bewertet, um zu zeigen, wie gut das Modell gelernt hat, neue Beobachtungen zu klassifizieren.

SVMs sind besonders nützlich in Anwendungen, bei denen die Klassen gut getrennt sind und eine Maximierung der Trennmarge angestrebt wird. Sie können jedoch auch weniger effizient bei Problemen mit großen Datensätzen oder wenn die Klassen im ursprünglichen Merkmalsraum nicht klar trennbar sind, sein. In solchen Fällen können zusätzliche Techniken erforderlich sein, wie z. B. die Auswahl eines geeigneten Kernels oder die Implementierung von Methoden zur Dimensionsreduktion, um die Leistung des Modells zu verbessern.

Support-Vektor-Maschinen bleiben ein grundlegendes Werkzeug im Repertoire der Machine-Learning-Techniken und werden für ihre Fähigkeit geschätzt, robuste und gut generalisierte Modelle zu liefern, insbesondere bei Klassifikationsaufgaben.

12.1.3. Neuronale Netze

Neuronale Netze gehören zu den fortschrittlichsten und am weitesten verbreiteten Techniken im Bereich des Machine Learnings und der Künstlichen Intelligenz. Tatsächlich bin ich mir sicher, dass du sie schon überall gesehen hast, selbst wenn du noch kein Experte bist und gerade erst einsteigst. Inspiriert von der Struktur und Funktionsweise des menschlichen Gehirns bestehen neuronale Netze aus Schichten künstlicher Neuronen, die Informationen ähnlich wie biologische Neuronen verarbeiten. Diese Netze haben sich als äußerst effektiv für eine Vielzahl komplexer Aufgaben erwiesen, wie etwa Spracherkennung, Bildklassifikation, Verarbeitung natürlicher Sprache und mehr.

Grundarchitektur eines neuronalen Netzes

Ein typisches neuronales Netz besteht aus mehreren Schichten von Neuronen, die in einer Architektur organisiert sind, die Folgendes umfasst:

- **Eingabeschicht (Input Layer):** Diese Schicht empfängt die Eingabedaten, die jeglicher numerischer Natur sein können, wie Pixel eines Bildes, Merkmalswerte in einem Datensatz usw. Jedes Neuron in dieser Schicht entspricht einem Merkmal oder einer Variable im Datensatz.

- **Verborgene Schichten (Hidden Layers):** Zwischen der Eingabeschicht und der Ausgabeschicht gibt es eine oder mehrere verborgene Schichten.

Diese Schichten interagieren nicht direkt mit der Außenwelt und sind der Ort, an dem der Großteil der Verarbeitung stattfindet. Die Neuronen in den verborgenen Schichten führen Berechnungen mit Hilfe von Aktivierungsfunktionen durch, die bestimmen, ob ein Neuron „feuern“ soll oder nicht, also ob es seinen Wert an die nächste Schicht weitergeben soll.

- **Ausgabeschicht (Output Layer):** Diese Schicht liefert die endgültige Ausgabe des neuronalen Netzes. Bei einem binären Klassifikationsproblem kann die Ausgabeschicht beispielsweise ein einzelnes Neuron enthalten, das die Wahrscheinlichkeit für eine bestimmte Klasse angibt. Bei einem Mehrklassenklassifikationsproblem kann es mehrere Neuronen geben, von denen jedes eine andere Klasse repräsentiert.

Funktionsweise eines neuronalen Netzes

Der Funktionsprozess eines neuronalen Netzes folgt diesem Ablauf:

- **Forward Propagation:** Die Eingabedaten durchlaufen die verschiedenen Schichten des Netzes. In jeder Schicht empfangen die Neuronen die Eingabewerte, wenden eine Aktivierungsfunktion an und geben das Ergebnis an die nächste Schicht weiter. Dieser Vorgang wird bis zur Ausgabeschicht fortgesetzt.

- **Aktivierungsfunktion:** Aktivierungsfunktionen führen Nichtlinearitäten in das Netz ein, wodurch es möglich wird, komplexe Muster zu erlernen. Einige gängige Aktivierungsfunktionen sind die Sigmoidfunktion, die hyperbolische Tangensfunktion (tanh) und die ReLU-Funktion (Rectified Linear Unit), wobei letztere eine der am häufigsten verwendeten aufgrund ihrer Wirksamkeit in tiefen Netzen ist.

- **Fehlerberechnung:** Sobald die Ausgabe des Netzes vorliegt, wird sie mit dem Zielwert (Ground Truth) mittels einer Verlustfunktion verglichen, die misst, wie weit die Vorhersage des Netzes vom erwarteten Ergebnis abweicht. Bei Klassifikationsproblemen ist die Kreuzentropie die am häufigsten verwendete Verlustfunktion, während bei Regressionsproblemen meist der mittlere quadratische Fehler zum Einsatz kommt.

- **Backpropagation:** Um die Gewichte des neuronalen Netzes anzupassen und den Fehler zu verringern, wird ein Prozess namens Backpropagation verwendet. Dieser berechnet den Gradienten der Verlustfunktion in Bezug auf jedes Gewicht im Netz und aktualisiert die Gewichte dann in die entgegengesetzte Richtung des Gradienten, typischerweise unter Verwendung eines Optimierungsalgorithmus wie dem Gradientenabstieg.

- **Gewichtsaktualisierung:** Mit den im vorherigen Schritt gewonnenen Informationen werden die Gewichte so angepasst, dass der Fehler beim nächsten Durchlauf der Daten durch das Netz verringert wird. Dieser Prozess wird über viele Iterationen oder Epochen hinweg wiederholt, bis das Modell auf ein akzeptables Fehlerniveau konvergiert.

Arten von neuronalen Netzen

Es gibt verschiedene Arten neuronaler Netze, die jeweils auf bestimmte Aufgabentypen abgestimmt sind:

Mehrschicht-Perzeptron (Multilayer Perceptron - MLP): Dies ist die grundlegendste Art eines neuronalen Netzes, bestehend aus vollständig verbundenen Schichten von Neuronen. Es eignet sich für allgemeine Klassifikations- und Regressionsaufgaben, hat aber Einschränkungen bei Aufgaben, die räumliche oder sequenzielle Verarbeitung erfordern.

Convolutional Neural Networks (CNN): Speziell entworfen für die Verarbeitung von Daten mit einer Gitterstruktur, wie etwa Bilder. CNNs verwenden Faltungsschichten zur Extraktion räumlicher Merkmale und Pooling-Schichten zur Dimensionsreduktion, was sie besonders effektiv in der Bild- und Videoerkennung macht.

Recurrent Neural Networks (RNN): Diese Netze sind für die Verarbeitung sequenzieller Daten wie Zeitreihen oder Text konzipiert. RNNs verwenden Rückkopplungsschleifen, um Informationen über die Eingabesequenzen hinweg zu speichern, wodurch sie zeitliche Abhängigkeiten verarbeiten können.

Long Short-Term Memory Netzwerke (LSTM): Eine Variante der RNNs, die spezielle Mechanismen zur Handhabung des Langzeitgedächtnisses enthält, wodurch das Netz relevante Informationen über längere Zeiträume hinweg behalten kann. Sie werden häufig bei Aufgaben wie maschineller Übersetzung und natürlicher Sprachverarbeitung eingesetzt.

Implementierung eines neuronalen Netzes in Python

Mit folgendem Code zeige ich ein einfaches Beispiel dafür, wie man ein neuronales Netz mit Python unter Verwendung der populären Library `TensorFlow` und `Keras` implementiert:

```
import tensorflow as tf
from tensorflow.keras.models import Sequential
from tensorflow.keras.layers import Dense
```

```
# Define the sequential model
model = Sequential()

# Add an input layer (4 neurons) and a hidden layer (8 neurons) with
ReLU activation
model.add(Dense(8, input_dim=4, activation='relu'))

# Add a second hidden layer (8 neurons) with ReLU activation
model.add(Dense(8, activation='relu'))

# Add the output layer (1 neuron) with sigmoid activation for a bi-
nary classification problem
model.add(Dense(1, activation='sigmoid'))

# Compile the model with Adam optimizer and binary crossentropy loss
model.compile(loss='binary_crossentropy', optimizer='adam', me-
trics=['accuracy'])

# Show the model architecture summary
model.summary()

# Assuming X_train and y_train are the training data
# Train the model
# model.fit(X_train, y_train, epochs=100, batch_size=10)
```

Dieser Code implementiert ein einfaches neuronales Netz mit zwei verborgenen Schichten und einer Ausgabeschicht, das für ein binäres Klassifikationsproblem konzipiert ist. Die ReLU-Aktivierungsfunktion wird in den verborgenen Schichten verwendet, während die Sigmoid-Funktion in der Ausgabeschicht eingesetzt wird, um Wahrscheinlichkeiten vorherzusagen. Der Adam-Optimierer wird verwendet, um die Gewichte während des Trainings zu aktualisieren, und die Kreuzentropieverlustfunktion wird verwendet, um die Genauigkeit des Modells bei binären Klassifikationsproblemen zu bewerten.

Anwendungen neuronaler Netze

Neuronale Netze haben aufgrund ihrer Flexibilität und ihrer Fähigkeit, komplexe Muster zu erlernen, ein breites Anwendungsspektrum. Einige der bemerkenswertesten Anwendungen sind:

Bilderkennung: CNNs werden häufig bei Aufgaben wie Bildklassifikation, Objekterkennung und Bildsegmentierung eingesetzt.

Verarbeitung natürlicher Sprache: RNNs und LSTMs finden Anwendung in Aufgaben wie maschineller Übersetzung, Textzusammenfassung und Sentimentanalyse.

Spiele und Simulationen: Neuronale Netze werden in der Künstlichen Intelligenz für Spiele eingesetzt, wie etwa bei AlphaGo, wo sie mit Reinforcement Learning kombiniert werden, um Agenten zu schaffen, die selbstständig das Spielen erlernen können.

Finanzvorhersagen: Im Finanzbereich werden neuronale Netze zur Vorhersage von Aktienkursen, Kreditrisiken und zur Betrugserkennung verwendet.

Empfehlungssysteme: Amazon, Netflix und andere Plattformen nutzen neuronale Netze, um Produkte und Inhalte personalisiert auf Basis früherer Nutzerverhalten und -präferenzen zu empfehlen.

Neuronale Netze haben die Künstliche Intelligenz und das Machine Learning revolutioniert und bieten fortschrittliche Lösungen für zuvor unlösbare Probleme. Mit ihrer Fähigkeit, aus großen Datenmengen zu lernen und komplexe Muster zu erkennen, treiben diese Netze weiterhin Innovationen in zahlreichen Bereichen voran, von der Gesundheit über Finanzen und Unterhaltung bis hin zu VR, AR, Bildung und hunderten weiteren Bereichen.

12.2. Zeitreihenanalyse

12.2.1. Zerlegung von Zeitreihen

Die Zerlegung von Zeitreihen ist eine grundlegende Technik in der Analyse zeitabhängiger Daten, die es ermöglicht, eine Zeitreihe in mehrere grundlegende Komponenten zu zerlegen. Diese Komponenten helfen, die in den Daten enthaltenen Muster im Zeitverlauf zu verstehen und zu modellieren, was entscheidend für Prognosen und fundierte Entscheidungen ist. Die Hauptkomponenten einer Zeitreihe umfassen in der Regel den Trend, die Saisonalität und das Rauschen bzw. die Residuen.

Komponenten einer Zeitreihe

- **Trend:** Der Trend ist die Komponente der Zeitreihe, die die allgemeine Richtung der Datenbewegung über die Zeit hinweg darstellt. Er kann steigend, fallend oder konstant sein und spiegelt langfristige Veränderungen in den Daten wider. Zum Beispiel kann ein Aufwärtstrend in einer Verkaufsanalyse eines Unternehmens auf ein nachhaltiges Wachstum der Verkaufszahlen im Zeitverlauf hinweisen.

- **Saisonalität:** Die Saisonalität ist das wiederkehrende Muster, das sich in regelmäßigen Abständen über die Zeit wiederholt, normalerweise auf der Grundlage eines bestimmten Zeitraums wie jährlich, vierteljährlich, monatlich oder wöchentlich. Diese Muster sind häufig in Daten wie Einzelhandelsumsätzen, bei denen Spitzenwerte während der Ferienzeit beobachtet werden können.

- **Zyklische Komponente:** Ähnlich wie die Saisonalität spiegelt die zyklische Komponente sich wiederholende Muster wider, die jedoch nicht in regelmäßigen Abständen auftreten wie bei der Saisonalität. Zyklen stehen oft im Zusammenhang mit wirtschaftlichen Faktoren wie Rezessionen und Expansionen und können mehrere Jahre andauern.

- **Rauschen oder Residuum:** Die Rauschkomponente ist der Teil der Zeitreihe, der nicht durch Trend, Saisonalität oder Zyklen erklärt werden kann. Sie ist unvorhersehbar und stellt die zufällige Variabilität in den Daten dar.

Methoden zur Zerlegung von Zeitreihen

Es gibt verschiedene Methoden zur Zerlegung einer Zeitreihe in ihre Grundkomponenten. Die beiden gebräuchlichsten Ansätze sind die additive und die multiplikative Zerlegung.

1. Additive Zerlegung: In diesem Ansatz wird angenommen, dass sich die Komponenten der Zeitreihe additiv zusammensetzen. Das heißt, die Zeitreihe y_t wird dargestellt als:

$$y_t = T_t + S_t + R_t$$

Dabei steht T_t für den Trend, S_t für die Saisonalität und R_t für die Residuen. Diese Methode wird verwendet, wenn die Ausprägung saisonaler Schwankungen und Trends sich nicht wesentlich mit dem Niveau der Zeitreihe verändert.

2. Multiplikative Zerlegung: In diesem Ansatz wird angenommen, dass sich die Komponenten der Zeitreihe multiplizieren. Die Zeitreihe y_t wird dargestellt als:

$$y_t = T_t \times S_t \times R_t$$

Diese Methode ist geeignet, wenn saisonale und trendbedingte Schwankungen proportional zum Niveau der Zeitreihe variieren.

Implementierung der Zeitreihenzersetzung in Python

Die Zerlegung von Zeitreihen kann effektiv mit Python-Library wie `statsmodels` umgesetzt werden. Nachfolgend ein Beispiel, wie man eine Zeitreihe mit der additiven Methode zerlegt.

```
import pandas as pd
from statsmodels.tsa.seasonal import seasonal_decompose
import matplotlib.pyplot as plt

# Lade Zeitreihendaten
# Angenommen, die Daten befinden sich in einem DataFrame mit einer
Spalte 'date' für die Daten und 'value' für die Werte
data = pd.read_csv('path_to_your_data.csv', parse_dates=['date'],
index_col='date')

# Führe die additive Zerlegung durch
result = seasonal_decompose(data['value'], model='additive')

# Zeichne die Komponenten
result.plot()
plt.show()

# Zugriff auf die einzelnen Komponenten
trend = result.trend
seasonal = result.seasonal
residual = result.resid
```

Was habe ich in diesem Code gemacht:

1. Laden der Daten: Eine Zeitreihe wird aus einer CSV-Datei geladen, und die Datumsspalte wird als Index festgelegt.

2. Zerlegung: Die Funktion `seasonal_decompose` aus der Library `statsmodels` wird verwendet, um die Zeitreihe in ihre Komponenten mit dem additiven Modell zu zerlegen.

3. Visualisierung: Die zerlegten Komponenten der Zeitreihe (Trend, Saisonalität und Residuum) werden grafisch dargestellt.

Anwendungen der Zeitreihenzersetzung

- **Analyse und Prognose:** Die Zerlegung ermöglicht es Analysten, zugrunde liegende Trends und saisonale Muster klar zu erkennen, was entscheidend ist, um zukünftige Werte der Zeitreihe präziser vorherzusagen.

- **Anomalieerkennung:** Durch die Trennung von Trend und Saisonalität können Analysten Anomalien oder plötzliche Änderungen in den Daten erkennen, die nicht zu den historischen Mustern passen und auf ungewöhnliche Ereignisse oder Probleme im Datenerfassungssystem hinweisen könnten.

- **Modellierung von Zeitreihen:** Das Wissen über die Komponenten einer Zeitreihe ermöglicht es Modellierern, geeignete Prognosemodelle wie ARIMA gezielter auszuwählen und anzupassen, da diese Trend und Saisonalität effektiv modellieren können.

- **Saisonbereinigung:** In vielen Fällen ist es hilfreich, die saisonale Komponente aus den Daten zu entfernen, um die „saisonbereinigte" Zeitreihe zu analysieren. Dies ist üblich in der wirtschaftlichen Analyse, bei der saisonale Schwankungen den zugrunde liegenden Trend verschleiern können.

Überlegungen bei der Verwendung der Zeitreihenzersetzung

1. Stationarität: Vor der Anwendung bestimmter Zeitreihenmodelle ist es wichtig zu prüfen, ob die Zeitreihe stationär ist. Eine Zeitreihe ist stationär, wenn ihre statistischen Eigenschaften wie Mittelwert und Varianz über die Zeit konstant bleiben. Ist eine Zeitreihe nicht stationär, muss sie möglicherweise differenziert oder in ihren Komponenten angepasst werden, um stationär zu werden.

2. Interaktion zwischen Komponenten: In manchen Fällen können die Komponenten der Zeitreihe auf komplexe Weise miteinander interagieren. Zum Beispiel kann die Saisonalität in Abhängigkeit vom Trend variieren. Dies kann einen anspruchsvolleren Ansatz erfordern, wie etwa die Zerlegung mit fortgeschritteneren Methoden oder den Einsatz nichtlinearer Modelle.

Die Zerlegung von Zeitreihen ist eine leistungsstarke Technik zum Verständnis und zur Modellierung zeitabhängiger Daten. Sie ermöglicht es, die verschiedenen Elemente, die zum Verhalten der Zeitreihe beitragen, zu isolieren, was sowohl die Analyse als auch die Prognose erleichtert. Diese Technik wird häufig in Bereichen wie Wirtschaft, Meteorologie, Qualitätskontrolle und vielen anderen eingesetzt, in denen die Analyse zeitabhängiger Daten entscheidend ist.

12.2.2. ARIMA-Modelle

Die ARIMA-Modelle (Autoregressive Integrated Moving Average) sind eine Klasse statistischer Modelle, die weit verbreitet für die Analyse und Prognose von Zeitreihen eingesetzt werden. Diese Modelle sind besonders nützlich, wenn es sich um Daten mit Trend oder Saisonalität handelt, und sie finden Anwendung in verschiedenen Bereichen wie Wirtschaft, Meteorologie, Ingenieurwesen und mehr.

Grundlegende Konzepte des ARIMA-Modells

Das ARIMA-Modell ist eine Kombination aus drei Hauptkomponenten: Autoregression (AR), gleitender Durchschnitt (MA) und Differenzierung (*I*, für "Integrated"). Diese Komponenten werden kombiniert, um ein Modell zu erstellen, das in der Lage ist, die Dynamik einer komplexen Zeitreihe abzubilden. Das ARIMA-Modell wird üblicherweise als ARIMA(p, d, q) dargestellt, wobei:

- **Autoregression (AR) - *p*:** Die autoregressive Komponente bedeutet, dass der aktuelle Wert der Zeitreihe linear von seinen vorherigen Werten abhängt, wobei der Grad der Abhängigkeit mit der Zeit abnimmt. Der Parameter p gibt die Anzahl der Verzögerungen (Lags) an, die im Modell verwendet werden.

- **Differenzierung (I) - *d*:** Der integrierte Teil des Modells bedeutet, dass Differenzen zwischen aufeinanderfolgenden Beobachtungen genommen werden, um die Zeitreihe stationär zu machen, das heißt, um den Trend zu eliminieren. Der Parameter d gibt an, wie oft die Daten differenziert wurden.

- **Gleitender Durchschnitt (MA) - *q*:** Die Komponente des gleitenden Durchschnitts besagt, dass der aktuelle Wert der Zeitreihe durch den Fehler (Residuum) der vorherigen Beobachtungen beeinflusst wird. Der Parameter q bestimmt die Anzahl der gleitenden Durchschnittsglieder, die im Modell enthalten sind.

Zerlegung des ARIMA-Modells

Ein ARIMA-Modell wird durch die Kombination dieser drei Elemente erstellt und mathematisch wie folgt ausgedrückt:

$$Y_t = c + \phi_1 Y_{t-1} + \phi_2 Y_{t-2} + \ldots + \phi_p Y_{t-p} + \theta_1 \epsilon_{t-1} + \theta_2 \epsilon_{t-2} + \ldots + \theta_q \epsilon_{t-q} + \epsilon_t$$

Dabei gilt:

- Y_t ist der vorhergesagte Wert zum Zeitpunkt t.
- c ist eine Konstante.
- $\phi_1, \phi_2, \ldots \phi_p$ sind die autoregressiven Koeffizienten.
- ϵ_t ist der Zufallsfehler oder Störterm.
- $\theta_1, \theta_2, \ldots \theta_q$ sind die Koeffizienten des gleitenden Durchschnitts.

Schritte zur Erstellung eines ARIMA-Modells

1. Überprüfung der Stationarität: Bevor ein ARIMA-Modell angewendet wird, ist es entscheidend zu prüfen, ob die Zeitreihe stationär ist. Eine Reihe ist stationär, wenn ihre statistischen Eigenschaften wie Mittelwert und Varianz über die Zeit konstant sind. Falls nicht, kann die Differenzierung angewendet werden, bis die Reihe stationär ist.

2. Bestimmung der Parameter (p, d, q): Die Auswahl der Werte für p, d und q ist ein entscheidender Schritt. Dies kann mithilfe der Autokorrelationsfunktion (ACF) und der partiellen Autokorrelationsfunktion (PACF) erfolgen, um die geeigneten Lags zu identifizieren.

3. Modellschätzung: Sobald die Parameter ausgewählt wurden, wird das Modell geschätzt, indem die Koeffizienten ϕ und θ angepasst werden.

4. Modelldiagnose: Nach der Anpassung des Modells wird eine Diagnose durchgeführt, um die Gültigkeit zu überprüfen. Dazu gehört die Überprüfung der Residuen des Modells, die wie weißes Rauschen erscheinen sollten (also keine Korrelation aufweisen).

5. Prognose: Schließlich wird das Modell verwendet, um zukünftige Werte vorherzusagen, was die Hauptanwendung von ARIMA in der Zeitreihenanalyse ist.

Implementierung in Python

Der folgende Code zeigt, wie ein ARIMA-Modell mit der Library `statsmodels` in Python implementiert werden kann. Dieses Beispiel beinhaltet die Schritte der Identifikation, Anpassung und Prognose.

```
import pandas as pd
import numpy as np
from statsmodels.tsa.arima.model import ARIMA
import matplotlib.pyplot as plt
import warnings
warnings.filterwarnings("ignore")

# Lade die Zeitreihendaten
data = pd.read_csv('path_to_your_data.csv', parse_dates=['date'],
index_col='date')

# Überprüfung auf Stationarität und Differenzierung
differenced_data = data.diff().dropna()

# Bestimmung der Parameter p, d, q mithilfe von ACF und PACF (manu-
elle Bestimmung oder durch Tests)
```

```
# Anpassung des ARIMA-Modells (Beispiel mit p=1, d=1, q=1)
model = ARIMA(data, order=(1, 1, 1))
model_fit = model.fit()

# Modellzusammenfassung
print(model_fit.summary())

# Prognose
forecast = model_fit.forecast(steps=10)
print(forecast)

# Ergebnis grafisch darstellen
data.plot(label='Original')
forecast.plot(label='Forecast', color='red')
plt.legend()
plt.show()
```

Erklärung des Codes

1. Laden der Daten und Differenzierung: Die Zeitreihendaten werden geladen und differenziert, um sicherzustellen, dass die Reihe stationär ist.

2. Modellanpassung: Ein ARIMA-Modell wird mit den ausgewählten Parametern angepasst. In diesem Fall wurde als Beispiel ein ARIMA(1, 1, 1)-Modell gewählt.

3. Prognose: Das trainierte Modell wird verwendet, um zukünftige Werte der Zeitreihe vorherzusagen.

4. Visualisierung: Die Originaldaten werden zusammen mit den Prognosen dargestellt, um die Ergebnisse zu vergleichen.

Anwendungen von ARIMA-Modellen

Verkaufsprognosen: Im Einzelhandel und anderen Branchen wird ARIMA verwendet, um zukünftige Verkäufe basierend auf historischen Daten vorherzusagen, was eine angemessene Lagerplanung ermöglicht.

Prognose finanzieller Werte: ARIMA wird häufig im Finanzbereich verwendet, um Aktienkurse, Indizes, Zinssätze und mehr vorherzusagen.

Qualitätskontrolle: In Fertigungsprozessen hilft ARIMA, das Verhalten von Zeitreihen im Zusammenhang mit der Produktqualität vorherzusagen, was die Umsetzung vorbeugender Maßnahmen ermöglicht.

Wirtschaftsanalyse: Ökonomen verwenden ARIMA, um wichtige wirtschaftliche Indikatoren wie BIP, Inflation und Arbeitslosigkeit vorherzusagen, was die Entscheidungsfindung auf Regierungs- und Unternehmensebene unterstützt.

Überlegungen und Einschränkungen

Parameterwahl: Die korrekte Identifikation der Werte für *p*, *d* und *q* ist entscheidend für den Erfolg des Modells. Wenn sie falsch gewählt werden, kann das Modell die Dynamik der Zeitreihe nicht korrekt abbilden.

Stationäre Daten: ARIMA erfordert stationäre Daten. Wenn die Daten nicht stationär sind, kann das Modell falsche Ergebnisse liefern, was die Bedeutung einer angemessenen Differenzierung unterstreicht.

Saisonale ARIMA-Modelle (SARIMA): Bei Zeitreihen mit starker Saisonalität kann ein einfaches ARIMA-Modell unzureichend sein, weshalb es durch ein SARIMA-Modell erweitert werden kann, das saisonale Komponenten berücksichtigt.

ARIMA-Modelle sind leistungsfähige Werkzeuge in der Zeitreihenanalyse und bieten einen soliden Rahmen zur Modellierung und Prognose von Zeitreihendaten in einer Vielzahl von Kontexten.

12.2.3. Rekurrente neuronale Netze (RNN)

In vorherigen Abschnitten haben wir über neuronale Netze gesprochen und einige verschiedene Arten betrachtet. Und diese hier habe ich natürlich auch erwähnt. Jetzt ist der Moment gekommen – und aufgrund ihrer Bedeutung – tiefer in sie einzutauchen. Rekurrente neuronale Netze sind eine Klasse von neuronalen Netzen, die entwickelt wurden, um Datensequenzen zu verarbeiten, wie ich zuvor sagte, zum Beispiel Text, was sie besonders geeignet für Aufgaben macht, bei denen die Reihenfolge der Daten wichtig ist. Im Gegensatz zu traditionellen neuronalen Netzen, die davon ausgehen, dass die Eingaben unabhängig voneinander sind, sind RNNs in der Lage, ein internes Gedächtnis zu behalten, das ihnen ermöglicht, zeitliche oder sequentielle Abhängigkeiten in den Daten zu erfassen. Sehen wir sie uns genauer an.

Grundlegende Konzepte rekurrenter neuronaler Netze (RNN)

RNNs zeichnen sich durch rekurrente Verbindungen aus, was bedeutet, dass die Ausgabe einer neuronalen Einheit zu einem bestimmten Zeitpunkt als Eingabe für dieselbe Einheit im nächsten Zeitschritt zurückgeführt wird. Dieser Mechanismus ermöglicht es ihnen, Informationen über die gesamte Sequenz hinweg zu speichern, was für Aufgaben wie Zeitreihenprognose, natürliche Sprachverarbeitung, maschinelle Übersetzung und Spracherkennung entscheidend ist.

Grundstruktur eines RNN

Die Grundstruktur eines RNN kann mit der folgenden Gleichung beschrieben werden:

$$h_t = \sigma(W_{hh}h_{t-1} + W_{xh}x_t + b_h)$$

$$y_t = W_{hy}h_t + b_y)$$

Dabei gilt:

- x_t ist die Eingabe zum Zeitpunkt t.
- h_t ist der verborgene Zustand zum Zeitpunkt t, der als Gedächtnis des Netzes dient.
- W_{xh}, W_{hh}, und W_{hy} sind Gewichtsmatrizen, die die Verbindungen zwischen den verschiedenen Schichten bestimmen.
- b_h und b_y sind die entsprechenden Bias-Werte.
- σ ist eine nichtlineare Aktivierungsfunktion (zum Beispiel tanh oder ReLU).

Der verborgene Zustand h_t wird bei jedem Zeitschritt aktualisiert, wodurch das Netz Informationen aus allen vorherigen Eingaben in der Sequenz erfassen kann.

Probleme klassischer RNNs

Trotz ihrer Vorteile haben klassische RNNs bestimmte Einschränkungen, insbesondere das Problem des verschwindenden und explodierenden Gradienten während des Trainings. Dies tritt auf, weil bei Verwendung vieler Schichten oder langer Sequenzen die Gradienten, die durch das Netz propagiert werden, extrem klein oder groß werden können, was das effektive Lernen erschwert. Dieses Problem begrenzt die Fähigkeit von RNNs, langfristige Abhängigkeiten zu lernen.

Varianten der RNNs: LSTM und GRU

Um die genannten Probleme zu lösen, wurden fortgeschrittenere Varianten von RNNs entwickelt, wie LSTM (Long Short-Term Memory) und GRU (Gated Recurrent Unit).

LSTM (Long Short-Term Memory)

LSTMs sind darauf ausgelegt, langfristige Abhängigkeiten zu bewältigen, indem sie eine komplexere Struktur verwenden, die „Gates" enthält, welche den Informationsfluss durch das Netz regulieren. LSTMs beinhalten:

1. Forget Gate f_h: Entscheidet, wie viel Information aus dem vorherigen Zustand vergessen werden soll.
2. Input Gate i_t: Bestimmt, wie viel neue Information im Speicher abgelegt werden soll.
3. Output Gate o_t: Entscheidet, welcher Teil des aktuellen Speichers zur Berechnung der Ausgabe verwendet wird.

Diese Gates ermöglichen es LSTMs, relevante Informationen länger zu behalten als traditionelle RNNs.

GRU (Gated Recurrent Unit)

GRUs sind eine vereinfachte Version der LSTMs, bei denen das Input Gate und das Forget Gate zu einem einzigen „Update Gate" kombiniert werden. Obwohl sie weniger komplex als LSTMs sind, bieten GRUs oft eine vergleichbare Leistung in vielen Aufgaben und haben den Vorteil, schneller trainiert zu werden.

Implementierung eines RNN in Python

Sehen wir uns ein Beispiel an, wie man ein RNN unter Verwendung der Library `TensorFlow` und `Keras` zur Vorhersage einer Zeitreihe implementiert.

```
import numpy as np
import matplotlib.pyplot as plt
from tensorflow.keras.models import Sequential
from tensorflow.keras.layers import SimpleRNN, LSTM, Dense

# 1. Generierung der sinusförmigen Zeitreihe
def generate_sequence(n_timesteps):
    X = np.array([i / float(n_timesteps) for i in
range(n_timesteps)])
    y = np.sin(2.0 * np.pi * X)
    return y

n_timesteps = 100
data = generate_sequence(n_timesteps)

# Zeitreihe plotten
plt.plot(data)
plt.title("Sinusförmige Zeitreihe")
plt.show()
```

```
# 2. Datenvorbereitung mit einem gleitenden Fenster
def create_dataset(data, n_steps):
    X, y = [], []
    for i in range(len(data)):
        end_ix = i + n_steps
        if end_ix > len(data) - 1:
            break
        seq_x, seq_y = data[i:end_ix], data[end_ix]
        X.append(seq_x)
        y.append(seq_y)
    return np.array(X), np.array(y)

n_steps = 10
X, y = create_dataset(data, n_steps)
# Reshape für RNN-Eingabe: [samples, timesteps, features]
X = X.reshape((X.shape[0], X.shape[1], 1))

# Aufteilung der Daten in Trainings- und Testmengen
split = int(0.8 * len(X))
X_train, X_test = X[:split], X[split:]
y_train, y_test = y[:split], y[split:]

# 3. Definition des RNN-Modells mit LSTM
model = Sequential([
    LSTM(50, activation='tanh', input_shape=(n_steps, 1)),
    Dense(1)
])

# Modell kompilieren
model.compile(optimizer='adam', loss='mse')

# Modellübersicht
model.summary()

# 4. Modelltraining
model.fit(X_train, y_train, epochs=200, verbose=1, valida-
tion_data=(X_test, y_test))

# 5. Vorhersage und Bewertung
yhat_train = model.predict(X_train, verbose=0)
yhat_test = model.predict(X_test, verbose=0)

# Ergebnisse plotten
plt.figure(figsize=(10,6))
plt.plot(range(len(y_train)), y_train, label='Train Actual')
plt.plot(range(len(y_train), len(y_train) + len(y_test)), y_test,
label='Test Actual')
plt.plot(range(len(y_train)), yhat_train, linestyle='--',
color='red', label='Train Predicted')
plt.plot(range(len(y_train), len(y_train) + len(y_test)), yhat_test,
linestyle='--', color='green', label='Test Predicted')
plt.legend()
plt.title("Zeitreihenvorhersage mit RNN")
plt.show()
```

Erklärung des Codes

1. **Generierung der Datensequenz:** Hier wird eine Datensequenz basierend auf der Sinusfunktion erzeugt, um als Beispieldatensatz zu dienen.

2. **Definition des RNN-Modells:** Ein einfaches RNN mit einer `SimpleRNN`-Schicht mit 50 Einheiten wird aufgebaut. Die Aktivierungsfunktion `tanh` wird verwendet, da sie in RNNs häufig zum Einsatz kommt, um sequentielle Signale zu verarbeiten.

3. **Kompilierung und Training:** Das Modell wird mit dem Optimierer `Adam` und der mittleren quadratischen Fehlerfunktion (`mse`) kompiliert. Anschließend wird es mit den erzeugten Daten trainiert.

4. **Vorhersage und Visualisierung:** Das trainierte Modell wird verwendet, um Vorhersagen auf den Eingabedaten zu treffen, und die Ergebnisse werden grafisch dargestellt, um die Vorhersagen mit den tatsächlichen Werten zu vergleichen.

Anwendungen von RNNs und ihren Varianten

Natural Language Processing (NLP): RNNs werden häufig bei NLP-Aufgaben eingesetzt, wie maschinelle Übersetzung, Sprachmodellierung und Textgenerierung.

Vorhersage von Zeitreihen: RNNs, insbesondere LSTM und GRU, werden im Finanzwesen zur Vorhersage von Aktienkursen, in der Meteorologie zur Wettervorhersage und in anderen Bereichen verwendet, in denen Daten sequenzieller Natur sind.

Spracherkennung: RNNs sind grundlegend für Spracherkennungssysteme, die Audiosequenzen interpretieren und in Text umwandeln.

Musikgenerierung: RNNs werden in der Musikgenerierung verwendet, wobei sie musikalische Muster aus großen Mengen an Audiodaten lernen.

Überlegungen und Herausforderungen

- **Rechenintensives Training**: RNNs können langsamer zu trainieren sein als andere Arten neuronaler Netze, da sie von der Sequenzabhängigkeit abhängen, was sie auch schwer parallelisierbar macht.

- **Langzeitgedächtnis:** Obwohl LSTM und GRU die Fähigkeit von RNNs verbessern, langfristige Informationen zu behalten, können sie bei extrem langen Sequenzen dennoch Schwierigkeiten haben.

- **Overfitting:** Aufgrund ihrer hohen Fähigkeit, komplexe Abhängigkeiten zu modellieren, neigen RNNs zum Overfitting auf Trainingsdaten, wenn keine geeigneten Gegenmaßnahmen wie Regularisierung ergriffen werden.

RNNs und ihre Varianten LSTM und GRU sind leistungsstarke Werkzeuge zur Analyse von Sequenzen und bieten fortschrittliche Lösungen für eine Vielzahl von Problemen, bei denen sequenzielle Daten eine Schlüsselrolle spielen. Die Implementierung dieser Netze erfordert sorgfältige Überlegungen zu Architektur und Parametern, aber ihre Fähigkeit, zeitliche Abhängigkeiten zu modellieren, macht sie zur bevorzugten Wahl für viele fortschrittliche Anwendungen.

12.3. Cluster- und Segmentierungsmodelle

Ich habe zuvor bereits k-means und hierarchisches Clustering erwähnt, gehen wir nun näher auf diese sowie DBSCAN ein. Lass mich an dieser Stelle daran erinnern, dass dieses Buch als Ergänzung zu meinem Buch „KI-Manager“ konzipiert ist, welches dir einen umfassenderen und komplexeren Einblick sowohl in Algorithmen und Methoden des Machine Learnings als auch in die Datenanalyse und deren Visualisierung bietet. Falls du also das Gefühl hast, dass dir Informationen fehlen, empfehle ich dir, das Buch zu kaufen, da beide Bücher geschrieben und entworfen wurden, um sich gegenseitig zu ergänzen.

12.3.1. k-means-Algorithmus

Der k-means-Algorithmus ist eine weit verbreitete Clustering-Technik im Machine Learning und in der Datenanalyse, um einen Datensatz in eine bestimmte Anzahl von Gruppen oder Clustern zu unterteilen, wobei jede Beobachtung zu dem Cluster gehört, dessen Zentrum (Centroid) ihr am nächsten liegt. Es handelt sich um einen iterativen Algorithmus, der versucht, die interne Variation jedes Clusters zu minimieren, was bedeutet, dass die quadratische Distanz zwischen den Beobachtungen und ihren jeweiligen Zentren verringert wird.

Grundlagen des k-means-Algorithmus

Der k-means-Algorithmus arbeitet nach den folgenden Schritten:

- **Initialisierung:** Es werden k zufällige Punkte im Datenraum als initiale Cluster-Zentren ausgewählt. Diese Punkte können zufällig ausgewählt werden oder mit einer Methode wie k-means++ zur Verbesserung der Effizienz und Genauigkeit des Algorithmus.

- **Cluster-Zuweisung:** Jeder Datenpunkt wird dem nächstgelegenen Zentrum zugewiesen, wodurch der jeweilige Cluster bestimmt wird. Die Nähe wird in der Regel mit der euklidischen Distanz gemessen, es können jedoch auch andere Distanzmetriken verwendet werden.

- **Aktualisierung der Zentren:** Sobald alle Punkte einem Cluster zugewiesen sind, werden die Zentren jedes Clusters neu berechnet, und zwar als Mittelwert aller Datenpunkte, die zu diesem Cluster gehören.

- **Wiederholung:** Die Schritte der Zuweisung und Aktualisierung werden wiederholt, bis sich die Zentren nicht mehr signifikant verändern, was bedeutet, dass die Datenpunkte stabile Cluster erreicht haben. Alternativ kann der Prozess auch nach einer festen Anzahl von Iterationen oder wenn die Veränderung der Zentren unter einen vordefinierten Schwellenwert fällt, gestoppt werden.

Auswahl der Anzahl von Clustern (*k*)

Ein kritischer Aspekt des k-means-Algorithmus ist die Wahl der Anzahl *k* der Cluster. Die Bestimmung des optimalen k-Werts ist oft nicht trivial und erfolgt in der Regel mit Methoden wie der „Elbow Method“, der „Silhouette Analysis“ oder fortgeschritteneren Techniken wie der „Gap Statistic“.

- **Elbow Method:** Diese Methode beinhaltet die Berechnung der Summe der quadratischen Fehler (SSE) für verschiedene k-Werte. Man trägt *k* gegen SSE auf und wählt den k-Wert, bei dem die Reduktion in SSE abzunehmen beginnt, was in der Grafik einen „Knick“ bildet.

- **Silhouette Analysis:** Diese Technik misst, wie nah die Punkte eines Clusters an Punkten anderer Cluster liegen. Der optimale k-Wert ist derjenige, der den durchschnittlichen Silhouettenwert maximiert, welcher zwischen -1 und 1 liegt.

- **Gap Statistic:** Diese Technik vergleicht die Intra-Cluster-Variation für verschiedene Werte von *k* mit der erwarteten Variation unter einer Nullverteilung (zufällig). Ein "Gap"-Wert wird berechnet, der den Unterschied zwischen beiden misst, und das optimale *k* wird dort gewählt, wo dieser Gap am größten ist, was auf die stärkste Abgrenzung zwischen der tatsächlichen Struktur der Daten und dem Zufallsrauschen hinweist.

Einschränkungen des k-means-Algorithmus

Trotz seiner Beliebtheit hat k-means einige wichtige Einschränkungen:

1. Abhängigkeit von der initialen Wahl: Die Qualität des resultierenden Clusterings kann stark von der initialen Auswahl der Zentren abhängen. Verschiedene Initialisierungen können zu unterschiedlichen Ergebnissen führen, was als Sensitivität gegenüber der Initialisierung bekannt ist.

2. Feste Anzahl von Clustern: k-means erfordert, dass die Anzahl *k* der Cluster vor der Ausführung spezifiziert wird, was eine Herausforderung sein kann, wenn keine Vorkenntnisse über die geeignete Clusteranzahl vorhanden sind.

3. Kugelförmige Cluster: k-means geht davon aus, dass die Cluster kugelförmig und ähnlich groß sind, was für Daten mit komplexeren Clusterstrukturen oder nicht-kugelförmigen Formen ungeeignet sein kann.

4. Empfindlichkeit gegenüber Ausreißern: Der k-means-Algorithmus ist empfindlich gegenüber Ausreißern und Rauschen in den Daten, da die Zentren stark durch Ausreißer beeinflusst werden können.
Anwendung des k-means-Algorithmus in Python

Lassen wir uns ein Beispiel entwickeln, wie der k-means-Algorithmus mit der Bibliothek `scikit-learn` in Python implementiert wird.

```
import numpy as np
import matplotlib.pyplot as plt
from sklearn.cluster import KMeans
from sklearn.datasets import make_blobs

# Generate sample data
X, _ = make_blobs(n_samples=300, centers=4, cluster_std=0.60, ran-
dom_state=0)

# Apply k-means
kmeans = KMeans(n_clusters=4, random_state=0)
kmeans.fit(X)

# Predict cluster assignments
y_kmeans = kmeans.predict(X)

# Plot clusters
plt.scatter(X[:, 0], X[:, 1], c=y_kmeans, s=50, cmap='viridis')

# Plot centroids
centers = kmeans.cluster_centers_
plt.scatter(centers[:, 0], centers[:, 1], c='red', s=200, al-
pha=0.75, marker='X')
plt.title('k-means Clustering')
plt.xlabel('Feature 1')
plt.ylabel('Feature 2')
plt.show()
```

Erläuterung des Codes

1. Generierung synthetischer Daten: Mit `make_blobs` wird ein Datensatz mit 4 Zentren (Clustern) und einer Standardabweichung von 0.60 pro Cluster erzeugt. Dies ermöglicht es, zu visualisieren, wie k-means die Punkte um diese Zentren gruppiert.

2. Anwendung von k-means: Ein k-means-Modell mit $k = 4$ Clustern wird initialisiert. Das Modell wird auf die Eingangsdaten X angepasst und anschließend werden die Cluster-Labels für jeden Punkt vorhergesagt.

3. Visualisierung der Ergebnisse: Die Daten werden in einem 2D-Diagramm dargestellt, in dem die Punkte entsprechend dem zugehörigen Cluster eingefärbt sind. Die Cluster-Zentren werden mit einem roten X markiert, um ihre Position im Merkmalsraum hervorzuheben.

Vorteile und Anwendungen des k-means-Algorithmus

Der k-means-Algorithmus ist einfach zu implementieren und zu skalieren, was ihn zu einer beliebten Wahl für viele Anwendungen macht. Zu den häufigsten Anwendungen gehören:

- **Kundensegmentierung:** Durch Gruppierung von Kunden mit ähnlichem Verhalten in Clustern können Unternehmen ihre Marketingkampagnen personalisieren und die Kundenzufriedenheit verbessern.

- **Bildkompression:** k-means kann zur Reduzierung von Farben in einem Bild verwendet werden, indem ähnliche Farben gruppiert und durch einen einzigen durchschnittlichen Wert dargestellt werden.

- **Dokumentenclustering:** Im Bereich der Verarbeitung natürlicher Sprache wird k-means verwendet, um Dokumente mit ähnlichem Inhalt zu gruppieren, was in Empfehlungssystemen und Suchmaschinen nützlich ist.

- **Analyse von Verhaltensmustern:** k-means hilft dabei, Muster in Nutzungsdaten von Anwendungen oder Sensordaten zu identifizieren, was zur Anomalieerkennung nützlich sein kann.

Weitere Überlegungen

Skalierbarkeit: k-means ist rechnerisch effizient und kann große Datensätze verarbeiten, insbesondere in Kombination mit Techniken wie k-means++ zur Initialisierung.

Datenvorverarbeitung: Es ist wichtig, die Merkmale vor der Anwendung von k-means zu skalieren, da die euklidische Distanz empfindlich gegenüber den Skalen der Merkmale ist. Eine Normalisierung oder Standardisierung der Daten kann die Leistung des Algorithmus erheblich verbessern.

Erweiterte Implementierungen: Es gibt verbesserte Versionen von k-means wie mini-batch k-means, die große Datenmengen verarbeiten können, indem sie in jeder Iteration kleine Datenblöcke verarbeiten.

Der k-means-Algorithmus bleibt trotz seiner Einschränkungen ein wertvolles Werkzeug im Repertoire der Clustering-Techniken. Seine Einfachheit und Fähigkeit, zugrunde liegende Strukturen in Daten zu entdecken, machen ihn in vielen Anwendungen der Datenwissenschaft und des Machine Learnings unverzichtbar.

12.3.2. Hierarchisches Clustering

Das hierarchische Clustering ist eine Clustering-Technik, die Daten in einer Hierarchie von Clustern organisiert. Im Gegensatz zur K-Means-Methode, die erfordert, dass die Anzahl der Cluster k im Voraus festgelegt wird, erstellt das hierarchische Clustering eine hierarchische Struktur (oder ein Dendrogramm), die es ermöglicht, mehrere Ebenen der Gruppierung zu untersuchen. Diese Methode ist besonders nützlich, wenn die optimale Anzahl der Cluster nicht im Voraus bekannt ist oder wenn man eine detailliertere Ansicht der internen Struktur der Daten erhalten möchte.

Arten des hierarchischen Clustering

Es gibt zwei Hauptansätze für das hierarchische Clustering: agglomerativ und divisiv.

1. Agglomeratives hierarchisches Clustering (AGNES - Agglomerative Nesting):
- Dies ist der am häufigsten verwendete Ansatz. Er beginnt damit, jede Beobachtung als eigenen Cluster zu behandeln.
- Dann werden in jedem Schritt die beiden ähnlichsten Cluster zu einem einzigen zusammengeführt.
- Dieser Prozess wird fortgesetzt, bis alle Daten in einem einzigen Cluster gruppiert sind oder bis ein Abbruchkriterium erreicht wird, wie z. B. eine bestimmte Anzahl von Clustern.
- Das Ergebnis ist ein Dendrogramm, ein Entscheidungsbaum, der die Vereinigung der Cluster auf jeder Ebene darstellt.

2. Divisives hierarchisches Clustering (DIANA - Divisive Analysis):
- Dieser Ansatz ist das Gegenteil des agglomerativen Clustering. Er beginnt mit allen Daten in einem einzigen Cluster.
- In jedem Schritt wird der am stärksten unterschiedliche Cluster in zwei aufgeteilt.
- Dieser Prozess wird wiederholt, bis jeder Datenpunkt in seinem eigenen Cluster ist.
- Obwohl er weniger verbreitet ist als der agglomerative Ansatz, ist er nützlich, wenn die Struktur der Daten bekannt ist und eine progressive Unterteilung gewünscht ist.

Distanzmetriken und Verknüpfungskriterien

Der Erfolg des hierarchischen Clustering hängt in hohem Maße davon ab, wie der „Abstand" zwischen den Clustern definiert wird. Die gebräuchlichsten Distanzmetriken sind die euklidische Distanz, die Manhattan-Distanz und die Minkowski-Distanz. Sobald eine Distanzmetrik definiert ist, muss festgelegt werden, wie der Abstand zwischen Clustern gemessen wird. Dies geschieht unter Verwendung eines der folgenden Verknüpfungskriterien:

1. Single Linkage (Einfachverknüpfung):
- Der Abstand zwischen zwei Clustern wird als der kleinste Abstand zwischen einem beliebigen Punktpaar, jeweils einem Punkt aus jedem Cluster, definiert.
- Diese Methode neigt dazu, langgestreckte Cluster zu erzeugen, und kann anfällig für Rauschen und Ausreißer sein.

2. Complete Linkage (Komplettverknüpfung):
- Der Abstand zwischen zwei Clustern wird als der größte Abstand zwischen einem beliebigen Punktpaar, jeweils einem Punkt aus jedem Cluster, definiert.
- Dieser Ansatz tendiert dazu, kompakte und ähnlich große Cluster zu erzeugen.

3. Average Linkage (Durchschnittsverknüpfung):
- Der Abstand zwischen zwei Clustern wird als Durchschnitt der Abstände aller Punktpaare zwischen den Clustern definiert.
- Es stellt einen Kompromiss zwischen dem Ansatz der Einfachverknüpfung und der Komplettverknüpfung dar.

4. Ward-Verfahren:
- Minimiert die Summe der Varianzen innerhalb der Cluster. Es wird die Fusion gewählt, die den Anstieg der Gesamtvarianz in den kombinierten Clustern minimiert.

- Es neigt dazu, Cluster ähnlicher Größe zu erzeugen und ist in den meisten Fällen sehr nützlich.

Visualisierung mit Dendrogrammen

Das Dendrogramm ist ein visuelles Werkzeug, das die hierarchische Struktur des Clustering darstellt. Jede Verbindung im Dendrogramm repräsentiert eine Fusion von Clustern. Die Höhe der Verbindung spiegelt die Distanz oder die Unähnlichkeit zwischen den zusammengeführten Clustern wider. Die Wahl der Anzahl von Clustern kann durch das Schneiden des Dendrogramms auf einer bestimmten Höhe erfolgen, wodurch die Daten in Cluster gruppiert werden.

Implementierung in Python

Schauen wir uns nun ein Beispiel an, wie man das agglomerative hierarchische Clustering in Python implementiert, wobei `scipy` und `matplotlib` zur Visualisierung des Dendrogramms verwendet werden.

```
import numpy as np
import matplotlib.pyplot as plt
from scipy.cluster.hierarchy import dendrogram, linkage
from sklearn.datasets import make_blobs

# Generate example data
X, _ = make_blobs(n_samples=100, centers=3, cluster_std=0.6, ran-
dom_state=42)

# Perform agglomerative hierarchical clustering
Z = linkage(X, method='ward')

# Create dendrogram
plt.figure(figsize=(10, 7))
dendrogram(Z)
plt.title('Hierarchical Clustering Dendrogram')
plt.xlabel('Sample index')
plt.ylabel('Distance (Ward)')
plt.show()
```

Erläuterung des Codes

1. Generierung synthetischer Daten: Es wird ein Datensatz mit drei Clustern mithilfe von `make_blobs` erzeugt. Dieser Datensatz dient zur Veranschaulichung, wie das hierarchische Clustering funktioniert.

2. Hierarchisches Clustering: Die Funktion linkage von `scipy` wird verwendet, um das agglomerative hierarchische Clustering durchzuführen. Die verwendete Verknüpfungsmethode ist die von Ward, die die Gesamtvarianz innerhalb der Cluster minimiert.

3. Visualisierung des Dendrogramms: Die Funktion `dendrogram` wird verwendet, um ein Dendrogramm zu erstellen, das die hierarchische Struktur der Cluster zeigt. Die Höhe der Verbindungen zeigt die Unähnlichkeit zwischen den zusammengeführten Clustern an.

Vor- und Nachteile des hierarchischen Clustering

Vorteile:
- **Keine vorgegebene Anzahl von Clustern erforderlich:** Im Gegensatz zu k-Means erfordert das hierarchische Clustering keine vorherige Festlegung der Anzahl der Cluster.
- **Fähigkeit, hierarchische Strukturen zu erfassen:** Es ist nützlich, wenn die Daten eine natürliche hierarchische Struktur aufweisen, wie beispielsweise biologische Taxonomien.
- **Flexibilität:** Ermöglicht das Experimentieren mit verschiedenen Gruppierungsebenen, indem das Dendrogramm auf unterschiedlichen Höhen geschnitten wird.

Nachteile:
- **Skalierbarkeit:** Das hierarchische Clustering hat eine hohe rechnerische Komplexität, insbesondere bei großen Datensätzen. Dies liegt daran, dass die Distanz zwischen allen Punktpaaren berechnet werden muss.
- **Empfindlichkeit gegenüber Rauschen und Ausreißern:** Wie k-Means kann auch das hierarchische Clustering empfindlich auf Rauschen und Ausreißer reagieren, die die Struktur des Dendrogramms erheblich beeinflussen können.
- **Schwierigkeit, den Schnittpunkt im Dendrogramm zu bestimmen:** Obwohl das Dendrogramm ein nützliches Werkzeug ist, kann die Bestimmung des optimalen Schnittpunkts zur Ermittlung der Anzahl der Cluster subjektiv sein.

Häufige Anwendungen des hierarchischen Clustering

Das hierarchische Clustering wird in vielen Bereichen eingesetzt, da es in der Lage ist, hierarchische Strukturen in den Daten zu erkennen. Einige seiner Anwendungen umfassen:

Biologie: Weit verbreitet bei der hierarchischen Klassifikation von Arten und der Erstellung phylogenetischer Bäume.
Marktanalyse: Ermöglicht die Segmentierung von Kunden in hierarchische Gruppen basierend auf Verhaltensähnlichkeiten oder demografischen Merkmalen.

Verarbeitung natürlicher Sprache: Wird verwendet, um Wörter, Dokumente oder Begriffe in Cluster basierend auf semantischen oder kontextuellen Ähnlichkeiten zu gruppieren.
Computer Vision: Hilft bei der Gruppierung ähnlicher Merkmale oder Muster in Bildern für Aufgaben wie Objekterkennung oder Bildsegmentierung.

Praktische Überlegungen

Datenvorverarbeitung: Vor der Anwendung des hierarchischen Clustering ist es entscheidend, die Daten zu standardisieren oder zu normalisieren, da Distanzmetriken empfindlich auf die Skalierung der Daten reagieren können.

Auswahl des Verknüpfungskriteriums: Die Wahl des Verknüpfungskriteriums kann die Clustering-Ergebnisse erheblich beeinflussen. Es ist ratsam, verschiedene Methoden (wie Ward, Complete oder Average) auszuprobieren und zu bewerten, welche die nützlichsten oder interpretierbarsten Cluster für das jeweilige Problem erzeugt.

Interpretation des Dendrogramms: Es ist wichtig zu beachten, dass das Dendrogramm eine hierarchische Darstellung bietet, aber nicht immer leicht zu bestimmen ist, wie viele Cluster optimal sind. Außerdem stellt ein horizontaler Schnitt im Dendrogramm die Aufteilung in Cluster auf einer bestimmten Ebene der Unähnlichkeit dar.

Das hierarchische Clustering wird verwendet, um Strukturen in Daten zu entdecken, insbesondere wenn eine hierarchische Darstellung gesucht wird oder die geeignete Anzahl an Clustern unbekannt ist. Trotz seiner Skalierbarkeitsgrenzen ist seine Fähigkeit, eine detaillierte Sicht auf die Daten zu bieten, ein unschätzbares Werkzeug in der Datenanalyse.

12.3.3. DBSCAN

DBSCAN (Density-Based Spatial Clustering of Applications with Noise) ist ein Clustering-Algorithmus, der Cluster basierend auf der Dichte von Punkten in einem Merkmalsraum identifiziert. Im Gegensatz zu anderen Methoden wie k-means oder hierarchischem Clustering erfordert DBSCAN keine vorherige Angabe der Anzahl der Cluster und ist besonders nützlich, um Cluster beliebiger Form zu entdecken sowie Ausreißer (Ausnahmen) als Rauschpunkte zu identifizieren. Dieser Algorithmus wird in verschiedenen Anwendungen häufig eingesetzt, da er in der Lage ist, mit verrauschten und komplexen Daten umzugehen.

Grundlagen von DBSCAN

Der DBSCAN-Algorithmus basiert auf zwei Hauptkonzepten: der Punktdichte und dem Begriff der Nachbarschaft von Punkten.

1. Eps (ε) – Nachbarschafts-Radius: Definiert den Radius um einen Punkt, innerhalb dessen andere benachbarte Punkte gesucht werden. Dieser Radius bestimmt, wie nah Punkte beieinanderliegen müssen, um als Teil desselben Clusters betrachtet zu werden.

2. MinPts – Minimale Anzahl von Punkten: Gibt die Mindestanzahl von Punkten an, die sich innerhalb des ε-Radius befinden müssen, damit ein Punkt als „Kernpunkt" betrachtet wird. Wenn ein Punkt mindestens `MinPts` Nachbarn innerhalb seiner ε-Nachbarschaft hat, wird er als Kernpunkt betrachtet.

Punkttypen in DBSCAN

In DBSCAN werden Punkte in drei Kategorien unterteilt, basierend auf den Parametern `ε` und `MinPts`:
- **Kernpunkte (Core Points):** Ein Punkt wird als Kernpunkt betrachtet, wenn er mindestens `MinPts` Nachbarn innerhalb seines ε-Radius hat. Diese Punkte sind grundlegend für die Bildung des Clusterkerns.

- **Randpunkte (Border Points):** Punkte, die weniger als `MinPts` Nachbarn innerhalb ihrer ε-Nachbarschaft haben, aber innerhalb des ε-Radius eines Kernpunkts liegen. Sie bilden die Peripherie des Clusters.

- **Rauschpunkte (Noise Points):** Punkte, die weder Kernpunkte noch Randpunkte sind, das heißt, sie haben nicht genügend Nachbarn innerhalb ihrer ε-Nachbarschaft und befinden sich auch nicht im ε-Radius eines Kernpunkts. Diese Punkte werden als Ausreißer betrachtet und keinem Cluster zugeordnet.

Funktionsweise des Algorithmus

Der Clustering-Prozess mit DBSCAN erfolgt wie folgt:

1. Initialisierung: Ein zufälliger Punkt aus dem Datensatz wird ausgewählt. Wenn dieser Punkt mindestens `MinPts` Nachbarn innerhalb seines ε-Radius hat, wird er als Kernpunkt markiert und die Bildung eines neuen Clusters beginnt.

2. Clusterausdehnung: Alle Nachbarpunkte innerhalb des ε-Radius eines Kernpunkts werden dem Cluster hinzugefügt. Wenn einer dieser Punkte ebenfalls ein Kernpunkt ist, wird der Ausdehnungsprozess fortgesetzt, bis keine weiteren Punkte mehr hinzugefügt werden können.

3. Klassifizierung der Punkte: Punkte, die keinem Cluster zugeordnet werden können (also solche mit zu wenigen Nachbarn innerhalb von ε), werden als Rauschpunkte klassifiziert.

4. Wiederholung: Der Prozess wird wiederholt, bis alle Punkte im Datensatz verarbeitet wurden.

Vor- und Nachteile von DBSCAN

Vorteile:
- **Keine Angabe der Clusteranzahl erforderlich:** Im Gegensatz zu k-means bestimmt DBSCAN die Anzahl der Cluster automatisch basierend auf der Datendichte.
- **Identifikation von Ausreißern:** DBSCAN klassifiziert Ausreißer natürlich als Rauschpunkte, was ihn robust gegenüber verrauschten Daten macht.
- **Fähigkeit zur Erkennung von Clustern beliebiger Form:** Während k-means tendenziell sphärische Cluster bildet, kann DBSCAN Cluster jeder Form identifizieren.

Nachteile:
- **Empfindlichkeit gegenüber den Parametern ε und MinPts:** Die Wahl der Parameter kann schwierig sein und die Ergebnisse erheblich beeinflussen. Ein ungeeigneter ε-Wert kann dazu führen, dass der Algorithmus zu große oder zu kleine Cluster erkennt.
- **Probleme mit variabler Dichte der Daten:** DBSCAN kann Schwierigkeiten haben, Datensätze mit Clustern unterschiedlicher Dichte zu verarbeiten, da optimale Parameterwerte für ε und `MinPts` in verschiedenen Bereichen des Datensatzes unterschiedlich sein können.
- **Skalierbarkeit:** Obwohl DBSCAN in vielen Fällen effizienter ist als andere Clustering-Methoden, kann er bei extrem großen Datensätzen weniger effizient sein, insbesondere wenn eine komplexe Distanzmetrik verwendet wird.

Implementierung in Python

Sehen wir uns ein Beispiel an, wie DBSCAN in Python mit `sklearn` implementiert wird. Der Code beinhaltet die Visualisierung der Clustering-Ergebnisse.

```
import numpy as np
import matplotlib.pyplot as plt
from sklearn.cluster import DBSCAN
```

```
from sklearn.datasets import make_moons
from sklearn.preprocessing import StandardScaler

# Generierung von Beispieldaten in Halbmondform
X, _ = make_moons(n_samples=300, noise=0.1, random_state=42)

# Standardisierung der Daten zur Verbesserung der DBSCAN-Leistung
X = StandardScaler().fit_transform(X)

# Anwendung von DBSCAN
db = DBSCAN(eps=0.3, min_samples=5).fit(X)
labels = db.labels_

# Anzahl der Cluster in den Labels, wobei Rauschpunkte (mit -1 ge-
kennzeichnet) ignoriert werden
n_clusters_ = len(set(labels)) - (1 if -1 in labels else 0)
n_noise_ = list(labels).count(-1)

print(f'Estimated number of clusters: {n_clusters_}')
print(f'Estimated number of noise points: {n_noise_}')

# Visualisierung der Cluster
unique_labels = set(labels)
colors = [plt.cm.Spectral(each) for each in np.linspace(0, 1,
len(unique_labels))]
for k, col in zip(unique_labels, colors):
    if k == -1:
        # Farbe für Rauschpunkte.
        col = [0, 0, 0, 1]

    class_member_mask = (labels == k)
    xy = X[class_member_mask & (labels != -1)]
    plt.plot(xy[:, 0], xy[:, 1], 'o', markerfacecolor=tuple(col),
markeredgecolor='k', markersize=6)

    xy = X[class_member_mask & (labels == -1)]
    plt.plot(xy[:, 0], xy[:, 1], 'x', markerfacecolor=tuple(col),
markeredgecolor='k', markersize=3)

plt.title('DBSCAN Clustering')
plt.show()
```

Erklärung des Codes

1. Generierung synthetischer Daten: Die Funktion `make_moons` aus `sklearn.datasets` wird verwendet, um einen Datensatz mit Halbmondform zu erzeugen. Dieser Datentyp ist ideal, um die Fähigkeit von DBSCAN zur Erkennung von Clustern beliebiger Form zu demonstrieren.

2. Standardisierung der Daten: `StandardScaler` wird angewendet, um die Daten zu standardisieren, was die Leistung von DBSCAN verbessert, da es empfindlich gegenüber der Skalierung der Daten ist.

3. Anwendung von DBSCAN: Der Algorithmus wird mit einem eps von 0.3 und min_samples von 5 angewendet. Diese Werte sind für diesen speziellen Datensatz angepasst.

4. Visualisierung der Ergebnisse: Die von DBSCAN identifizierten Cluster werden visualisiert. Rauschpunkte werden mit einem „x" markiert, während Punkte, die zu Clustern gehören, mit Kreisen in unterschiedlichen Farben dargestellt werden.

Praktische Überlegungen zum Einsatz von DBSCAN

- **Wahl der Parameter:** Die geeignete Auswahl von `eps` und `MinPts` ist entscheidend für die Leistung von DBSCAN. Diese Parameter können mithilfe von Techniken wie dem Ellenbogenkriterium oder durch vorherige Datenvisualisierung angepasst werden.

- **Skalierbarkeit:** Obwohl DBSCAN in vielen Szenarien effizienter ist als andere Methoden, kann seine rechnerische Komplexität mit zunehmender Datengröße erheblich steigen. Für große Datensätze kann es erforderlich sein, optimierte Implementierungen oder verteilte Versionen des Algorithmus zu verwenden.

- **Distanzmetriken:** DBSCAN kann mit verschiedenen Distanzmetriken verwendet werden, nicht nur mit der euklidischen Distanz. Für komplexe Daten wie räumliche oder Textdaten kann es notwendig sein, Distanzmetriken zu verwenden, die besser zur Natur des Datensatzes passen.

- **Häufige Anwendungen:** DBSCAN wird häufig in der georäumlichen Analyse, Anomalieerkennung, Bildverarbeitung und Clustering von Sensordaten eingesetzt. Seine Fähigkeit, mit verrauschten Daten umzugehen und Cluster beliebiger Form zu entdecken, macht ihn zu einem wertvollen Werkzeug in Situationen, in denen andere Methoden versagen können.

DBSCAN ist ein leistungsfähiger und vielseitiger Algorithmus, der sich für eine breite Palette von Anwendungen eignet. Seine Fähigkeit, Cluster beliebiger Form zu identifizieren und Rauschen effektiv zu behandeln, hebt ihn von anderen Clustering-Methoden ab. Seine Wirksamkeit hängt jedoch stark von der richtigen Wahl der Parameter ab, was ein tiefes Verständnis des Datensatzes und Experimente erfordert, um optimale Ergebnisse zu erzielen.

TEIL V

Implementierung und Produktionsfreigabe

Teil V: Implementierung und Produktionsfreigabe

13. Bereitstellung von KI-Modellen

Die Bereitstellung von Modellen der Künstlichen Intelligenz ist eine entscheidende Phase im Lebenszyklus eines jeden KI-Projekts. Nachdem ein Modell entwickelt, trainiert und evaluiert wurde, besteht der nächste Schritt darin, es in die Produktion zu überführen, wo es von realen Anwendungen genutzt werden kann und einen Mehrwert für die Organisation schafft. Dieser Prozess umfasst nicht nur die Überführung des Modells von einer Entwicklungsumgebung in eine Produktionsumgebung, sondern auch die Gewährleistung, dass das Modell in der Produktion effizient, sicher und skalierbar funktioniert.

Im heutigen Kontext steht die Bereitstellung von KI-Modellen vor verschiedenen Herausforderungen, die von der Verwaltung von Modellversionen bis hin zur Notwendigkeit reichen, Modelle basierend auf neuen Daten zu überwachen und zu aktualisieren. Da Modelle zunehmend in kritische Unternehmenssysteme integriert werden, wird der Bedarf an robusten und praxisnahen Lösungen für deren Bereitstellung immer deutlicher.

Einer der wichtigsten Aspekte bei der Bereitstellung von KI-Modellen ist der Lebenszyklus der KI-Entwicklung. Dieser Zyklus umfasst mehrere Phasen, von der Konzeption des Modells bis zu seiner eventuellen Außerdienststellung. Es ist entscheidend, die Best Practices in jeder dieser Phasen zu verstehen, um sicherzustellen, dass das Modell nicht nur in einer kontrollierten Umgebung gut funktioniert, sondern sich auch an die sich verändernden Bedingungen der Produktionsumgebung anpassen kann. Während dieses Prozesses spielen unterstützende Tools eine entscheidende Rolle, indem sie die Verfolgung und Verwaltung jeder Phase erleichtern.

Ein weiterer kritischer Aspekt ist die Auswahl der Tools und Frameworks für die Bereitstellung. Mit der zunehmenden Beliebtheit von Containern und Orchestrierungstechnologien haben sich Tools wie Docker und Kubernetes als Standardlösungen für das Verpacken, Verteilen und Skalieren von KI-Anwendungen etabliert. Diese Werkzeuge ermöglichen es, KI-Modelle konsistent und reproduzierbar in verschiedenen Umgebungen bereitzustellen, was Kompatibilitätsprobleme erheblich reduziert und die Flexibilität erhöht.

TensorFlow Serving ist ein weiteres weit verbreitetes Framework zur Bereitstellung von Machine-Learning-Modellen in der Produktion. Dieses Tool erleichtert die Bereitstellung von in TensorFlow trainierten Modellen und bietet eine robuste Schnittstelle für Echtzeitvorhersagen und eine effiziente Verwaltung von Modellversionen. Ebenso ist MLflow eine Plattform zur Verwaltung des Modell-Lebenszyklus, einschließlich der Nachverfolgung von Experimenten, der Reproduzierbarkeit von Ergebnissen und der Verwaltung von Bereitstellungen.

Sobald sich das Modell in der Produktion befindet, ist es unerlässlich, Überwachungs- und Wartungspraktiken zu etablieren, um seine kontinuierliche Leistung sicherzustellen. KI-Modelle können sich im Laufe der Zeit verschlechtern, bedingt durch Veränderungen in den Daten oder der Umgebung, in der sie betrieben werden. Eine kontinuierliche Überwachung ermöglicht es, solche Verschlechterungen zu erkennen und rechtzeitig Anpassungen vorzunehmen, wie z. B. die Aktualisierung von Modellen oder das Retraining mit neuen Daten. Darüber hinaus ist die Verwaltung von Modellversionen entscheidend, um eine strikte Kontrolle über die verschiedenen Iterationen eines Modells zu behalten und sicherzustellen, dass Aktualisierungen kontrolliert und ohne Unterbrechung des Dienstes erfolgen.

Die Bereitstellung von KI-Modellen ist ein komplexer Prozess, der sorgfältige Planung, die Auswahl geeigneter Tools und die Umsetzung effektiver Strategien für Überwachung und Wartung erfordert. Jeder dieser Bereiche wird in den folgenden Unterpunkten ausführlich behandelt, um dir eine umfassende Anleitung zur Verfügung zu stellen, wie Modelle von der Entwicklungsphase bis zur erfolgreichen Implementierung in Produktionsumgebungen überführt werden können.

13.1. Lebenszyklus der KI-Entwicklung

13.1.1. Phasen der Entwicklung von KI-Modellen

Die Entwicklung von Modellen der Künstlichen Intelligenz folgt einer Reihe strukturierter Phasen, die von der Konzeptualisierung bis zur Implementierung und Wartung eines Modells in der Produktion führen. Diese Phasen können je nach angewandter Methodik leicht variieren, umfassen jedoch in der Regel grundlegende Schritte wie die Problemdefinition, Datenerhebung, Vorverarbeitung, Merkmalsauswahl, Modellerstellung, Training, Validierung, Implementierung und Überwachung. Jede dieser Phasen spielt eine entscheidende Rolle dabei, sicherzustellen, dass das Modell effektiv, effizient und auf die Projektziele ausgerichtet ist.

1. Die erste Phase ist die Definition des Problems. Diese Phase ist entscheidend, da sie die Grundlage bildet, auf der das gesamte Projekt aufgebaut wird. Das zu lösende Problem muss klar identifiziert werden, wobei Schlüsselfragen formuliert werden wie: Was ist das Ziel des Modells? Welche Art von Ergebnissen wird erwartet? Wie wird der Erfolg des Modells gemessen?

Es ist wichtig, den Geschäftskontext oder die Anwendung, in die das Modell integriert werden soll, zu verstehen sowie die spezifischen Anforderungen und Einschränkungen des Projekts zu definieren. Dazu gehört auch die Identifikation der beteiligten Stakeholder und ihrer Erwartungen.

2. Sobald das Problem klar definiert ist, folgt die Datenerhebung und -exploration. Diese Phase umfasst das Sammeln der für das Modelltraining erforderlichen Daten. Die Daten können aus verschiedenen Quellen stammen, wie internen Datenbanken, APIs, Sensoren oder sogar öffentlichen Datenquellen. Es ist essenziell, sicherzustellen, dass die gesammelten Daten relevant, repräsentativ und von hoher Qualität sind. Während der Datenexploration werden die Datensätze analysiert, um deren Struktur und Verteilung zu verstehen und mögliche Probleme wie fehlende oder Ausreißerwerte zu erkennen. Statistische Techniken und Visualisierungstools können verwendet werden, um Muster und Zusammenhänge in den Daten zu entdecken.

3. Auf die Datenerhebung und -exploration folgt die Phase der Datenvorverarbeitung. In diesem Schritt werden die Daten bereinigt, um sicherzustellen, dass sie für die Modellierung geeignet sind. Dies umfasst das Entfernen von Duplikaten, das Behandeln fehlender Werte, die Normalisierung und Standardisierung der Daten sowie die Umwandlung kategorialer Variablen in numerische Werte. Die Vorverarbeitung ist entscheidend, um sicherzustellen, dass das Modell effektiv aus den Daten lernen kann und die Ergebnisse präzise und zuverlässig sind. Außerdem wird der Datensatz in Trainings-, Validierungs- und Testdatensätze aufgeteilt, die in späteren Phasen verwendet werden.

4. Die Auswahl der Merkmale ist die nächste Phase. Hierbei werden die relevantesten Variablen ausgewählt, die für das Training des Modells verwendet werden sollen. Die Merkmalsauswahl hat erheblichen Einfluss auf die Komplexität und Leistung des Modells. Es gibt verschiedene Techniken zur Auswahl dieser Merkmale, von statistischen Ansätzen bis hin zu Algorithmen des Machine Learnings. Auch eine Dimensionsreduktion kann in dieser Phase angewendet werden, um das Modell zu vereinfachen, ohne dessen Vorhersagekraft zu verlieren. Dies ist besonders bei großen und komplexen Datensätzen wichtig, bei denen viele Merkmale irrelevant oder redundant sein können.

5. Mit vorverarbeiteten Daten und ausgewählten Merkmalen folgt der Aufbau des Modells. In dieser Phase werden die Machine-Learning- oder Deep-Learning-Algorithmen ausgewählt, die am besten zum jeweiligen Problem passen. Die Auswahl des Algorithmus hängt von der Problemstellung (Regression, Klassifikation, Clustering usw.) sowie von der Art und dem Umfang der Daten ab. Es werden Modelle erstellt und konfiguriert, einschließlich der Definition der Architektur bei neuronalen Netzen sowie der anfänglichen Anpassung von Hyperparametern wie Lernrate oder Anzahl der Schichten. Es ist üblich, mehrere Modelle zu testen, um herauszufinden, welches die beste Leistung bietet.

6. Auf den Aufbau des Modells folgt die Trainingsphase. Während des Trainings wird das Modell anhand des Trainingsdatensatzes angepasst, wobei ein Optimierungsalgorithmus verwendet wird, um eine Verlustfunktion zu minimieren. Diese Phase kann mehrere Iterationen durchlaufen, in denen die Gewichte und internen Parameter des Modells angepasst werden, um dessen Vorhersagefähigkeit zu verbessern. Der Trainingsprozess kann ressourcenintensiv sein, insbesondere bei komplexen Modellen wie tiefen neuronalen Netzen. Hier zeigt sich, ob das Modell korrekt lernt oder ob es beispielsweise zu Overfitting kommt, was die Generalisierungsfähigkeit auf neue Daten beeinträchtigen kann.

7. Die Validierung des Modells ist entscheidend, um dessen Leistung mit einem vom Training unabhängigen Datensatz zu evaluieren. Die Validierung hilft, Probleme zu identifizieren, die während des Trainings nicht offensichtlich waren, wie etwa Overfitting oder eine besondere Empfindlichkeit gegenüber bestimmten Eigenschaften des Datensatzes. Techniken wie Kreuzvalidierung werden eingesetzt, um sicherzustellen, dass das Modell robust ist und eine konsistente Leistung aufweist. Die Validierungsphase kann auch das Anpassen von Hyperparametern und den Vergleich verschiedener Modelle beinhalten, um das geeignetste auszuwählen.

8. Nachdem das Modell validiert wurde, erfolgt die Implementierung und Bereitstellung. In dieser Phase wird das Modell in eine Produktionsumgebung überführt, in der es beginnt, Daten in Echtzeit oder im Batch-Modus zu verarbeiten. Die Implementierung kann die Integration des Modells in bestehende Systeme, die Entwicklung von APIs oder die Bereitstellung auf Cloud-Plattformen erfordern. Es ist entscheidend, dass das Modell für die Produktionsumgebung optimiert ist, damit es skalierbar, schnell und sicher ist. Darüber hinaus müssen Verfahren zur Überwachung der Leistung und für notwendige Aktualisierungen eingerichtet werden.

9. Schließlich folgt die Phase der Überwachung und Wartung. Nachdem das Modell bereitgestellt wurde, ist es unerlässlich, seine Leistung kontinuierlich zu überwachen, um sicherzustellen, dass es weiterhin die gesetzten Ziele erfüllt. Dazu gehört die Erkennung möglicher Leistungsverluste, die durch Änderungen in den Eingabedaten oder in der Betriebsumgebung verursacht werden. Die Überwachung kann dazu führen, dass das Modell neu trainiert oder seine Parameter angepasst werden müssen. Zudem ist das Management von Modellversionen erforderlich, um sicherzustellen, dass Aktualisierungen oder Verbesserungen den Dienst nicht unterbrechen oder Fehler verursachen.

Es ist zu beachten, dass jedes Projekt unterschiedlich ist und sowohl die Phasen als auch deren Anzahl in diesem Beispiel als Grundlage für die Entwicklung jedes Projekts dienen. Jede dieser Phasen ist entscheidend für den Erfolg eines Projekts im Bereich der Künstlichen Intelligenz. Durch einen methodischen und systematischen Ansatz kann sichergestellt werden, dass die entwickelten Modelle nicht nur technisch fundiert sind, sondern auch in ihrer praktischen Anwendung echten und nachhaltigen Mehrwert erzeugen.

13.1.2. Best Practices in jeder Phase

In jeder Phase der Entwicklung von Modellen der Künstlichen Intelligenz ist es entscheidend, Best Practices anzuwenden, um sicherzustellen, dass der Prozess effizient abläuft, die Ergebnisse präzise sind und das Modell die Projektziele erfüllt. Einige davon haben wir bereits erwähnt, nun folgt eine Liste mit allen.

Während der Problemdefinition ist es von entscheidender Bedeutung, alle relevanten Stakeholder von Anfang an einzubeziehen. Dazu gehören nicht nur Entwickler und Datenwissenschaftler, sondern auch Fachexperten, Business-Analysten und alle, die von der Nutzung des Modells betroffen sein werden. Eine klare und detaillierte Problemdefinition hilft, Missverständnisse zu vermeiden und stellt sicher, dass das Projekt mit den strategischen Zielen übereinstimmt. Es wird außerdem empfohlen, alle Annahmen und Erwartungen zu dokumentieren sowie Erfolgsmessgrößen festzulegen, die spezifisch, messbar, erreichbar, relevant und zeitgebunden sind.

Wie wir bereits wissen, ist in der Phase der Datenerhebung und -exploration die Datenqualität von zentraler Bedeutung. Es sollten Verfahren implementiert werden, um die Integrität, Konsistenz und Genauigkeit der gesammelten Daten zu überprüfen. Eine empfohlene Praxis ist die Durchführung einer umfassenden explorativen Datenanalyse (EDA), um Muster, Zusammenhänge und mögliche Anomalien zu identifizieren. Visualisierungstechniken sollten eingesetzt werden, um die Verteilung der Daten besser zu verstehen und Ausreißer oder fehlende Werte zu erkennen. Es ist ebenfalls ratsam, die Vielfalt der Datenquellen zu berücksichtigen, um die Repräsentativität und Robustheit des Modells zu verbessern.

Wie du im Laufe des Buches feststellen konntest, ist es beim Preprocessing der Daten unerlässlich, Reinigungsverfahren methodisch anzuwenden. Duplikate zu entfernen, fehlende Werte konsistent zu behandeln und die Konsistenz der Formate sicherzustellen, sind Schritte, die Fehler in späteren Phasen vermeiden helfen. Die Normalisierung und Standardisierung von Daten sollte berücksichtigt werden, wenn Merkmale unterschiedliche Skalen haben. Außerdem ist es wichtig, Transformationstechniken für kategoriale Variablen anzuwenden, wie z. B. One-Hot-Encoding, damit sie mit Machine-Learning-Algorithmen kompatibel sind.

Bei der Merkmalsauswahl umfassen Best Practices die sorgfältige Bewertung der Relevanz und Redundanz jedes Merkmals. Automatisierte Techniken wie Korrelationsanalyse, das Entfernen von Merkmalen mit geringer Varianz und Feature-Selection-Methoden wie Recursive Feature Elimination (RFE) können sehr hilfreich sein. Ebenso wichtig ist es jedoch, das Fachwissen aus dem jeweiligen Anwendungsbereich zu berücksichtigen, um fundierte Entscheidungen darüber zu treffen, welche Merkmale ein- oder ausgeschlossen werden sollen. Die Gründe für die Auswahl jedes Merkmals zu dokumentieren, ist eine empfohlene Praxis, um spätere Überprüfungen oder Modell-Audits zu erleichtern.

Der Modellaufbau sollte mit einer gründlichen Recherche zu den am besten geeigneten Algorithmen für das jeweilige Problem beginnen. Es ist ratsam, mehrere Basismodelle zu implementieren und ihre Ergebnisse zu vergleichen, bevor entschieden wird, welches Modell in der Produktionsphase verwendet wird. Modularität ist der Schlüssel; das Modell sollte so aufgebaut sein, dass Anpassungen und Verbesserungen möglich sind, ohne den gesamten Code neu schreiben zu müssen. Es ist auch empfehlenswert, gut unterstützte und regelmäßig aktualisierte Frameworks und Bibliotheken zu verwenden, um Skalierbarkeit und langfristige Wartbarkeit zu gewährleisten.

Während des Modelltrainings ist es unerlässlich, das Verhalten des Modells in jeder Iteration genau zu überwachen, um mögliche Probleme wie Overfitting oder Underfitting zu erkennen. Eine gute Praxis ist es, die Daten in Trainings-, Validierungs- und Testsets zu unterteilen, sodass das Modell kontinuierlich während des Trainings validiert werden kann. Der Einsatz von Techniken wie Cross-Validation kann helfen, sicherzustellen, dass das Modell generalisierbar ist. Zudem wird der Einsatz von Regularisierungstechniken wie L1- oder L2-Penalisierung empfohlen, um Overfitting zu vermeiden.

In der Validierungsphase sollten geeignete Leistungskennzahlen verwendet und konsistent angewendet werden, die dem jeweiligen Problemtyp entsprechen. Es wird empfohlen, das Modell anhand mehrerer Metriken zu bewerten (z. B. Genauigkeit, Recall, F1-Score), um ein umfassendes Bild der Leistungsfähigkeit zu erhalten. Es sollte vermieden werden, das Modell ausschließlich auf die Verbesserung einer bestimmten Metrik hin zu optimieren, da dies zu unerwünschten Kompromissen in anderen Bereichen führen kann. Eine weitere gute Praxis ist die Durchführung einer Sensitivitätsanalyse, um zu verstehen, wie das Modell auf verschiedene Eingaben reagiert.

Für die Implementierung und den Einsatz des Modells ist es entscheidend, den Übergang vom Entwicklungs- zum Produktionsumfeld sorgfältig zu planen. Dazu gehört die Erstellung automatisierter Pipelines für kontinuierliche Bereitstellung, umfassende Tests in Staging-Umgebungen zur Identifizierung potenzieller Probleme vor dem Einsatz in der Produktion und die Integration in bestehende Systeme über APIs oder Cloud-Dienste. Der Einsatz von Orchestrierungstools und Containern wird empfohlen, um sicherzustellen, dass das Modell skalierbar ist und konsistent in verschiedenen Umgebungen repliziert werden kann.

Schließlich sollten in der Phase der Überwachung und Wartung Mechanismen für kontinuierliches Monitoring etabliert werden, die eine Erkennung von Leistungsverschlechterungen des Modells in Echtzeit ermöglichen. Dazu gehört die Implementierung automatischer Benachrichtigungen und die Sammlung von Logs, um die Problemdiagnose zu erleichtern. Es ist entscheidend, Prozesse für das Retraining des Modells zu planen und zu dokumentieren, um sicherzustellen, dass es mit neuen Daten aktuell bleibt. Das Versionsmanagement ist ebenso wichtig, um Änderungen nachverfolgen und bei Bedarf zu früheren Versionen zurückkehren zu können.

Diese Best Practices sorgen nicht nur für eine robustere und effizientere Entwicklung, sondern stellen auch sicher, dass die eingesetzten Modelle zuverlässig sind und ihren Wert im Laufe der Zeit behalten.

13.1.3. Unterstützende Werkzeuge

Fassen wir erneut die wichtigsten Werkzeuge in einer Liste zusammen. Bei der Entwicklung von Modellen der Künstlichen Intelligenz ist es unerlässlich, unterstützende Werkzeuge einzusetzen, die jede Phase des Prozesses erleichtern – von der ersten Konzeptualisierung bis hin zur Bereitstellung und kontinuierlichen Überwachung des Modells. Diese Werkzeuge optimieren nicht nur den Arbeitsfluss, sondern helfen auch dabei, Qualität und Konsistenz in jeder Phase des KI-Entwicklungszyklus aufrechtzuerhalten. Im Folgenden werden die relevantesten unterstützenden Werkzeuge und ihre spezifischen Anwendungen in den jeweiligen Phasen beschrieben.

Für das Projektmanagement und die Zusammenarbeit in multidisziplinären Teams werden Plattformen wie JIRA und Trello häufig verwendet. JIRA ist ein leistungsstarkes Tool zur Aufgabenverwaltung, Fehlerverfolgung und Sprintplanung in agilen Umgebungen, was entscheidend für die Kontrolle des Projektfortschritts ist. Trello, obwohl einfacher, ist sehr effektiv für die visuelle Aufgabenverwaltung und erleichtert die Zusammenarbeit über individuell anpassbare Boards, je nach Teamanforderung. Diese Werkzeuge helfen sicherzustellen, dass alle Beteiligten auf die Projektziele ausgerichtet bleiben und die Aufgaben geordnet und termingerecht erledigt werden.

Während der Datenerhebung und -vorbereitung zeichnen sich Tools wie Apache NiFi und Talend durch ihre Fähigkeit aus, komplexe Datenflüsse zu automatisieren und zu verwalten. Apache NiFi bietet eine flexible Plattform für das Echtzeit-Streaming, die Verarbeitung und Verteilung von Daten aus verschiedenen Quellen. Talend hingegen bietet eine vollständige Suite von Tools für Datenintegration und -transformation mit Funktionen zur Datenbereinigung, -kombination und -anreicherung, bevor diese in der Modellierung verwendet werden. Diese Werkzeuge sind unerlässlich, um sicherzustellen, dass die für den Modellaufbau verwendeten Daten von hoher Qualität und im richtigen Format vorliegen.

Für die explorative Analyse und Visualisierung von Daten ist Python mit seinen Library Pandas, Matplotlib und Seaborn der Industriestandard. Pandas erleichtert die Handhabung großer Datensätze und ermöglicht es Datenwissenschaftlern, beschreibende Analysen und Transformationen effizient durchzuführen. Matplotlib und Seaborn bieten leistungsstarke Visualisierungsfunktionen, um Muster, Trends und Anomalien in den Daten effektiv zu erkennen. Darüber hinaus bieten Tools wie Tableau und Power BI fortschrittlichere und benutzerfreundlichere visuelle Lösungen für die Datenpräsentation, was besonders in der Ergebnispräsentation für nicht-technische Stakeholder nützlich ist.

Für den Modellbau und das Training sind TensorFlow, PyTorch und Scikit-learn von grundlegender Bedeutung. TensorFlow wird häufig zum Aufbau von Machine-Learning- und Deep-Learning-Modellen verwendet und bietet hohe Flexibilität und Skalierbarkeit. PyTorch wird von vielen Forschern aufgrund seines intuitiven Designs und der einfachen Handhabung geschätzt, insbesondere für schnelle und experimentelle Entwicklungen. Scikit-learn, mit seiner breiten Palette implementierter Algorithmen, ist ideal für schnelle Prototypen und Anwendungen, bei denen Einfachheit und Effizienz im Vordergrund stehen. Darüber hinaus bietet Keras, das auf TensorFlow aufbaut, eine einfachere API zur Erstellung neuronaler Netze, was die schnelle Entwicklung und Iteration von Modellen erleichtert.

Für die Evaluierung und Feinabstimmung von Hyperparametern sind Tools wie GridSearchCV und RandomizedSearchCV in Scikit-learn unerlässlich. Diese ermöglichen die Automatisierung des Prozesses zur Suche nach optimalen Hyperparametern durch die Bewertung zahlreicher möglicher Kombinationen auf Basis der Modellleistung in einem Validierungsdatensatz. Für fortgeschrittenere und effizientere Optimierungen bieten Libraries wie Optuna und Hyperopt Techniken wie die Bayes'sche Optimierung, die die

Rechenzeit zur Ermittlung der besten Hyperparameterkonfiguration erheblich reduzieren können.

Bei der Modellimplementierung und -bereitstellung sind Docker und Kubernetes Schlüsselwerkzeuge. Diese werden im nächsten Punkt noch detaillierter behandelt. Docker ermöglicht es, Anwendungen und deren Abhängigkeiten in Containern zu verpacken, die konsistent in unterschiedlichen Umgebungen ausgeführt werden können, wodurch sichergestellt wird, dass das Modell in der Produktion genauso funktioniert wie in der Entwicklung. Kubernetes bietet eine Plattform zur Container-Orchestrierung, die automatische Skalierung, Netzwerkmanagement und Strategien zur Aktualisierung und Fehlerbehandlung ermöglicht. Diese Tools sind entscheidend für eine effiziente Bereitstellung und den stabilen Betrieb von Modellen in Produktionsumgebungen.

Für die Überwachung und Wartung von Modellen in der Produktion werden Prometheus und Grafana häufig eingesetzt. Prometheus ist ein Monitoring- und Benachrichtigungstool, das es ermöglicht, Leistungs- und Verfügbarkeitsmetriken von Modellen in Echtzeit zu erfassen. Grafana ergänzt dies mit fortgeschrittenen Visualisierungsfunktionen, die es DevOps-Teams und Datenwissenschaftlern ermöglichen, die Modellleistung über individuell anpassbare Dashboards zu überwachen. Darüber hinaus ist MLflow ein Werkzeug, das das Nachverfolgen von Experimenten, das Modellmanagement und die Bereitstellung erleichtert und damit einen vollständigen Rahmen für das Management des Machine-Learning-Lebenszyklus bietet.

Für Dokumentation und Nachverfolgbarkeit sind Tools wie Jupyter Notebooks und Sphinx unerlässlich. Jupyter Notebooks ermöglichen es Datenwissenschaftlern, Code, Visualisierungen und erklärende Texte in einem einzigen Dokument zu kombinieren, was ideal für die Dokumentation von Experimenten und die Präsentation von Ergebnissen ist. Sphinx wird verwendet, um technische Dokumentationen aus Quellcode zu generieren und erleichtert die Erstellung kohärenter und gut strukturierter Dokumentation für KI-Modelle und Anwendungen.

Für das Versionsmanagement und die Codeverwaltung sind Git und GitHub unverzichtbare Werkzeuge, und wenn du lernst, sie zu verwenden, wirst du selbst das große Potenzial und die vielen Zeilen Code erkennen, die du dir ersparen kannst. Git ist ein Versionskontrollsystem, das es Teams ermöglicht, Änderungen am Quellcode effektiv zu verwalten und die Zusammenarbeit sowie die Wiederherstellung früherer Versionen zu erleichtern. GitHub bietet darüber hinaus eine Plattform zur Projektzusammenarbeit mit zusätzlichen Funktionen für Code-Reviews, Continuous Integration und automatisierte Bereitstellung.

Diese unterstützenden Werkzeuge erleichtern nicht nur die Entwicklung von KI-Modellen, sondern sorgen auch dafür, dass Prozesse reproduzierbar, transparent und effizient bleiben, wodurch sich Datenteams auf Innovation und kontinuierliche Leistungsverbesserung konzentrieren können.

13.2. Werkzeuge und Frameworks für den Einsatz

13.2.1. Docker und Kubernetes

Docker und Kubernetes sind zwei grundlegende Technologien für die Implementierung und Bereitstellung von Anwendungen, insbesondere im Kontext von Modellen der Künstlichen Intelligenz. Beide Werkzeuge haben die Art und Weise revolutioniert, wie Anwendungen erstellt, bereitgestellt und skaliert werden, und ermöglichen eine größere Flexibilität, Konsistenz und Effizienz in Entwicklungs- und Betriebsprozessen.

Docker ist eine Plattform, die es ermöglicht, Anwendungen und ihre Abhängigkeiten in Containern zu verpacken. Ein Container ist eine standardisierte Softwareeinheit, die den Anwendungscode zusammen mit allen erforderlichen Libraries, Abhängigkeiten und Konfigurationen enthält, damit er in jeder Umgebung funktioniert. Dieser Ansatz beseitigt das Problem der "Umgebungskompatibilität", indem sichergestellt wird, dass die Anwendung unabhängig vom Bereitstellungsort konsistent funktioniert: auf dem lokalen Rechner eines Entwicklers, in einer Testumgebung oder in der Produktion.

Der Hauptvorteil von Docker ist die Fähigkeit, Anwendungen so zu kapseln, dass sie vollständig portabel sind. Entwickler können alle Abhängigkeiten und Konfigurationen in einer Dockerfile-Datei definieren, die dann zum Erstellen eines Docker-Images verwendet wird. Dieses Image ist eine Vorlage, aus der Container erstellt werden, die laufende Instanzen des Images darstellen. Jeder Container ist isoliert und hat sein eigenes Dateisystem, Netzwerk und Prozessraum, was sicherstellt, dass die Anwendungen darin sich nicht gegenseitig oder das Host-Betriebssystem beeinträchtigen.

Im Hinblick auf die Implementierung von KI-Modellen erleichtert Docker die Reproduzierbarkeit der Entwicklungs-, Test- und Produktionsumgebungen. Ein in einem Docker-Container in der Entwicklungsumgebung trainiertes KI-Modell kann in einem identischen Container in der Produktion bereitgestellt werden, was sicherstellt, dass sich das Modellverhalten nicht zwischen den Umgebungen unterscheidet. Dies ist besonders wichtig bei der Arbeit mit spezifischen Libraries und Versionen, die empfindlich auf Änderungen in der zugrunde liegenden Umgebung reagieren.

Kubernetes hingegen ist eine Container-Orchestrierungsplattform, die verwendet wird, um containerisierte Anwendungen in großem Maßstab zu verwalten. Während Docker die Erstellung und Ausführung von Containern ermöglicht, verwaltet Kubernetes deren Bereitstellung, Skalierung und Betrieb in einem Cluster von Servern. Ein Kubernetes-Cluster besteht aus einer Gruppe von Knoten (Servern), die die Container ausführen, und Kubernetes stellt eine Abstraktionsebene über diesen Knoten bereit, die es den Betreibern ermöglicht, das Cluster zentral zu verwalten.

Kubernetes automatisiert viele Aufgaben im Zusammenhang mit dem Containermanagement, wie die Lastverteilung (Load Balancing), die automatische Wiederherstellung bei Ausfällen (Neustart fehlgeschlagener Container), die automatische Skalierung (Anpassung der Anzahl von Containern je nach Nachfrage) und das Management von Konfigurationen und Geheimnissen (wie Passwörter und API-Schlüssel). Diese Funktionen sind entscheidend, um robuste und skalierbare KI-Anwendungen in der Produktion aufrechtzuerhalten.

Im Kontext eines KI-Workflows ermöglicht Kubernetes die Bereitstellung von Modellen in großem Maßstab und deren effiziente Verwaltung. Wenn beispielsweise ein KI-Modell in mehreren Instanzen bereitgestellt werden muss, um eine hohe Nachfrage nach Echtzeitvorhersagen zu bedienen, kann Kubernetes die Erstellung zusätzlicher Container automatisieren und die Anfragen gleichmäßig auf diese verteilen. Wenn ein Knoten im Cluster ausfällt, kann Kubernetes die betroffenen Container auf andere verfügbare Knoten verschieben und so die Ausfallzeit minimieren.

Ein großer Vorteil der Kombination von Kubernetes mit Docker ist die Fähigkeit, den gesamten Lebenszyklus von KI-Anwendungen – von der Entwicklung bis zur Produktion – in einer konsistenten und automatisierten Umgebung zu verwalten. Kubernetes erleichtert auch die Bereitstellung von Updates ohne Ausfallzeiten (durch kontinuierliche Updates oder "Rolling Updates") und die gleichzeitige Ausführung verschiedener Modellversionen (durch Implementierungsmuster wie "Canary Releases" oder "Blue-Green Deployments").

Darüber hinaus unterstützt Kubernetes die Integration mit CI/CD-Tools (Continuous Integration/Continuous Deployment), was eine vollständige Automatisierung des Entwicklungs- und Bereitstellungsworkflows ermöglicht. Dies ist besonders nützlich bei KI-Projekten, bei denen Modelle häufig aktualisiert werden müssen, basierend auf neuen Daten oder Änderungen an den Algorithmen.

Hier ist ein Beispiel für ein einfaches Dockerfile, das verwendet werden könnte, um ein Image eines KI-Modells mit `TensorFlow` zu erstellen:

```
# Eine offizielle TensorFlow-Image als Basis-Image verwenden
FROM tensorflow/tensorflow:2.4.1

# Das Arbeitsverzeichnis im Container festlegen
WORKDIR /usr/src/app

# Den Inhalt des aktuellen Verzeichnisses in den Container unter
/usr/src/app kopieren
COPY . .

# Alle erforderlichen Pakete installieren, die in requirements.txt
angegeben sind
RUN pip install --no-cache-dir -r requirements.txt

# Port 80 für den externen Zugriff auf diesen Container freigeben
EXPOSE 80

# Eine Umgebungsvariable definieren
ENV NAME World

# app.py ausführen, wenn der Container gestartet wird
CMD ["python", "./app.py"]
```

Dieses Dockerfile definiert ein Docker-Image, das auf `TensorFlow` basiert, den Anwendungscode in den Container kopiert, die erforderlichen Abhängigkeiten installiert und Port 80 für die Kommunikation mit dem Container öffnet.

Hier ist ein einfaches Beispiel für eine Kubernetes-Deploymentsdatei (YAML), die verwendet werden könnte, um den Container in einem Kubernetes-Cluster bereitzustellen:

```
apiVersion: apps/v1
kind: Deployment
metadata:
  name: my-tensorflow-app
spec:
  replicas: 3
  selector:
    matchLabels:
      app: my-tensorflow-app
  template:
    metadata:
      labels:
        app: my-tensorflow-app
    spec:
      containers:
      - name: tensorflow-container
        image: my-tensorflow-image:latest
        ports:
        - containerPort: 80
```

Diese YAML-Datei definiert ein Deployment in Kubernetes mit drei Replikaten eines Containers, der auf dem zuvor erstellten TensorFlow-Image basiert. Kubernetes orchestriert diese Replikate und stellt sicher, dass der Dienst verfügbar und je nach Bedarf skalierbar ist.

13.2.2. TensorFlow Serving

Soweit ich weiß, ist TensorFlow Serving ein System, das speziell – und ich sage "speziell" – für die Produktion und Bereitstellung von Machine-Learning-Modellen in TensorFlow entwickelt wurde. Es handelt sich um eine robuste und flexible Lösung, die es ermöglicht, trainierte Modelle effizient bereitzustellen und sicherzustellen, dass sie für Vorhersagen in Echtzeit verfügbar sind. Dieses Tool ist für den Einsatz von Machine-Learning-Modellen in Produktionsumgebungen optimiert, wo niedrige Latenz und hohe Verfügbarkeit entscheidend sind.

Das Hauptziel von TensorFlow Serving ist es, eine Infrastruktur bereitzustellen, die die Implementierung von Machine-Learning-Modellen in der Produktion erleichtert, ohne dass der trainierte Modellcode wesentlich neu geschrieben oder geändert werden muss. Dies wird durch die Fähigkeit erreicht, mehrere Versionen eines Modells gleichzeitig bereitzustellen und Aktualisierungen im laufenden Betrieb (Hot Swapping) zu verwalten, ohne den Dienst zu unterbrechen.

Wesentliche Merkmale von TensorFlow Serving:

- **Modellverwaltung:** TensorFlow Serving ermöglicht die Verwaltung mehrerer Modelle und Modellversionen. In einer Produktionsumgebung können Entwickler neue Versionen eines Modells bereitstellen, während frühere Versionen weiterhin aktiv bleiben. Dies ist entscheidend für Umgebungen, in denen A/B-Tests oder Leistungsvergleiche zwischen Modellversionen erforderlich sind. Die Fähigkeit, mehrere Versionen gleichzeitig bereitzustellen, unterstützt die iterative Entwicklung und Bereitstellung von Modellen.

- **Dynamisches Modellladen:** TensorFlow Serving unterstützt das dynamische Laden von Modellen, was bedeutet, dass ein Modell zur Laufzeit in den Speicher geladen werden kann, ohne den Server neu starten zu müssen. Dies ist entscheidend in Produktionsumgebungen, in denen die Dienstverfügbarkeit kontinuierlich gewährleistet sein muss.

- **Konfiguration und Flexibilität:** TensorFlow Serving ist hochgradig konfigurierbar und flexibel. Nutzer können Aspekte wie die Anforderungsweiterleitung, automatische Skalierung je nach Last und die Konfiguration von Traffic-Routing-Richtlinien zwischen Modellversionen anpassen. Dieses

Maß an Anpassung stellt sicher, dass TensorFlow Serving an unterschiedliche Produktionsanforderungen angepasst werden kann.

- **Leistungsoptimierung:** TensorFlow Serving ist darauf ausgelegt, Vorhersagen mit niedriger Latenz zu liefern. Es ist für den Umgang mit großen Mengen an Echtzeit-Vorhersageanfragen optimiert, was es zur idealen Wahl für Anwendungen macht, die schnelle Reaktionen erfordern, wie Empfehlungssysteme, Betrugserkennung und automatisierte medizinische Diagnosen.

- **Vorhersage-APIs:** TensorFlow Serving stellt sowohl REST- als auch gRPC-APIs bereit, was die Integration mit verschiedenen Anwendungen und Diensten erleichtert. gRPC ist in Hochlastumgebungen aufgrund seiner Effizienz und der Unterstützung für sprachenübergreifende Kommunikation besonders beliebt.

- **Unterstützung für Batch und Streaming:** Neben Echtzeitvorhersagen unterstützt TensorFlow Serving auch die Verarbeitung von Batch-Anfragen und das Streaming von Datenflüssen. Dadurch ist es vielseitig einsetzbar – von Anwendungen mit unmittelbarem Antwortbedarf bis hin zu solchen, die große Datenmengen langsamer verarbeiten.

Architektur von TensorFlow Serving

TensorFlow Serving folgt einer modularen Architektur, bei der jedes Modul je nach Bedarf konfiguriert und erweitert werden kann. Die Hauptarchitektur umfasst folgende Komponenten:

- **Model Server:** Dies ist die zentrale Komponente von TensorFlow Serving, die Modelle lädt und bereitstellt. Dieser Server verwaltet die Modelle, führt Vorhersagen aus und stellt die Kommunikation mit Client-Anwendungen sicher.

- **Servables:** Dies sind die Haupteinheiten, die TensorFlow Serving verwaltet und bereitstellt. Ein Servable kann ein Machine-Learning-Modell, eine Nachschlagetabelle oder ein anderes Artefakt sein. TensorFlow Serving kann mehrere Servables gleichzeitig laden und verwalten.

- **Loader:** Diese Komponente ist für das Laden von Servables zuständig. Jedes Mal, wenn ein Modell oder Servable aktualisiert oder geändert wird, lädt der Loader es in den Server, ohne dass der Dienst gestoppt werden muss.

- **Source:** Dies ist die Quelle, aus der TensorFlow Serving die Servables bezieht. Es kann sich um ein Dateisystem, eine Datenbank oder einen anderen Modellspeicher handeln. Die Quelle überwacht auch Änderungen an den Servables und benachrichtigt den Server, damit die erforderlichen Updates durchgeführt werden können.

- **Manager:** Der Manager koordiniert das Laden und den Zugriff auf die Servables. Er stellt sicher, dass die richtigen Versionen verfügbar sind, und verwaltet den Übergang zwischen Versionen.

- **Core:** Dies ist der Kern von TensorFlow Serving, der die zentrale Logik wie Ressourcenallokation und Leistungsoptimierung verwaltet.

Implementierungsbeispiel mit TensorFlow Serving

Hier ist ein einfaches Beispiel, wie TensorFlow Serving konfiguriert werden kann, um ein trainiertes TensorFlow-Modell bereitzustellen. Angenommen, ein TensorFlow-Modell wurde trainiert und in ein Verzeichnis namens model exportiert.

1. Modell exportieren: Zuerst muss das Modell in einem mit TensorFlow Serving kompatiblen Format exportiert werden. Dies erfolgt in der Regel während oder nach dem Training.

```
import tensorflow as tf
from tensorflow import keras

# Erstelle ein einfaches Modell
model = keras.Sequential([
    keras.layers.Dense(128, activation='relu', input_shape=(784,)),
    keras.layers.Dense(10, activation='softmax')
])

# Kompiliere und trainiere das Modell
model.compile(optimizer='adam',
              loss='sparse_categorical_crossentropy',
              metrics=['accuracy'])

# Exportiere das Modell im SavedModel-Format
tf.saved_model.save(model, 'model/1/')
```

In diesem Beispiel wird das Modell in einem Format gespeichert, das TensorFlow Serving laden kann. Die Modellversion wird im Unterverzeichnis 1 angegeben.

2. TensorFlow Serving ausführen: Um das exportierte Modell bereitzustellen, muss TensorFlow Serving so konfiguriert werden, dass es auf das Verzeichnis mit dem Modell verweist.

Wenn du Docker verwendest, kannst du TensorFlow Serving mit folgendem Befehl ausführen:

```
docker run -p 8501:8501 \
  --name=tf-serving \
  --mount type=bind,source=$(pwd)/model,target=/models/my_model \
  -e MODEL_NAME=my_model -t tensorflow/serving
```

In diesem Befehl:
- `-p 8501:8501` öffnet Port 8501, den Standardport, an dem TensorFlow Serving Anfragen entgegennimmt.
- `--mount type=bind,source=$(pwd)/model,target=/models/my_model` bindet das Modellverzeichnis im Docker-Container ein.
- `-e MODEL_NAME=my_model` legt den Modellnamen für TensorFlow Serving fest.

3. Vorhersagen durchführen: Sobald TensorFlow Serving läuft, kannst du Vorhersagen über die REST- oder gRPC-API durchführen. Hier ein Beispiel mit der REST-API:

```
import requests
import json

# Definiere die Eingabedaten
data = {"instances": [[0.0, 0.0, 0.0, ..., 0.0]]}  # Die Form der
Eingabedaten muss dem Modell entsprechen

# Sende eine POST-Anfrage an die TensorFlow Serving API
response = requests.post('http://localhost:8501/v1/mod-
els/my_model:predict', json=data)

# Gib die Vorhersage aus
print(response.json())
```

Dieses Skript sendet eine POST-Anfrage an den TensorFlow Serving-Server, um Vorhersagen mit dem bereitgestellten Modell zu erhalten.

13.2.3. MLflow

MLflow ist eine Open-Source-Plattform, die entwickelt wurde, um den gesamten Lebenszyklus von Machine-Learning-Modellen zu verwalten, von den ersten Experimenten bis hin zur Implementierung in der Produktion und dem kontinuierlichen Monitoring. MLflow wurde von Databricks entwickelt und stellt eine Reihe integrierter Tools zur Verfügung, die es Data-Science- und Machine-Learning-Teams ermöglichen, alle Phasen der Modellentwicklung und -bereitstellung effizient zu verwalten. MLflow hat sich dank seiner Flexibilität, Skalierbarkeit und der Fähigkeit, sich in verschiedene Frameworks und Arbeitsumgebungen zu integrieren, zu einer beliebten Wahl entwickelt.

Die Hauptfunktionen von MLflow sind in vier zentrale Komponenten unterteilt: MLflow Tracking, MLflow Projects, MLflow Models und MLflow Registry. Im Folgenden wird jede dieser Komponenten im Detail beschrieben.

1. MLflow Tracking

MLflow Tracking ist ein Tool, das eine umfassende Nachverfolgung von Machine-Learning-Experimenten ermöglicht. Mit MLflow Tracking können Entwickler Metriken, Parameter und während des Modelltrainings erzeugte Artefakte aufzeichnen und vergleichen. Diese Funktionalität ist entscheidend für die iterative Experimentierung, bei der verschiedene Modellkonfigurationen bewertet und verglichen werden müssen.

Einige der wichtigsten Funktionen von MLflow Tracking sind:
- Aufzeichnung von Trainingsparametern wie Lernraten, Anzahl der Epochen und anderen Hyperparametern.
- Aufzeichnung von Leistungsmetriken wie Genauigkeit, Recall, F1-Score und anderen.
- Speicherung von Artefakten, die Modell-Dateien, Diagramme, Konfigurationsdateien und andere enthalten können.
- Visualisierung der Ergebnisse der Experimente über eine intuitive Weboberfläche, die den Vergleich verschiedener Ausführungen erleichtert.

Der folgende Code zeigt ein einfaches Beispiel dafür, wie MLflow Tracking verwendet wird, um Parameter und Metriken eines mit scikit-learn trainierten Machine-Learning-Modells aufzuzeichnen:

```
import mlflow
import mlflow.sklearn
from sklearn.ensemble import RandomForestClassifier
from sklearn.datasets import load_iris
from sklearn.model_selection import train_test_split
from sklearn.metrics import accuracy_score

# Lade den Datensatz
iris = load_iris()
X_train, X_test, y_train, y_test = train_test_split(iris.data,
iris.target, test_size=0.2, random_state=42)

# Definiere die Hyperparameter des Modells
n_estimators = 100
max_depth = 3

# Starte ein MLflow-Experiment
```

```
with mlflow.start_run():
    # Trainiere das Modell
    model    =    RandomForestClassifier(n_estimators=n_estimators,
max_depth=max_depth)
    model.fit(X_train, y_train)

    # Erstelle Vorhersagen
    predictions = model.predict(X_test)

    # Berechne die Genauigkeit
    accuracy = accuracy_score(y_test, predictions)

    # Protokolliere Parameter und Metriken in MLflow
    mlflow.log_param("n_estimators", n_estimators)
    mlflow.log_param("max_depth", max_depth)
    mlflow.log_metric("accuracy", accuracy)

    # Speichere das Modell
    mlflow.sklearn.log_model(model, "model")
```

2. MLflow Projects

MLflow Projects stellt ein standardisiertes Format zur Definition und Verpackung von Machine-Learning-Projekten bereit. Jedes Projekt in MLflow wird durch eine MLproject-Datei definiert, die die benötigten Abhängigkeiten, Anweisungen zur Ausführung des Projekts und einstellbare Parameter beschreibt. Dadurch können Projekte leicht zwischen verschiedenen Entwicklungsumgebungen reproduziert und geteilt werden.

Die wichtigsten Merkmale von MLflow Projects sind:
- **Portabilität:** Mit MLflow Projects definierte Projekte können in jeder Umgebung ausgeführt werden, die MLflow unterstützt, sei es lokal, auf Remote-Servern oder in der Cloud.
- **Reproduzierbarkeit:** Durch die explizite Definition von Abhängigkeiten und Ausführungskommandos stellt MLflow Projects sicher, dass ein Projekt auf identische Weise in verschiedenen Umgebungen reproduzierbar ist.
- **Flexibilität:** MLflow Projects kann mit jeder Programmiersprache oder jedem Machine-Learning-Framework integriert werden, was es für eine breite Palette von Anwendungen geeignet macht.

Ein einfaches Beispiel für eine MLproject-Datei sieht wie folgt aus:

```
name: MyMLProject

conda_env: conda.yaml

entry_points:
  main:
    parameters:
      learning_rate: {type: float, default: 0.01}
```

```
      epochs: {type: int, default: 10}
    command: "python train.py --learning_rate {learning_rate} --epo-
chs {epochs}"
```

In diesem Beispiel definiert die Datei ein Projekt namens `MyMLProject`, das eine Conda-Umgebung verwendet, die in `conda.yaml` definiert ist, und über das in `entry_points` angegebene Kommando ausgeführt wird.

3. MLflow Models

MLflow Models bietet eine standardisierte Methode zur Verpackung von Machine-Learning-Modellen für deren Bereitstellung. Ein mit MLflow Models verpacktes Modell enthält nicht nur die eigentliche Modell-Datei, sondern auch Metadaten darüber, wie es verwendet werden soll, was die Implementierung auf verschiedenen Plattformen erleichtert.

Modelle in MLflow können in einer Vielzahl von Umgebungen verpackt und bereitgestellt werden, darunter:
- **Lokale Systeme:** Für schnelle Tests und Validierungen.
- **Produktionssysteme:** Über TensorFlow Serving, Kubernetes oder AWS SageMaker.
- **REST-API:** MLflow Models kann ein Modell als Webservice bereitstellen, indem `mlflow.models.serve` verwendet wird.

Ein Beispiel dafür, wie ein Modell mit MLflow Models verpackt wird, ist das folgende:

```
import mlflow
import mlflow.sklearn
from sklearn.ensemble import RandomForestClassifier
from sklearn.datasets import load_iris
from sklearn.model_selection import train_test_split

# Lade den Datensatz
iris = load_iris()
X_train, X_test, y_train, y_test = train_test_split(iris.data,
iris.target, test_size=0.2, random_state=42)

# Trainiere das Modell
model = RandomForestClassifier(n_estimators=100, max_depth=3)
model.fit(X_train, y_train)

# Speichere das Modell im MLflow-Format
mlflow.sklearn.log_model(model, "model")
```

Dieser Code speichert das trainierte Modell in einem mit MLflow Models kompatiblen Format, das anschließend für die Bereitstellung verwendet werden kann.

4. MLflow Registry

MLflow Registry ist ein Modell-Registrierungssystem zur Verwaltung von Modellversionen, zur Nachverfolgung ihrer Entwicklung und zur Verwaltung ihres Lebenszyklus von der Entwicklung bis zur Produktion. Diese Komponente ist besonders nützlich in Umgebungen, in denen mehrere Versionen eines Modells sich in unterschiedlichen Phasen ihres Lebenszyklus befinden können (Entwicklung, Test, Produktion).

Die wichtigsten Merkmale von MLflow Registry sind:
- **Versionierung:** Jedes Mal, wenn ein Modell aktualisiert wird, kann es als neue Version im Registry eingetragen werden, was die Nachverfolgung der Modellentwicklung erleichtert.
- **Lebenszyklusmanagement:** Modelle können verschiedene Phasen durchlaufen, wie z. B. `Staging`, `Production` oder `Archived`, was eine präzise Kontrolle darüber ermöglicht, welche Versionen produktiv eingesetzt werden.
- **Anmerkungen und Beschreibungen:** Modelle und ihre Versionen können mit Beschreibungen, Tags und Kommentaren versehen werden, was die Zusammenarbeit zwischen Teams erleichtert.

MLflow deckt alle Aspekte des Lebenszyklus von Machine-Learning-Modellen ab, von den Experimenten und Nachverfolgung bis hin zur Bereitstellung und Versionsverwaltung. Seine Fähigkeit, sich in eine Vielzahl von Frameworks und Plattformen zu integrieren, macht es ideal für Machine-Learning-Entwicklungs- und Produktionsumgebungen und bietet Data-Science-Teams eine flexible und effiziente Infrastruktur zur effektiven Verwaltung ihrer Projekte.

13.3. Überwachung und Wartung von Modellen

13.3.1. Techniken zur Modellüberwachung

Die Überwachung von Machine-Learning-Modellen in der Produktion ist eine entscheidende Aufgabe, um deren kontinuierliche Leistung sicherzustellen und jegliche Art von Abweichungen zu erkennen, die sich auf die Qualität der Vorhersagen auswirken könnten. Diese Praxis ist grundlegend, da Modelle im Laufe der Zeit durch Veränderungen in den Eingabedaten oder in der Umgebung, in der sie betrieben werden, an Leistung verlieren können. Es gibt verschiedene Techniken und Werkzeuge, mit denen Data-Science- und Operationsteams Produktionsmodelle effektiv überwachen können, um sicherzustellen, dass sie weiterhin die Anforderungen an Genauigkeit und Effizienz erfüllen.

1. Überwachung der Modellleistung

Die Leistung eines Machine-Learning-Modells in der Produktion muss ständig überwacht werden, um sicherzustellen, dass seine Vorhersagen weiterhin präzise und nützlich sind. Zu den bei dieser Überwachung verwendeten Metriken gehören unter anderem Genauigkeit, Recall, Präzision, F1-Score und die Fläche unter der ROC-Kurve (AUC-ROC) bei Klassifikationsmodellen oder der mittlere quadratische Fehler (MSE) und der mittlere absolute Fehler (MAE) bei Regressionsmodellen. Ein kontinuierlicher Vergleich dieser Metriken mit den während der Validierungsphase erzielten Werten kann dabei helfen, festzustellen, ob das Modell eine Leistungsverschlechterung erfährt.
Ein Beispiel dafür, wie diese Art der Überwachung im Code durchgeführt werden kann, ist folgendes:

```
import numpy as np
from sklearn.metrics import accuracy_score

# Simulation von Vorhersagen in der Produktion
actual_labels = np.array([1, 0, 1, 1, 0, 1, 0, 1])
predicted_labels = np.array([1, 0, 1, 0, 0, 1, 1, 1])

# Berechnung der Genauigkeit in der Produktion
accuracy = accuracy_score(actual_labels, predicted_labels)
print(f"Model accuracy in production: {accuracy:.2f}")
```

Dieser Code berechnet die Genauigkeit des Modells in der Produktion, indem die tatsächlichen Labels mit den vorhergesagten verglichen werden. Diese Art der Berechnung sollte in regelmäßigen Abständen durchgeführt und mit den während der Entwicklung und Validierung des Modells erzielten Ergebnissen verglichen werden.

2. Überwachung des Datendrift

Datendrift ist einer der häufigsten Gründe für eine Verschlechterung der Modellleistung. Es gibt zwei Haupttypen von Datendrift: Feature-Drift und Concept-Drift. Feature-Drift tritt auf, wenn sich die Verteilung der Eingabemerkmale im Laufe der Zeit ändert, während Concept-Drift Veränderungen in der Beziehung zwischen den Merkmalen und den Zielvariablen bezeichnet.

Zur Überwachung von Datendrift werden statistische Techniken verwendet, die die Verteilung der Trainingsdaten mit den aktuellen Produktionsdaten vergleichen. Eine gängige Methode zur Drift-Erkennung ist der Kolmogorov-Smirnov-Test, der den Unterschied zwischen zwei Verteilungen misst. Im Folgenden wird ein Beispiel gezeigt, wie dies im Code implementiert werden kann:

```
from scipy.stats import ks_2samp

# Simulation von Trainings- und Produktionsdaten
train_feature = np.random.normal(0, 1, 1000)
production_feature = np.random.normal(0.5, 1, 1000)

# Kolmogorov-Smirnov-Test zur Erkennung von Feature-Drift
ks_statistic, p_value = ks_2samp(train_feature, production_feature)
print(f"KS Statistic: {ks_statistic:.2f}, P-value: {p_value:.2f}")

# Wenn der p-Wert klein ist, deutet dies auf eine signifikante Drift
hin
if p_value < 0.05:
    print("Significant feature drift detected.")
else:
    print("No significant feature drift detected.")
```

In diesem Beispiel wird erkannt, ob sich die Verteilung eines Merkmals in den Produktionsdaten signifikant von der Verteilung desselben Merkmals in den Trainingsdaten unterscheidet.

3. Überwachung der Latenz und operativen Leistung

Neben der Genauigkeit und dem Datendrift sind Latenz und operative Leistung des Modells entscheidende Faktoren, die überwacht werden müssen. Die Latenz bezieht sich auf die Zeit, die ein Modell benötigt, um eine Vorhersage abzugeben, nachdem eine Anfrage eingegangen ist. Wenn sich die Reaktionszeit signifikant erhöht, kann dies auf Leistungsprobleme hinweisen, die behoben werden müssen, wie etwa Ineffizienzen im Code, Systemüberlastung oder Skalierbarkeitsprobleme.

Der folgende Code simuliert die Messung der Latenz eines Modells:

```
import time

# Simulation des Vorhersageprozesses
def predict():
    time.sleep(0.05)  # Simuliert eine Vorhersage, die 50 ms dauert
    return "Prediction"

# Messung der Latenz
start_time = time.time()
prediction = predict()
latency = time.time() - start_time
print(f"Model latency: {latency:.3f} seconds")
```

Diese Art der Messung kann automatisiert werden, um mit jeder Vorhersage oder in regelmäßigen Abständen durchgeführt zu werden, wobei die Latenzzeiten gespeichert und Warnungen ausgelöst werden, wenn bestimmte vordefinierte Schwellenwerte überschritten werden.

4. Überwachung der Modellstabilität

Die Stabilität eines Modells bezieht sich auf seine Fähigkeit, unter unterschiedlichen Eingabebedingungen eine konstante Leistung zu erbringen. Instabilität kann sich in drastisch variierenden Vorhersagen bei ähnlichen Eingaben oder in einer hohen Varianz der Leistungsmetriken über die Zeit äußern. Zur Überwachung der Stabilität können Techniken wie Kreuzvalidierung mit Live-Daten oder die Beobachtung von Vorhersagen für spezifische Datensubsets verwendet werden.

Ein Ansatz zur Überwachung der Stabilität kann darin bestehen, das Modell auf verschiedenen Subsets von Produktionsdaten zu bewerten und die Leistungsvariationen zu analysieren:

```
from sklearn.model_selection import KFold

# Simulation eines Produktionsdatensatzes
X_production = np.random.randn(100, 10)
y_production = np.random.choice([0, 1], size=100)

# K-Fold Cross Validation zur Überwachung der Stabilität
kf = KFold(n_splits=5)
model_stability_scores = []

for train_index, test_index in kf.split(X_production):
    X_train,    X_test    =    X_production[train_index],    X_produc-
tion[test_index]
    y_train,    y_test    =    y_production[train_index],    y_produc-
tion[test_index]

    model.fit(X_train, y_train)
    accuracy = model.score(X_test, y_test)
    model_stability_scores.append(accuracy)

stability_variance = np.var(model_stability_scores)
print(f"Model stability variance: {stability_variance:.4f}")
```

In diesem Code wird die Varianz der Modellgenauigkeit über verschiedene Partitionen der Produktionsdaten gemessen, was einen Hinweis darauf geben kann, wie stabil das Modell unter unterschiedlichen Bedingungen ist.

5. Überwachung von Interpretierbarkeit und Erklärbarkeit

In einigen Fällen ist es wichtig, nicht nur die Leistung des Modells, sondern auch dessen Interpretierbarkeit und Erklärbarkeit zu überwachen, insbesondere in Umgebungen, in denen modellbasierte Entscheidungen begründet werden müssen. Werkzeuge wie SHAP (SHapley Additive Explanations) oder LIME (Local Interpretable Model-agnostic Explanations) können verwendet werden, um Modellvorhersagen in Echtzeit zu erklären und sicherzustellen, dass diese Erklärungen mit dem erwarteten Domänenwissen übereinstimmen.

Im Folgenden wird ein Beispiel gezeigt, wie SHAP zur Überwachung der Erklärbarkeit eines Modells verwendet werden kann:

```
import shap
explainer = shap.TreeExplainer(model)
shap_values = explainer.shap_values(X_test)

# Visualisierung der SHAP-Werte zur Überwachung der Interpretierbar-
keit
shap.summary_plot(shap_values, X_test)
```

Diese Technik ermöglicht es, zu verstehen, wie jedes Merkmal zur endgültigen Vorhersage des Modells beiträgt, was in sensiblen Anwendungen, in denen hohe Interpretierbarkeit erforderlich ist, von entscheidender Bedeutung ist.

Es muss unbedingt beachtet werden, dass die Überwachung von Machine-Learning-Modellen ein wesentlicher Aspekt ist, um sicherzustellen, dass eingesetzte Modelle in der Produktion langfristig optimal funktionieren. Durch den Einsatz eines Sets von Techniken, die von der Leistungsbewertung und Drift-Erkennung bis hin zur Überwachung von Latenz und Stabilität reichen, können Teams Probleme identifizieren und beheben, bevor sie das Geschäft erheblich beeinträchtigen. Die Kombination aus automatisierten Tools und manueller Analyse ermöglicht eine robuste Überwachung und stellt sicher, dass die Modelle weiterhin effektiv und zuverlässig sind.

13.3.2. Retraining und Modellaktualisierung

Das Retraining und die Aktualisierung von Modellen sind kritische Aspekte im Lebenszyklus eines Machine-Learning-Modells in der Produktion. Wenn sich die Umgebungsbedingungen ändern oder neue Daten verfügbar werden, ist es notwendig, die Modelle anzupassen oder erneut zu trainieren, um deren Leistung aufrechtzuerhalten. Das Retraining stellt nicht nur sicher, dass die Modelle weiterhin präzise und nützlich sind, sondern hilft auch, Probleme wie Modell-Drift und Veralterung zu vermeiden.

1. Retraining von Modellen

Retraining, oder Neutraining, bezeichnet den Prozess, ein bestehendes Modell mit neuen Daten, die die aktuelle Umgebung besser widerspiegeln, erneut zu trainieren. Dieser Prozess kann aus verschiedenen Gründen notwendig sein:

- **Veränderung in der Datenverteilung:** Die Verteilung der Eingabedaten kann sich im Laufe der Zeit ändern, was als Daten-Drift bekannt ist. Wenn ein Modell, das mit einer alten Datenverteilung trainiert wurde, mit einer neuen Verteilung konfrontiert wird, kann seine Leistung abnehmen.
- **Verfügbarkeit neuer Daten:** Wenn mehr Daten gesammelt werden, können diese zusätzliche Informationen liefern, die das ursprüngliche Modell nicht berücksichtigt hat, was eine Verbesserung der Modellgenauigkeit ermöglicht.
- **Aktualisierung der Problemdefinition:** In einigen Fällen kann sich das Ziel des Modells ändern, was eine Anpassung des Modells an die neue Problemdefinition erforderlich macht.

Der Prozess des Retrainings umfasst in der Regel mehrere Schritte:

1. **Sammlung neuer Daten:** Neue Daten werden gesammelt und gespeichert, idealerweise in einem Format, das ihre sofortige Verwendung für das Neutraining ermöglicht.
2. **Bewertung der Notwendigkeit von Retraining:** Die Leistung des aktuellen Modells wird überwacht, um festzustellen, ob ein Neutraining erforderlich ist. Dies geschieht durch den Vergleich aktueller Leistungsmetriken mit historischen Metriken.
3. **Datenvorbereitung:** Die Daten werden ähnlich wie die Originaldaten, die zum Training des Modells verwendet wurden, vorverarbeitet. Dies umfasst die Bereinigung, Normalisierung und Transformation der Daten.
4. **Retraining:** Das Modell wird mit den neuen Daten neu trainiert. Dies kann bedeuten, das Modell von Grund auf neu zu trainieren oder ein bestehendes Modell mit Techniken wie Transfer Learning anzupassen.
5. **Bewertung des neu trainierten Modells:** Nach dem Neutraining wird das Modell bewertet, um sicherzustellen, dass es sich im Vergleich zum vorherigen Modell verbessert hat. Diese Bewertung umfasst den Vergleich von Schlüsselmetriken sowie Tests auf einem Validierungsdatensatz.
6. **Deployment des aktualisierten Modells:** Wenn das neu trainierte Modell dem bestehenden Modell überlegen ist, wird es in der Produktion bereitgestellt.

Hier ist ein Beispiel, wie ein einfacher Retraining-Prozess in Python mit einem logistischen Regressionsmodell implementiert werden kann:

```
from sklearn.linear_model import LogisticRegression
from sklearn.model_selection import train_test_split
from sklearn.metrics import accuracy_score

# Angenommen, wir haben neue Daten verfügbar
new_data = ...  # Neue Daten
new_labels = ...  # Zugehörige Labels

# Aufteilen der neuen Daten in Trainings- und Testdaten
X_train, X_test, y_train, y_test = train_test_split(new_data, new_la-
bels, test_size=0.2, random_state=42)

# Modell erneut trainieren
model = LogisticRegression()
model.fit(X_train, y_train)

# Neu trainiertes Modell bewerten
y_pred = model.predict(X_test)
accuracy = accuracy_score(y_test, y_pred)
print(f"Accuracy of retrained model: {accuracy:.2f}")
```

Dieses Beispiel zeigt einen einfachen Retraining-Prozess, bei dem neue Daten gesammelt, mit einem logistischen Regressionsmodell trainiert und die Leistung des neu trainierten Modells bewertet werden.

2. Modellaktualisierung

Die Modellaktualisierung geht über das einfache Retraining hinaus und beinhaltet tiefgreifendere Anpassungen am Modell, seiner Architektur oder sogar seiner Methodik. Aktualisierungen können notwendig sein, wenn:

- **Technologischer Fortschritt:** Neue Modellierungstechniken oder Verbesserungen in Algorithmen können bessere Ergebnisse liefern als bestehende Modelle.
- **Änderung der Geschäftsanforderungen:** Wenn sich Geschäftsziele oder Schlüsselmetriken ändern, muss das bestehende Modell möglicherweise aktualisiert werden, um sich an diese neuen Ziele anzupassen.
- **Einbeziehung neuer Merkmale:** Wenn neue Merkmale entdeckt werden, die die Modellleistung verbessern könnten, kann eine Aktualisierung erforderlich sein.

Der Prozess der Modellaktualisierung ist komplexer als das Retraining, da er Änderungen an der Modellarchitektur, die Verwendung anderer Algorithmen oder die Integration neuer Techniken zur Datenvorverarbeitung und -transformation beinhalten kann.

Ein einfaches Beispiel für eine Modellaktualisierung könnte den Wechsel von einem einfacheren Algorithmus wie der logistischen Regression zu einem komplexeren Modell wie einem Random Forest beinhalten:

```
from sklearn.ensemble import RandomForestClassifier

# Aktualisierte Daten und Labels
updated_data = ...  # Daten mit neuen Merkmalen
updated_labels = ...  # Zugehörige Labels

# Neues Modell mit Random Forest trainieren
new_model = RandomForestClassifier(n_estimators=100, random_state=42)
new_model.fit(updated_data, updated_labels)

# Neues Modell bewerten
new_y_pred = new_model.predict(X_test)  # X_test ist der Testdatensatz
new_accuracy = accuracy_score(y_test, new_y_pred)

print(f"Accuracy of updated model: {new_accuracy:.2f}")
```

Dieses Beispiel zeigt, wie ein bestehendes Modell durch die Verwendung eines fortschrittlicheren Algorithmus aktualisiert werden kann, um die Leistung zu verbessern.

3. Überlegungen zum Retraining und zur Aktualisierung

Es gibt mehrere wichtige Überlegungen beim Retraining und bei der Aktualisierung von Modellen:

- **Automatisierung des Retrainings:** In dynamischen Umgebungen ist es sinnvoll, den Retraining-Prozess zu automatisieren, sodass er regelmäßig oder als Reaktion auf bestimmte Leistungsschwellen ausgeführt wird. Dies kann durch Machine-Learning-Pipelines erreicht werden, die automatisch den Bedarf an Retraining erkennen und den Prozess durchführen.
- **Kontinuierliches Monitoring:** Die Überwachung der Modellleistung ist entscheidend, um festzustellen, wann ein Retraining oder eine Aktualisierung erforderlich ist. Werkzeuge wie MLflow können verwendet werden, um die Leistung verschiedener Modellversionen zu verfolgen und zu vergleichen.
- **A/B-Tests und Schatten-Tests:** Vor der Bereitstellung eines neu trainierten oder aktualisierten Modells sollten A/B-Tests oder Schatten-Tests durchgeführt werden, um das neue Modell in einer kontrollierten Umgebung mit dem bestehenden Modell zu vergleichen.

A/B-Tests bestehen darin, den Datenverkehr zwischen dem alten und dem neuen Modell aufzuteilen, um deren Leistung in Echtzeit zu vergleichen. Schatten-Tests hingegen bestehen darin, das neue Modell parallel zum bestehenden Modell auszuführen, ohne dass das neue Modell Produktionsentscheidungen beeinflusst, um die Ergebnisse zu vergleichen.

```
# Einfaches Beispiel für einen A/B-Test (setzt eine Einsatzumgebung
voraus)
def ab_test(model_A, model_B, data):
    # Aufteilen des Datenverkehrs zwischen den Modellen
    results_A = model_A.predict(data[:len(data)//2])
    results_B = model_B.predict(data[len(data)//2:])

    # Ergebnisse vergleichen
    accuracy_A  =  accuracy_score(true_labels[:len(data)//2],  re-
sults_A)
    accuracy_B  =  accuracy_score(true_labels[len(data)//2:],  re-
sults_B)

    print(f"Model A accuracy: {accuracy_A:.2f}")
    print(f"Model B accuracy: {accuracy_B:.2f}")

# Angenommen, wir haben ein bestehendes Modell (model_A) und ein neues
Modell (model_B)
ab_test(model_A, model_B, X_test)
```

4. Auswirkungen des Retrainings und der Aktualisierung

Das Retraining und die Aktualisierung von Modellen können erhebliche Auswirkungen auf die Leistung und operative Effizienz haben. Während das Retraining es ermöglicht, Modelle an kleinere Veränderungen anzupassen und ihre Leistung beizubehalten, kann die Modellaktualisierung zu erheblichen Verbesserungen in Genauigkeit, Effizienz und der Fähigkeit führen, komplexere Daten zu verarbeiten. Beide Prozesse müssen jedoch sorgfältig durchgeführt werden, um Risiken wie Überanpassung oder das Einführen von Fehlern im Produktionssystem zu vermeiden.

In Produktionsumgebungen ist es wichtig, das Bedürfnis nach aktuellen Modellen mit der Systemstabilität in Einklang zu bringen. Dies erfordert klare Richtlinien darüber, wann und wie die Retraining- und Aktualisierungsprozesse durchgeführt werden sollen, wobei sichergestellt wird, dass alle Änderungen validiert und gründlich getestet werden, bevor sie in der Produktion eingesetzt werden.

Das Retraining und die Aktualisierung von Modellen ermöglichen es uns, dass unsere Modelle weiterhin Mehrwert liefern und sich an neue Realitäten und Daten anpassen, und sind daher essenziell für die Wartung von Machine-Learning-Modellen in der Produktion.

13.3.3. Modellversionsverwaltung

Die Modellversionsverwaltung in Machine-Learning-Projekten ist ein grundlegender Aspekt, um die Reproduzierbarkeit, Rückverfolgbarkeit und effektive Wartung von Modellen über die Zeit hinweg sicherzustellen. Mit dem Einsatz und der Aktualisierung von Modellen entstehen mehrere Versionen, jede mit potenziellen Unterschieden in den Daten, Algorithmen, Hyperparameter-Konfigurationen und Ergebnissen. Eine effektive Verwaltung dieser Versionen ist entscheidend, um Verwirrung zu vermeiden, die Systemintegrität zu gewährleisten und eine schnelle Wiederherstellung bei Problemen zu ermöglichen.

1. Bedeutung der Modellversionsverwaltung

In der traditionellen Softwareentwicklung ist die Versionsverwaltung eine etablierte Praxis zur Kontrolle des Quellcodes. Ähnlich stellt die Modellversionsverwaltung im Machine Learning sicher, dass jedes Modell genau so reproduziert werden kann, wie es trainiert und bewertet wurde, selbst wenn mehrere Versionen zu unterschiedlichen Zeitpunkten oder in verschiedenen Umgebungen bereitgestellt werden.

Die wichtigsten Gründe für die Implementierung einer soliden Modellversionsverwaltung sind:

- **Rückverfolgbarkeit:** Ermöglicht die Identifikation, welche Modellversion zu einem bestimmten Zeitpunkt verwendet wurde – essenziell für Audits und retrospektive Analysen.
- **Reproduzierbarkeit:** Stellt sicher, dass die Ergebnisse eines Modells jederzeit mit derselben Version des Modells, denselben Daten und Konfigurationen reproduziert werden können.
- **Umgang mit Regressionen:** Erleichtert den Vergleich verschiedener Modellversionen, um festzustellen, ob eine Aktualisierung die Leistung verbessert oder verschlechtert hat.
- **Wiederherstellung bei Fehlern:** Ermöglicht das schnelle Zurücksetzen auf eine frühere Modellversion, wenn die neue Version Fehler aufweist oder die Leistung unzureichend ist.

2. Schlüsselelemente in der Modellversionsverwaltung

Die Modellversionsverwaltung umfasst mehrere zentrale Elemente, die gemeinsam verwaltet werden müssen, um eine vollständige und nutzbare Modellversion sicherzustellen:

- **Trainiertes Modell:** Die Datei, die die Gewichte und Strukturen des Modells nach dem Training enthält.

- **Trainings- und Validierungsdaten:** Die Daten, die zum Trainieren und Validieren des Modells verwendet wurden. Es ist entscheidend, Versionen dieser Daten zusammen mit dem Modell zu speichern, um Reproduzierbarkeit zu gewährleisten.
- **Hyperparameter-Konfigurationen:** Die spezifischen Werte der Hyperparameter, die zum Trainieren des Modells verwendet wurden. Dazu gehören Einstellungen wie Lernrate, Anzahl der Schichten und andere relevante Parameter.
- **Trainingscode:** Der Code, der definiert, wie das Modell trainiert wurde. Dies kann Preprocessing-Skripte, Architekturdefinitionen und Bewertungsverfahren umfassen.
- **Ergebnisse und Leistungsmetriken:** Die während des Trainings und der Bewertung des Modells erzielten Ergebnisse, einschließlich Metriken wie Genauigkeit, Recall, F1-Score und andere.
- **Metadaten:** Zusätzliche Informationen über den Kontext, in dem das Modell trainiert wurde, wie Erstellungsdatum, Hardware- und Softwareumgebung oder Bedingungen, unter denen es bereitgestellt wurde.

3. Werkzeuge zur Modellversionsverwaltung

Es gibt verschiedene Werkzeuge, die die Modellversionsverwaltung erleichtern.

- **MLflow:** MLflow ist eine Open-Source-Plattform, die den Lebenszyklus von Machine-Learning-Modellen verwaltet. Sie bietet Funktionen zum Experiment-Tracking, zur Modellversionsverwaltung und zum Einsatz von Modellen in der Produktion.

```
import mlflow
import mlflow.sklearn

# Speichern eines Modells mit MLflow
with mlflow.start_run():
    mlflow.sklearn.log_model(model, "model")
    mlflow.log_params({"param1": value1, "param2": value2})
    mlflow.log_metric("accuracy", accuracy_value)

# Laden eines gespeicherten Modells
model_uri = "runs:/<run_id>/model"
loaded_model = mlflow.sklearn.load_model(model_uri)
```

- **DVC (Data Version Control):** DVC ist ein Werkzeug, das die Versionierung von Daten und Machine-Learning-Modellen ähnlich wie Git für Quellcode ermöglicht. DVC erlaubt es, Datenversionen, Trainingsprozesse und Ergebnisse zu verfolgen und integriert diese Änderungen direkt mit Git für eine einheitliche Verwaltung.

- **Git LFS (Large File Storage):** Git LFS ist eine Git-Erweiterung, die die Verwaltung großer Dateien wie trainierter Modelle innerhalb von Git-Repositories ermöglicht. Auch wenn Git LFS nicht speziell für Machine Learning gedacht ist, bietet es eine einfache Lösung für Projekte, die Git bereits für die Versionskontrolle verwenden.

- **TensorFlow Model Management Tools:** TensorFlow bietet native Werkzeuge zur Modellversionsverwaltung über TensorFlow Serving. Diese Werkzeuge ermöglichen es, mehrere Versionen eines Modells auf einem Server zu kennzeichnen und zu verwalten, was die Bereitstellung und kontinuierliche Aktualisierung erleichtert.

4. Strategien zur Modellversionierung

Die Implementierung einer klaren und gut dokumentierten Versionierungsstrategie ist entscheidend, um mehrere Modellversionen effektiv zu verwalten. Im Folgenden werden einige gängige Strategien beschrieben:

- **Semantische Versionierung:** Ähnlich der Softwareversionierung vergibt die semantische Versionierung Versionsnummern im Format MAJOR.MINOR.PATCH. Eine Änderung der MAJOR-Nummer weist auf bedeutende Änderungen in der Struktur oder dem Zweck des Modells hin, während Änderungen an MINOR und PATCH inkrementelle Verbesserungen oder Korrekturen anzeigen.

Beispiel:

- `1.0.0`: Erste Version des Modells
- `1.1.0`: Neues Feature-Set zum Modell hinzugefügt
- `1.1.1`: Fehlerbehebung im Datenvorverarbeitungsprozess

- **Tags und Branches in Git:** Die Verwendung von Git-Tags zur Markierung spezifischer Modellversionen oder die Nutzung von dedizierten Branches für die Entwicklung neuer Versionen kann helfen, einen klaren Überblick darüber zu behalten, welche Versionen sich in Entwicklung, Test oder Produktion befinden.

- **Experiment-Tracking:** Neben der Modellversionierung ist es wichtig, die während der Modellentwicklung durchgeführten Experimente zu verfolgen. Dazu gehören verschiedene Hyperparameter-Konfigurationen, Datensätze und Modellarchitekturen. Werkzeuge wie MLflow und DVC sind hierfür besonders nützlich.

5. Sicherheits- und Compliance-Aspekte

Die Modellversionsverwaltung muss auch Sicherheits- und Compliance-Aspekte berücksichtigen, insbesondere in regulierten Branchen wie dem Gesundheitswesen oder der Finanzbranche. Wichtige Überlegungen sind:

- **Zugriffskontrolle:** Sicherstellen, dass nur autorisiertes Personal auf kritische Modellversionen zugreifen oder diese ändern kann, um unbefugte Änderungen zu vermeiden.
- **Auditierung:** Detaillierte Aufzeichnungen über alle Modellversionen führen, einschließlich wer Änderungen vorgenommen hat und wann, um Audit- und Nachverfolgbarkeitsanforderungen zu erfüllen.
- **Einhaltung von Vorschriften:** Modelle versionieren und speichern im Einklang mit branchenspezifischen Vorschriften wie der DSGVO in Europa oder HIPAA in den USA, um den Schutz sensibler Daten sicherzustellen.

6. Herausforderungen bei der Modellversionsverwaltung

Trotz verfügbarer Werkzeuge bringt die Modellversionsverwaltung Herausforderungen mit sich, die sorgfältig angegangen werden müssen:

- Speicherplatz: Machine-Learning-Modelle, insbesondere solche, die mit großen Datenmengen trainiert wurden, können viel Speicherplatz beanspruchen. Es ist wichtig, Strategien wie das Archivieren älterer Versionen zur Verwaltung des Speicherplatzes zu entwickeln.
- Kompatibilitätserhaltung: Bei Modellaktualisierungen muss die Kompatibilität mit den Anwendungen, die diese Modelle nutzen, erhalten bleiben. Dies kann bedeuten, dass mehrere Versionen desselben Modells gleichzeitig in Produktion gehalten werden müssen.
- Komplexität bei der Bereitstellung: Die Verwaltung mehrerer Versionen in einer Produktionsumgebung kann den Bereitstellungs- und Aktualisierungsprozess verkomplizieren. Werkzeuge wie Kubernetes und TensorFlow Serving können helfen, diese Komplexität zu bewältigen, erfordern jedoch eine geeignete Konfiguration.

Die Implementierung einer robusten Versionierungsstrategie, unterstützt durch geeignete Werkzeuge und Sicherheitspraktiken, ist entscheidend für den langfristigen Erfolg bei der Verwaltung von Modellen in der Produktion.

14. Infrastruktur und Skalierbarkeit

14.1. Infrastrukturüberlegungen

14.1.1. Arten von Infrastrukturen (On-Premise, Cloud)

Im Kontext der Entwicklung und Bereitstellung von Systemen für Künstliche Intelligenz und Big Data ist die Wahl der Infrastrukturart eine kritische Entscheidung, die nicht nur die Leistung und Skalierbarkeit der Systeme beeinflusst, sondern auch Kosten, Sicherheit und betriebliche Flexibilität. Es gibt zwei Hauptansätze für die Infrastruktur: On-Premise und Cloud. Jeder dieser Ansätze hat seine eigenen Merkmale, Vor- und Nachteile, und die Wahl zwischen ihnen hängt von spezifischen Projektfaktoren ab, wie etwa den Verarbeitungsanforderungen, Sicherheitsrichtlinien, dem verfügbaren Budget und der erforderlichen Skalierbarkeit.

On-Premise-Infrastruktur

Die On-Premise-Infrastruktur bezieht sich auf die Hardware- und Softwarekonfiguration, die sich physisch in den Räumlichkeiten einer Organisation befindet. Dazu gehören Server, Speicher, Netzwerke und andere Komponenten, die für den Betrieb von KI- und Big-Data-Anwendungen erforderlich sind. Traditionell war dies der bevorzugte Ansatz vieler Organisationen, da er vollständige Kontrolle über Ressourcen und Datensicherheit bietet.

Ein Hauptvorteil der On-Premise-Infrastruktur ist die vollständige Kontrolle über die IT-Umgebung. Organisationen können ihre Infrastruktur an spezifische Anforderungen hinsichtlich Leistung, Sicherheit und gesetzlicher Vorgaben anpassen. Zudem können Unternehmen, die ihre eigenen Rechenzentren betreiben, einige der wiederkehrenden Kosten der Cloud-Computing-Modelle vermeiden, wie etwa Abonnementgebühren und nutzungsabhängige Zahlungen.

Allerdings bringt der On-Premise-Ansatz auch mehrere Herausforderungen mit sich. Die Anfangsinvestitionen in Hardware und Software können erheblich sein und stellen somit eine Eintrittsbarriere für einige Organisationen dar, insbesondere für kleine und mittelständische Unternehmen. Darüber hinaus kann die On-Premise-Infrastruktur eine kontinuierliche Wartung erfordern, einschließlich Hardware- und Software-Updates, Sicherheits-Patches und die Einstellung von spezialisiertem Personal für die Systemverwaltung.

Ein weiterer wichtiger Nachteil ist die Skalierbarkeit. Obwohl es möglich ist, eine On-Premise-Infrastruktur zu skalieren, kann dies komplex und kostspielig sein, da zusätzliche Hardware angeschafft und die IT-Umgebung neu konfiguriert werden muss. In Situationen, in denen ein schneller Anstieg der Verarbeitungs- oder Speicherkapazität erforderlich ist, kann die On-Premise-Infrastruktur möglicherweise nicht schnell genug auf diese Anforderungen reagieren.

Cloud-Infrastruktur

Die Cloud-Infrastruktur hingegen basiert auf der Bereitstellung von IT-Ressourcen über Online-Dienste von Anbietern wie Amazon Web Services, Microsoft Azure, Google Cloud Platform und anderen. Anstatt physische Hardware zu erwerben und zu warten, können Organisationen Rechenressourcen, Speicher und andere Dienste nach Bedarf mieten, was ihnen eine schnelle Skalierung und Anpassung an sich ändernde Geschäftsanforderungen ermöglicht.

Ein Hauptvorteil der Cloud ist ihre Flexibilität und Skalierbarkeit. Organisationen können Ressourcen je nach Bedarf einfach anpassen, was besonders nützlich für KI- und Big-Data-Projekte ist, die erhebliche Lastspitzen aufweisen können. Zudem bieten Cloud-Anbieter eine breite Palette an verwalteten Diensten an, von Datenbanken bis hin zu Machine Learning, wodurch sich die Organisationen auf die Entwicklung ihrer Anwendungen konzentrieren können, ohne sich um die zugrunde liegende Infrastruktur kümmern zu müssen.

Auch das Kostenmodell der Cloud unterscheidet sich von dem der On-Premise-Infrastruktur. Anstelle einer erheblichen Anfangsinvestition zahlen Organisationen nur für die Ressourcen, die sie tatsächlich nutzen, was bei Projekten mit schwankenden Anforderungen kosteneffizienter sein kann. Allerdings können sich die Cloud-Kosten schnell summieren, wenn sie nicht angemessen verwaltet werden, insbesondere in Umgebungen, in denen die Ressourcennutzung nicht optimal organisiert ist.

Ein weiterer wichtiger Vorteil der Cloud ist der Zugang zu einer globalen Infrastruktur. Die wichtigsten Cloud-Anbieter betreiben Rechenzentren in verschiedenen Regionen der Welt, wodurch Organisationen ihre Anwendungen in der Nähe ihrer Endnutzer bereitstellen können, um Latenzzeiten zu reduzieren und die Nutzererfahrung zu verbessern. Außerdem erleichtert die Cloud die globale Zusammenarbeit, indem verteilte Teams an denselben Projekten mit Zugriff auf die gleichen Ressourcen arbeiten können.

Die Cloud hat jedoch auch ihre Nachteile. Eine der größten Sorgen ist die Sicherheit und der Datenschutz. Obwohl Cloud-Anbieter eine Vielzahl von Werkzeugen und Diensten zum Schutz der Daten bereitstellen, müssen sich Organisationen auf einen Dritten verlassen, um diese kritischen Aspekte zu verwalten. Darüber hinaus kann die Einhaltung gesetzlicher Vorschriften in der Cloud komplexer sein, insbesondere in stark regulierten Branchen.

Vergleich und Überlegungen

Beim Vergleich von On-Premise- und Cloud-Infrastruktur ist es wichtig, die spezifischen Bedürfnisse der Organisation und des Projekts zu berücksichtigen. Die On-Premise-Infrastruktur kann besser geeignet sein für Organisationen, die vollständige Kontrolle über ihre Ressourcen benötigen und über die finanziellen und personellen Mittel verfügen, eine komplexe IT-Umgebung zu verwalten. Dies ist besonders relevant in Fällen, in denen Datensicherheit oberste Priorität hat und die Einhaltung strenger Vorschriften erforderlich ist.

Auf der anderen Seite ist die Cloud-Infrastruktur ideal für Organisationen, die Flexibilität, schnelle Skalierbarkeit und ein nutzungsabhängiges Kostenmodell benötigen. Sie ist besonders vorteilhaft für Startups, kleine und mittelständische Unternehmen oder Projekte, die schnellen Zugang zu fortschrittlichen Ressourcen benötigen, ohne große Anfangsinvestitionen tätigen zu müssen.

In der Praxis entscheiden sich viele Organisationen für einen hybriden Ansatz, der Elemente sowohl der On-Premise- als auch der Cloud-Infrastruktur kombiniert und die Stärken beider Modelle nutzt. Dies ermöglicht es den Organisationen, die Kontrolle über sensible Daten und Anwendungen zu behalten, während sie gleichzeitig die Cloud für skalierbare Ressourcen oder für Projekte nutzen, die eine flexible und agile Infrastruktur erfordern.

Die Wahl zwischen On-Premise- und Cloud-Infrastruktur ist nicht trivial und sollte auf einer sorgfältigen Analyse der Projektanforderungen, der organisatorischen Fähigkeiten und der Sicherheits- und Compliance-Anforderungen basieren.

14.1.2. Auswahl einer geeigneten Infrastruktur

Die Auswahl einer geeigneten Infrastruktur für Projekte im Bereich Künstliche Intelligenz und Big Data ist eine strategische Entscheidung, die den Projekterfolg maßgeblich beeinflussen kann. Diese Entscheidung sollte auf einer gründlichen Analyse verschiedener Faktoren basieren, einschließlich der technischen Anforderungen des Projekts, der Kosten, der Sicherheit, der Skalierbarkeit, der Flexibilität und der Einhaltung gesetzlicher Vorschriften.

1. Technische Anforderungen des Projekts

Der erste Schritt bei der Auswahl der Infrastruktur besteht darin, die technischen Anforderungen des Projekts zu verstehen. Dazu gehören die Art und Menge der zu verarbeitenden Daten, die verwendeten Algorithmen und KI-Modelle sowie die Anforderungen an Verarbeitung und Speicherung. Big-Data-Projekte beinhalten in der Regel die Verwaltung großer Datenmengen, was ein skalierbares Speichersystem und eine effiziente Verarbeitung erfordert. Darüber hinaus können KI-Modelle, insbesondere solche auf Deep Learning basierende, eine große Menge an Rechenressourcen wie GPUs oder TPUs erfordern, um Modelle effizient zu trainieren.

2. Kostenanalyse

Die Kosten sind ein entscheidender Faktor bei der Auswahl der Infrastruktur. Es ist wichtig, nicht nur die anfänglichen Implementierungskosten, sondern auch die langfristigen Betriebskosten zu bewerten. On-Premise-Infrastrukturen können eine erhebliche Anfangsinvestition in Hardware und Software erfordern, zusätzlich zu laufenden Kosten für Wartung, Energie und technisches Personal. Cloud-Infrastrukturen hingegen funktionieren nach einem Pay-per-Use-Modell, was für Projekte mit schwankendem Bedarf kostengünstiger sein kann. Allerdings können die Kosten in der Cloud schnell ansteigen, wenn die Ressourcennutzung nicht richtig verwaltet wird, weshalb es entscheidend ist, diese zu überwachen und zu optimieren.

3. Sicherheit und Einhaltung gesetzlicher Vorschriften

Datensicherheit und die Einhaltung gesetzlicher Vorschriften sind grundlegende Überlegungen, insbesondere in regulierten Branchen wie dem Gesundheitswesen, dem Finanzwesen und dem öffentlichen Sektor. On-Premise-Infrastrukturen bieten eine größere Kontrolle über die Datensicherheit, da sich die Daten innerhalb der Räumlichkeiten der Organisation befinden. Dies kann entscheidend sein, um strenge Vorschriften einzuhalten, die vorschreiben, dass sensible Daten lokal gespeichert werden müssen. Cloud-Anbieter bieten jedoch ebenfalls fortschrittliche Sicherheits- und Compliance-Tools an, darunter Datenverschlüsselung, Sicherheitsaudits und die Einhaltung von Vorschriften wie der DSGVO oder dem CCPA. Die Entscheidung zwischen On-Premise und Cloud sollte auf den Sicherheitsrichtlinien der Organisation und den geltenden regulatorischen Anforderungen basieren.

4. Skalierbarkeit und Flexibilität

Die Fähigkeit, IT-Ressourcen entsprechend den Projektanforderungen zu skalieren, ist ein weiterer wichtiger Faktor bei der Auswahl der

Infrastruktur. KI- und Big-Data-Projekte können während bestimmter Phasen, etwa beim Modelltraining oder der Verarbeitung großer Datenmengen, starke Nachfragespitzen erleben. Cloud-Infrastrukturen sind in dieser Hinsicht besonders vorteilhaft, da sie eine schnelle und einfache Skalierung der Ressourcen ermöglichen. Im Gegensatz dazu kann die Skalierung in einer On-Premise-Infrastruktur langsamer und teurer sein, da sie den Erwerb zusätzlicher Hardware erfordert. Auch Flexibilität ist entscheidend, da sich Projekte im Laufe der Zeit weiterentwickeln und unterschiedliche Ressourcenanforderungen stellen können. Die Cloud bietet eine beispiellose Flexibilität im Ressourcenmanagement und ermöglicht es Organisationen, sich an sich ändernde Projektanforderungen anzupassen, ohne ihre Infrastruktur vollständig umstrukturieren zu müssen.

5. Integration mit bestehenden Tools und Diensten

Bei der Auswahl einer Infrastruktur ist es wichtig zu berücksichtigen, wie gut sie sich in die bestehenden Tools und Dienste der Organisation integrieren lässt. Viele Organisationen haben bereits erhebliche Investitionen in Software und Managementsysteme getätigt, die mit der neuen Infrastruktur kompatibel sein müssen. Im Falle der Cloud-Infrastruktur bieten die führenden Anbieter eine breite Palette an Diensten und APIs, die die Integration mit bestehenden Systemen wie Datenbanken, Speichersystemen und Machine-Learning-Tools erleichtern. Die On-Premise-Infrastruktur hingegen kann eine stärkere Anpassung und Entwicklung erfordern, um eine reibungslose Integration zu gewährleisten.

6. Fehlertoleranz und Notfallwiederherstellung

Die Fähigkeit der Infrastruktur, mit Ausfällen umzugehen und sich von Katastrophen zu erholen, ist eine weitere entscheidende Überlegung. KI- und Big-Data-Systeme sind oft geschäftskritisch für Organisationen, weshalb es entscheidend ist, dass die gewählte Infrastruktur über robuste Funktionen zur Fehlertoleranz und Notfallwiederherstellung verfügt. Cloud-Anbieter bieten in der Regel fortschrittliche Optionen zur Datenredundanz, automatischem Failover und Replikation über mehrere geografische Regionen hinweg an, wodurch sichergestellt wird, dass Systeme auch bei einem katastrophalen Ausfall an einem Standort weiter betrieben werden können. In einer On-Premise-Infrastruktur kann die Implementierung dieser Fähigkeiten komplexer und teurer sein, da sie die Einrichtung von Sekundär-Rechenzentren und das Management der Datenreplikation erfordert.

7. Wartungsfähigkeit und Support

Die Wartung und der Support der Infrastruktur sind entscheidende Faktoren für ihre langfristige Tragfähigkeit. On-Premise-Infrastrukturen erfordern, dass die Organisation ein geschultes technisches Team unterhält, das die Hardware und Software verwaltet, was eine Herausforderung darstellen kann, wenn nicht genügend Ressourcen vorhanden sind. Im Gegensatz dazu bietet die Cloud-Infrastruktur vom Anbieter verwalteten Support, was die betriebliche Belastung der Organisation erheblich reduzieren kann. Cloud-Dienste beinhalten zudem in der Regel automatische Updates, Sicherheitspatches und technischen 24/7-Support, was ein wesentlicher Vorteil für Organisationen sein kann, die ihre Infrastruktur nicht selbst verwalten möchten.

8. Implementierungszeit

Auch die für die Implementierung der Infrastruktur benötigte Zeit ist ein wichtiger Aspekt. Die Cloud-Infrastruktur ermöglicht es Organisationen, ihre Anwendungen und Dienste schnell bereitzustellen, da keine Wartezeiten für den Erwerb und die Installation von Hardware erforderlich sind. Dies ist besonders wertvoll für Projekte, die eine schnelle Markteinführung erfordern oder in Situationen, in denen Time-to-Market kritisch ist. Die On-Premise-Infrastruktur hingegen kann eine erhebliche Zeit für die Hardwarebeschaffung, die physische Installation und die Systemkonfiguration erfordern, was den Projektstart verzögern kann.

9. Umweltaspekte

Umweltaspekte gewinnen bei der Auswahl der Infrastruktur zunehmend an Bedeutung. Cloud-Infrastrukturen können aufgrund der Optimierung und Skalierbarkeit, die von großen Anbietern verwaltete Rechenzentren bieten, energieeffizienter sein. Diese Anbieter setzen sich in der Regel für Nachhaltigkeit ein, nutzen erneuerbare Energien und ergreifen Maßnahmen zur Reduzierung ihres CO2-Fußabdrucks. Die On-Premise-Infrastruktur hingegen kann in Bezug auf den Energieverbrauch weniger effizient sein, insbesondere wenn die Systeme nicht auf Ressourcennutzung optimiert sind oder die Einrichtungen nicht nachhaltig konzipiert wurden.

Lass uns eine Bewertung vornehmen, um ein Verständnis für die Auswahl der geeigneten Infrastruktur zu entwickeln. Dies ist ein komplexer Prozess, der zahlreiche technische, finanzielle und strategische Faktoren berücksichtigen muss. Die Entscheidung zwischen On-Premise- und Cloud-Infrastruktur hängt von den spezifischen Anforderungen des Projekts, den Kapazitäten der Organisation und den betrieblichen Einschränkungen ab. In vielen Fällen kann ein hybrider Ansatz, der das Beste aus beiden Welten kombiniert, die optimale Lösung sein, da er es Organisationen ermöglicht, die Vorteile der Cloud zu nutzen und gleichzeitig die Kontrolle und Sicherheit ihrer sensibelsten Daten in einer On-Premise-Infrastruktur zu behalten. Wenn du in deinem Unternehmen oder in Projekten verantwortlich sein wirst, empfehle ich dir, dich damit vertraut zu machen.

14.1.3. Kosten und Leistung

Die Analyse von Kosten und Leistung ist ein weiterer grundlegender Aspekt bei der Auswahl und Verwaltung der Infrastruktur für Projekte im Bereich Künstliche Intelligenz und Big Data. Diese beiden Faktoren sind eng miteinander verbunden, da das Streben nach optimaler Leistung erhebliche Kosten verursachen kann, während eine Kostenreduzierung die Leistung negativ beeinflussen kann.

1. Infrastrukturkosten

Die Infrastrukturkosten lassen sich in mehrere Hauptkategorien unterteilen, von denen jede direkte Auswirkungen auf das Budget und die Machbarkeit des Projekts hat.

Anfängliche Investitionskosten (CAPEX): Dazu gehören der Erwerb von Hardware und Software sowie der Bau oder die Anmietung von Einrichtungen für Rechenzentren im Falle von On-Premise-Infrastrukturen. Bei Cloud-Projekten fällt zwar keine anfängliche Hardware-Investition an, es können jedoch Kosten für die Implementierung und Erstkonfiguration der Cloud-Dienste anfallen, wie z. B. für das Design der Architektur und die Integration in bestehende Systeme.

Betriebskosten (OPEX): Dies sind die laufenden Kosten, die mit dem täglichen Betrieb der Infrastruktur verbunden sind. Für On-Premise-Infrastrukturen umfassen sie die Wartung der Hardware, den Energieverbrauch, Kühlung, technisches Personal und Softwarelizenzen. In der Cloud spiegeln sich die Betriebskosten im Pay-per-Use-Modell wider, bei dem Organisationen je nach tatsächlichem Verbrauch für Rechenkapazität, Speicher und andere Dienste zahlen. Obwohl das Pay-per-Use-Modell Flexibilität bieten kann, können die Kosten schnell steigen, wenn es nicht richtig verwaltet wird.

Skalierungskosten: Die Fähigkeit, die Infrastruktur an die Projektanforderungen anzupassen, hat ebenfalls Kostenimplikationen. In der Cloud ist die Skalierung flexibler, aber sowohl Aufwärts- als auch Abwärtsskalierungen sind mit Kosten verbunden. Beispielsweise verursachen zusätzlicher Speicher, erhöhte Rechenkapazität oder die Nutzung spezialisierter Dienste wie GPUs oder TPUs direkte Kosten. Bei On-Premise-Infrastrukturen bedeutet Skalierung den Erwerb zusätzlicher Hardware, was eine erhebliche Investition und längere Implementierungszeiten erfordert.

Opportunitätskosten: Dies sind indirekte Kosten, die mit Infrastrukturentscheidungen verbunden sind. Beispielsweise kann die Wahl einer kostengünstigeren, aber weniger leistungsfähigen Lösung zu längeren Verarbeitungszeiten führen, was die Gewinnung kritischer Erkenntnisse verzögern und letztlich die Wettbewerbsfähigkeit des Unternehmens beeinträchtigen kann.

2. Leistungsbewertung

Die Leistung der Infrastruktur sollte anhand mehrerer Schlüsselmerkmale bewertet werden, die sich direkt auf die Effizienz und Wirksamkeit von KI- und Big-Data-Projekten auswirken.

Verarbeitungskapazität: Dies ist ein entscheidender Faktor, insbesondere bei Projekten, die große Datenmengen verarbeiten oder Deep-Learning-Modelle trainieren müssen. Die Infrastrukturleistung muss in der Lage sein, Arbeitslasten zu bewältigen, ohne Engpässe zu verursachen. Dazu gehören die Prozessorleistung, die verfügbare RAM-Menge und die Fähigkeit zur parallelen Verarbeitung mittels GPUs oder TPUs.

Latenz und Reaktionszeit: In Anwendungen, bei denen Schnelligkeit entscheidend ist, wie z. B. in Echtzeit-Empfehlungssystemen oder bei automatisierten Entscheidungen, sind Latenz und Reaktionszeit wesentliche Leistungskennzahlen. Die Cloud-Infrastruktur kann Vorteile in Bezug auf Latenz bieten, da Anbieter in der Regel geografisch verteilte Rechenzentren betreiben, die eine geringere Latenz für Benutzer an verschiedenen Standorten ermöglichen.

Verfügbarkeit und Ausfallsicherheit: Die Leistung muss auch in Bezug auf die Fähigkeit der Infrastruktur bewertet werden, jederzeit betriebsbereit zu sein. Hohe Verfügbarkeit und Widerstandsfähigkeit gegenüber Ausfällen sind für kritische Anwendungen unerlässlich. Dazu gehören Mechanismen zur Notfallwiederherstellung, Datenredundanz und Failover-Systeme, die den Betrieb ohne größere Unterbrechungen aufrechterhalten.

Ressourceneffizienz: Die Effizienz im Ressourceneinsatz ist ein Leistungsmaßstab, der untersucht, wie die verfügbaren Kapazitäten genutzt werden. Ein effizientes System maximiert die Nutzung von CPU, Speicher und Speicherplatz und vermeidet Ressourcenverschwendung. Dies ist besonders wichtig in Cloud-Infrastrukturen, wo das Pay-per-Use-Modell eine optimale Ressourcennutzung erfordert, um Kosten zu minimieren.

Skalierbarkeit: Die Leistung sollte auch in Bezug auf die Fähigkeit der Infrastruktur gemessen werden, ohne erhebliche Leistungseinbußen zu skalieren. Die Infrastruktur muss in der Lage sein, steigende Arbeitslasten effizient zu bewältigen, sei es durch horizontale Skalierung (Hinzufügen weiterer Server oder Instanzen) oder vertikale Skalierung (Erhöhung der Kapazität vorhandener Server).

3. Kosten- und Leistungsvergleich zwischen On-Premise- und Cloud-Infrastruktur

Der Vergleich zwischen On-Premise- und Cloud-Infrastruktur ist entscheidend, um die Option zu bestimmen, die am besten zu den Projektanforderungen passt.

On-Premise: On-Premise-Infrastruktur kann vollständige Kontrolle über Kosten und Leistung bieten und ermöglicht es Organisationen, jedes System-Element an ihre spezifischen Anforderungen anzupassen. Dies geht jedoch mit dem Nachteil hoher Anfangskosten und eines höheren Wartungsaufwands einher. Die Leistung kann für bestimmte Arbeitslasten optimiert werden, aber Skalierbarkeit und Flexibilität sind eingeschränkter und teurer.

Cloud: Die Cloud-Infrastruktur hingegen bietet mehr Flexibilität und Skalierbarkeit. Die Anfangskosten sind niedrig, aber die Betriebskosten können im Laufe der Zeit erheblich steigen, wenn sie nicht richtig verwaltet werden. Die Cloud-Leistung kann sehr hoch sein, da Ressourcen wie GPUs und TPUs bei Bedarf verfügbar sind, aber es ist wichtig, die Nutzung zu überwachen, um Überraschungen bei der Abrechnung zu vermeiden. Die Cloud bietet auch Vorteile in Bezug auf hohe Verfügbarkeit und Notfallwiederherstellung mit geringeren Ausfallzeiten.

4. Optimierung von Kosten und Leistung

Um den Return on Investment (ROI) der Infrastruktur zu maximieren, ist es entscheidend, Optimierungsstrategien umzusetzen, die Kosten und Leistung in Einklang bringen.

Kontinuierliches Monitoring und Anpassung: Der Einsatz von Überwachungstools zur Verfolgung der Ressourcennutzung und Leistung in Echtzeit ist entscheidend. Dies ermöglicht eine dynamische Anpassung der Ressourcen entsprechend den Projektanforderungen, was die Kosten senkt und die Leistung verbessert.

Autoscaling und elastische Arbeitslasten: In der Cloud kann Autoscaling helfen, die Kapazität automatisch an die Nachfrage anzupassen, wodurch die Ressourcennutzung optimiert und die Kosten kontrolliert werden.

Architekturoptimierung: Eine effiziente Infrastrukturarchitektur kann die Betriebskosten senken. Beispielsweise kann die Nutzung von Cold Storage für selten genutzte Daten oder die Verteilung von Arbeitslasten auf verschiedene Instanztypen in der Cloud entsprechend ihren spezifischen Leistungsanforderungen hilfreich sein.

Verhandlungen mit Anbietern: Bei Großprojekten kann die Verhandlung mit Cloud-Service-Anbietern zu Rabatten und individuellen Tarifen führen, was die langfristigen Kosten erheblich senken kann.

Die Bewertung von Kosten und Leistung ist ein kontinuierlicher Prozess, der eine regelmäßige Überprüfung erfordert, da sich die Projektanforderungen ändern und die verfügbaren Technologien weiterentwickeln. Es ist wichtig, ein Gleichgewicht zwischen diesen beiden Faktoren aufrechtzuerhalten, um sicherzustellen, dass die Infrastruktur die Projektziele unterstützt, ohne unnötige Kosten zu verursachen oder die Leistung zu beeinträchtigen, im Grunde damit das Budget nicht aufgefressen wird.

14.2. Skalierbarkeit und Leistungsoptimierung

14.2.1. Techniken der Skalierbarkeit

Es gibt zwei Hauptansätze zur Skalierung einer Infrastruktur: horizontale Skalierbarkeit und vertikale Skalierbarkeit. Jeder Ansatz hat eigene Methoden, Vorteile und Einschränkungen. Die Wahl hängt von den spezifischen Anforderungen des Projekts, der Art der Arbeitslasten und den verfügbaren Ressourcen ab.

1) Horizontale Skalierbarkeit

Die horizontale Skalierbarkeit, auch als Skalierung nach außen oder "Scale-out" bezeichnet, bedeutet, dass man dem System weitere Maschinen oder Knoten hinzufügt. Anstatt die Kapazität einer einzelnen Maschine zu erhöhen, wird die Arbeitslast auf mehrere Maschinen verteilt, um ein höheres Datenvolumen oder mehr gleichzeitige Benutzer zu bewältigen. Dieser Ansatz wird häufig in verteilten Systemen und Cloud-basierten Anwendungen verwendet.

Techniken der horizontalen Skalierbarkeit

1. Lastverteilung: Lastverteilung ist ein grundlegender Bestandteil der horizontalen Skalierung. Dabei wird der Netzwerkverkehr oder die Dienstanfragen auf mehrere Server verteilt, um sicherzustellen, dass keiner überlastet wird. Load Balancer können spezialisierte Hardware oder Software sein und verteilen eingehende Anfragen gleichmäßig oder nach bestimmten

Kriterien, etwa der geringsten Anzahl aktiver Verbindungen oder der Serverleistung.

2. Sharding: Sharding ist eine Technik, die hauptsächlich bei Datenbanken und Speichersystemen eingesetzt wird, bei der Daten in kleinere Segmente (Shards) unterteilt und auf verschiedenen Servern oder Knoten gespeichert werden. Jeder Shard enthält einen Teil des gesamten Datensatzes, und Operationen erfolgen nur auf dem relevanten Shard, was die Last auf jedem Knoten reduziert und die Gesamtleistung des Systems verbessert.

3. Clustering: In einem Cluster-System arbeiten mehrere Server gemeinsam als ein zusammenhängendes System. Jeder Knoten im Cluster kann einen Teil der Arbeitslast übernehmen, und wenn ein Knoten ausfällt, können andere Knoten dessen Last übernehmen, was hohe Verfügbarkeit und Redundanz bietet. Clustering ist gängig bei Applikationsservern, Datenbanken und verteilten Dateisystemen.

4. Containerisierung und Orchestrierung: Der Einsatz von Containern wie Docker erleichtert die horizontale Skalierung, da Anwendungen und Dienste konsistent auf mehreren Knoten bereitgestellt werden können. Die Orchestrierung von Containern mit Tools wie Kubernetes ermöglicht die automatische Verwaltung der Skalierung und stellt sicher, dass je nach Bedarf die richtige Anzahl von Instanzen verfügbar ist.

5. Replikation: Replikation bedeutet, dass Daten oder Dienste dupliziert auf mehreren Knoten vorhanden sind. Diese Technik dient zur Verbesserung der Verfügbarkeit und Fehlertoleranz. In verteilten Datenbanken werden zum Beispiel Daten auf mehreren Knoten repliziert, um sicherzustellen, dass Informationen auch bei Ausfall eines Knotens weiterhin verfügbar sind.

Vorteile der horizontalen Skalierbarkeit

Flexibilität: Zusätzliche Kapazitäten können einfach durch das Hinzufügen weiterer Knoten zum System bereitgestellt werden. Dies ist besonders vorteilhaft in Cloud-Umgebungen, in denen Ressourcen schnell ohne große Kapitalinvestitionen hinzugefügt werden können.

Hohe Verfügbarkeit und Redundanz: Die horizontale Skalierbarkeit erleichtert den Aufbau hochverfügbarer und redundanter Systeme, da die Last auf mehrere Knoten verteilt wird und der Ausfall eines Knotens das Gesamtsystem nicht wesentlich beeinträchtigt.

Gestaffelte Kosten: Anstatt in leistungsstarke Hardware zu investieren, können Organisationen schrittweise skalieren, indem sie Knoten entsprechend der wachsenden Nachfrage hinzufügen, was eine bessere Kostenkontrolle ermöglicht.

Einschränkungen der horizontalen Skalierbarkeit

Verwaltungskomplexität: Horizontale Skalierbarkeit bringt eine erhöhte Komplexität in der Systemverwaltung mit sich, insbesondere in Bezug auf die Koordination zwischen Knoten, Datenkonsistenz und Fehlerbehebung.

Latenz und Synchronisierung: Die Verteilung der Arbeitslast auf mehrere Knoten kann zusätzliche Latenzen verursachen und Herausforderungen bei der Datensynchronisation mit sich bringen, besonders in global verteilten Systemen.

2) Vertikale Skalierbarkeit

Die vertikale Skalierbarkeit, auch als Skalierung nach oben oder "Scale-up" bezeichnet, bedeutet, dass die Kapazität einer einzelnen Maschine durch Hinzufügen weiterer Ressourcen wie schnellere CPUs, mehr RAM oder zusätzlichen Speicher erweitert wird. Anstatt die Last auf mehrere Knoten zu verteilen, wird die Leistung eines einzelnen Knotens verbessert, um höhere Arbeitslasten zu bewältigen.

Techniken der vertikalen Skalierbarkeit

1. Hardware-Upgrade: Die direkteste Technik der vertikalen Skalierung ist das Upgrade der vorhandenen Server-Hardware. Dazu gehört das Hinzufügen von mehr Arbeitsspeicher, das Ersetzen des Prozessors durch ein leistungsfähigeres Modell oder der Einsatz schnellerer Speichermedien wie SSDs anstelle herkömmlicher Festplatten. Dieser Ansatz ermöglicht es einer Maschine, mehr Last zu tragen, ohne die Systemarchitektur zu ändern.

2. Nutzung von Hyperthreading und Overclocking: In einigen Fällen kann die Leistung eines Servers durch Techniken wie Hyperthreading verbessert werden, bei dem jeder CPU-Kern mehrere Verarbeitungsthreads gleichzeitig bearbeiten kann, oder durch Overclocking, bei dem die CPU über ihre Standardspezifikationen hinaus betrieben wird. Diese Techniken bieten kurzfristige Leistungssteigerungen, gehen jedoch mit Risiken in Bezug auf Stabilität und Energieverbrauch einher.

3. Erweiterung der Speicherkapazität: Das Erhöhen der Speicherkapazität eines Servers, sei es durch zusätzliche Festplatten oder den Einsatz fortschrittlicher Speichertechnologien, ist eine weitere Möglichkeit der vertikalen Skalierung. Dies ist besonders nützlich in Systemen, die große Datenmengen lokal speichern müssen, wie etwa Hochleistungsdatenbanken.

4. Softwareoptimierung: Neben Hardwareverbesserungen kann auch die Optimierung der Software, etwa durch Datenbank-Tuning, Code-Optimierung und Verbesserung von Algorithmen, die Effizienz der bestehenden Infrastruktur steigern. Dadurch kann eine Maschine mehr Last bewältigen, ohne dass Hardware-Upgrades notwendig sind.

Vorteile der vertikalen Skalierbarkeit

Einfache Verwaltung: Die vertikale Skalierung ist einfacher zu verwalten als die horizontale, da keine zusätzlichen Knoten verwaltet werden müssen. Die Administration konzentriert sich auf ein einziges System.

Geringere Latenz: Da die Last nicht auf mehrere Knoten verteilt werden muss, kann die vertikale Skalierung geringere Latenzzeiten bei Operationen bieten, was für Anwendungen mit schnellen Reaktionszeiten vorteilhaft ist.

Klare Anfangskosten: Auch wenn sie eine bedeutende Investition in Hardware erfordert, sind die Kosten klar definiert und nicht von der Komplexität verteilter Architekturen abhängig.

Einschränkungen der vertikalen Skalierbarkeit

Physikalische Grenzen: Es gibt eine Grenze für die Menge an Ressourcen, die einer einzelnen Maschine hinzugefügt werden können. Sobald diese erreicht ist, besteht die einzige Möglichkeit zur Leistungssteigerung darin, auf eine größere Infrastruktur umzusteigen oder auf horizontale Skalierung zu wechseln.

Single Point of Failure: Im Gegensatz zur horizontalen Skalierung, bei der die Last verteilt ist, liegt bei der vertikalen Skalierung die gesamte Last auf einem einzigen Knoten. Fällt dieser aus, kann das gesamte System ausfallen.

Hohe Kosten: Hochleistungs-Hardware-Upgrades können teuer sein und sind oft weniger wirtschaftlich als großflächige horizontale Skalierung.

Vergleich und Wahl zwischen horizontaler und vertikaler Skalierbarkeit

Die Wahl zwischen horizontaler und vertikaler Skalierbarkeit hängt von mehreren Faktoren ab, etwa der Art der Anwendung, dem verfügbaren Budget, den Leistungsanforderungen und dem Bedarf an hoher Verfügbarkeit.

Anwendungsfälle für horizontale Skalierung:

- Webanwendungen mit einer großen Anzahl gleichzeitiger Benutzer.
- Verteilte Systeme, die hohe Verfügbarkeit und Fehlertoleranz erfordern.
- Big-Data-Verarbeitung, bei der Daten über mehrere Knoten verteilt sind.

Anwendungsfälle für vertikale Skalierung:

- Kritische Anwendungen, die niedrige Latenz und hohe Verarbeitungsgeschwindigkeit erfordern.
- Umgebungen, in denen einfache Verwaltung Priorität hat.
- Legacy-Systeme, die nicht leicht verteilt werden können.

In vielen Fällen entscheiden sich Organisationen für eine Kombination beider Ansätze, indem sie vertikale Skalierung nutzen, um die Leistung einzelner Knoten zu maximieren, und horizontale Skalierung, um die Last zu verteilen und Redundanz zu erhöhen. Die optimale Strategie hängt von den spezifischen Projektzielen, der Art der Arbeitslast und den Einschränkungen der Betriebsumgebung ab.

14.2.2. Leistungsoptimierung von Modellen

Die Leistungsoptimierung von Modellen ist ein entscheidender Aspekt bei der Entwicklung und Bereitstellung von Lösungen der Künstlichen Intelligenz. Die Verbesserung der Modellleistung ermöglicht nicht nur genauere und effizientere Vorhersagen, sondern reduziert auch die Inferenzzeit und die Rechenkosten, was entscheidend für Echtzeitanwendungen und Systeme im großen Maßstab ist. Die Optimierung der Leistung umfasst verschiedene Bereiche, die von der Auswahl und Anpassung von Hyperparametern bis hin zur Optimierung des Codes und der zugrunde liegenden Infrastruktur reichen.

Optimierung von Hyperparametern

Hyperparameter sind Modellkonfigurationen, die nicht während des Trainings gelernt werden, sondern vor Beginn des Lernprozesses festgelegt werden. Die Optimierung dieser Hyperparameter kann die Leistung eines Modells erheblich verbessern. Es gibt verschiedene Techniken zur Optimierung dieser Parameter:

Grid Search (Gitter-Suche): Diese Technik beinhaltet eine umfassende Suche durch einen vordefinierten Raum von Hyperparametern. Obwohl sie einfach ist und garantiert die besten Parameterkombinationen im Gitter findet, kann sie rechnerisch sehr aufwendig sein, insbesondere wenn der Suchraum groß ist.

Random Search (Zufällige Suche): Anstatt alle möglichen Kombinationen zu testen, wählt die zufällige Suche zufällige Kombinationen von Hyperparametern aus. Obwohl sie möglicherweise nicht die beste Lösung garantiert, ist sie zeit- und ressourceneffizienter.

Bayessche Optimierung: Diese Technik basiert auf dem Aufbau eines probabilistischen Modells des Hyperparameter-Raums und der Auswahl der Werte, die ein erwartetes Zielkriterium maximieren. Sie ist effizienter als Grid Search und Random Search, insbesondere in komplexen Suchräumen.

Spezifische Methoden zur Hyperparameter-Optimierung: Für bestimmte Modelle wie tiefe neuronale Netze werden spezialisierte Techniken wie das Lernen der Lernratenplanung, Batch-Normalisierung und fortgeschrittene Gewichtinitialisierungen verwendet, um die Leistung des Modells zu verbessern.

Modelloptimierung

Neben den Hyperparametern beeinflussen auch das Design und die Struktur des Modells seine Leistung.

Merkmalsauswahl: Die Auswahl eines relevanten Merkmalsuntersets kann die Effizienz des Modells verbessern und das Risiko von Overfitting verringern. Techniken zur Merkmalsauswahl und Dimensionsreduktion wie die Hauptkomponentenanalyse und die lineare Diskriminanzanalyse sind hierfür nützlich.

Regularisierung: Regularisierung ist eine Technik, die eine Strafe für Komplexität im Modell einführt, um Overfitting zu verhindern. Häufige Regularisierungsformen sind L1-Regularisierung (Lasso) und L2-Regularisierung (Ridge) sowie Regularisierung in neuronalen Netzen durch Techniken wie Dropout.

Optimierung des Trainingsalgorithmus: Einige Modelle, wie tiefe neuronale Netze, können erheblich von der Optimierung des Trainingsalgorithmus profitieren. Techniken wie die adaptive Reduktion der Lernrate (Adaptive Learning Rate) und die Optimierung mit fortgeschrittenen Algorithmen wie Adam, RMSprop oder AdaGrad können die Konvergenz beschleunigen und die Leistung verbessern.

Modellverkleinerung: In ressourcenbeschränkten Umgebungen oder wenn eine geringe Inferenzlatenz angestrebt wird, ist es entscheidend, die

Modellgröße zu minimieren. Dies kann durch Kompressionstechniken wie Netzwerk-Pruning, Gewicht-Quantisierung und die Nutzung von leichten Modellen wie MobileNet oder SqueezeNet erreicht werden.

Codeoptimierung

Die Leistung eines Modells hängt nicht nur von seiner Struktur und seinen Parametern ab, sondern auch von der Effizienz des implementierten Codes. Die Codeoptimierung kann Folgendes umfassen:

Parallelisierung: Die Nutzung von Parallelisierung beim Training und bei der Inferenz kann die Leistung erheblich steigern. Dies umfasst die Aufteilung von Aufgaben auf mehrere CPU-Kerne oder GPUs, um die Verarbeitung zu beschleunigen. Werkzeuge wie TensorFlow und PyTorch ermöglichen die Implementierung der Parallelisierung auf einfache Weise.

Vektorisierte Codeoptimierung: Anstatt iterative Schleifen zu verwenden, kann die Vektorisierung genutzt werden, um Operationen auf Datenblöcken gleichzeitig durchzuführen, was die Rechenzeit erheblich reduziert.

Verwendung optimierter Bibliotheken: Der Einsatz optimierter Bibliotheken für mathematische und Verarbeitungsoperationen wie cuDNN für neuronale Netze auf GPUs kann die Leistung deutlich verbessern. Diese Bibliotheken sind dafür ausgelegt, die zugrunde liegende Hardwarearchitektur optimal auszunutzen.

Caching von Zwischenergebnissen: Das Speichern von Zwischenergebnissen aufwändiger Berechnungen kann die Notwendigkeit ihrer erneuten Berechnung vermeiden, wodurch die Rechenlast reduziert und die Effizienz gesteigert wird.

Infrastrukturoptimierung

Die Infrastruktur, auf der ein Modell ausgeführt wird, spielt ebenfalls eine Schlüsselrolle für dessen Leistung. Einige Überlegungen umfassen:

Auswahl der Hardware: Die Auswahl der richtigen Hardware ist entscheidend für die Modellleistung. Für Modelle, die intensive Gleitkommaberechnungen erfordern, wie tiefe neuronale Netze, können GPUs oder TPUs im Vergleich zu herkömmlichen CPUs erhebliche Leistungsverbesserungen bieten.

Nutzung von Cloud-Infrastrukturen: Cloud-Plattformen ermöglichen die dynamische Anpassung von Ressourcen an die Nachfrage. Dies verbessert nicht nur die Leistung, sondern optimiert auch die Kosten, da nur für tatsächlich genutzte Ressourcen bezahlt wird.

Lastverteilung: In groß angelegten Anwendungen kann die Verteilung der Last auf mehrere Maschinen die Leistung und Resilienz verbessern. Dazu gehören der Einsatz von Rechenclustern und Load-Balancing-Diensten.

Automatische Skalierung: Die Fähigkeit zur automatischen Skalierung der Ressourcen basierend auf der Arbeitslast ermöglicht die Aufrechterhaltung einer optimalen Leistung zu jeder Zeit. Cloud-Plattformen bieten automatische Skalierungsdienste, die Ressourcen in Echtzeit anpassen.

Kontinuierliches Monitoring und Wartung

Die Optimierung der Leistung ist kein einmaliger Prozess; sie erfordert kontinuierliches Monitoring und Wartung. Die Modellleistung kann sich im Laufe der Zeit aufgrund von Datenänderungen, Softwareaktualisierungen oder Infrastrukturveränderungen verschlechtern. Es ist entscheidend, ein Überwachungssystem einzurichten, das die Erkennung und proaktive Behebung solcher Probleme ermöglicht.

Leistungsüberwachung: Die Implementierung von Überwachungssystemen, die Schlüsselmetriken des Modells wie Genauigkeit, Inferenzlatenz und Ressourcennutzung erfassen, ermöglicht es, Leistungsprobleme zu erkennen, bevor sie Endbenutzer betreffen.

Periodisches Retraining: Im Laufe der Zeit können sich die Daten ändern, was zu einer Verschlechterung der Modellleistung führen kann. Durch periodisches Retraining mit aktualisierten Daten wird sichergestellt, dass das Modell seine Genauigkeit und Relevanz beibehält.

Kontinuierliche Anpassungen und Verbesserungen: Basierend auf den durch Monitoring gesammelten Daten können kontinuierliche Anpassungen an der Modellkonfiguration, den Hyperparametern oder der Infrastruktur vorgenommen werden, um die Leistung nachhaltig zu verbessern.

Debugging- und Testpraktiken

Die Leistungsoptimierung umfasst auch effektive Debugging- und Testpraktiken. Es ist entscheidend, sicherzustellen, dass der Code fehlerfrei ist und das Modell wie erwartet funktioniert, um Leistungsprobleme zu vermeiden.

Unit- und Integrationstests: Die Implementierung eines robusten Sets von Unit- und Integrationstests stellt sicher, dass jede Komponente des Modells korrekt funktioniert und dass Updates keine neuen Probleme einführen.

Debugging von Engpässen: Die Identifizierung und Beseitigung von Engpässen im Code oder in der Modellarchitektur kann Ressourcen freisetzen und die Leistung verbessern. Werkzeuge zur Codeprofilierung und Leistungsanalyse sind in diesem Prozess nützlich.

Die Optimierung der Modellleistung ist ein facettenreicher Prozess, der die Verbesserung verschiedener Aspekte umfasst, von Hyperparametern und Modellarchitektur bis hin zur Codeeffizienz und Infrastrukturauswahl. Diese Maßnahmen gewährleisten nicht nur die Genauigkeit und Geschwindigkeit der Modelle, sondern auch ihre Skalierbarkeit und Wirtschaftlichkeit im Betrieb.

14.2.3. Caching und Parallelisierung

Caching und Parallelisierung sind zwei grundlegende Strategien zur Verbesserung der Leistung und Effizienz in Systemen, die große Datenmengen verarbeiten oder komplexe Berechnungen erfordern. Diese Techniken sind besonders relevant im Kontext von Big Data, Künstlicher Intelligenz und Echtzeitanwendungen, bei denen die Optimierung der Rechenressourcen entscheidend ist, um Skalierbarkeit zu gewährleisten und Verarbeitungszeiten zu minimieren.

Caching

Caching ist eine Technik zur temporären Speicherung von Ergebnissen aus Berechnungen oder Daten, deren Erzeugung oder wiederholte Abfrage teuer ist. Durch das Speichern dieser Ergebnisse in einem schnellen Speicher wie RAM oder einem verteilten Caching-Speicher wird die Zugriffszeit bei zukünftigen Anfragen erheblich reduziert. Der effektive Einsatz von Caching kann sich sowohl positiv auf die Verarbeitungsgeschwindigkeit als auch auf die Entlastung von Backend-Systemen oder Datenbanken auswirken.

Arten von Caching:

In-Memory-Caching: Dies ist die gängigste Form des Cachings, bei der Daten im RAM gespeichert werden, um einen schnellen Zugriff zu ermöglichen. Werkzeuge wie Redis und Memcached sind beliebte Beispiele für In-Memory-Caching-Systeme. Sie sind besonders nützlich in Webanwendungen zur Speicherung häufig abgefragter Daten wie Benutzereinstellungen oder Datenbankabfrageergebnisse.

Disk-Caching: Obwohl langsamer als In-Memory-Caching, wird Disk-Caching verwendet, wenn die Datenmengen zu groß sind, um im RAM gespeichert zu werden. Die Daten werden auf schnellen Speichermedien wie SSDs geschrieben, damit sie bei erneutem Bedarf verfügbar sind. Dies ist nützlich in Datenanalyseanwendungen, bei denen Zwischenwerte erzeugt und in späteren Verarbeitungsschritten wiederverwendet werden müssen.

Verteiltes Caching: In verteilten Umgebungen wie Rechenclustern oder Cloud-Diensten ermöglicht verteiltes Caching das Teilen von zwischengespeicherten Daten zwischen verschiedenen Knoten. Dies verbessert die Effizienz und reduziert die Redundanz beim Zugriff auf gemeinsame Daten. Werkzeuge wie Apache Ignite oder Hazelcast sind Beispiele für verteilte Caching-Lösungen.

Strategien zur Cache-Aktualisierung und Ablauf:

TTL (Time to Live): Die Festlegung einer Lebensdauer für gecachte Daten stellt sicher, dass Informationen nicht unbegrenzt gespeichert werden und veraltete Daten entfernt oder aktualisiert werden. Diese Technik ist entscheidend in Szenarien mit häufigen Datenänderungen.

Cache-Invalidierung: Dies ist der Prozess, gespeicherte Cache-Daten zu löschen oder ungültig zu machen, wenn sich die Originaldaten geändert haben. Invalidierungsstrategien umfassen eventbasierte Invalidierung (wenn eine Datenänderung den Cache löscht) sowie manuelle oder zeitgesteuerte Invalidierung.

Cache-Warming: Das Vorladen des Caches mit Daten, die wahrscheinlich in naher Zukunft verwendet werden, kann die Wartezeiten bei den ersten Anfragen verringern. Diese Strategie ist nützlich in Anwendungen mit erwarteten Lastspitzen oder in Szenarien mit teuren Vorberechnungen.

Parallelisierung

Parallelisierung ist der Prozess der Aufteilung einer Aufgabe in kleinere Teilaufgaben, die gleichzeitig auf mehreren CPU-Kernen, Threads oder sogar auf verschiedenen Maschinen in einem Cluster ausgeführt werden können. Dies ist entscheidend für Anwendungen mit hoher Nachfrage und großen Datenmengen, da dadurch die verfügbaren Ressourcen optimal genutzt und die Verarbeitungszeiten verkürzt werden können.

Arten der Parallelisierung:

Datenparallele Parallelisierung: Bei dieser Strategie werden die Daten in Blöcke oder Partitionen aufgeteilt, die unabhängig voneinander parallel verarbeitet werden. Dieser Ansatz ist häufig bei Big-Data- und Machine-Learning-Algorithmen anzutreffen, die auf Datensubsets arbeiten können, wie etwa bei MapReduce in Hadoop oder Operationen auf RDDs (Resilient Distributed Datasets) in Apache Spark.

Aufgabenparallele Parallelisierung: Hier werden verschiedene Aufgaben oder Funktionen parallel ausgeführt. Diese Technik ist nützlich, wenn ein Prozess in unabhängige Phasen oder Funktionen unterteilt werden kann, die gleichzeitig ausgeführt werden können. Datenverarbeitungspipelines und Analyse-Workflows profitieren oft von dieser Strategie.

Threadbasierte Parallelisierung: In Multicore-Systemen ermöglicht die threadbasierte Parallelisierung, dass eine einzelne Aufgabe auf mehrere Threads aufgeteilt wird, wobei jeder Thread einen Teil der Arbeit übernimmt. Dies ist häufig in Softwareanwendungen zu finden, bei denen eine Berechnung in kleinere Teile aufgeteilt und parallel auf mehreren CPU-Kernen ausgeführt wird.

Implementierung der Parallelisierung:

MapReduce: Ein verteiltes Programmiermodell, das es ermöglicht, eine große Datenverarbeitungsaufgabe in kleinere Aufgaben aufzuteilen, die parallel ausgeführt werden können. Die Map- und Reduce-Phasen ermöglichen eine effiziente Verarbeitung und Kombination von Ergebnissen. Diese Technik wird häufig in Plattformen wie Hadoop eingesetzt.

DAGs (Directed Acyclic Graphs): In Systemen wie Apache Spark werden Aufgaben in gerichteten azyklischen Graphen organisiert, wobei Knoten Aufgaben und Kanten Abhängigkeiten darstellen. Die parallele Ausführung von Aufgaben in einem DAG optimiert den Workflow, indem voneinander unabhängige Aufgaben gleichzeitig ausgeführt werden können.

MPI (Message Passing Interface): Eine Standardbibliothek für paralleles Rechnen in Rechnerclustern. MPI ermöglicht es mehreren Prozessen auf verschiedenen Knoten, miteinander zu kommunizieren und ihre Arbeit an verteilten Aufgaben zu koordinieren. Sie ist besonders nützlich in wissenschaftlichen und technischen Anwendungen mit hohem Rechenbedarf.

Überlegungen zur Parallelisierung:

Synchronisation und Konsistenz: Beim Parallelisieren von Aufgaben ist es entscheidend sicherzustellen, dass synchronisierte Aufgaben Ressourcen korrekt gemeinsam nutzen, um Race Conditions zu vermeiden und die Datenkonsistenz zu gewährleisten. Mechanismen wie Locks und Semaphoren sind üblich, um die Synchronisation zu steuern.

Lastverteilung: In verteilten Umgebungen ist es wichtig, Aufgaben gleichmäßig auf die verfügbaren Ressourcen zu verteilen. Dynamisches Load Balancing passt die Aufgabenverteilung in Echtzeit entsprechend der Leistung und Verfügbarkeit der Ressourcen an.

Minimierung der Kommunikation: In der verteilten Parallelisierung kann die Kommunikation zwischen Knoten zu einem Engpass werden. Die Minimierung der Kommunikationsbedarfe und die Optimierung des Datentransfers zwischen Knoten kann die Gesamtleistung des Systems erheblich verbessern.

Caching und Parallelisierung in realen Anwendungen

In der Praxis werden Caching und Parallelisierung oft gemeinsam eingesetzt, um die Leistung zu maximieren. Zum Beispiel speichern Echtzeit-Empfehlungssysteme, wie sie von Streaming-Plattformen oder im E-Commerce verwendet werden, zuvor generierte Empfehlungen im Cache, während Parallelisierung die gleichzeitige Verarbeitung neuer Anfragen ermöglicht.

In der Künstlichen Intelligenz ist Parallelisierung entscheidend beim Training von Deep-Learning-Modellen, bei denen rechenintensive Aufgaben auf mehrere GPUs verteilt werden. Gleichzeitig wird Caching verwendet, um Zwischenwerte zu speichern und kostspielige Neuberechnungen während des Trainings zu vermeiden.

Die korrekte Implementierung von Caching und Parallelisierung kann einen erheblichen Unterschied in der Leistung und im Umgang mit großen Datenmengen in kritischen Anwendungen ausmachen.

14.3. Verwendung von Containern und Orchestrierung

14.3.1. Grundkonzepte von Containern

Container sind eine leichtgewichtige Virtualisierungstechnologie, die es ermöglicht, Anwendungen konsistent in verschiedenen Umgebungen zu verpacken und auszuführen. Im Gegensatz zu herkömmlichen virtuellen Maschinen, die vollständige Hardware emulieren, teilen Container dasselbe zugrunde liegende Betriebssystem, werden jedoch in isolierten Umgebungen ausgeführt. Dies ermöglicht eine höhere Effizienz und Portabilität, was Container zu einer beliebten Wahl für die Entwicklung, Bereitstellung und Skalierung von Anwendungen im Zeitalter von Cloud Computing und Microservices gemacht hat.

Zentrale Konzepte von Containern:

1. Container-Images: Container-Images sind unveränderliche Vorlagen, die alles enthalten, was zur Ausführung einer Anwendung erforderlich ist, wie Quellcode, Bibliotheken, Abhängigkeiten und notwendige Konfigurationen. Ein Image wird in der Regel aus einer Definitionsdatei namens Dockerfile (im Fall von Docker, dem gängigsten Containersystem) erstellt, die angibt, wie das Image aufgebaut werden soll. Nach der Erstellung kann das Image in jeder Umgebung, die Container unterstützt, geteilt und ausgeführt werden, was sicherstellt, dass sich die Anwendung in unterschiedlichen Systemen gleich verhält.

2. Container: Ein Container ist eine laufende Instanz eines Images. Jeder Container hat sein eigenes Dateisystem, Prozesse, Netzwerk und Benutzerbereich, was ihm eine isolierte und sichere Umgebung bietet. Im Gegensatz zu virtuellen Maschinen, die für jede Instanz ein vollständiges Betriebssystem benötigen, teilen sich Container den Kernel des Host-Betriebssystems, was den Ressourcenverbrauch erheblich reduziert. Diese gemeinsame Nutzung ermöglicht die effiziente Ausführung mehrerer Container auf demselben Rechner.

3. Isolierung: Die Isolierung ist eines der grundlegenden Merkmale von Containern. Jeder Container arbeitet in seiner eigenen Umgebung, getrennt vom Rest, was bedeutet, dass Prozesse in einem Container nicht direkt mit Prozessen eines anderen Containers interferieren können. Diese Isolierung wird durch Technologien wie Namespaces und cgroups unter Linux ermöglicht. Namespaces trennen Systemressourcen wie Prozess-IDs, Netzwerke und Mount-Punkte, während cgroups die Menge an Systemressourcen wie CPU, Arbeitsspeicher und Netzwerkbandbreite kontrollieren, die ein Container verwenden darf.

4. Portabilität: Einer der größten Vorteile von Containern ist ihre Portabilität. Da sie alles enthalten, was für die Ausführung einer Anwendung notwendig ist, können Container-Images problemlos zwischen verschiedenen Umgebungen verschoben werden, ohne dass die Anwendung beeinträchtigt wird. Dies erleichtert Entwicklung, Test und Produktion auf unterschiedlichen Plattformen wie lokalen Umgebungen, On-Premise-Servern und öffentlichen oder privaten Clouds. Der Container stellt sicher, dass die Anwendung sich unabhängig vom Einsatzort gleich verhält.

5. Datenpersistenz: Container sind darauf ausgelegt, flüchtig zu sein, was bedeutet, dass innerhalb eines Containers erzeugte Daten verloren gehen, wenn der Container gelöscht wird. Um mit persistenten Daten umzugehen, ist es üblich, Datenvolumes zu verwenden oder Verzeichnisse des Hosts in den Container einzubinden. Volumes sind die empfohlene Methode zur

Datenpersistenz in Docker, da sie sich außerhalb des Lebenszyklus eines Containers befinden und zwischen mehreren Containern geteilt werden können. Dies ist entscheidend für Anwendungen, die permanenten Speicher benötigen, wie z. B. Datenbanken.

6. Netzwerk und Kommunikation zwischen Containern: Jeder Container verfügt über einen eigenen virtuellen Netzwerkstack, der ihm die Kommunikation mit anderen Containern, dem Host oder der Außenwelt ermöglicht. Container können mit spezifischen virtuellen Netzwerken verbunden werden, um die Kommunikation untereinander zu erleichtern. Docker bietet beispielsweise verschiedene Netzwerkmodi wie Bridge, Host und Overlay, die je nach den Konnektivitäts- und Isolationsanforderungen der Anwendung verwendet werden. Der Bridge-Modus ist der Standardmodus und ermöglicht Containern auf demselben Host die Kommunikation untereinander, während der Overlay-Modus in Cluster-Umgebungen verwendet wird, um Container auf verschiedenen Hosts zu verbinden.

7. Container-Management: Das Container-Management umfasst die Orchestrierung, Überwachung und Skalierung von Containern in Produktionsumgebungen. Orchestrierungswerkzeuge wie Kubernetes, Docker Swarm und OpenShift werden verwendet, um die Bereitstellung, Verwaltung, Skalierung und Netzwerke von Containern zu automatisieren. Diese Plattformen ermöglichen es, Richtlinien zur Verwaltung mehrerer Container in Server-Clustern zu definieren, wodurch sichergestellt wird, dass Anwendungen verfügbar und je nach Bedarf skalierbar bleiben.

8. Sicherheit: Sicherheit in Containern ist entscheidend, da sie sich den Kernel des zugrunde liegenden Betriebssystems teilen. Container bieten jedoch mehrere integrierte Sicherheitsmechanismen, wie Prozessisolierung, Netzwerksegmentierung und rollenbasierte Zugriffskontrollfunktionen. Darüber hinaus ist es wichtig, Sicherheitspraktiken wie das Scannen von Images auf Schwachstellen, das Ausführen von Containern als nicht privilegierte Benutzer und das Einschränken unnötiger Berechtigungen in Containern anzuwenden.

9. Anwendungsfälle für Container: Container eignen sich ideal für eine Vielzahl von Anwendungsfällen, einschließlich der Entwicklung und des Testens von Anwendungen, der Implementierung von Microservices, der Ausführung von Legacy-Anwendungen in modernen Umgebungen und der Orchestrierung großer Mengen von Cloud-Diensten. In DevOps-Umgebungen sind Container entscheidend für den Aufbau effizienter CI/CD-Pipelines, bei denen derselbe Container vom Entwicklungs- bis zum Produktionsstadium ohne Änderungen durchlaufen kann.

Das Verständnis der Grundlagen von Containern ist entscheidend, um ihre Vorteile bei der Implementierung und dem Betrieb moderner Anwendungen zu nutzen. Man kann sogar sagen, dass sie praktisch für jedes Projekt wichtig sind.

14.3.2. Orchestrierung mit Kubernetes

Kubernetes ist eine Open-Source-Plattform zur Container-Orchestrierung, die die Bereitstellung, Verwaltung, Skalierung und den Betrieb containerisierter Anwendungen automatisiert. Ursprünglich von Google entwickelt und jetzt von der Cloud Native Computing Foundation (CNCF) betreut, hat sich Kubernetes zum De-facto-Standard für die Container-Orchestrierung in der Industrie entwickelt. Seine Fähigkeit, Container-Cluster über mehrere Knoten hinweg zu verwalten, macht es zu einem unverzichtbaren Werkzeug für moderne Anwendungen mit hohen Anforderungen an Verfügbarkeit, Skalierbarkeit und Portabilität.

Grundkonzepte von Kubernetes:

- **Kubernetes-Cluster:** Ein Kubernetes-Cluster besteht aus einer Gruppe von Knoten, die Container unter der Aufsicht einer zentralen Steuerungseinheit (Control Plane) ausführen. Die Control Plane ist für die Aufrechterhaltung des gewünschten Zustands des Clusters verantwortlich, während die Knoten die Arbeitslasten ausführen. Ein typischer Cluster umfasst einen Master-Knoten (oder mehrere für hohe Verfügbarkeit), der die Control Plane verwaltet, und mehrere Worker-Knoten, auf denen die Container ausgeführt werden.

- **Knoten:** Knoten sind physische oder virtuelle Maschinen, die Teil des Clusters sind und Container ausführen. Jeder Knoten enthält einen Agenten namens kubelet, der für die Kommunikation mit der Control Plane verantwortlich ist, um Anweisungen zu erhalten und den Zustand des Knotens zu melden. Darüber hinaus führt jeder Knoten eine Container-Laufzeitumgebung (wie Docker oder containerd) aus, die für das Ausführen und Verwalten der Container verantwortlich ist.

- **Pods:** Ein Pod ist die kleinste Bereitstellungseinheit in Kubernetes und stellt einen oder mehrere Container dar, die in einer gemeinsamen Umgebung ausgeführt werden. Die Container innerhalb eines Pods teilen sich denselben Speicher, das Netzwerk und den Lebenszyklus, was eine effiziente Kommunikation zwischen ihnen ermöglicht. Pods sind flüchtig und können von Kubernetes je nach Anwendungsbedarf erstellt und zerstört werden.

- **Services:** Ein Service in Kubernetes ist eine Abstraktion, die eine logische Gruppe von Pods und eine Richtlinie für den Zugriff auf diese definiert. Services bieten eine stabile und zuverlässige Möglichkeit, auf Pods zuzugreifen, unabhängig von deren Standort im Cluster. Dies ist entscheidend für Service-Discovery und Lastverteilung in verteilten Anwendungen.

- **Controller:** Controller sind Komponenten in Kubernetes, die den gewünschten Zustand von Ressourcen verwalten. Es gibt verschiedene Arten von Controllern, wie zum Beispiel den Deployment-Controller, der sicherstellt, dass eine bestimmte Anzahl von Pod-Replikaten jederzeit ausgeführt wird, oder den StatefulSet-Controller, der Pods mit Identität und persistentem Speicher verwaltet.

- **Namespaces:** Namespaces sind eine Möglichkeit, ein Kubernetes-Cluster in isolierte virtuelle Umgebungen zu unterteilen. Dies ermöglicht eine logische Trennung von Ressourcen innerhalb eines Clusters und erleichtert das Management von Anwendungen, die Isolation erfordern, wie z. B. Entwicklungs-, Test- und Produktionsumgebungen.

Orchestrierung und Verwaltung in Kubernetes:

1. **Automatische Skalierung:** Kubernetes ermöglicht die automatische Skalierung von Anwendungen basierend auf der Nachfrage. Mithilfe des Horizontal Pod Autoscalers kann Kubernetes die Anzahl der Pod-Replikate basierend auf Metriken wie CPU-Auslastung oder Netzwerkbelastung erhöhen oder verringern. Auch das Cluster selbst kann mithilfe externer Tools je nach Arbeitslast skaliert werden.

2. **Konfigurations- und Geheimnisverwaltung:** Kubernetes bietet Mechanismen zur Verwaltung von Anwendungs-konfigurationen und Geheimnissen (sensible Informationen wie Zugangsdaten oder Schlüssel). ConfigMaps und Secrets sind Ressourcen, die es ermöglichen, Konfigurationen vom Anwendungscode zu trennen, was das Management und die Sicherheit in dynamischen Umgebungen erleichtert.

3. **Updates und Deployments:** Kubernetes unterstützt verschiedene Deployment-Strategien, um Anwendungen ohne Ausfallzeit zu aktualisieren. Strategien wie Rolling Update ermöglichen eine schrittweise Aktualisierung der Pods, während Canary-Deployments neue Versionen der Anwendung zunächst einem Teil der Benutzer bereitstellen, bevor ein vollständiger Rollout erfolgt. Kubernetes bietet auch automatische Rollbacks im Fehlerfall.

4. **Lastverteilung und Netzwerk:** Kubernetes verfügt über integrierte Funktionen zum Lastenausgleich, die es ermöglichen, den Datenverkehr auf

die Pods eines Services zu verteilen. Kubernetes verwaltet auch das interne Netzwerk zwischen Pods durch ein flaches Netzwerkmodell, bei dem alle Pods miteinander kommunizieren können, sofern keine Netzwerkregeln dies einschränken.

5. Monitoring und Logging: Monitoring und Logging sind kritische Aspekte beim Management von Anwendungen in Kubernetes. Kubernetes erleichtert die Integration mit Monitoring-Tools wie Prometheus und Logging-Tools wie Fluentd, um Metriken und Logs auf Anwendungs- und Systemebene zu erfassen und zu analysieren. Dies ermöglicht eine proaktive Fehlererkennung und -behebung.

Kubernetes in der Praxis

Kubernetes wird weit verbreitet zur Bereitstellung von Microservices-Anwendungen eingesetzt, bei denen Resilienz, Skalierbarkeit und Portabilität essenziell sind. Kubernetes integriert sich mit CI/CD-Tools, unterstützt kontinuierliche Entwicklungsprozesse und ermöglicht die Bereitstellung von Anwendungen in öffentlichen, privaten oder hybriden Cloud-Umgebungen. Durch den Einsatz von Kubernetes können Unternehmen komplexe Infrastrukturen effizient und konsistent verwalten und sicherstellen, dass Anwendungen stets verfügbar sind und sich je nach Nachfrage skalieren lassen.

Hier ein einfaches Beispiel, wie man ein Deployment und einen Service in Kubernetes mit YAML-Dateien definieren kann:

```
apiVersion: apps/v1
kind: Deployment
metadata:
  name: nginx-deployment
spec:
  replicas: 3
  selector:
    matchLabels:
      app: nginx
  template:
    metadata:
      labels:
        app: nginx
    spec:
      containers:
      - name: nginx
        image: nginx:1.14.2
        ports:
        - containerPort: 80

---
apiVersion: v1
kind: Service
```

```
metadata:
  name: nginx-service
spec:
  selector:
    app: nginx
  ports:
  - protocol: TCP
    port: 80
    targetPort: 80
  type: LoadBalancer
```

Dieser Code definiert ein Deployment, das drei Replikate eines Nginx-Containers bereitstellt, sowie einen Service, der die Last gleichmäßig zwischen diesen Replikaten verteilt. Kubernetes stellt sicher, dass die drei Replikate jederzeit laufen und dass der Service den eingehenden Traffic gleichmäßig auf sie verteilt.

Dieses einfache Beispiel kratzt nur an der Oberfläche der Fähigkeiten von Kubernetes, das über fortschrittliche Tools zur Konfigurationsverwaltung, Sicherheit, Skalierung und Überwachung verfügt und diese Plattform zu einem unverzichtbaren Standard für die Entwicklung und Bereitstellung moderner Anwendungen macht.

14.3.3. Vorteile der Verwendung von Containern

Der Einsatz von Containern in der Entwicklung und Bereitstellung von Anwendungen hat die Art und Weise revolutioniert, wie Organisationen ihre IT-Infrastrukturen verwalten. Container bieten eine Reihe von Vorteilen, die von der Konsistenz in der Ausführungsumgebung bis hin zur verbesserten Ressourceneffizienz und der einfachen Anwendungsverwaltung reichen.

1. Portabilität:

Container kapseln alle notwendigen Abhängigkeiten zur Ausführung einer Anwendung ein, einschließlich Libraries, Konfigurationen und Code. Dies gewährleistet, dass die Anwendung in jeder Umgebung konsistent ausgeführt wird. Das bedeutet, dass ein Container, der in der Entwicklungsumgebung funktioniert, auch in der Produktion funktioniert, unabhängig von Unterschieden im Betriebssystem oder der zugrunde liegenden Infrastruktur. Diese Portabilität vereinfacht den Entwicklungs- und Bereitstellungsprozess erheblich und reduziert Kompatibilitätsprobleme zwischen Umgebungen signifikant.

2. Konsistenz und Reproduzierbarkeit:

Container bieten eine isolierte und vorhersehbare Ausführungsumgebung. Jedes Mal, wenn ein Container ausgeführt wird, startet er im gleichen Zustand, was sicherstellt, dass sich die Anwendung bei jeder Ausführung identisch verhält. Dies ist entscheidend, um sicherzustellen, dass Tests, Entwicklung und Produktion konsistent sind, was die Fehlersuche erleichtert und sicherstellt, dass Anwendungsaktualisierungen kein unerwartetes Verhalten verursachen.

3. Isolierung von Anwendungen:

Jeder Container läuft in seinem eigenen isolierten Bereich, was bedeutet, dass mehrere Container auf einem einzigen Host laufen können, ohne sich gegenseitig zu beeinflussen. Diese Isolierung verbessert die Sicherheit und Stabilität, da ein Problem in einem Container keine Auswirkungen auf andere hat. Zudem ermöglicht sie das Ausführen unterschiedlicher Versionen derselben Anwendung oder verschiedener Anwendungen mit konfliktären Abhängigkeiten auf demselben System ohne Probleme.

4. Skalierbarkeit:

Container sind im Vergleich zu herkömmlichen virtuellen Maschinen extrem leichtgewichtig, was es ermöglicht, eine große Anzahl von Containern auf einem einzigen Server auszuführen. Diese Ressourceneffizienz erleichtert das horizontale Skalieren, bei dem mehrere Instanzen einer Anwendung in verschiedenen Containern bereitgestellt werden können, um steigende Nachfrage zu bewältigen. Orchestrierungsplattformen wie Kubernetes automatisieren diesen Prozess, indem sie die Anzahl der Container dynamisch entsprechend dem Verkehrsaufkommen anpassen.

5. Ressourceneffizienz:

Im Gegensatz zu virtuellen Maschinen, die ein vollständiges Betriebssystem für jede Instanz benötigen, teilen sich Container den Kernel des Host-Betriebssystems, wodurch sie deutlich ressourcenschonender sind. Diese Effizienz bedeutet, dass Container schnell gestartet und gestoppt werden können, was eine dynamischere und effizientere Nutzung der Infrastruktur erlaubt, Kosten senkt und die Reaktionsfähigkeit von Anwendungen verbessert.

6. Geschwindigkeit bei Bereitstellung und Entwicklung:

Container können schnell erstellt, bereitgestellt und aktualisiert werden. Dieser schnelle Lebenszyklus ist besonders nützlich in agilen

Entwicklungsumgebungen, in denen häufige Updates und Deployments üblich sind. Mit Containern können Entwickler in Umgebungen arbeiten, die die Produktionsumgebung genau nachbilden, was die Entwicklung, das Testen und die Implementierung neuer Funktionen beschleunigt.

7. Einfache Verwaltung und Automatisierung:

Die Integration von Orchestrierungswerkzeugen wie Kubernetes ermöglicht die automatische Verwaltung von Containern im großen Maßstab. Diese Werkzeuge können die Verteilung der Container auf die Clusterknoten verwalten, automatisches Skalieren durchführen, kontinuierliche Updates verwalten und hohe Verfügbarkeit durch Umverteilung der Container bei einem Knotenausfall bieten. Die Möglichkeit, Infrastruktur als Code zu definieren, erlaubt zudem die Automatisierung wiederkehrender Aufgaben und vereinfacht die Wartung.

8. Verbesserte Sicherheit:

Container bieten mehrere inhärente Sicherheitsmechanismen, wie Prozessisolation und Zugriffskontrolle auf Systemressourcen, was die Angriffsfläche bei Schwachstellen minimiert. Zudem können Sicherheitsupdates schnell durch Neubau und erneute Bereitstellung von Container-Images angewendet werden. Werkzeuge wie Docker ermöglichen auch die Verifizierung von Images, um sicherzustellen, dass nur vertrauenswürdige Quellen verwendet werden.

9. Reduzierung der Betriebskosten:

Die Ressourceneffizienz und die Möglichkeit, eine höhere Arbeitslastdichte auf weniger physischen Servern oder Cloud-Instanzen zu erreichen, führen zu einer deutlichen Senkung der Betriebskosten. Durch die maximale Nutzung vorhandener Infrastruktur können Organisationen die Ausgaben für Hardware, Energie und Systemadministration senken, was zu höherer Rentabilität und schnellerem Return on Investment führt.

10. Flexibilität und Anpassungsfähigkeit:

Container sind äußerst anpassungsfähig und lassen sich leicht in verschiedene Werkzeuge und Technologien integrieren. Beispielsweise können sie in Microservices-Architekturen eingesetzt werden, bei denen jede Komponente der Anwendung in einem eigenen Container läuft und unabhängig verwaltet, skaliert und aktualisiert werden kann. Diese Flexibilität ermöglicht es Organisationen, neue Technologien und Bereitstellungsstrategien zu übernehmen, ohne ihre Infrastruktur vollständig neu strukturieren zu müssen.

11. Unterstützung für DevOps und CI/CD:

Container sind ein wesentlicher Bestandteil bei der Umsetzung von DevOps-Praktiken und Continuous Integration/Continuous Deployment (CI/CD)-Pipelines. Sie ermöglichen die Automatisierung des gesamten Lebenszyklus von Entwicklung, Tests und Softwarebereitstellung und stellen sicher, dass Codeänderungen schnell integriert und produktiv eingesetzt werden können. Dies verkürzt die Markteinführungszeit neuer Funktionen und verbessert die Softwarequalität durch kontinuierliches Testen in konsistenten Umgebungen.

Container haben die Art und Weise, wie Anwendungen entwickelt, bereitgestellt und verwaltet werden, grundlegend verändert und bieten Vorteile, die von Portabilität und Effizienz bis hin zu Sicherheit und Skalierbarkeit reichen. Diese Vorteile machen Container zu einem der wichtigsten Werkzeuge für jede Organisation oder jedes Unternehmen, das seine IT-Infrastruktur optimieren und die Agilität seiner Softwareentwicklung verbessern möchte.

TEIL VI

Ethik, Datenschutz und Zukunft

Teil VI: Ethik, Datenschutz und Zukunft

15. Ethik und Verantwortung in der KI

Ethik und Verantwortung in der Künstlichen Intelligenz sind zentrale Themen bei der Entwicklung und Implementierung von KI-basierten Technologien.

Mit diesem Kapitel verfolge ich das Ziel, die grundlegenden ethischen Prinzipien zu erkunden, die die Entwicklung und den Einsatz von KI-Systemen leiten sollten, sowie die möglichen sozialen und wirtschaftlichen Konsequenzen ihrer Nutzung zu untersuchen. Künstliche Intelligenz ist nicht nur ein technisches Werkzeug, sondern auch ein Akteur mit dem Potenzial, die Gesellschaft erheblich zu beeinflussen. Daher ist es entscheidend, dass ihre Entwicklung und Anwendung so gestaltet wird, dass die Vorteile maximiert und die Risiken minimiert werden.

15.1. Ethische Prinzipien bei der Entwicklung von KI

15.1.1. Transparenz und Erklärbarkeit

Transparenz und Erklärbarkeit in KI-Systemen sind grundlegende Konzepte, um Vertrauen und Akzeptanz dieser Technologien in verschiedenen Bereichen wie Medizin oder Justiz sicherzustellen. KI-Algorithmen werden zunehmend komplexer und in kritischen Entscheidungsprozessen eingesetzt, die Menschen und Organisationen betreffen. Damit wächst auch die Notwendigkeit, zu verstehen, wie und warum bestimmte Entscheidungen getroffen werden.

Transparenz in der Künstlichen Intelligenz bezieht sich auf die Nachvollziehbarkeit und Verständlichkeit der internen Abläufe eines KI-Systems. Ein transparentes System ermöglicht es Entwicklern, Nutzern und anderen Stakeholdern, nachzuvollziehen, wie das Modell Informationen verarbeitet, Entscheidungen trifft und Ergebnisse erzeugt. Dies ist nicht nur entscheidend, um Fehler zu erkennen und zu beheben, sondern auch, um sicherzustellen, dass das System im Einklang mit festgelegten ethischen und rechtlichen Normen arbeitet.

Eine der größten Herausforderungen für die Transparenz von KI-Systemen ist die inhärente Komplexität vieler Modelle, insbesondere solcher, die auf tiefen neuronalen Netzen und anderen fortgeschrittenen Algorithmen basieren. Diese Modelle, oft als „Black Boxes“ bezeichnet, sind aufgrund der Vielzahl an Parametern und ihrer nichtlinearen Funktionsweise schwer zu interpretieren. Obwohl sie hochpräzise Ergebnisse liefern, kann es extrem schwierig sein, nachzuvollziehen, wie diese zustande gekommen sind. Diese mangelnde Transparenz kann zu Vertrauensverlust führen, insbesondere in Kontexten, in denen Entscheidungen große Auswirkungen auf das Leben von Menschen haben.

Erklärbarkeit hingegen bezieht sich auf die Fähigkeit eines KI-Systems, verständliche Erklärungen für seine Entscheidungen und Ergebnisse zu liefern. Erklärbarkeit geht über Transparenz hinaus, denn sie bedeutet nicht nur, dass das System in seinem Funktionieren nachvollziehbar ist, sondern auch, dass es in der Lage ist, in verständlicher Sprache zu kommunizieren, wie es zu einer bestimmten Entscheidung gekommen ist. Erklärbarkeit ist insbesondere in Anwendungen wichtig, bei denen die Endnutzer keine tiefgehenden technischen Kenntnisse haben, aber den Entscheidungen des Systems vertrauen müssen, wie etwa Ärzte bei Diagnosen oder Richter bei der Bewertung von algorithmischen Empfehlungen.

Ein Mangel an Erklärbarkeit in KI-Systemen kann zu verschiedenen Problemen führen. Beispielsweise im juristischen Bereich: Wenn ein KI-System eine Strafe für einen Fall vorschlägt, aber nicht klar erklären kann, wie es zu diesem Ergebnis gekommen ist, könnten Richter und Anwälte die Empfehlung infrage stellen – oder sollten es zumindest tun. In der medizinischen Versorgung kann ein KI-basiertes Diagnosesystem, das seine Entscheidungsfindung nicht erläutern kann, als unzuverlässig gelten und das Leben von Patienten gefährden, wenn man sich blind auf seine Ergebnisse verlässt.

Um diese Herausforderungen zu bewältigen, wurden verschiedene Techniken zur Verbesserung der Erklärbarkeit von KI-Modellen entwickelt. Eine dieser Methoden ist die Zerlegung des Modells in einfachere Komponenten, die leichter zu verstehen sind. Bei Machine-Learning-Modellen können Entwickler beispielsweise Visualisierungstechniken verwenden, um zu zeigen, wie verschiedene Eingabemerkmale das Ergebnis des Modells beeinflussen. Eine weitere Methode ist die Erstellung von erklärenden Modellen, die die Entscheidungen des Originalmodells vereinfachen. Diese Modelle sind zwar weniger präzise, aber aufgrund ihrer Einfachheit besser interpretierbar.

Darüber hinaus wurden Ansätze wie LIME und SHAP vorgeschlagen, um die Erklärbarkeit zu verbessern. LIME erstellt beispielsweise vereinfachte lineare Modelle rund um eine bestimmte Vorhersage, um zu erklären, wie einzelne Merkmale diese beeinflussen. SHAP hingegen verwendet spieltheoretische Konzepte, um den Merkmalen Werte zuzuweisen, was hilft, deren Bedeutung für die finale Vorhersage zu verstehen. Beide Methoden sind modellunabhängig, das heißt, sie können auf eine Vielzahl von KI-Algorithmen angewendet werden.

Die Implementierung transparenter und erklärbarer KI-Systeme ist auch mit ethischen und rechtlichen Aspekten verknüpft. In einigen Branchen verlangen Regulierungen bereits Mindeststandards an Erklärbarkeit bei bestimmten automatisierten Entscheidungen. Zum Beispiel enthält die Datenschutz-Grundverordnung der Europäischen Union Bestimmungen, die als Recht auf Erklärung interpretiert werden können, wenn automatisierte Entscheidungen erhebliche Auswirkungen auf Einzelpersonen haben. Das bedeutet, dass Unternehmen in der Lage sein müssen, klare und verständliche Erklärungen für die von ihren KI-Systemen getroffenen Entscheidungen zu liefern.

Es ist jedoch ein sensibles Gleichgewicht zwischen Erklärbarkeit und Modellleistung zu wahren. In vielen Fällen kann eine höhere Erklärbarkeit die Genauigkeit des Modells verringern, was ein Dilemma darstellt: Wie weit sollte man zugunsten der Erklärbarkeit auf Präzision verzichten? Diese Frage wird in der KI-Gemeinschaft intensiv diskutiert, und die Lösung hängt oft vom jeweiligen Anwendungskontext ab.

Auch die Unternehmenskultur spielt eine Schlüsselrolle bei der Förderung von Transparenz und Erklärbarkeit. Organisationen sollten ein Umfeld schaffen, in dem das Verständnis und die Erklärung automatisierter Entscheidungen Priorität haben. Das bedeutet nicht nur die Einführung von Tools und Methoden zur Erleichterung der Erklärbarkeit, sondern auch die kontinuierliche Schulung und Weiterbildung von Entwicklungsteams, damit Erklärbarkeit als wesentlicher Bestandteil im Design von KI-Systemen berücksichtigt wird.

Dieses Thema wird sich weiterentwickeln, je tiefer die Künstliche Intelligenz in die Gesellschaft eindringt und der Druck auf mehr Transparenz und Erklärbarkeit sowohl von Regulierungsbehörden als auch von der öffentlichen Meinung ausgeht. Die Fähigkeit, klare und verständliche Erklärungen zu liefern, wird entscheidend für den Erfolg und die Akzeptanz der Künstlichen Intelligenz in der Zukunft sein, ohne jeden Zweifel.

15.1.2. Gerechtigkeit und Fairness

Gerechtigkeit und Fairness bei der Entwicklung und dem Einsatz von Künstlicher Intelligenz sind fundamentale Fragen, die direkt die Legitimität und Akzeptanz dieser Technologien in der Gesellschaft beeinflussen. Während KI-Systeme zunehmend in Entscheidungsprozesse in Bereichen wie Personalwesen, Strafjustiz, Ressourcenverteilung und öffentliche Dienstleistungen integriert werden, ist es zwingend notwendig sicherzustellen, dass diese Systeme bestehende Ungleichheiten nicht fortführen oder verschärfen.

Gerechtigkeit im Kontext der Künstlichen Intelligenz bedeutet, dass ein System verschiedene Gruppen oder Individuen unparteiisch behandelt. Das setzt voraus, dass Algorithmen so konzipiert und trainiert werden, dass sie keine Gruppen ungerecht bevorzugen oder benachteiligen. Ein Mangel an Gerechtigkeit kann sich in einem KI-System auf verschiedene Weise äußern – von direkter Diskriminierung bis hin zu verzerrten Ergebnissen, die sich negativ auf bestimmte demografische Gruppen auswirken, etwa Frauen, ethnische Minderheiten oder Menschen mit Behinderungen.

Eine der größten Herausforderungen für die Gerechtigkeit in KI ist das Vorhandensein von Verzerrungen in den Trainingsdaten. Solche Verzerrungen können unbeabsichtigt eingebracht werden, wenn die Daten historische Muster von Diskriminierung oder Ungleichheit widerspiegeln. Wenn beispielsweise ein Algorithmus zur Personalauswahl mit Daten eines Unternehmens trainiert wird, das historisch gesehen vor allem Männer für Führungspositionen eingestellt hat, wird das System diesen Bias wahrscheinlich fortführen und in Zukunft ebenfalls eher Männer für diese Rollen empfehlen.

Um das Problem der Gerechtigkeit anzugehen, ist es entscheidend, Maßnahmen zur Identifikation und Minderung von Verzerrungen in den Daten und Modellen umzusetzen. Dazu gehört die Erhebung vielfältigerer Daten, die alle Teile der Gesellschaft besser repräsentieren, die Verwendung von Techniken zur Vorverarbeitung der Daten zur Bias-Reduktion sowie eine rigorose Validierung der Modelle, um sicherzustellen, dass keine Gruppe ungerecht bevorzugt wird.

Fairness hingegen bezieht sich auf Gleichbehandlung und Chancengleichheit für alle Individuen, unabhängig von demografischen Merkmalen wie Geschlecht, Ethnie, Alter, Religion oder sozioökonomischem Status. Ein faires KI-System ist eines, das sicherstellt, dass automatisierte Entscheidungen keine ungerechten Unterschiede zwischen verschiedenen Gruppen verursachen. Allerdings ist Fairness ein komplexeres Konzept als Gerechtigkeit, da es nicht nur die Abwesenheit von Bias voraussetzt, sondern auch die Berücksichtigung gesellschaftlicher Vielfalt und die Notwendigkeit, Systeme zu gestalten, die diese Vielfalt respektieren und fördern.

Ein gängiger Ansatz zur Verbesserung der Fairness in KI-Systemen ist der Einsatz von Fairness-aware Machine Learning. Diese Techniken zielen darauf ab, Algorithmen so anzupassen, dass sie gerechtere Ergebnisse liefern. In einem Kreditbewertungssystem könnten diese Techniken beispielsweise das Modell so verändern, dass die Genehmigungsraten von Krediten nicht einseitig eine ethnische Gruppe bevorzugen, sondern sicherstellen, dass alle Antragsteller fair beurteilt werden.

Es ist jedoch wichtig anzuerkennen, dass Fairness nicht immer bedeutet, alle gleich zu behandeln. Mitunter erfordert sie eine differenzierte Behandlung, um historische oder strukturelle Benachteiligungen auszugleichen. Dieser Ansatz, bekannt als proportionale oder kompensatorische Fairness, ist besonders relevant in Kontexten, in denen historische Ungleichheiten den Zugang zu Chancen oder Ressourcen beeinträchtigt haben.

Ein weiterer entscheidender Aspekt der Fairness ist Transparenz darüber, wie solche Richtlinien in KI-Systemen umgesetzt und überwacht werden. Entwickler und Organisationen müssen offenlegen, welche Kriterien und Metriken sie zur Bewertung der Fairness verwenden, und diese Informationen klar an Nutzer und Öffentlichkeit kommunizieren. Das stärkt nicht nur das Vertrauen in die Systeme, sondern erhöht auch die Rechenschaftspflicht.

Zudem beschränkt sich Fairness in der Künstlichen Intelligenz nicht nur auf die Entwicklungsphase des Modells. Sie muss während des gesamten Lebenszyklus eines Systems berücksichtigt werden. Dazu gehört die kontinuierliche Überwachung der Modellleistung, um ungerechte oder ungleiche Ergebnisse zu erkennen, sowie regelmäßige Updates der Modelle, um gesellschaftliche Veränderungen oder neue Daten zu reflektieren.

Eine zusätzliche Herausforderung besteht darin, dass Fairness in der KI eng mit umfassenderen ethischen und philosophischen Fragen verknüpft ist, wie etwa der Definition von „gerecht" und „fair". Unterschiedliche Kulturen und Gesellschaften können unterschiedliche Auffassungen davon haben, was eine faire oder gerechte Behandlung darstellt, was die Entwicklung universell akzeptierter gerechter Systeme erschwert.

Um gerechtere und fairere KI-Systeme zu fördern, ist es entscheidend, dass Organisationen eine Kultur der Ethik und Verantwortung bei der Technologieentwicklung etablieren. Dazu gehört nicht nur die Umsetzung von Richtlinien und Praktiken, die Gerechtigkeit und Fairness fördern, sondern auch die Bildung vielfältiger Teams und die Einbeziehung unterrepräsentierter Gruppen in den Entwicklungsprozess. Ebenso wichtig ist die Beteiligung von Regulierungsbehörden, Wissenschaftlern und Menschenrechtsvertretern an der Entwicklung von Rahmenbedingungen, die sicherstellen, dass Künstliche Intelligenz der gesamten Gesellschaft zugutekommt, ohne bestehende Ungleichheiten zu verstärken.

15.1.3. Verantwortung und Rechenschaftspflicht

Verantwortung und Rechenschaftspflicht bei der Entwicklung und Nutzung von Systemen der Künstlichen Intelligenz sind grundlegende Aspekte, die nicht nur das Vertrauen der Öffentlichkeit in diese Technologien gewährleisten, sondern auch deren ethische und sichere Anwendung sicherstellen. Die Frage, wer verantwortlich ist, wenn etwas schiefläuft, wird zunehmend relevanter.

Verantwortung im Kontext der Künstlichen Intelligenz bedeutet, zu bestimmen, wer für die Handlungen und Entscheidungen eines KI-Systems zur Rechenschaft gezogen werden soll. Diese Frage ist komplex, da viele KI-Systeme autonom arbeiten und häufig Entscheidungen ohne direkten menschlichen Eingriff treffen. Dennoch stehen hinter jedem KI-System Menschen, Unternehmen und Organisationen, die es entworfen, entwickelt, implementiert und betrieben haben, und diese Akteure müssen die Verantwortung für die vom System erzeugten Ergebnisse übernehmen.

Ein erster zentraler Aspekt in der Diskussion über Verantwortung ist die Entwicklungsphase des KI-Systems. Die Entwickler und Ingenieurteams, die die KI-Modelle erschaffen, sind dafür verantwortlich, dass diese Modelle ethisch, sicher und fair entworfen und trainiert werden. Dazu gehört die Auswahl geeigneter Trainingsdaten, die Implementierung von Schutzmechanismen zur Vermeidung von Verzerrungen sowie die umfassende Validierung des Modells, um sicherzustellen, dass es wie erwartet funktioniert. Die Verantwortung endet jedoch nicht mit dem Einsatz des Modells in der Produktion; auch die Organisationen, die diese Modelle einsetzen und verwenden, müssen sicherstellen, dass sie kontinuierlich überwacht werden, um Fehler oder unerwünschtes Verhalten zu erkennen.

Eine zusätzliche Komplikation ist die Intransparenz mancher KI-Systeme, insbesondere solcher, die auf Techniken des Deep Learning basieren, was es erschwert, Fehler zu identifizieren oder zu verstehen, wie bestimmte Entscheidungen getroffen wurden. Diese "Black Box" kann es schwierig machen, Verantwortlichkeiten zu klären, wenn ein KI-System versagt, und stellt somit besondere Herausforderungen für die Rechenschaftspflicht dar.

Rechenschaftspflicht in der KI ist auch eng mit dem Konzept der "Nachvollziehbarkeit" verbunden, also der Fähigkeit, automatisierte Entscheidungen zurückzuverfolgen und zu dokumentieren. Dies ist nicht nur entscheidend, um das Verhalten eines KI-Systems zu verstehen, sondern auch, um die Verantwortung angemessen zuzuweisen. Organisationen müssen sicherstellen, dass ihre KI-Systeme nachvollziehbar sind, was bedeutet, dass wichtige Entscheidungen bei der Entwicklung und Implementierung dokumentiert sowie detaillierte Aufzeichnungen darüber geführt werden müssen, wie das System in Echtzeit arbeitet.

Ein kritischer Aspekt der Verantwortung ist die Frage, wer rechtlich verantwortlich ist, wenn ein KI-System Schaden verursacht oder eine falsche Entscheidung trifft. Die Gesetzgebung und Regulierung im Bereich der

Künstlichen Intelligenz befindet sich in vielen Teilen der Welt noch im Aufbau, und es herrscht weiterhin große rechtliche Unsicherheit darüber, wie solche Probleme zu behandeln sind. In vielen Fällen kann die Verantwortung bei den Organisationen liegen, die das KI-System implementieren, wobei auch Entwickler oder Datenlieferanten verantwortlich sein können – je nach den Umständen. Verantwortung kann auch geteilt sein, was einen vernetzten Ansatz bedeutet, bei dem mehrere Akteure unterschiedliche Grade an Verantwortung übernehmen.

Ein weiterer wichtiger Faktor ist die Entwicklung interner Richtlinien innerhalb von Organisationen, die KI nutzen. Unternehmen sollten klare Mechanismen für die Rechenschaftspflicht etablieren, einschließlich der Benennung spezifischer Verantwortlicher, die die Ethik und Sicherheit beim Einsatz von KI überwachen. Dazu könnte die Einrichtung von Ethikkommissionen für KI gehören, die Integration von Verantwortlichkeitsprinzipien in das Produktdesign sowie die kontinuierliche Schulung der Mitarbeitenden über Risiken und Verantwortlichkeiten im Zusammenhang mit KI.

Darüber hinaus bezieht sich Rechenschaftspflicht in der KI nicht nur auf Maßnahmen, die nach einem Vorfall ergriffen werden, sondern beinhaltet auch ein proaktives Risikomanagement bei der Nutzung von KI-Systemen. Dies kann umfassende Tests vor der Implementierung, strenge Validierung des Systems unter verschiedenen Bedingungen und die Einführung von Notfallplänen zur Bewältigung von Fehlfunktionen oder Ausfällen umfassen.

Was die Regulierung betrifft, so beginnen Regierungen und internationale Organisationen zunehmend, sich direkt mit diesen Themen auseinanderzusetzen. In der Europäischen Union beispielsweise schreibt die Datenschutz-Grundverordnung bereits vor, dass Organisationen in der Lage sein müssen, algorithmische Entscheidungen – insbesondere in Kontexten mit erheblichen Auswirkungen auf Einzelpersonen – zu erklären und zu rechtfertigen. Diese Art der Regulierung ist ein Schritt in Richtung einer Formalisierung der Verantwortung in der Künstlichen Intelligenz, auch wenn noch ein weiter Weg zu einem kohärenten globalen Rahmen besteht.

Eine weitere Herausforderung ist das hohe Tempo, mit dem sich die KI-Technologie entwickelt, was oft schneller ist als die Fähigkeit rechtlicher und regulatorischer Rahmenbedingungen, mitzuhalten. Das bedeutet, dass Organisationen nicht nur für die Einhaltung bestehender Vorschriften verantwortlich sind, sondern auch künftige Probleme antizipieren und ethisch sowie proaktiv handeln müssen – auch ohne spezifische gesetzliche Vorgaben.

Es ist sehr wichtig, dass Organisationen transparent in Bezug auf ihre Verantwortungs- und Rechenschaftsstrukturen im Bereich der KI sind. Das bedeutet nicht nur die Einhaltung gesetzlicher Vorgaben, sondern auch Offenheit gegenüber der Öffentlichkeit und Stakeholdern darüber, wie KI-Systeme eingesetzt werden, welche Risiken damit verbunden sind und wie diese Risiken gemindert werden. Transparenz in diesen Prozessen ist entscheidend, um das Vertrauen der Öffentlichkeit in Technologien der Künstlichen Intelligenz aufzubauen und zu erhalten.

15.2. Verzerrungen in Algorithmen und wie man sie mindert

15.2.1. Arten von Verzerrungen in der KI

Verzerrungen in der Künstlichen Intelligenz stellen eine kritische Herausforderung dar, die die Fairness, Genauigkeit und Wirksamkeit von KI-Systemen erheblich beeinträchtigen kann. Diese Verzerrungen entstehen aus verschiedenen Quellen und können sich auf unterschiedliche Weise manifestieren, wodurch sie automatisierte Entscheidungen beeinflussen, die von Algorithmen getroffen werden. Das Verständnis der verschiedenen Arten von Verzerrungen ist entscheidend, um ihre Auswirkungen zu mindern und gerechtere sowie verantwortungsvollere KI-Systeme zu entwickeln.

Eine der häufigsten Arten von Verzerrungen in der KI ist die Auswahlverzerrung. Diese Verzerrung tritt auf, wenn der Datensatz, mit dem das Modell trainiert wird, nicht repräsentativ für die Zielpopulation ist. Wenn zum Beispiel ein Gesichtserkennungsmodell mit Daten trainiert wird, die hauptsächlich Bilder von Personen einer bestimmten Ethnie enthalten, kann das Modell bei Bildern von Personen anderer Ethnien schlechtere Ergebnisse liefern. Dies liegt daran, dass das Modell gelernt hat, auf Basis eines eingeschränkten Datensatzes Annahmen zu treffen, und nicht gut auf andere Kontexte generalisiert.

Eine weitere wichtige Verzerrung ist die Bestätigungsverzerrung, die auftritt, wenn die Entwickler des Modells – absichtlich oder unabsichtlich – Merkmale und Parameter auswählen, die ihre bestehenden Erwartungen oder Überzeugungen bestätigen. Diese Verzerrung kann zur Entwicklung von Modellen führen, die Stereotype oder Vorurteile verstärken, da das Modell die impliziten Verzerrungen des Entwicklerteams widerspiegelt. Ein Beispiel dafür wäre ein Empfehlungssystem für Stellenangebote, das Kandidaten mit ähnlichen Bildungswegen wie derzeitige Mitarbeiter bevorzugt und so einen Mangel an Diversität bei Neueinstellungen perpetuiert.

Die Gruppierungsverzerrung ist eine weitere relevante Verzerrung in der KI, insbesondere bei Klassifikations- und Segmentierungsalgorithmen. Diese

Verzerrung tritt auf, wenn das Modell dazu neigt, Daten in vorbestehende oder dominante Kategorien einzuordnen, ohne die Vielfalt innerhalb dieser Kategorien zu berücksichtigen. Ein klassisches Beispiel ist ein KI-Modell, das Personen unterschiedlicher kultureller Herkunft aufgrund oberflächlicher Gemeinsamkeiten in dieselbe Kategorie einordnet, was zu unangemessenen Empfehlungen oder Entscheidungen führen kann, die kulturelle Unterschiede ignorieren.

Die Auslassungsverzerrung tritt auf, wenn bestimmte relevante Daten oder Variablen im Trainingsdatensatz fehlen – sei es aus Versehen oder aufgrund fehlender Verfügbarkeit. Dies kann dazu führen, dass Modelle entscheidende Faktoren nicht berücksichtigen und daher suboptimale oder ungerechte Entscheidungen treffen. Ein Beispiel wäre ein Kreditbewertungsalgorithmus, der die wirtschaftlichen Gegebenheiten einer bestimmten Region nicht berücksichtigt und den dort lebenden Personen ungerechte Bewertungen zuweist.

Interpretationsverzerrung tritt auf, wenn die Ergebnisse eines Modells von Nutzern oder nachgeschalteten Systemen falsch oder verzerrt interpretiert werden. Dies kann auf mangelndes Verständnis der Modellgrenzen oder eine unkritische Akzeptanz automatisierter Entscheidungen zurückzuführen sein. In rechtlichen oder medizinischen Anwendungen kann diese Verzerrung schwerwiegende Folgen haben.

Algorithmische Verzerrung bezieht sich auf Entscheidungen, die während der Entwurfsphase des Algorithmus getroffen werden, wobei bestimmte Annahmen oder Vereinfachungen zu Verzerrungen im endgültigen Modell führen können. Diese Verzerrung ist besonders problematisch bei Algorithmen, die auf historischen Daten lernen, die bereits menschliche Verzerrungen enthalten. Ein Beispiel wäre ein Kriminalitätsvorhersagemodell, das auf historischen Polizeidaten basiert und bestehende systemische Vorurteile, wie etwa rassistische Diskriminierung, reproduziert.

Darstellungsverzerrung tritt auf, wenn die Art und Weise, wie Daten oder Modellergebnisse den Nutzern präsentiert werden, deren Entscheidungen beeinflusst. Wenn ein Empfehlungssystem beispielsweise Produkte auf eine Weise anzeigt, die bestimmte Optionen bevorzugt, kann dies die Kaufentscheidungen der Nutzer verzerren.

Eine weniger diskutierte, aber ebenso wichtige Verzerrung ist die Überlebensverzerrung, bei der nur Daten oder Fälle berücksichtigt werden, die einen bestimmten Prozess "überlebt" haben, während andere ignoriert werden. Diese Verzerrung kann zu falschen Schlüssen über die Wirksamkeit eines Systems führen. Bei der Analyse erfolgreicher Startups etwa könnte man durch das Ignorieren gescheiterter Unternehmen wertvolle Erkenntnisse verpassen.

Zeitliche Verzerrung ist eine Art von Verzerrung, die auftritt, wenn Modelle mit Daten trainiert werden, die eine bestimmte zeitliche Realität widerspiegeln, sich aber schlecht an zukünftige Veränderungen oder Trends anpassen. Diese Verzerrung ist besonders häufig in Finanzmodellen, die historische Daten zur Vorhersage künftiger Marktbewegungen nutzen, ohne zu berücksichtigen, dass sich die makroökonomischen Bedingungen mit der Zeit erheblich ändern können.

Identifikationsverzerrung tritt in Systemen auf, die persönliche Daten mit Individuen verknüpfen, was zu Datenschutzverletzungen oder Entscheidungen führen kann, die bestimmte Personen negativ betreffen. Diese Verzerrung ist besonders besorgniserregend in KI-Anwendungen, die große Mengen personenbezogener Daten verarbeiten, etwa im Gesundheitswesen oder bei der Überwachung.

Es ist wichtig zu betonen, dass diese Verzerrungen nicht gegenseitig ausschließend sind; ein einzelnes KI-System kann von mehreren Verzerrungen gleichzeitig betroffen sein, was die Identifikation und Minderung dieser Probleme zusätzlich erschwert. Das Vorhandensein von Verzerrungen in KI-Systemen unterstreicht die Notwendigkeit eines bewussten und proaktiven Ansatzes bei deren Entwurf, Entwicklung, Implementierung und Überwachung, um sicherzustellen, dass sie so fair und gerecht wie möglich sind.

15.2.2. Methoden zur Identifizierung und Korrektur von Verzerrungen

Um Verzerrungen in Systemen der Künstlichen Intelligenz zu identifizieren und zu korrigieren, müssen eine Reihe von Methoden und Praktiken angewendet werden, die von der Datenvorbereitung und -analyse bis hin zur kontinuierlichen Bewertung der Modelle im Produktionseinsatz reichen.

Der erste grundlegende Schritt zur Identifizierung von Verzerrungen besteht in einer gründlichen explorativen Datenanalyse, bevor ein Modell trainiert wird. Diese Analyse umfasst die Untersuchung der Verteilung der Variablen im Datensatz, wobei nach Ungleichgewichten gesucht wird, die auf Verzerrungen hinweisen könnten. Wenn beispielsweise eine kategoriale Variable wie "Geschlecht" oder "Ethnie" im Datensatz unverhältnismäßig vertreten ist, wird das resultierende Modell diese Ungleichgewichte wahrscheinlich in seinen Vorhersagen widerspiegeln. Für diese Analyse können statistische Werkzeuge und Visualisierungen wie Histogramme, Boxplots und Kontingenztafeln verwendet werden, die helfen, mögliche Verzerrungsquellen in den Daten zu erkennen.

Sobald eine mögliche Verzerrung identifiziert wurde, ist eine der gängigsten Methoden zu deren Korrektur die Stratifizierung oder das Resampling von Daten. Diese Methode besteht darin, den Trainingsdatensatz so anzupassen, dass unterrepräsentierte Kategorien im Lernprozess des Modells angemessen berücksichtigt werden. Es gibt verschiedene Techniken zur Umsetzung, wie das Oversampling von Minderheitsklassen, das Undersampling von Mehrheitsklassen oder die Erzeugung synthetischer Stichproben mithilfe von Techniken wie SMOTE. Diese Techniken ermöglichen eine ausgewogenere Repräsentation innerhalb des Datensatzes und verringern das Risiko, dass das Modell bestehende Verzerrungen reproduziert.

Neben dem Resampling ist eine weitere entscheidende Technik das Preprocessing der Daten, um Variablen zu eliminieren oder zu transformieren, die Verzerrungen verursachen könnten. Dazu gehört beispielsweise die Anonymisierung sensibler Daten oder die Entfernung von Variablen, die mit geschützten Attributen wie Rasse oder Geschlecht korreliert sind. In manchen Fällen wird statt der Entfernung von Variablen auf Kodierungs- und Transformationstechniken zurückgegriffen, die die Wahrscheinlichkeit verringern, dass diese Variablen Verzerrungen ins Modell einführen.

Die Fairness-Analyse des Modells ist ein weiterer wichtiger Schritt. Diese Analyse erfolgt nach dem Training des Modells und bewertet, ob das Modell gerechte Ergebnisse für verschiedene Bevölkerungsgruppen liefert. Fairness-Metriken wie Ergebnisparität, Chancenparität oder Fehlerdifferenzen zwischen Gruppen sind zentrale Werkzeuge in dieser Analyse. Sie helfen dabei zu erkennen, ob das Modell bestimmte Gruppen bevorzugt oder benachteiligt, was auf das Vorhandensein von Verzerrungen hinweist. Wenn ein Kreditmodell beispielsweise mehr Anträge einer ethnischen Gruppe genehmigt als einer anderen, deutet dies auf die Notwendigkeit hin, das Modell zur Korrektur dieses Ungleichgewichts anzupassen.

Die Post-hoc-Anpassung ist eine Strategie, die nach dem Modelltraining eingesetzt wird. Diese Methode besteht darin, die Vorhersagen des Modells zu korrigieren, um sicherzustellen, dass sie fair und gerecht sind. Ein gängiger Ansatz ist die Neukalibrierung der Vorhersagen, um unterrepräsentierte Gruppen gerecht zu behandeln. Eine weitere Post-hoc-Technik ist die Anpassung von Schwellenwerten, wobei die Entscheidungsgrenzen des Modells für verschiedene Gruppen modifiziert werden, um eine Gleichheit bei Fehlerraten und Akzeptanzraten zu erreichen.

Um sicherzustellen, dass die Korrekturen langfristig wirksam und nachhaltig sind, ist es entscheidend, Mechanismen zur kontinuierlichen Überwachung des Modells einzurichten. Dies bedeutet die Implementierung von Überwachungsprozessen, die die Leistung des Modells im Produktionseinsatz evaluieren, um sicherzustellen, dass keine neuen Verzerrungen auftreten oder alte Verzerrungen wieder eingeführt werden, wenn sich die Daten oder die Umweltbedingungen ändern. Die kontinuierliche Überwachung ermöglicht das Erkennen von Abweichungen bei Fairnessmetriken und die dynamische Anpassung des Modells, sodass ein akzeptables Maß an Fairness über die Zeit erhalten bleibt.

Im Kontext der Verzerrungskorrektur sind Transparenz und Erklärbarkeit des Modells unerlässlich. Transparentere und erklärbare Modelle ermöglichen es Entwicklern und Prüfern, zu erkennen, wie und warum bestimmte Ergebnisse entstehen, was die Identifizierung von Verzerrungen erleichtert. Interpretierbarkeitstools wie LIME und SHAP sind nützlich, um die Entscheidungen eines Modells aufzuschlüsseln und zu verstehen, wie verschiedene Merkmale zu den Vorhersagen beitragen, wodurch mögliche Verzerrungsquellen erkannt werden können.

Wichtig ist auch die Rolle externer Audits und Peer Reviews bei der Identifikation und Korrektur von Verzerrungen. Externe Audits, die von unabhängigen Dritten durchgeführt werden, können eine objektive und neutrale Perspektive auf die Funktionsweise des Modells bieten und Verzerrungen identifizieren, die vom internen Team möglicherweise übersehen wurden. Peer Reviews hingegen ermöglichen es Experten im Fachgebiet, die Annahmen und Methoden, die bei der Modellentwicklung verwendet wurden, zu bewerten und zu hinterfragen, was zu erheblichen Verbesserungen bei Fairness und Leistung des Systems führen kann.

Die Identifizierung und Korrektur von Verzerrungen in Modellen der Künstlichen Intelligenz erfordert eine Kombination aus statistischer Analyse, Preprocessing-Techniken, kontinuierlicher Überwachung und Interpretierbarkeitswerkzeugen.

Nur durch einen rigorosen und vielschichtigen Ansatz kann sichergestellt werden, dass KI-Systeme fair und gerecht funktionieren und das Risiko minimiert wird, bestehende Ungleichheiten in der Gesellschaft zu verstärken oder aufrechtzuerhalten.

15.2.3. Beispiele und Fallstudien

Beispiele und Fallstudien sind entscheidend, um zu verstehen, wie sich Verzerrungen in Systemen der Künstlichen Intelligenz in realen Situationen manifestieren können und welche Konsequenzen sie haben können.

Einer der bekanntesten Fälle ist der Risiko-Bewertungsalgorithmus COMPAS (Correctional Offender Management Profiling for Alternative Sanctions), der im Justizsystem der Vereinigten Staaten verwendet wird, um die

Rückfallwahrscheinlichkeit von Straftätern vorherzusagen. Eine von ProPublica im Jahr 2016 durchgeführte Untersuchung zeigte, dass der Algorithmus eine signifikante rassistische Verzerrung aufwies: Afroamerikaner hatten fast doppelt so hohe Chancen wie Weiße, fälschlicherweise als Hochrisikofälle eingestuft zu werden. Diese Verzerrung trat auf, obwohl die Variable "Rasse" nicht explizit im Modell verwendet wurde, was verdeutlichte, wie Merkmale, die mit der Rasse korrelieren – wie kriminelle Vorgeschichte und sozioökonomische Faktoren – eine implizite Verzerrung in die Modellergebnisse einbringen können. Dieser Fall unterstrich die Notwendigkeit von Fairness-Analysen bei Modellen, die in sensiblen Kontexten wie dem Strafrecht eingesetzt werden, und den Einsatz von Post-hoc-Korrekturtechniken zur Anpassung der Vorhersagen je nach betroffener Gruppe.

Ein weiteres bemerkenswertes Beispiel ist die geschlechtsspezifische Verzerrung in Gesichtserkennungsmodellen. Eine Studie der Forscherin Joy Buolamwini aus dem Jahr 2018 zeigte, dass mehrere kommerzielle Gesichtserkennungssysteme, darunter die von IBM, Microsoft und Face++, deutlich höhere Fehlerraten bei der Erkennung von Frauen, insbesondere dunkelhäutigen Frauen, aufwiesen als bei hellhäutigen Männern. Diese Verzerrung wurde auf die mangelnde Vielfalt der Trainingsdaten zurückgeführt, die überwiegend aus Bildern weißer Männer bestanden. Als Reaktion auf diese Ergebnisse verpflichteten sich die beteiligten Unternehmen, ihre Datensätze zu verbessern und bessere Praktiken bei der Datenerhebung zu implementieren, um eine vielfältigere und gerechtere Repräsentation der Bevölkerung zu gewährleisten.

Im Bereich der Künstlichen Intelligenz für Personalrekrutierung entwickelte Amazon ein automatisiertes System zur Lebenslaufbewertung, das sich als voreingenommen gegenüber Frauen herausstellte. Das System war auf einem Datensatz von Lebensläufen trainiert worden, die das Unternehmen über einen Zeitraum von zehn Jahren erhalten hatte, und lernte, männliche Kandidaten für technische Rollen zu bevorzugen, da die Mehrheit der historischen Lebensläufe von Männern stammte. Das Modell benachteiligte Begriffe wie “women's” in den Beschreibungen und bevorzugte die Sprache, die typischerweise in männlichen Lebensläufen verwendet wird. Nachdem dieses Problem erkannt wurde, entschied Amazon, das System nicht weiter zu verwenden, und erkannte die Schwierigkeiten bei der Beseitigung von Verzerrungen in Modellen an, die mit historischen Daten trainiert wurden, die geschlechtsspezifische Ungleichheiten widerspiegeln.

Ein Fall im Gesundheitswesen betrifft eine Verzerrung in einem Risiko-Vorhersage-Algorithmus, der in Krankenhäusern in den Vereinigten Staaten verwendet wurde, um den Zugang von Patienten zu präventiven Pflegeprogrammen zu bestimmen. Forscher stellten fest, dass der Algorithmus das Risiko schwarzer Patienten im Vergleich zu weißen Patienten unterschätzte, was dazu führte, dass schwarze Patienten seltener Zugang zu Gesundheitsprogrammen erhielten. Diese Verzerrung entstand, weil der Algorithmus die bisherigen Behandlungskosten als Schlüsselvariable zur Risikobewertung verwendete und schwarze Patienten historisch weniger Zugang zu hochwertiger medizinischer Versorgung hatten, wodurch ihre Kosten im Allgemeinen niedriger waren. Dies führte dazu, dass der Algorithmus ihr Risiko falsch klassifizierte. Zur Lösung dieses Problems wurde vorgeschlagen und später implementiert, den Algorithmus so zu ändern, dass er repräsentativere Variablen für die Gesundheit der Patienten verwendet, anstatt sich auf die Kosten zu stützen.

Im Bereich der digitalen Werbung zeigte eine Untersuchung aus dem Jahr 2015, dass die Algorithmen von Google Ads Anzeigen für hochbezahlte Stellen häufiger Männern als Frauen anzeigten. Diese geschlechtsspezifische Verzerrung in der Werbung kann erhebliche Auswirkungen haben, indem sie geschlechtsspezifische Ungleichheiten auf dem Arbeitsmarkt verstärkt und aufrechterhält. Die Ursache der Verzerrung wurde nicht vollständig geklärt, es wird jedoch vermutet, dass sie mit den Entscheidungen des automatischen Bietsystems zusammenhängt, das Anzeigen basierend auf der Klickwahrscheinlichkeit optimiert, wobei das historische Nutzerverhalten, das durch Geschlechterfaktoren beeinflusst wird, die Entscheidungen des Algorithmus beeinflusst. Dieser Fall betonte die Bedeutung von Audits und Anpassungen von Werbealgorithmen, um Verzerrungen bei der Auslieferung personalisierter Inhalte zu vermeiden.

Im Finanzbereich wurden Verzerrungen in Kreditbewertungsmodellen beobachtet, bei denen bestimmte ethnische und sozioökonomische Gruppen tendenziell niedrigere Kreditbewertungen erhielten. Dies ist besonders besorgniserregend, da es die Fähigkeit dieser Personen, Zugang zu Krediten und anderen Finanzdienstleistungen zu erhalten, direkt beeinträchtigt. Ein konkreter Fall ereignete sich 2019, als die von Goldman Sachs verwaltete Apple Card beschuldigt wurde, Frauen deutlich niedrigere Kreditlimits als Männern zu gewähren, selbst wenn die Anträge von Personen mit ähnlichem Finanzprofil stammten. Untersuchungen ergaben, dass die Diskrepanzen mit dem verwendeten Algorithmus zur Bestimmung der Kreditlimits zusammenhängen könnten, obwohl Goldman Sachs bestritt, dass Geschlechtsdaten verwendet wurden. Dieser Vorfall führte zu einer genaueren Prüfung von Kreditbewertungsalgorithmen und zu Forderungen, dass Finanzinstitute klare Erklärungen dafür liefern müssen, wie Entscheidungen getroffen werden.

Verzerrungen in der KI können in unterschiedlichsten Kontexten auftreten – von Strafjustiz über Werbung bis hin zum Gesundheitswesen – und die Folgen dieser Verzerrungen können weitreichend und schädlich sein. Die Identifizierung und Korrektur von Verzerrungen, wie bereits zu Beginn des

Buches dargelegt, ist entscheidend, um sicherzustellen, dass KI-Systeme fair und gerecht sind, und diese Fallstudien dienen als wichtige Lehren für Entwickler und Regulierungsbehörden bei der Schaffung inklusiverer und verantwortungsbewussterer Technologien.

15.3. Soziale und wirtschaftliche Implikationen

15.3.1. Auswirkungen auf die Beschäftigung

Die Auswirkungen der Künstlichen Intelligenz auf die Beschäftigung sind ein Thema von großer Bedeutung, da der Einsatz fortschrittlicher Technologien in verschiedenen Sektoren die Natur der Arbeit erheblich verändert. Die Diskussion über diese Auswirkungen umfasst mehrere Dimensionen, von der Automatisierung von Aufgaben über die Schaffung neuer Arbeitsrollen bis hin zur Neudefinition erforderlicher Fähigkeiten und Veränderungen in der Struktur des Arbeitsmarktes.

Eine der Hauptsorgen im Zusammenhang mit KI ist die Automatisierung von Aufgaben und der mögliche Verlust von Arbeitsplätzen. KI ist in der Lage, repetitive und regelbasierte Aufgaben zu automatisieren, die zuvor von Menschen ausgeführt wurden. Dies betrifft unter anderem Tätigkeiten in Bereichen wie Fertigung, Logistik, Kundenservice und Buchhaltung. So haben beispielsweise Chatbots und virtuelle Assistenten den Bedarf an menschlichen Agenten in Kundendienstzentren reduziert, indem sie grundlegende Anfragen effizient bearbeiten. Ebenso können automatisierte Buchhaltungssysteme Rechnungen verarbeiten und einfache Prüfungen ohne menschliches Eingreifen durchführen. Die Automatisierung in Fabriken durch Industrieroboter hat viele Arbeiter an den Produktionslinien verdrängt. Diese Art der Automatisierung kann zu einer verringerten Nachfrage nach bestimmten Arten von Arbeitsplätzen führen, insbesondere in Positionen, die keine hohe Qualifikation erfordern.

Nicht alle Auswirkungen der KI auf die Beschäftigung sind jedoch negativ. Der Einsatz von KI-Technologien bietet auch das Potenzial zur Schaffung neuer Arbeitsplätze und industrieller Sektoren. Mit der Entwicklung der KI entstehen zusätzliche Anforderungen in Bereichen wie dem Design, der Implementierung und der Wartung von KI-Systemen, was die Nachfrage nach Fachkräften in Bereichen wie Machine Learning, Datenwissenschaft, Cybersicherheit und Softwareentwicklung steigert. Darüber hinaus führt die Notwendigkeit, die von KI-Systemen gelieferten Ergebnisse zu interpretieren, zu neuen Chancen für Datenanalysten und Fachleute aus verschiedenen Branchen, die diese Ergebnisse effektiv nutzen können. Beispielsweise hat die Verbreitung von KI im Gesundheitswesen zu einer wachsenden

Nachfrage nach Bioinformatikern und KI-Spezialisten geführt, die an der Entwicklung von Diagnosesystemen auf Basis von Machine Learning arbeiten.

Eine weitere wichtige Dimension ist die Neudefinition von Fähigkeiten und Kompetenzen. KI verursacht einen Wandel bei den am Arbeitsmarkt geschätzten Fähigkeiten. Routinetätigkeiten und datenbasierte Aufgaben werden zunehmend von automatisierten Systemen übernommen, wodurch menschliche Fähigkeiten, die nicht von KI nachgebildet werden können, an Wert gewinnen – etwa kritisches Denken, Kreativität, Empathie und die Fähigkeit, komplexe Situationen zu bewältigen. Auch wenn KI viele Aspekte der medizinischen Diagnostik automatisieren kann, bleiben klinisches Urteilsvermögen und Empathie im Umgang mit Patienten exklusive Domänen menschlicher Gesundheitsfachkräfte. Dieser Trend führt zu verstärkten Investitionen in Umschulungsprogramme und kontinuierliche Weiterbildung, um die Arbeitskräfte mit den nötigen Kompetenzen für ein sich wandelndes Arbeitsumfeld auszustatten. Unternehmen und Regierungen arbeiten gemeinsam an Initiativen zur Schulung von Arbeitnehmern in neuen Technologien, um sicherzustellen, dass sie in fortgeschrittene oder neu entstehende Rollen wechseln können.

Darüber hinaus ist es wichtig, die Auswirkungen der KI auf die wirtschaftliche Ungleichheit zu berücksichtigen. Es besteht die Sorge, dass die durch KI angetriebene Automatisierung die Ungleichheit verschärfen könnte, da die wirtschaftlichen Vorteile der Automatisierung sich auf wenige konzentrieren könnten, während verdrängte Arbeitnehmer Schwierigkeiten haben könnten, neue hochwertige Arbeitsplätze zu finden. Besonders gefährdet durch Automatisierung sind Tätigkeiten, die von Menschen mit geringerer Bildung und weniger Fähigkeiten ausgeführt werden, was zu einer Polarisierung des Arbeitsmarktes führen könnte. Hochqualifizierte Berufe, die fortgeschrittene technische Fähigkeiten erfordern, könnten eine steigende Nachfrage und höhere Löhne verzeichnen, während niedrigqualifizierte Arbeitsplätze knapper und schlechter bezahlt werden könnten.

Ein nicht zu vernachlässigender Aspekt sind die psychologischen und sozialen Auswirkungen der KI auf die Beschäftigung. Die Unsicherheit über die Arbeitsplatzsicherheit und die Notwendigkeit, neue Fähigkeiten zu erlernen, können bei Arbeitnehmern Stress und Angst auslösen. Besonders ausgeprägt kann dieser Effekt in Sektoren und Regionen sein, in denen die Automatisierung rasch voranschreitet. Unternehmen tragen die Verantwortung, diese Veränderungen ethisch zu gestalten und Unterstützung sowie Ressourcen bereitzustellen, um den Übergang der Arbeitnehmer in neue Beschäftigungsmöglichkeiten zu erleichtern. Wohlfühlprogramme, Beratung und kontinuierliche Weiterbildung können helfen, die negativen Auswirkungen dieser Veränderungen abzumildern.

Die Einführung von KI am Arbeitsplatz wirft auch Fragen zur Steuerung und Regulierung der Beschäftigung auf. Regierungen und Arbeitnehmerorganisationen diskutieren darüber, wie der Einsatz von KI geregelt werden kann, um Arbeitnehmer zu schützen und sicherzustellen, dass die Vorteile der Automatisierung gerecht verteilt werden. Die Arbeitsmarktpolitik muss angepasst werden, um Herausforderungen wie den Schutz der Rechte verdrängter Arbeitnehmer, die Förderung von Chancengleichheit in der digitalen Wirtschaft und die Gewährleistung, dass KI-Technologien auf eine Weise entwickelt und genutzt werden, die die Würde und das Wohlergehen der Arbeitnehmer respektiert, zu bewältigen.

Obwohl KI das Potenzial hat, Aufgaben zu automatisieren und Arbeitnehmer zu verdrängen, bietet sie auch Chancen zur Schaffung neuer Arbeitsplätze, zur Steigerung der Produktivität und zur Neudefinition der am Arbeitsmarkt geforderten Fähigkeiten. Der Schlüssel zur Bewältigung dieser Herausforderungen liegt in einem proaktiven Management des Übergangs zu einem technologiegesteuerten Arbeitsumfeld, wobei sichergestellt wird, dass die Vorteile der KI gerecht und fair in der gesamten Gesellschaft verteilt werden.

15.3.2. Datenschutz und Überwachung

Das Thema Datenschutz und Überwachung im Kontext der Künstlichen Intelligenz gehört zu den umstrittensten und relevantesten Aspekten im digitalen Zeitalter. Mit der zunehmenden Integration von KI-Technologien in verschiedene Lebensbereiche hat sich die Menge an personenbezogenen Daten, die von diesen Technologien gesammelt und verarbeitet werden, erheblich erhöht. Dies hat Besorgnis darüber ausgelöst, wie diese Daten gehandhabt werden, wer Zugang zu ihnen hat und wie sie zur Beeinflussung des Verhaltens und der Entscheidungen von Individuen verwendet werden.

Der Datenschutz ist eines der zentralen Anliegen in diesem Bereich. Angesichts der wachsenden Fähigkeit von KI-Systemen, große Mengen personenbezogener Daten zu sammeln, zu analysieren und zu nutzen, ist es entscheidend, die Privatsphäre der Einzelnen zu schützen. Die von diesen Systemen gesammelten Daten können hochsensible Informationen umfassen, wie medizinische Vorgeschichte, persönliche Vorlieben, geografische Standorte, Online-Verhalten und private Kommunikation. Die Sorge besteht darin, dass diese Daten zu Zwecken verwendet werden könnten, die die betroffenen Personen weder erwarten noch genehmigen, was zu einer Verletzung ihrer Privatsphäre führen könnte.

Ein deutliches Beispiel ist die Nutzung personenbezogener Daten für gezielte Werbung. Online-Plattformen verwenden KI-Algorithmen, um das

Verhalten der Nutzer zu analysieren und ihre Interessen vorherzusagen, um ihnen personalisierte Werbung anzuzeigen. Auch wenn dies die Relevanz der Werbung erhöhen kann, wirft es ernsthafte Fragen hinsichtlich des Eingriffs in die Privatsphäre der Nutzer auf. Zudem besteht die Gefahr, dass die gesammelten Daten ohne Wissen oder ausdrückliche Zustimmung der Nutzer an Dritte verkauft werden, was die Situation zusätzlich verschärft.

Die Massenüberwachung ist ein weiteres zentrales Thema im Zusammenhang mit dem Einsatz von KI. Regierungen und Unternehmen haben die Möglichkeit, KI-Systeme zur kontinuierlichen Überwachung großer Bevölkerungsgruppen einzusetzen. Technologien wie Gesichtserkennung, Überwachung sozialer Netzwerke und die Erhebung von Daten über intelligente Geräte ermöglichen die Verfolgung und Analyse der Aktivitäten von Einzelpersonen in Echtzeit. Diese Art der Überwachung kann zu verschiedenen Zwecken eingesetzt werden, von der Kriminalitätsprävention bis hin zur Unterdrückung politischer Dissidenz. In autoritären Regimen könnten solche Technologien dazu verwendet werden, die Bevölkerung zu kontrollieren, Oppositionelle zu identifizieren und zu unterdrücken sowie die Informationsfreiheit einzuschränken.

Die mangelnde Transparenz darüber, wie Daten gesammelt, verarbeitet und genutzt werden, ist ebenfalls ein Grund zur Besorgnis. In vielen Fällen sind sich die Nutzer nicht vollständig bewusst, wie viele Daten über sie gesammelt werden, wie diese verwendet werden oder wer Zugriff darauf hat. Diese Intransparenz kann das Vertrauen in KI-Technologien und die Institutionen, die sie einsetzen, untergraben. Die Undurchsichtigkeit von Algorithmen und Entscheidungsmodellen erschwert zudem die Identifizierung von Verzerrungen und Fehlern, was wiederum zu unfairen oder diskriminierenden Entscheidungen führen kann.

Ein weiterer kritischer Aspekt beim Schutz der Privatsphäre ist die Möglichkeit der Anonymisierung von Daten. Zwar können Techniken zur Anonymisierung personenbezogener Daten vor ihrer Nutzung in KI-Analysen implementiert werden, doch deren Wirksamkeit ist begrenzt. Die Re-Identifikation, also die Möglichkeit, aus angeblich anonymisierten Daten erneut eine Person zu identifizieren, stellt ein wachsendes Problem dar – insbesondere, da KI-Algorithmen immer leistungsfähiger werden und verschiedene Datenquellen miteinander verknüpfen können, um Identitäten zu rekonstruieren.

KI-basierte Überwachung wirft auch Herausforderungen im Hinblick auf Diskriminierung und Menschenrechte auf. Gesichtserkennungstechnologien etwa wurden wegen ihrer Fehleranfälligkeit und Verzerrungen kritisiert, insbesondere beim Erkennen von People of Color, Frauen und anderen Minderheitengruppen. Solche Verzerrungen können zu ungerechter

Rechtsanwendung und Verletzungen der Bürgerrechte führen, etwa zur unrechtmäßigen Inhaftierung Unschuldiger oder zu Diskriminierung beim Zugang zu öffentlichen und privaten Dienstleistungen.

Ein weiteres wichtiges Problem ist die Verwaltung und Regulierung von Datenschutz und Überwachung in einem globalen Umfeld. Die Datenschutzgesetze und -vorschriften unterscheiden sich stark zwischen Ländern und Regionen. Während etwa die Europäische Union mit der Datenschutz-Grundverordnung den Schutz der Privatsphäre sicherstellen will, sind die Regelungen in anderen Ländern deutlich weniger streng. Diese Unterschiede erschweren einen effektiven globalen Datenschutz, insbesondere in einer Welt, in der Daten mühelos Grenzen überschreiten.

Im Unternehmensbereich tragen Firmen die Verantwortung, sicherzustellen, dass ihre Praktiken der Datenerhebung und -verwendung transparent, ethisch und regelkonform sind. Dies umfasst die Information der Nutzer über die Erhebung und Nutzung ihrer Daten, die Umsetzung robuster Sicherheitsmaßnahmen zum Schutz vor unbefugtem Zugriff sowie die Achtung der Rechte der Nutzer zur Kontrolle über ihre eigenen Daten, einschließlich des Rechts auf Vergessenwerden.

Überwachung und Datenschutz im Zeitalter der KI erfordern auch eine ethische Reflexion über die Grenzen der Technologie. Es ist entscheidend, dass sowohl Technologieentwickler als auch politische Entscheidungsträger die langfristigen Auswirkungen von Massenüberwachung und umfassender Nutzung personenbezogener Daten berücksichtigen. Dies erfordert nicht nur eine angemessene Regulierung, sondern auch ein Bekenntnis zu ethischen Prinzipien, die die menschliche Würde und den Respekt vor den Grundrechten in den Vordergrund stellen.

Das Verhältnis zwischen Datenschutz, Überwachung und Künstlicher Intelligenz ist komplex und erfordert einen ausgewogenen Ansatz, der technologische Innovation fördert, ohne die individuellen Rechte zu opfern. Der Schutz der Privatsphäre und das Management von Überwachung im Zeitalter der KI sind Herausforderungen, die ganzheitlich durch Gesetzgebung, Technologie und ethisches Engagement aller beteiligten Akteure angegangen werden müssen.

15.3.3. Regulierung und öffentliche Politik

Die Regulierung und öffentliche Politik im Bereich der Künstlichen Intelligenz sind von entscheidender Bedeutung und gewinnen zunehmend an Relevanz, da KI-Technologien in immer mehr Aspekte des täglichen Lebens integriert werden und somit zu einem zentralen Thema in unserer

Gesellschaft geworden sind. Die Notwendigkeit, einen angemessenen regulatorischen Rahmen zu schaffen, ergibt sich aus den Risiken und Herausforderungen, die mit der KI verbunden sind, darunter Datenschutz, Überwachung, algorithmische Voreingenommenheit, Auswirkungen auf die Beschäftigung und die ethischen Implikationen automatisierter Entscheidungen.

Eine der ersten Herausforderungen bei der Regulierung von KI ist die klare Definition dessen, was Künstliche Intelligenz ausmacht. KI ist ein weites und vielfältiges Feld, das von einfachen Automatisierungsalgorithmen bis hin zu komplexen Deep-Learning-Systemen reicht, die in Echtzeit Entscheidungen treffen können. Diese Breite erschwert die Erstellung spezifischer und geeigneter Vorschriften, die alle möglichen Anwendungen der KI abdecken. Um dieses Problem anzugehen, müssen Gesetzgeber mit technischen Experten zusammenarbeiten, um präzise Definitionen und Kategorisierungen zu entwickeln, die als Grundlage für eine Regulierung dienen können, ohne die Innovation zu behindern.

Ein weiterer kritischer Aspekt ist der Schutz der Privatsphäre. Wie bereits erörtert, ist KI stark auf den Zugang zu großen Datenmengen angewiesen, um Modelle zu trainieren und Vorhersagen zu treffen. Die Erhebung, Speicherung und Nutzung dieser Daten birgt jedoch erhebliche Risiken für die Privatsphäre der Einzelpersonen. Die Gesetzgebung in diesem Bereich muss sicherstellen, dass Daten verantwortungsbewusst und ethisch gehandhabt werden, mit geeigneten Maßnahmen zum Schutz personenbezogener Informationen. In diesem Zusammenhang haben Regelungen wie die Datenschutz-Grundverordnung der Europäischen Union strenge Standards zum Datenschutz festgelegt und dienen als Vorbild für andere Rechtsordnungen. Dennoch bleibt noch viel zu tun, um sicherzustellen, dass der Datenschutz in einer Welt, in der sich KI-Technologien schnell weiterentwickeln, erhalten bleibt.

Verantwortlichkeit und Rechenschaftspflicht sind ebenfalls zentrale Elemente der KI-Regulierung. Da KI-Systeme zunehmend Aufgaben übernehmen, die zuvor von Menschen ausgeführt wurden, stellt sich die Frage, wer verantwortlich ist, wenn diese Systeme versagen oder Schaden verursachen. Die Regulierung muss die rechtlichen Verantwortlichkeiten von Entwicklern, Anbietern und Nutzern von KI-Technologien klar festlegen. Dazu gehört die Definition der Pflichten derjenigen, die KI-Systeme implementieren, in Bezug auf Überwachung, Transparenz bei automatisierten Entscheidungsprozessen sowie die Fähigkeit, KI-Entscheidungen zu erklären und zu rechtfertigen. Darüber hinaus sollten rechtliche Mechanismen geschaffen werden, die es betroffenen Personen ermöglichen, gegen automatisierte Entscheidungen vorzugehen.

Der Umgang mit algorithmischer Voreingenommenheit ist ein weiteres Feld, in dem öffentliche Politik unerlässlich ist. KI-Algorithmen, die mit historischen Daten trainiert werden, können bestehende Vorurteile verstärken und zu unfairen und diskriminierenden Entscheidungen führen. Die Regulierung sollte vorschreiben, dass Organisationen Verfahren einführen, um Voreingenommenheiten in ihren KI-Modellen zu erkennen, zu mindern und zu korrigieren. Dies könnte regelmäßige Audits der Algorithmen, die Diversifizierung der für das Training verwendeten Datensätze und die Förderung der Transparenz bei den von KI-Modellen verwendeten Kriterien beinhalten. Zudem sollten politische Maßnahmen die Forschung und Entwicklung von Techniken unterstützen, um sicherzustellen, dass KI fair und gerecht ist.

Die Auswirkungen von Automatisierung und KI auf die Beschäftigung sind ein weiteres Feld, in dem öffentliche Politik eingreifen muss. Während KI und Automatisierung zunehmend Aufgaben übernehmen, die zuvor von Menschen erledigt wurden, ist mit erheblichen Veränderungen auf dem Arbeitsmarkt zu rechnen. Öffentliche Maßnahmen sollten diese Effekte antizipieren und abschwächen, indem sie Umschulungs- und Weiterbildungsprogramme für betroffene Arbeitskräfte schaffen, neue Beschäftigungsmöglichkeiten in aufstrebenden Sektoren fördern und ein soziales Sicherheitsnetz einrichten, das Arbeitnehmer in Übergangsphasen unterstützt. Darüber hinaus ist ein Fokus auf Bildung notwendig, um künftige Generationen auf einen zunehmend technologiegeprägten Arbeitsmarkt vorzubereiten.

Auch Überwachung und öffentliche Sicherheit sind Bereiche, die einer sorgfältigen Regulierung bedürfen. KI-Technologien, insbesondere in Verbindung mit massenhafter Datenerhebung und Überwachung, können mächtige Werkzeuge zur Aufrechterhaltung von Ordnung und Sicherheit sein, aber auch für problematischere Zwecke wie Massenüberwachung und politische Repression missbraucht werden. Die Regulierung sollte klare Grenzen für den Einsatz von KI zur Überwachung festlegen, um die Achtung der Menschenrechte und bürgerlichen Freiheiten zu gewährleisten. Dazu gehört die Notwendigkeit von Transparenz hinsichtlich der Nutzung dieser Technologien, wer Zugang zu den gesammelten Daten hat und welche Maßnahmen ergriffen werden, um Missbrauch zu verhindern.

Auf internationaler Ebene ist die Zusammenarbeit zwischen Ländern entscheidend für eine wirksame KI-Regulierung. Da es sich bei KI um eine globale Technologie handelt, sind nationale Alleingänge oft unzureichend, um Probleme zu bewältigen, die über Grenzen hinausgehen, wie der Einsatz von KI in der Cybersicherheit, der Wettbewerb auf dem globalen Markt und der Datenschutz im Internet. Internationale Organisationen wie die UNO, die OECD und die Europäische Union beginnen damit, Kooperationsrahmen für die KI-Regulierung zu entwickeln, aber dies ist ein sich schnell entwickelndes Feld, das eine kontinuierliche und effektive Koordination erfordert.

Die Regulierung von KI muss den Schutz von Rechten mit der Förderung von Innovation in Einklang bringen. Öffentliche Politik sollte so gestaltet sein, dass sie die technologische Entwicklung, die für den wirtschaftlichen und sozialen Fortschritt entscheidend ist, nicht behindert. Das bedeutet, dass Regulierungen flexibel und anpassungsfähig sein müssen, sodass sie mit der technologischen Entwicklung Schritt halten und neue KI-Anwendungen berücksichtigen können. Darüber hinaus ist es entscheidend, alle relevanten Interessengruppen, darunter Regierungen, Unternehmen, Forscher und die Zivilgesellschaft, in den politischen Gestaltungsprozess einzubeziehen, um sicherzustellen, dass die Regulierung eine breite Palette von Perspektiven und Bedürfnissen widerspiegelt.

Die Regulierung und öffentliche Politik im Bereich der Künstlichen Intelligenz sind unerlässlich, um sicherzustellen, dass sich diese wichtige Technologie auf eine Weise entwickelt und genutzt wird, die der gesamten Gesellschaft zugutekommt. Der Schutz der Privatsphäre, Verantwortung, Fairness sowie das Gleichgewicht zwischen Sicherheit und Innovation sind zentrale Themen, die dringend und präzise in der KI-Ära behandelt werden müssen.

16. Datenschutz und Datensicherheit

Das Thema Datenschutz und Datensicherheit gehört zu den kritischsten Aspekten bei der Entwicklung und dem Einsatz von Technologien der Künstlichen Intelligenz und Big Data. Da diese Technologien zunehmend in verschiedenen Sektoren, von der Gesundheit bis zu den Finanzen, integriert werden, ist der angemessene Umgang mit Daten zu einem zentralen Anliegen sowohl für Entwickler als auch für Nutzer geworden. Die Fähigkeit, große Datenmengen zu sammeln, zu speichern, zu verarbeiten und zu analysieren, birgt erhebliche Risiken, insbesondere im Hinblick auf den individuellen Datenschutz und die Informationssicherheit.

Eine der größten Herausforderungen beim Umgang mit großen Datenmengen besteht darin, sicherzustellen, dass die Privatsphäre der betroffenen Personen gewahrt bleibt. KI und Big Data beruhen stark auf der massenhaften Erhebung von Daten, die häufig sensible personenbezogene Informationen wie medizinische, finanzielle oder verhaltensbezogene Daten enthalten. Dies wirft Fragen darüber auf, wie diese Daten verwendet werden, wer Zugriff darauf hat und wie sie vor Missbrauch oder unbefugtem Zugriff geschützt werden. Datenschutz ist nicht nur eine technische, sondern auch eine

ethische und rechtliche Angelegenheit, die strenge und klare Vorschriften erfordert, um die Rechte der Betroffenen zu schützen.
Um diesen Bedenken zu begegnen, wurden in verschiedenen Teilen der Welt Vorschriften und Regelwerke entwickelt, die Leitlinien für den Umgang mit personenbezogenen Daten festlegen. Diese Regelungen umfassen Gesetze wie die Datenschutz-Grundverordnung in der Europäischen Union und den California Consumer Privacy Act in den Vereinigten Staaten. Diese Gesetze beschränken nicht nur die Erhebung und Nutzung personenbezogener Daten, sondern gewähren den Einzelpersonen auch bestimmte Rechte in Bezug auf ihre Daten, wie das Recht zu erfahren, welche Daten gesammelt werden, wie sie verwendet werden und mit wem sie geteilt werden, sowie das Recht, die Löschung ihrer Daten zu verlangen.

Trotz dieser Regelungen erfordert die wirksame Umsetzung von Datenschutz- und Sicherheitsrichtlinien den Einsatz fortschrittlicher Datensicherheitstechniken. Dazu gehören Anonymisierungstechniken, bei denen personenbezogene Informationen aus den Daten entfernt oder verändert werden, sodass sie nicht mehr leicht einer bestimmten Person zugeordnet werden können, sowie Verschlüsselungstechnologien, die Daten während der Übertragung und Speicherung schützen, sodass nur autorisierte Parteien darauf zugreifen können. Diese Techniken sind unerlässlich, um das Risiko von Datenschutzverletzungen zu minimieren und gesetzliche sowie ethische Anforderungen zu erfüllen.

Darüber hinaus ist Cybersicherheit ein zentraler Bestandteil des Datenschutzes im Kontext von KI und Big Data. Systeme, die große Datenmengen verarbeiten, sind attraktive Ziele für Cyberangriffe, die schwerwiegende Folgen haben können, wie den Diebstahl persönlicher Daten, die Manipulation von Informationen oder die Unterbrechung kritischer Dienste. Cybersicherheit bedeutet nicht nur den Schutz vor externen Angriffen, sondern auch die Implementierung interner Kontrollmechanismen, die den Zugang zu Daten einschränken und sicherstellen, dass nur befugte Personen bestimmte Aktionen durchführen können.

Der technologische Fortschritt hat zudem neue Bedrohungen und Schwachstellen im Bereich der Cybersicherheit geschaffen, was eine umfassende Sicherheitsstrategie erfordert, die präventive Maßnahmen wie kontinuierliche Überwachung und Systemaktualisierungen mit schnellen und wirksamen Reaktionen auf Vorfälle kombiniert. Sicherheitstools müssen in der Lage sein, Bedrohungen in Echtzeit zu erkennen und zu entschärfen, und Organisationen müssen auf Krisen vorbereitet sein und sich rasch von Sicherheitsverletzungen erholen können.

Datensicherheit ist nicht nur eine technische, sondern auch eine strategische Angelegenheit, die das Vertrauen der Öffentlichkeit und den Ruf von

Organisationen betrifft. Verbraucher und Endnutzer sind sich der mit dem Umgang ihrer Daten verbundenen Risiken zunehmend bewusst und erwarten, dass Unternehmen und Institutionen rigorose Maßnahmen zum Schutz ihrer Privatsphäre ergreifen. Fehlende Schutzmaßnahmen können nicht nur zu rechtlichen Sanktionen führen, sondern auch das Vertrauen zerstören und langfristige Schäden am Image der Organisation verursachen.

Es ist wichtig zu erkennen, dass Datenschutz und Datensicherheit im Bereich der Künstlichen Intelligenz und Big Data einem ständigen Wandel unterliegen. Mit dem Fortschritt der Technologie und der Entwicklung neuer Anwendungen entstehen neue Herausforderungen und Bedrohungen, was eine ständige Überwachung und eine kontinuierliche Anpassung von Sicherheitsrichtlinien und -praktiken erfordert. Organisationen müssen ihre Datenschutz- und Sicherheitsansätze proaktiv aktualisieren, um mit den besten Praktiken und den neuesten Vorschriften Schritt zu halten.

Der Schutz personenbezogener Informationen, die Einhaltung gesetzlicher Vorschriften, der Einsatz fortschrittlicher Sicherheitstechniken und die Vorbereitung auf Cyberbedrohungen sind zentrale Aufgaben, um sicherzustellen, dass der Einsatz dieser Technologien sicher, ethisch und respektvoll gegenüber den Rechten des Einzelnen erfolgt. Die Verantwortung für den Erhalt von Datenschutz und Datensicherheit liegt nicht nur bei Entwicklern und Organisationen, sondern auch bei Regierungen und Aufsichtsbehörden, die einen geeigneten rechtlichen und ethischen Rahmen schaffen müssen, um die Entwicklung und den Einsatz dieser Technologien zu lenken.

16.1. Vorschriften und Regulierungen (DSGVO, CCPA)

16.1.1. Grundsätze und Anforderungen der DSGVO

Die Datenschutz-Grundverordnung ist eine der strengsten und umfassendsten Regelungen zum Schutz personenbezogener Daten weltweit. Sie wurde von der Europäischen Union verabschiedet und ist seit dem 25. Mai 2018 anwendbar. Die DSGVO schafft einen rechtlichen Rahmen, der die Rechte der europäischen Bürger im Hinblick auf die Verarbeitung und den Schutz ihrer personenbezogenen Daten schützt. Die Regelung betrifft nicht nur Organisationen innerhalb der EU, sondern hat auch extraterritoriale Wirkung, da sie jede Einrichtung betrifft, die Daten von EU-Bürgern verarbeitet, unabhängig von ihrem Standort.

Ein zentrales Element der DSGVO sind ihre grundlegenden Prinzipien, die den Umgang mit personenbezogenen Daten leiten. Diese Grundsätze lauten:

1. Rechtmäßigkeit, Fairness und Transparenz: Dieser Grundsatz besagt, dass personenbezogene Daten auf rechtmäßige, faire und transparente Weise im Verhältnis zu der betroffenen Person verarbeitet werden müssen. Die Rechtmäßigkeit bezieht sich auf das Vorhandensein einer gültigen Rechtsgrundlage für die Verarbeitung, wie zum Beispiel die ausdrückliche Einwilligung der betroffenen Person, die Erfüllung einer gesetzlichen Verpflichtung oder der Schutz lebenswichtiger Interessen. Fairness und Transparenz verlangen von Organisationen, dass sie klar kommunizieren, wie und warum Daten erhoben und verwendet werden, und dass sie den betroffenen Personen verständliche Informationen über diese Praktiken zur Verfügung stellen.

2. Zweckbindung: Nach diesem Grundsatz dürfen personenbezogene Daten nur für festgelegte, eindeutige und legitime Zwecke erhoben werden und dürfen nicht in einer Weise weiterverarbeitet werden, die mit diesen Zwecken unvereinbar ist. Das bedeutet, dass Organisationen den Zweck der Datenerhebung von Anfang an klar definieren müssen und die Daten nicht für andere Zwecke verwenden dürfen, ohne eine neue Einwilligung einzuholen oder eine neue Rechtsgrundlage zu haben.

3. Datenminimierung: Dieser Grundsatz besagt, dass die erhobenen personenbezogenen Daten dem Zweck angemessen, erheblich und auf das für die Zwecke der Verarbeitung notwendige Maß beschränkt sein müssen. Mit anderen Worten: Organisationen müssen sicherstellen, dass sie nicht mehr Daten sammeln, als sie zur Erreichung ihrer Zwecke tatsächlich benötigen, und so die unnötige Speicherung von Informationen vermeiden.

4. Richtigkeit: Personenbezogene Daten müssen sachlich richtig und erforderlichenfalls auf dem neuesten Stand sein. Dieser Grundsatz verpflichtet Organisationen, angemessene Maßnahmen zu ergreifen, um sicherzustellen, dass unrichtige Daten berichtigt oder gelöscht werden. Die Richtigkeit ist entscheidend, um falsche Entscheidungen aufgrund fehlerhafter Daten zu vermeiden.

5. Speicherbegrenzung: Personenbezogene Daten dürfen nur so lange gespeichert werden, wie es für die Zwecke, für die sie verarbeitet werden, erforderlich ist. Sobald die Daten für diese Zwecke nicht mehr benötigt werden, müssen sie gelöscht oder anonymisiert werden. Dieser Grundsatz hilft, das Risiko des Missbrauchs oder des unbefugten Zugriffs auf Daten zu verringern.

6. Integrität und Vertraulichkeit: Personenbezogene Daten müssen in einer Weise verarbeitet werden, die eine angemessene Sicherheit gewährleistet, einschließlich des Schutzes vor unbefugter oder unrechtmäßiger Verarbeitung sowie vor unbeabsichtigtem Verlust, Zerstörung oder Schaden, und zwar durch geeignete technische und organisatorische Maßnahmen. Das bedeutet, dass Organisationen Sicherheitsmaßnahmen wie Verschlüsselung, Zugangskontrollen und Systemaudits implementieren müssen, um die Daten zu schützen.

7. Rechenschaftspflicht: Dieser Grundsatz, auch bekannt als „Accountability", verpflichtet Organisationen, für die Einhaltung aller oben genannten Grundsätze verantwortlich zu sein und dies nachweisen zu können. Dazu gehört die Durchführung von Datenschutz-Folgenabschätzungen, die Benennung eines Datenschutzbeauftragten, wenn erforderlich, sowie die ordnungsgemäße Dokumentation aller datenbezogenen Entscheidungen.

Neben diesen Grundsätzen enthält die DSGVO verschiedene spezifische Anforderungen, die Organisationen erfüllen müssen:

Einwilligung: Wenn die Verarbeitung personenbezogener Daten auf der Einwilligung basiert, muss diese ausdrücklich, informiert und freiwillig erfolgen. Organisationen müssen nachweisen können, dass eine gültige Einwilligung eingeholt wurde und dass die betroffenen Personen angemessen über die Verwendung ihrer Daten informiert wurden. Zudem haben Personen das Recht, ihre Einwilligung jederzeit zu widerrufen.

Rechte der betroffenen Personen: Die DSGVO gewährt den Einzelnen eine Reihe von Rechten in Bezug auf ihre personenbezogenen Daten, darunter das Recht auf Auskunft, das Recht auf Berichtigung, das Recht auf Löschung (auch bekannt als „Recht auf Vergessenwerden"), das Recht auf Einschränkung der Verarbeitung, das Recht auf Datenübertragbarkeit und das Recht auf Widerspruch gegen die Verarbeitung. Organisationen müssen Verfahren einrichten, um Anfragen betroffener Personen zeitnah und effektiv zu beantworten.

Datenschutz-Folgenabschätzung (DPIA): In Fällen, in denen die Datenverarbeitung ein hohes Risiko für die Rechte und Freiheiten der betroffenen Personen darstellen könnte, müssen Organisationen eine Datenschutz-Folgenabschätzung durchführen. Diese Bewertung soll potenzielle Risiken identifizieren und die Maßnahmen zur Risikominderung festlegen.

Meldung von Datenschutzverletzungen: Die DSGVO schreibt vor, dass bei einer Verletzung des Schutzes personenbezogener Daten die zuständige Aufsichtsbehörde unverzüglich, in der Regel innerhalb von 72 Stunden nach Bekanntwerden der Verletzung, informiert werden muss. Wenn die Verletzung ein hohes Risiko für die Rechte und Freiheiten der betroffenen Personen darstellt, müssen auch die Betroffenen direkt informiert werden.

Internationale Datenübermittlungen: Die DSGVO legt strenge Anforderungen an die Übermittlung personenbezogener Daten außerhalb des Europäischen Wirtschaftsraums (EWR) fest, um sicherzustellen, dass der Datenschutz aufrechterhalten wird. Solche Übermittlungen dürfen nur in Länder erfolgen, die ein angemessenes Schutzniveau bieten, oder durch die Verwendung genehmigter Übermittlungsmechanismen wie Standardvertragsklauseln oder verbindliche unternehmensinterne Vorschriften.

Die Einhaltung der DSGVO ist nicht nur eine gesetzliche Verpflichtung, sondern auch entscheidend für den Schutz der Privatsphäre und das Vertrauen der Öffentlichkeit in Organisationen, die personenbezogene Daten verarbeiten. Bei Verstößen drohen hohe Geldbußen, die bis zu 4 Prozent des weltweiten Jahresumsatzes eines Unternehmens oder 20 Millionen Euro betragen können, je nachdem, welcher Betrag höher ist. Daher ist es unerlässlich, dass Organisationen einen proaktiven Ansatz verfolgen und sicherstellen, dass alle Aspekte der DSGVO kontinuierlich umgesetzt und eingehalten werden.

16.1.2. Anforderungen des CCPA

Der California Consumer Privacy Act (CCPA) ist eines der wichtigsten Datenschutzgesetze in den Vereinigten Staaten. Es regelt, wie Unternehmen mit personenbezogenen Daten von Einwohnern Kaliforniens umgehen und diese schützen müssen. Das Gesetz wurde 2018 verabschiedet und ist seit dem 1. Januar 2020 in Kraft. Der CCPA stellt einen Meilenstein in der US-amerikanischen Datenschutzgesetzgebung dar, da er den Verbrauchern mehr Kontrolle über ihre personenbezogenen Daten einräumt und strenge Anforderungen an Unternehmen stellt, die diese Daten erheben und verarbeiten.

Geltungsbereich

Der CCPA gilt für jedes Unternehmen, das in Kalifornien geschäftlich tätig ist und mindestens eines der folgenden Kriterien erfüllt:

1. Jährlicher Bruttoumsatz von über 25 Millionen US-Dollar.
2. Kauf, Erhalt oder Verkauf personenbezogener Daten von 50.000 oder mehr Verbrauchern, Haushalten oder Geräten.
3. Mindestens 50 Prozent des Jahresumsatzes stammen aus dem Verkauf personenbezogener Daten von Verbrauchern.

Diese Bestimmungen stellen sicher, dass sowohl große Konzerne als auch datenbasierte Technologieunternehmen dem CCPA unterliegen.

Wesentliche Anforderungen des CCPA

1. Recht auf Auskunft: Der CCPA gibt den Verbrauchern das Recht zu erfahren, welche personenbezogenen Daten über sie gesammelt werden, woher diese stammen, für welche Zwecke sie verwendet werden, mit welchen Kategorien von Dritten sie geteilt werden und welche konkreten Informationen in den letzten 12 Monaten gesammelt wurden. Unternehmen müssen diese Informationen in einer klaren und zugänglichen Form bereitstellen, in der Regel über aktualisierte und detaillierte Datenschutzerklärungen.

2. Recht auf Löschung: Verbraucher haben das Recht, von einem Unternehmen zu verlangen, dass alle personenbezogenen Daten, die über sie gesammelt wurden, gelöscht werden, mit bestimmten Ausnahmen. Unternehmen dürfen die Löschung verweigern, wenn die Daten für die Abwicklung einer Transaktion, die Einhaltung gesetzlicher Verpflichtungen, die Aufdeckung von Sicherheitsvorfällen, den Schutz vor böswilligen Aktivitäten, wissenschaftliche, historische oder statistische Forschung oder andere gesetzlich vorgesehene Zwecke erforderlich sind.

3. Recht auf Opt-out beim Datenverkauf: Einer der markantesten Aspekte des CCPA ist das Recht des Verbrauchers, dem Verkauf seiner personenbezogenen Daten zu widersprechen. Unternehmen müssen auf ihrer Website einen gut sichtbaren Link mit dem Titel „Do Not Sell My Personal Information“ bereitstellen, über den Verbraucher dieses Recht ausüben können. Dieses Recht gilt auch für Minderjährige unter 16 Jahren, für die eine ausdrückliche Einwilligung der Eltern oder Erziehungsberechtigten erforderlich ist.

4. Recht auf Nichtdiskriminierung: Der CCPA verbietet es Unternehmen, Verbraucher zu benachteiligen, die ihre gesetzlichen Rechte wahrnehmen. Das bedeutet, dass Unternehmen keine Waren oder Dienstleistungen verweigern, keine unterschiedlichen Preise verlangen oder keine schlechtere Dienstleistung erbringen dürfen, nur weil Verbraucher ihre Datenschutzrechte ausüben. Unternehmen dürfen jedoch finanzielle Anreize für die Sammlung, den Verkauf oder die Aufbewahrung personenbezogener Daten anbieten, solange diese legal sind und transparent kommuniziert werden.

5. Informationspflicht bei Datenerhebung: Unternehmen müssen Verbraucher zum Zeitpunkt der Datenerhebung darüber informieren, welche Kategorien personenbezogener Daten erhoben werden und zu welchen Zwecken diese verwendet werden. Diese Transparenzpflicht verlangt, dass Unternehmen offenlegen, wie und warum sie Daten verwenden, um so mehr Klarheit und Vertrauen in der Beziehung zwischen Unternehmen und Verbrauchern zu schaffen.

6. Datensicherheit: Auch wenn der CCPA keine spezifischen technischen Anforderungen vorschreibt, verlangt das Gesetz von Unternehmen, angemessene Sicherheitsmaßnahmen zu implementieren und aufrechtzuerhalten, um personenbezogene Daten zu schützen. Verbraucher haben das Recht auf Schadenersatz, wenn durch mangelnde Sicherheitsmaßnahmen eine Datenschutzverletzung eintritt. Die gesetzlich vorgesehenen Schadensersatzansprüche können bis zu 750 US-Dollar pro Vorfall und betroffenem Verbraucher betragen, was Unternehmen zur Verbesserung ihrer Cybersicherheitsmaßnahmen anregen soll.

Einhaltung und Sanktionen

Die Durchsetzung des CCPA obliegt dem Generalstaatsanwalt von Kalifornien, der berechtigt ist, Geldstrafen bei Verstößen zu verhängen. Die Strafen können bis zu 2.500 US-Dollar pro unbeabsichtigtem Verstoß und bis zu 7.500 US-Dollar pro vorsätzlichem Verstoß betragen. Darüber hinaus haben Verbraucher, wie oben beschrieben, das Recht auf Klage bei Datenschutzverletzungen infolge unzureichender Sicherheitsmaßnahmen.

Um dem CCPA zu entsprechen, müssen Unternehmen ihre Datenschutzrichtlinien, Datenmanagementsysteme und Sicherheitspraktiken überprüfen und gegebenenfalls neu gestalten, um Transparenz, Zugang, Löschung und Schutz personenbezogener Daten sicherzustellen. Sie müssen außerdem klare Verfahren zur Bearbeitung von Verbraucheranfragen innerhalb der gesetzlich vorgeschriebenen Fristen von in der Regel 45 Tagen – mit einer möglichen Verlängerung um weitere 45 Tage – einrichten.

Weitere Überlegungen

Zusätzlich zu den beschriebenen Anforderungen ist der CCPA Änderungen und Aktualisierungen unterworfen, die seine Bestimmungen verändern können. Zum Beispiel hat der California Privacy Rights Act (CPRA), der im November 2020 verabschiedet wurde, mehrere Aspekte des CCPA erweitert, darunter die Gründung einer speziellen Datenschutzbehörde und die Stärkung der Rechte der Verbraucher in Bezug auf sensible personenbezogene Daten.

Unternehmen, die in mehreren Rechtsgebieten tätig sind, müssen auch berücksichtigen, wie der CCPA mit anderen Datenschutzgesetzen, wie der DSGVO in Europa, interagiert, um eine konsistente und globale Compliance sicherzustellen. Dies ist insbesondere für international tätige Unternehmen von Bedeutung, die sich gleichzeitig in mehreren regulatorischen Rahmenwerken zurechtfinden müssen.

Der CCPA ist ein komplexer rechtlicher Rahmen, der von Unternehmen ein rigoroses und proaktives Vorgehen beim Umgang mit personenbezogenen Daten erfordert. Die Einhaltung ist nicht nur entscheidend, um Sanktionen zu vermeiden, sondern auch, um das Vertrauen der Verbraucher in einer zunehmend datenschutzbewussten digitalen Welt zu erhalten.

16.1.3. Einhaltung und bewährte Verfahren

Die Einhaltung von Datenschutzvorschriften wie der Datenschutz-Grundverordnung (DSGVO) und dem California Consumer Privacy Act (CCPA) ist für Unternehmen, die mit personenbezogenen Daten umgehen, von entscheidender Bedeutung. Die korrekte Umsetzung dieser Vorschriften verhindert nicht nur rechtliche Sanktionen, sondern schützt auch den Ruf des Unternehmens und stärkt das Vertrauen der Kunden. Um eine wirksame Einhaltung sicherzustellen, ist es unerlässlich, dass Unternehmen eine Reihe bewährter Verfahren übernehmen, die die verschiedenen Aspekte des Umgangs mit personenbezogenen Daten von der Erhebung bis zur Löschung abdecken.

1. Datenschutz-Folgenabschätzung (DPIA)

Eine Datenschutz-Folgenabschätzung (Data Protection Impact Assessment, DPIA) ist ein zentrales Instrument zur Identifizierung und Minderung von Risiken im Zusammenhang mit der Verarbeitung personenbezogener Daten. Diese Bewertung ist besonders relevant, wenn neue Technologien oder Prozesse eingeführt werden, die die Privatsphäre von Personen beeinträchtigen könnten. DPIAs ermöglichen es Organisationen, Datenschutzprobleme frühzeitig zu erkennen und vorbeugende Maßnahmen zu ergreifen, bevor es zu Vorfällen kommt. Obwohl sie gemäß DSGVO nicht immer verpflichtend ist, gilt die Durchführung einer DPIA als bewährte Praxis, insbesondere wenn die Verarbeitung ein hohes Risiko für die Rechte und Freiheiten von Personen darstellen kann.

2. Klare und transparente Datenschutzrichtlinien

Datenschutzrichtlinien müssen klar, zugänglich und verständlich für alle Nutzer sein. Sie sollten ausdrücklich angeben, welche Arten von Daten erhoben werden, wie sie verwendet werden, mit wem sie geteilt werden und welche Rechte die Nutzer in Bezug auf ihre Daten haben. Es ist entscheidend, dass diese Richtlinien an allen Punkten der Datenerhebung verfügbar sind, einschließlich Online-Formularen, mobilen Anwendungen und anderen digitalen Kanälen. Transparenz ist ein grundlegendes Prinzip der DSGVO und des CCPA, und Unternehmen müssen sich bemühen, ihre

Datenschutzpraktiken so zu kommunizieren, dass keine Zweifel beim Verbraucher entstehen.

3. Mechanismen zur Einholung von Einwilligungen

Gemäß DSGVO muss die Einwilligung ausdrücklich, informiert und freiwillig erteilt werden. Das bedeutet, dass Organisationen Mechanismen implementieren müssen, die es den Nutzern ermöglichen, aktiv in die Verarbeitung ihrer personenbezogenen Daten einzuwilligen. Die Einwilligung darf weder implizit noch mit anderen Bedingungen kombiniert sein. Unternehmen müssen klare Optionen anbieten, mit denen Nutzer die Erhebung ihrer Daten akzeptieren oder ablehnen können, und sie müssen es Nutzern ermöglichen, ihre Einwilligung jederzeit zu widerrufen. Diese Mechanismen müssen klar dokumentiert sein, damit das Unternehmen im Falle einer Prüfung oder Untersuchung den Nachweis der Einhaltung erbringen kann.

4. Umsetzung angemessener Sicherheitsmaßnahmen

Datensicherheit ist ein entscheidender Bestandteil der Einhaltung gesetzlicher Vorschriften. Unternehmen müssen geeignete technische und organisatorische Maßnahmen ergreifen, um personenbezogene Daten vor unbefugtem Zugriff, Verlust, Veränderung oder Offenlegung zu schützen. Dazu gehören unter anderem die Verschlüsselung von Daten während der Übertragung und im Ruhezustand, die Implementierung von rollenbasierten Zugriffskontrollen (RBAC) und regelmäßige Audits von Systemen und Prozessen. Darüber hinaus ist es unerlässlich, regelmäßig Sicherheitstests durchzuführen, um Schwachstellen zu identifizieren und zu beheben, bevor sie ausgenutzt werden können. Eine kontinuierliche Schulung des Personals in Fragen der Cybersicherheit ist ebenfalls von großer Bedeutung, um sicherzustellen, dass die Mitarbeiter die Sicherheitspraktiken verstehen und anwenden.

5. Führung von Verzeichnissen über Verarbeitungstätigkeiten

Die DSGVO verlangt von Organisationen, dass sie detaillierte Aufzeichnungen über ihre Verarbeitungstätigkeiten führen. Diese Aufzeichnungen müssen Informationen über die Kategorien verarbeiteter Daten, die Zwecke der Verarbeitung, Datenübermittlungen in Drittländer und die ergriffenen Sicherheitsmaßnahmen enthalten. Die Führung dieser Verzeichnisse ist nicht nur eine gesetzliche Verpflichtung, sondern erleichtert auch das Datenmanagement und hilft den Organisationen, potenzielle Risiken oder Verstöße zu erkennen. Diese Verzeichnisse müssen regelmäßig aktualisiert und bei einer Prüfung durch die Datenschutzbehörden zur Einsicht bereitgestellt werden.

6. Verwaltung von Betroffenenrechten

Sowohl die DSGVO als auch der CCPA gewähren Einzelpersonen spezifische Rechte in Bezug auf ihre personenbezogenen Daten, wie das Recht auf Auskunft, Berichtigung, Löschung und Widerspruch gegen die Verarbeitung. Unternehmen müssen wirksame Verfahren einrichten, um diese Anfragen innerhalb der gesetzlich festgelegten Fristen zu bearbeiten und zu beantworten. Es ist entscheidend, dass diese Verfahren allen relevanten Mitarbeitern bekannt sind und dass die erforderlichen Werkzeuge zur Verfügung stehen, um die Anfragen effizient und vollständig zu erfüllen. Die Dokumentation und Nachverfolgung solcher Anfragen ist unerlässlich, um die Einhaltung der Vorschriften im Falle von Streitigkeiten oder Untersuchungen nachzuweisen.

7. Regelmäßige Bewertungen und Audits

Um die kontinuierliche Einhaltung der Datenschutzvorschriften zu gewährleisten, wird empfohlen, dass Organisationen regelmäßige Bewertungen und Audits durchführen. Diese Überprüfungen ermöglichen es den Unternehmen, Verbesserungsbereiche zu identifizieren und ihre Verfahren bei Bedarf anzupassen. Audits bieten zudem die Möglichkeit, Verzeichnisse der Datenverarbeitung zu überprüfen, sicherzustellen, dass Richtlinien und Verfahren aktuell sind, und zu gewährleisten, dass alle Sicherheitsmechanismen ordnungsgemäß funktionieren. Darüber hinaus können Audits den Organisationen helfen, sich auf mögliche Inspektionen durch Datenschutzbehörden vorzubereiten.

8. Schulung und Sensibilisierung des Personals

Die Einhaltung der Vorschriften ist eine gemeinsame Verantwortung der gesamten Organisation. Es ist entscheidend, dass alle Mitarbeiter, von der Geschäftsleitung bis hin zum operativen Personal, die Grundprinzipien des Datenschutzes und ihre Rolle bei der Einhaltung verstehen. Regelmäßige Schulungen und Sensibilisierungskampagnen können dazu beitragen, Sicherheitsvorfälle zu vermeiden und eine unternehmenskulturelle Orientierung an Datenschutz und Privatsphäre zu fördern. Die Schulung sollte an die spezifischen Aufgaben der jeweiligen Mitarbeitergruppen angepasst sein und auch Informationen über gesetzliche Änderungen und neue Bedrohungen für die Privatsphäre enthalten.

9. Reaktion auf Vorfälle und Meldung von Datenschutzverletzungen

Die DSGVO schreibt vor, dass Unternehmen Datenschutzbehörden innerhalb von 72 Stunden nach Feststellung einer Sicherheitsverletzung, die personenbezogene Daten betrifft, benachrichtigen müssen. Auch der CCPA enthält Meldepflichten für Datenschutzverletzungen, allerdings mit unterschiedlichen Fristen und Bedingungen. Organisationen müssen über einen klar definierten Incident-Response-Plan verfügen, der Verfahren zur Erkennung, Eindämmung, Minderung und Meldung von Sicherheitsverletzungen beinhaltet. Es ist entscheidend, dass dieser Plan getestet und allen relevanten Mitarbeitern bekannt ist, um im Falle eines Vorfalls eine schnelle und wirksame Reaktion zu gewährleisten.

10. Verpflichtung zur kontinuierlichen Verbesserung

Das regulatorische und technologische Umfeld rund um den Datenschutz entwickelt sich ständig weiter. Die heutigen bewährten Verfahren können morgen bereits unzureichend sein, weshalb Organisationen sich zur kontinuierlichen Verbesserung ihrer Richtlinien und Compliance-Verfahren verpflichten müssen. Dies beinhaltet die ständige Beobachtung gesetzlicher Entwicklungen, die Aktualisierung von Sicherheitstechnologien und die regelmäßige Überprüfung interner Richtlinien, um deren Wirksamkeit sicherzustellen. Darüber hinaus müssen Organisationen bereit sein, ihre Praktiken an neue Vorschriften und gesellschaftliche Erwartungen im Bereich Datenschutz anzupassen.

Die Einhaltung von DSGVO, CCPA und anderen Datenschutzvorschriften ist ein komplexer Prozess, der eine Kombination aus robusten Richtlinien, technischen und organisatorischen Maßnahmen sowie einem unternehmensweiten Engagement für den Datenschutz erfordert. Die Umsetzung dieser bewährten Verfahren hilft nicht nur bei der Einhaltung der Vorschriften, sondern trägt auch dazu bei, das Vertrauen der Kunden zu stärken und den Ruf der Organisation in einer zunehmend datenschutzbewussten Welt zu schützen.

16.2. Techniken zur Anonymisierung und zum Datenschutz

16.2.1. Anonymisierungstechniken (k-Anonymität, l-Diversität)

Die Anonymisierung ist eine grundlegende Technik im Umgang mit personenbezogenen Daten, um die Privatsphäre der betroffenen Personen zu schützen. Diese Praxis zielt darauf ab, Daten so zu verändern, dass die betroffenen Personen weder direkt noch indirekt identifiziert werden können. Da der Umgang mit personenbezogenen Daten in der digitalen Ära zunehmend Besorgnis erregt, ist die Anonymisierung zu einem entscheidenden Instrument geworden, um Vorschriften wie die DSGVO und den CCPA einzuhalten und die Privatsphäre in Big-Data- und Machine-Learning-Projekten zu schützen.

k-Anonymität

Das Konzept der k-Anonymität ist eine der am häufigsten verwendeten Techniken zur Anonymisierung von Daten. Die Grundidee der k-Anonymität besteht darin, sicherzustellen, dass jeder Datensatz in einem Datensatzbestand in Bezug auf bestimmte Attribute, die zur Identifikation einer Person verwendet werden könnten (sogenannte Quasi-Identifikatoren), von mindestens k-1 anderen Datensätzen nicht unterscheidbar ist. In einem Datensatz, der k-anonym ist, wiederholt sich jede Kombination von Werten der Quasi-Identifikatoren mindestens k-mal. Das bedeutet, dass ein Angreifer bei einem Reidentifikationsversuch anhand dieser Attribute eine Person nicht von mindestens k-1 anderen unterscheiden kann, was die Identifizierungswahrscheinlichkeit deutlich verringert.

Zur Erreichung von k-Anonymität werden häufig Techniken wie Generalisierung und Unterdrückung von Daten eingesetzt. Die Generalisierung bedeutet, dass spezifische Werte der Attribute durch allgemeinere Werte ersetzt werden (zum Beispiel die Ersetzung von exakten Geburtsdaten durch Altersbereiche). Die Unterdrückung hingegen besteht darin, bestimmte Werte zu entfernen, die einen Datensatz einzigartig machen könnten.

Ein praktisches Beispiel für k-Anonymität wäre ein Datensatz mit Patienteninformationen, bei dem die Geburtsdaten durch Altersbereiche von fünf Jahren ersetzt und die Postleitzahlen auf nur die ersten zwei Ziffern reduziert werden. Wenn jede Kombination dieser Attribute in mindestens k Datensätzen vorkommt, gilt der Datensatz als k-anonym.

l-Diversität

Die k-Anonymität ist zwar wirksam, weist aber wichtige Einschränkungen auf, insbesondere in Situationen, in denen die Werte eines sensitiven Attributs innerhalb einer Gruppe von k-anonymen Datensätzen homogen sind. Dies kann zu Schwachstellen führen, wenn die sensitiven Informationen einer k-anonymen Gruppe identisch oder wenig variabel sind. Um diese Einschränkung zu überwinden, wurde das Konzept der l-Diversität eingeführt.

Die l-Diversität erweitert die k-Anonymität, indem sie fordert, dass jede Gruppe von in Bezug auf Quasi-Identifikatoren nicht unterscheidbaren Datensätzen mindestens l „gut vertretene“ Werte des sensitiven Attributs enthält. Das bedeutet, dass jede k-anonyme Gruppe mindestens l unterschiedliche und häufige Werte für sensitive Attribute enthalten muss, was eine Identifikation oder die Ableitung sensitiver Informationen zusätzlich erschwert.

Es gibt verschiedene Varianten der l-Diversität, um sicherzustellen, dass sensitive Werte angemessen innerhalb der Gruppen verteilt sind:

1. Unterscheidbare l-Diversität: Fordert mindestens l verschiedene Werte des sensitiven Attributs in jeder k-anonymen Gruppe.
2. Entropie-l-Diversität: Nutzt die Entropie zur Messung der Vielfalt innerhalb einer Gruppe und stellt sicher, dass die sensitiven Werte gleichmäßig verteilt sind.
3. Klassische l-Diversität: Stellt sicher, dass häufige Werte nicht die k-anonyme Gruppe dominieren.

Die Anwendung der l-Diversität ist besonders nützlich in Datensätzen, bei denen eine einfache Anonymisierung durch k-Anonymität zur Offenlegung sensitiver Informationen führen könnte. Wenn zum Beispiel alle Datensätze innerhalb einer k-anonymen Gruppe dieselbe medizinische Diagnose enthalten, könnte ein Angreifer diese Bedingung für jede Person innerhalb der Gruppe ableiten, auch wenn er den Patienten nicht direkt identifizieren kann.

Einschränkungen und Herausforderungen

Obwohl k-Anonymität und l-Diversität leistungsstarke Techniken sind, sind sie nicht unfehlbar. Eine der größten Herausforderungen besteht darin, dass bei der Anwendung dieser Techniken eine erhebliche Menge an Informationen verloren gehen kann, was die Nützlichkeit des Datensatzes für Analysen oder Machine Learning verringern kann. Darüber hinaus schützen diese Techniken nicht vor ausgefeilteren Angriffen wie dem Korrelationsangriff, bei dem ein Angreifer zusätzliche externe Informationen zur Reidentifikation anonymer Daten nutzt.

Eine weitere Herausforderung besteht darin, dass bei sehr großen und komplexen Datensätzen die Gewährleistung von k-Anonymität und l-Diversität erhebliche Rechenressourcen erfordern kann, was eine Implementierung in Echtzeit erschwert. Zudem ist die Wahl der Werte für k und l entscheidend; ein zu niedriger Wert von k oder l könnte keine ausreichende Anonymisierung bieten, während ein zu hoher Wert so viele Informationen entfernen könnte, dass der Datensatz seinen Wert verliert.

Praktische Umsetzung

In der Praxis erfordert die Umsetzung von k-Anonymität und l-Diversität oft den Einsatz spezieller Algorithmen, die darauf ausgelegt sind, Daten zu modifizieren und gleichzeitig den Informationsverlust zu minimieren. Hier ist ein Beispielcode in Python, der zeigt, wie ein Datensatz mithilfe der k-Anonymität anonymisiert werden kann:

```
import pandas as pd
from sklearn.preprocessing import KBinsDiscretizer

# Beispielhafte Daten
data = {
    'age': [34, 45, 56, 67, 78, 89],
    'zipcode': [12345, 12345, 12345, 67890, 67890, 67890],
    'disease':  ['diabetes',  'cancer',  'diabetes',  'flu',  'flu',
'cancer']
}

df = pd.DataFrame(data)

# Generalisierung des Alters in Bereiche
k_bins = KBinsDiscretizer(n_bins=3, encode='ordinal', strategy='uni-
form')
df['age_group'] = k_bins.fit_transform(df[['age']])

# Partielle Unterdrückung der Postleitzahl (Generalisierung)
df['zipcode'] = df['zipcode'].astype(str).str[:3] + 'XX'

print(df)
```

Dieser Code erstellt generalisierte Altersgruppen und unterdrückt einen Teil der Postleitzahl, um die k-Anonymität zu unterstützen. Dies ist jedoch ein vereinfachtes Beispiel. In der Praxis würde die Umsetzung zusätzliche Anpassungen und eine sorgfältige Bewertung erfordern, um sicherzustellen, dass das angemessene Maß an Anonymisierung erreicht wird, ohne die Nützlichkeit der Daten zu beeinträchtigen.

k-Anonymität und l-Diversität sind wertvolle Werkzeuge im Arsenal der Datenschutztechniken. Sie müssen jedoch mit Sorgfalt und in Kombination mit anderen Sicherheitstechniken implementiert werden, um einen robusten Schutz der Privatsphäre zu gewährleisten, ohne die Qualität und den Nutzen der anonymisierten Daten zu opfern.

16.2.2. Datenverschlüsselung

Die Datenverschlüsselung ist eine grundlegende Sicherheitstechnik, die Informationen schützt, indem sie sie in ein unlesbares Format umwandelt, das für jeden, der nicht über den erforderlichen Schlüssel zum Entschlüsseln verfügt, nicht zugänglich ist. Im Kontext von Datenschutz und Datensicherheit spielt die Verschlüsselung eine entscheidende Rolle, da sie sicherstellt, dass sensible Daten – sowohl bei der Übertragung als auch im Ruhezustand – vor unbefugtem Zugriff geschützt sind, selbst wenn sie abgefangen oder gestohlen werden.

Verschlüsselungsarten

Es gibt verschiedene Arten der Verschlüsselung, die üblicherweise zum Schutz von Daten verwendet werden, jede mit ihren eigenen Methoden und spezifischen Anwendungsfällen. Die beiden Hauptansätze sind symmetrische und asymmetrische Verschlüsselung.

- **Symmetrische Verschlüsselung:** Bei dieser Art der Verschlüsselung wird derselbe Schlüssel sowohl zum Verschlüsseln als auch zum Entschlüsseln der Daten verwendet. Dieser Ansatz ist schnell und effizient, was ihn ideal für die Verschlüsselung großer Datenmengen macht. Die Sicherheit dieser Methode hängt jedoch davon ab, dass der Schlüssel geheim bleibt. Einige der am häufigsten verwendeten symmetrischen Verschlüsselungsalgorithmen sind AES (Advanced Encryption Standard), DES (Data Encryption Standard) und 3DES (Triple DES).

- **Asymmetrische Verschlüsselung:** Im Gegensatz zur symmetrischen Verschlüsselung verwendet die asymmetrische Verschlüsselung ein Schlüsselpaar: einen öffentlichen Schlüssel zum Verschlüsseln der Daten und einen privaten Schlüssel zum Entschlüsseln. Dieser Ansatz ist bei der Schlüsselverteilung sicherer, da der öffentliche Schlüssel frei geteilt werden kann, während der private Schlüssel geheim bleibt. Allerdings ist er langsamer und wird daher in der Regel verwendet, um kleine Datenblöcke zu verschlüsseln oder um sichere Kanäle einzurichten, über die symmetrische Schlüssel ausgetauscht werden können. Gängige Beispiele für asymmetrische Verschlüsselungsalgorithmen sind RSA (Rivest-Shamir-Adleman) und ECC (Elliptic Curve Cryptography).

Verschlüsselung bei Übertragung und im Ruhezustand

Die Datenverschlüsselung kann sowohl bei der Übertragung von Daten (also beim Senden über ein Netzwerk) als auch im Ruhezustand (gespeichert auf Geräten oder Speichersystemen) angewendet werden. Die Sicherstellung beider Zustände ist entscheidend für den vollständigen Schutz von Informationen.

- **Verschlüsselung bei Übertragung:** Diese Art der Verschlüsselung schützt Daten während ihrer Übertragung über Netzwerke wie das Internet. Ohne Verschlüsselung bei Übertragung können Daten anfällig für Angriffe wie Abfangen und Ausspähen sein. Um Daten während der Übertragung zu schützen, werden Protokolle wie TLS (Transport Layer Security) oder SSL (Secure Sockets Layer) verwendet, die die Kommunikation zwischen Geräten durch die Einrichtung eines verschlüsselten Kanals absichern.

- **Verschlüsselung im Ruhezustand:** Die Verschlüsselung im Ruhezustand stellt sicher, dass gespeicherte Daten – sei es auf Festplatten, in Datenbanken oder in der Cloud – vor unbefugtem Zugriff geschützt sind. Selbst wenn Speichergeräte gestohlen oder kompromittiert werden, erfordert der Zugriff auf die Daten den Verschlüsselungsschlüssel. Werkzeuge wie BitLocker (für Festplatten) und integrierte Datenbankverschlüsselungen wie Transparent Data Encryption (TDE) in SQL Server sind Beispiele für Verschlüsselung im Ruhezustand.

Gängige Methoden und Algorithmen

- **AES (Advanced Encryption Standard):** AES ist der am häufigsten verwendete symmetrische Verschlüsselungsstandard und ist für seine Sicherheit und Effizienz bekannt. AES unterstützt Schlüssellängen von 128, 192 und 256 Bit, wobei AES-256 der robusteste ist. AES wird breit eingesetzt, von der Festplattenverschlüsselung bis hin zur Netzwerksicherheit.

- **RSA (Rivest-Shamir-Adleman):** RSA ist ein weit verbreiteter asymmetrischer Verschlüsselungsalgorithmus in der Datensicherheit. Er basiert auf der Schwierigkeit, große ganze Zahlen zu faktorisieren, was eine starke Sicherheit bietet. RSA wird häufig verwendet, um die Übertragung sensibler Daten zu sichern und zur Authentifizierung von Identitäten.

- **ECC (Elliptic Curve Cryptography):** ECC ist eine Form der asymmetrischen Verschlüsselung, die ein mit RSA vergleichbares Sicherheitsniveau bietet, jedoch mit wesentlich kleineren Schlüsseln, was sie ressourceneffizienter macht. ECC ist besonders nützlich auf Geräten mit begrenzten Ressourcen wie Mobiltelefonen und IoT-Geräten.

Implementierung der Verschlüsselung in Python

Um zu veranschaulichen, wie Datenverschlüsselung implementiert werden kann, hier ein Beispielcode in Python unter Verwendung der Library cryptography, mit der AES zur Verschlüsselung und Entschlüsselung einer Nachricht verwendet wird (ein weiteres Beispiel mit derselben Library folgt später):

```
from cryptography.hazmat.primitives.ciphers import Cipher, algo-
rithms, modes
from cryptography.hazmat.backends import default_backend
import os

# Generiere einen 256-Bit-Schlüssel (32 Bytes)
key = os.urandom(32)

# Generiere einen Initialisierungsvektor (IV) mit 128 Bit (16 Bytes)
```

```
iv = os.urandom(16)

# Erstelle den AES-Verschlüsseler im CBC-Modus
cipher    =    Cipher(algorithms.AES(key),    modes.CBC(iv),    ba-
ckend=default_backend())
encryptor = cipher.encryptor()

# Nachricht, die verschlüsselt werden soll (muss ein Vielfaches der
Blockgröße von 128 Bit sein)
plaintext = b'Este es un mensaje secreto'

# Sicherstellen, dass die Nachricht ein Vielfaches der Blockgröße ist,
durch Padding
from cryptography.hazmat.primitives import padding
padder = padding.PKCS7(algorithms.AES.block_size).padder()
padded_data = padder.update(plaintext) + padder.finalize()

# Nachricht verschlüsseln
ciphertext = encryptor.update(padded_data) + encryptor.finalize()

print(f'Ciphertext: {ciphertext}')

# Um die Nachricht zu entschlüsseln
decryptor = cipher.decryptor()
decrypted_padded_data = decryptor.update(ciphertext) + decryptor.fi-
nalize()

# Padding entfernen
unpadder = padding.PKCS7(algorithms.AES.block_size).unpadder()
decrypted_data   =   unpadder.update(decrypted_padded_data)   +   unpad-
der.finalize()

print(f'Decrypted message: {decrypted_data}')
```

Dieser Code erzeugt einen Schlüssel und einen Initialisierungsvektor (IV), verwendet dann AES im CBC-Modus zur Verschlüsselung und Entschlüsselung einer Nachricht. Das Padding stellt sicher, dass die Nachricht die richtige Größe für die Verschlüsselung hat. Obwohl dies ein einfaches Beispiel ist, muss der Umgang mit Schlüsseln und das Management von Verschlüsselung und Entschlüsselung in der Praxis sorgfältig erfolgen, um Schwachstellen zu vermeiden, also spiel nicht den Mr. Robot.

Herausforderungen der Verschlüsselung

Trotz ihrer Wirksamkeit bringt die Verschlüsselung mehrere Herausforderungen mit sich. Eine der größten ist das sichere Management der Schlüssel. Wenn ein Verschlüsselungsschlüssel kompromittiert wird, sind auch alle damit verschlüsselten Daten gefährdet. Daher müssen Organisationen strikte Richtlinien für das Schlüsselmanagement implementieren, einschließlich der Verwendung von Hardware-Sicherheitsmodulen (HSM), sicherer Speicherung und regelmäßiger Schlüsselrotation.

Eine weitere Herausforderung ist die Leistung. Die Verschlüsselung, insbesondere bei großen Datenmengen oder in Echtzeit, kann ressourcenintensiv sein. Organisationen müssen die Notwendigkeit der Sicherheit mit den Leistungsanforderungen in Einklang bringen und Lösungen wählen, die einen guten Kompromiss zwischen beiden bieten.

Verschlüsselung ist kein Allheilmittel für Datensicherheit. Obwohl sie die Vertraulichkeit von Daten schützt, garantiert sie weder deren Integrität noch Verfügbarkeit. Daher muss sie Teil einer umfassenderen Sicherheitsstrategie sein, die Zugangskontrollen, kontinuierliche Überwachung und Maßnahmen zur Reaktion auf Vorfälle einschließt.

Wie du weißt, ist die Datenverschlüsselung ein unverzichtbares Werkzeug zum Schutz sensibler Informationen in digitalen Umgebungen – von Nachrichten über Fotos bis hin zu E-Mails und generell all unseren Daten. Durch die Implementierung von Verschlüsselung können Organisationen sicherstellen, dass Daten vertraulich bleiben, selbst wenn sie kompromittiert werden. Der Erfolg der Verschlüsselung hängt jedoch von der richtigen Schlüsselverwaltung, der Auswahl geeigneter Algorithmen und der Integration mit anderen Sicherheitsmaßnahmen ab.

16.2.3. Datenschutzwerkzeuge

Datenschutzwerkzeuge sind unerlässlich, um die Privatsphäre und Sicherheit von Informationen in einer zunehmend digitalen und vernetzten Umgebung zu gewährleisten. Diese Werkzeuge umfassen eine breite Palette von Technologien, die zum Schutz von Daten vor unbefugtem Zugriff, Verlust, Veränderung und anderen Risiken entwickelt wurden. Im Folgenden werden einige der wichtigsten Werkzeuge vorgestellt, die in verschiedenen Kontexten und auf unterschiedlichen Ebenen einer Organisation eingesetzt werden können, um sensible Daten zu schützen.

Verschlüsselungswerkzeuge

Verschlüsselung ist eine der effektivsten Techniken zum Schutz von Daten, sowohl während der Übertragung als auch im Ruhezustand. Die gängigsten Techniken und Algorithmen wie AES und RSA wurden bereits behandelt, aber ebenso wichtig ist es, die Werkzeuge zu betrachten, die die sichere und effiziente Implementierung dieser Techniken erleichtern.

- **VeraCrypt:** VeraCrypt ist ein Open-Source-Tool, mit dem verschlüsselte Volumen erstellt werden können. Es wird häufig zur Verschlüsselung kompletter Festplatten, Partitionen oder einzelner Dateien verwendet. Die einfache Bedienung macht es sowohl für Einzelpersonen als auch für kleine Organisationen zugänglich.

- **BitLocker:** BitLocker ist ein vollständiges Festplattenverschlüsselungstool, das in Windows-Betriebssysteme integriert ist. Es ermöglicht die Verschlüsselung ganzer Laufwerke und schützt so Daten auf Geräten wie Laptops, die gestohlen oder verloren gehen können. BitLocker verwendet AES-Verschlüsselung und kann in Unternehmensumgebungen über Gruppenrichtlinien verwaltet werden.

- **OpenSSL:** OpenSSL ist eine robuste Bibliothek, die eine Implementierung der SSL- und TLS-Protokolle zur Verschlüsselung von Daten während der Übertragung bereitstellt. Sie unterstützt auch eine Vielzahl von symmetrischen und asymmetrischen Verschlüsselungsalgorithmen und wird häufig verwendet, um Netzwerkkommunikation wie HTTPS-Verbindungen abzusichern.

Werkzeuge zur Datenanonymisierung

Die Anonymisierung von Daten ist entscheidend, um die Privatsphäre von Personen zu schützen, wenn mit Datensätzen gearbeitet wird, die personenbezogene Informationen enthalten könnten. Es gibt verschiedene Werkzeuge und Techniken, um dies zu erreichen, einige davon sind im Folgenden beschrieben.

- **ARX Data Anonymization Tool:** ARX ist ein fortschrittliches Datenanonymisierungswerkzeug, das eine Vielzahl von Techniken unterstützt, darunter k-Anonymität, l-Diversität und t-Closeness. ARX ermöglicht es den Nutzern, diese Techniken auf Datensätze anzuwenden und die Auswirkungen der Anonymisierung auf die Datenverwendbarkeit zu bewerten. Es ist hilfreich, um Vorschriften wie die DSGVO einzuhalten, die den Schutz personenbezogener Daten erfordern.

- **SdcMicro:** SdcMicro ist ein R-Tool für den statistischen Schutz von Mikrodaten, das Techniken wie Datenverfälschung und Wertunterdrückung zur Anonymisierung anwendet. Es ist ideal für Organisationen, die statistische Daten verarbeiten und die Privatsphäre gewährleisten müssen, ohne die Datenqualität zu beeinträchtigen.

Werkzeuge zur Verhinderung von Datenverlust (DLP)

Lösungen zur Verhinderung von Datenverlust sind entscheidend, um sicherzustellen, dass sensible Informationen nicht ohne Genehmigung die Organisation verlassen. Diese Werkzeuge überwachen, erkennen und blockieren unbefugten Zugriff auf sensible Daten sowohl innerhalb als auch außerhalb des Unternehmensnetzwerks.

- **Symantec Data Loss Prevention:** Symantec DLP ist eine umfassende Lösung mit einer Vielzahl von Funktionen, darunter die Überwachung von Daten in Verwendung, Übertragung und Speicherung. Sie verwendet vordefinierte oder anpassbare Richtlinien, um sensible Informationen zu identifizieren und zu schützen und so die Einhaltung gesetzlicher Vorschriften sicherzustellen.

- **McAfee Total Protection zur Verhinderung von Datenverlust:** Dieses Tool bietet fortschrittliche Überwachungs- und Kontrollfunktionen, die es Organisationen ermöglichen, Daten an Endpunkten, im Netzwerk und in der Cloud zu schützen. Es ist ideal für große Organisationen, die einen ganzheitlichen Ansatz zum Datenschutz benötigen.

- **Digital Guardian:** Digital Guardian ist eine weitere DLP-Lösung, die sich auf den Schutz vertraulicher Daten konzentriert. Sie bietet Echtzeitüberwachung und Schutz für strukturierte und unstrukturierte Daten und ermöglicht so Transparenz und Kontrolle darüber, wie Daten innerhalb und außerhalb der Organisation verwendet werden.

Werkzeuge zur Schlüsselverwaltung

Die richtige Verwaltung kryptografischer Schlüssel ist entscheidend für den Erfolg jeder Verschlüsselungsstrategie. Ohne angemessene Verwaltung können Schlüssel gestohlen oder verloren gehen, was die Sicherheit verschlüsselter Daten gefährdet.

- **AWS Key Management Service (KMS):** AWS KMS ermöglicht die zentrale Verwaltung kryptografischer Schlüssel, die zur Verschlüsselung von Daten verwendet werden, die in AWS-Diensten gespeichert sind. Es bietet ein hohes Maß an Sicherheit und erfüllt die strengsten Vorschriften. Darüber hinaus erleichtert KMS die Schlüsselrotation und -überprüfung.

- **HashiCorp Vault:** Vault ist ein Open-Source-Tool, das es Organisationen ermöglicht, Geheimnisse wie Zertifikate, Passwörter und Verschlüsselungsschlüssel sicher zu verwalten. Es bietet fortgeschrittene Funktionen wie automatische Schlüsselrotation und detaillierte Zugriffsaudits.

- **Microsoft Azure Key Vault:** Ähnlich wie AWS KMS ist Azure Key Vault ein Dienst zur sicheren Verwaltung kryptografischer Schlüssel in der Microsoft-Azure-Cloud. Er bietet Funktionen wie die Generierung, Speicherung und Verwaltung von Schlüsseln mit direkter Integration in andere Azure-Dienste zum Schutz von Daten und Anwendungen.

Werkzeuge zur Prüfung und Einhaltung

Um sicherzustellen, dass Organisationen die Datenschutzgesetze und -vorschriften einhalten, ist es entscheidend, über Werkzeuge zu verfügen, die die Prüfung und kontinuierliche Einhaltung erleichtern.

- **Splunk:** Splunk ist eine Datenanalyseplattform, die es Organisationen ermöglicht, Aktivitäten in ihrer Infrastruktur in Echtzeit zu überwachen und zu analysieren. Im Kontext des Datenschutzes kann Splunk verwendet werden, um den Zugriff und die Nutzung sensibler Daten zu überprüfen und auf Sicherheitsvorfälle zu reagieren.

- **Varonis Data Security Platform:** Varonis bietet eine umfassende Lösung für Datensicherheit mit Funktionen zur Prüfung, Überwachung und Risikoanalyse. Sie ist besonders nützlich für die Einhaltung von Datenschutzbestimmungen, da sie Organisationen hilft, interne und externe Bedrohungen zu identifizieren und zu minimieren.

- **Netwrix Auditor:** Netwrix Auditor ist ein Werkzeug, das die Prüfung von Änderungen und Zugriffen in der IT-Infrastruktur erleichtert. Es ermöglicht Organisationen, die Nutzung sensibler Daten zu verfolgen und die Einhaltung von Vorschriften wie DSGVO und CCPA sicherzustellen.

Werkzeuge zum Schutz in der Cloud

Da viele Organisationen ihre Betriebsabläufe und Datenspeicherung in die Cloud verlagert haben, ist es entscheidend, Werkzeuge zu verwenden, die Daten in diesen Umgebungen schützen. Diese Werkzeuge bieten Verschlüsselung, Zugriffskontrolle und spezifische Überwachung für Cloud-Dienste.

- **Microsoft Azure Security Center:** Das Azure Security Center bietet eine einheitliche Ansicht der Sicherheit über alle Azure-Workloads hinweg. Es bietet Sicherheitsempfehlungen, Bedrohungserkennung und automatische Reaktion auf Vorfälle, um sicherzustellen, dass in Azure gespeicherte Daten geschützt sind.

- **Google Cloud Security Command Center:** Dieses Tool von Google Cloud bietet eine zentrale Sicht auf die Sicherheit der Cloud-Ressourcen. Es ermöglicht die Erkennung von Schwachstellen, das Risikomanagement und die Einhaltung von Sicherheitsvorschriften für in Google Cloud gespeicherte Daten.

- **AWS CloudTrail:** AWS CloudTrail ist ein Dienst, mit dem Organisationen Aktivitäten in ihren AWS-Konten überwachen und aufzeichnen können.

Dazu gehört die Überprüfung des Zugriffs und der Nutzung von Daten, was die Einhaltung von Sicherheitsrichtlinien und Vorschriften erleichtert.

Implementierung von Datenschutzwerkzeugen in Python

Obwohl die oben genannten Werkzeuge vollständige Produkte sind, ist es möglich, bestimmte grundlegende Datenschutzfunktionen mit Code zu implementieren. Das folgende Beispiel unterscheidet sich vom vorherigen und zeigt, wie die Library cryptography in Python verwendet werden kann, um eine weitere Datenverschlüsselung zu implementieren:

```
from cryptography.hazmat.primitives.kdf.pbkdf2 import PBKDF2HMAC
from cryptography.hazmat.primitives import hashes
from  cryptography.hazmat.primitives.ciphers  import  Cipher,  algo-
rithms, modes
from cryptography.hazmat.backends import default_backend
import os
import base64

# Funktion zum Generieren eines Schlüssels aus einem Passwort
def generate_key(password, salt):
    kdf = PBKDF2HMAC(
        algorithm=hashes.SHA256(),
        length=32,  # 32 Bytes = 256 Bit
        salt=salt,
        iterations=100000,
        backend=default_backend()
    )
    return kdf.derive(password)  # Hier verwenden wir kein Base64

# Funktion zum Verschlüsseln einer Nachricht
def encrypt_message(key, message):
    iv = os.urandom(16)
    cipher   =   Cipher(algorithms.AES(key),   modes.CFB(iv),   ba-
ckend=default_backend())
    encryptor = cipher.encryptor()
    ciphertext = iv + encryptor.update(message) + encryptor.fina-
lize()
    return base64.urlsafe_b64encode(ciphertext)
# Anwendungsbeispiel
password = b'my_secret_password'
salt = os.urandom(16)
key = generate_key(password, salt)

message = b'Sensitive data that needs protection'
ciphertext = encrypt_message(key, message)

print(f'Ciphertext: {ciphertext}')
```

Dieser Code erzeugt einen Schlüssel auf Basis eines Passworts mit PBKDF2, einem Schlüsselableitungsalgorithmus, und verschlüsselt anschließend eine Nachricht mit AES im CFB-Modus. Diese Implementierung ist ein vereinfachtes Beispiel dafür, wie Organisationen Verschlüsselungstechniken in ihre Anwendungen integrieren können, um sensible Daten zu schützen.

Abschließende Überlegungen

Die Auswahl von Datenschutzwerkzeugen sollte auf die spezifischen Bedürfnisse der Organisation abgestimmt sein, wobei Faktoren wie die Art der verarbeiteten Daten, geltende Vorschriften und die technologische Umgebung berücksichtigt werden müssen. Darüber hinaus ist es entscheidend, dass Organisationen einen ganzheitlichen Ansatz zum Datenschutz verfolgen, indem sie diese Werkzeuge mit robusten Sicherheitsrichtlinien, Schulungen und kontinuierlicher Überwachung neuer Bedrohungen kombinieren. So kann sichergestellt werden, dass sensible Informationen gegen eine Vielzahl von Risiken in der heutigen komplexen digitalen Landschaft geschützt sind.

16.3. Cybersicherheit in Big-Data-Projekten

16.3.1. Bedrohungen und Schwachstellen

Bedrohungen und Schwachstellen in Big-Data-Projekten sind kritische Aspekte, die die Integrität, Vertraulichkeit und Verfügbarkeit von Daten gefährden können, was verheerende Folgen für eine Organisation haben kann, ganz zu schweigen von kleinen oder mittleren Unternehmen. Mit dem Anstieg des Volumens, der Vielfalt und der Geschwindigkeit der verarbeiteten Daten vergrößern sich die Angriffsflächen, was neue Herausforderungen für die Sicherheit von Big-Data-Systemen mit sich bringt.

Häufige Bedrohungen in Big-Data-Projekten

1. Cyberangriffe und Sicherheitsverletzungen: Cyberangriffe stellen eine der größten Bedrohungen für jede Big-Data-Infrastruktur dar. Diese Angriffe können verschiedene Formen annehmen, von Distributed-Denial-of-Service-Angriffen (DDoS), die darauf abzielen, Systeme zu überlasten, bis hin zu SQL-Injections und Phishing-Angriffen, die darauf ausgelegt sind, unbefugten Zugriff auf Daten zu erlangen. Die daraus resultierenden Sicherheitsverletzungen können große Mengen sensibler Informationen offenlegen, was rechtliche und rufschädigende Konsequenzen für Organisationen haben kann.

2. Ransomware: Ransomware ist eine Form von Malware, die die Daten einer Organisation verschlüsselt und den Zugriff darauf blockiert, bis ein

Lösegeld gezahlt wird. Diese Art von Angriff kann den Betrieb einer Organisation lahmlegen, insbesondere wenn kritische Big-Data-Systeme betroffen sind, die wesentliche Geschäftsprozesse unterstützen. Aufgrund des Datenvolumens kann die Wiederherstellung dieser Systeme teuer und zeitaufwendig sein.

3. Datenexfiltration: Datenexfiltration ist der Prozess, bei dem ein Angreifer wertvolle Informationen ohne Genehmigung von einer Organisation an einen externen Ort überträgt. Dies kann durch Ausnutzung von Schwachstellen im Netzwerk oder durch interne Angriffe geschehen, bei denen Mitarbeiter mit legitimen Zugriffsrechten Daten für böswillige Zwecke extrahieren.

4. Interne Angriffe: Interne Angriffe, die von aktuellen oder ehemaligen Mitarbeitern mit privilegiertem Zugriff durchgeführt werden, stellen eine erhebliche Bedrohung in Big-Data-Umgebungen dar. Diese Personen können ihre Berechtigungen missbrauchen, um auf vertrauliche Daten zuzugreifen, sie zu manipulieren oder zu stehlen. Da diese Benutzer in der Regel autorisierten Zugriff haben, ist die Erkennung solcher Angriffe besonders schwierig und schädlich.

5. Kompromittierung der Lieferkette: Big-Data-Systeme sind oft von einem komplexen Netzwerk aus Drittanbietern und Diensten abhängig, von Cloud-Speicherlösungen bis hin zu Analyse-Software. Wird eine dieser Komponenten kompromittiert, kann dies zu einer Kettenreaktion führen, bei der der unbefugte Zugriff auf einen externen Dienst die Sicherheit des gesamten Systems gefährdet. Diese Bedrohung hat mit der zunehmenden Abhängigkeit von Cloud-Diensten und der Integration mehrerer Plattformen zugenommen.

6. Datenmanipulation: Datenmanipulation ist eine Bedrohung, bei der Daten absichtlich verändert werden, wodurch ihre Integrität und die darauf basierenden Entscheidungen beeinträchtigt werden. Dies kann verheerende Auswirkungen auf Branchen wie das Bankwesen haben, in denen die Datenintegrität entscheidend für die Risikobewertung und finanzielle Entscheidungsfindung ist.

7. Malware-Infektionen: Big-Data-Systeme, insbesondere solche mit mehreren Knoten und verteilten Servern, sind anfällig für Malware-Infektionen. Diese können sich schnell über das Netzwerk verbreiten, die Verfügbarkeit und Leistung des Systems beeinträchtigen und die Vertraulichkeit der Daten gefährden.

Schwachstellen in Big-Data-Projekten

- **Fehlkonfiguration der Sicherheit:** Falsch konfigurierte Systeme und Dienste gehören zu den häufigsten Schwachstellen in Big-Data-Infrastrukturen. Dazu gehören schwache Sicherheitskonfigurationen wie unnötig offene Ports, schwache Passwortregeln oder fehlende Verschlüsselung bei der Übertragung und Speicherung von Daten. Solche schlechten Praktiken können von Angreifern leicht ausgenutzt werden, um Zugriff auf Systeme zu erlangen.

- **Schwachstellen in Software und Anwendungen:** Die in Big-Data-Projekten verwendete Software, einschließlich Plattformen für Speicherung, Verarbeitung und Analyse, kann Schwachstellen enthalten, die ausgenutzt werden können. Beispiele sind Schwachstellen in NoSQL-Datenbanksystemen, in Frameworks wie Hadoop oder Spark oder in Analyseanwendungen, die nicht aktualisiert oder gepatcht wurden.

- **Probleme bei der Verwaltung von Zugriffen und Berechtigungen:** Eine unangemessene Verwaltung von Zugriffen und Berechtigungen stellt eine erhebliche Schwachstelle dar. Wenn Benutzer mehr Rechte haben als notwendig oder wenn Berechtigungen nicht ordnungsgemäß entzogen werden, wenn ein Benutzer keinen Zugriff mehr benötigt, steigt das Risiko eines erfolgreichen Angriffs. Dies ist besonders kritisch in Big-Data-Umgebungen, in denen viele Benutzer Zugriff auf große Datenmengen benötigen.

- **Mangel an Verschlüsselung:** Die unzureichende Verschlüsselung von Daten, sowohl im Ruhezustand als auch während der Übertragung, ist eine kritische Schwachstelle. Wenn Daten nicht verschlüsselt sind, können sie während der Übertragung abgefangen und gelesen oder bei Zugriff auf Speichermedien ausgelesen werden. Dies ist besonders schwerwiegend in Big-Data-Systemen, in denen große Datenmengen hochsensible Informationen enthalten können.

- **Schwachstellen in der Netzwerkinfrastruktur:** Die Netzwerkinfrastruktur, die Big-Data-Systeme unterstützt, kann Schwachstellen aufweisen, etwa schlecht konfigurierte Router, fehlende Netzwerksegmentierung oder unzureichende Firewalls. Diese Schwachstellen können ausgenutzt werden, um Daten abzufangen oder schädlichen Datenverkehr in das System einzuschleusen.

- **Fehlende Überwachung und Erkennung:** Das Fehlen effektiver Überwachungs- und Erkennungssysteme ist eine Schwachstelle, die es Angreifern ermöglichen kann, über lange Zeiträume unentdeckt zu bleiben. Ohne Überwachungstools wie IDS/IPS (Intrusion Detection and Prevention Systems), SIEM (Security Information and Event Management) oder

Verhaltensanalyse-Tools ist es schwierig, anomale Aktivitäten oder laufende Angriffe zu erkennen.

- **Abhängigkeit von Dritten und Cloud-Diensten:** Die Abhängigkeit von Drittanbietern, wie z. B. Cloud-Speicheranbietern, führt zu Schwachstellen, die außerhalb der direkten Kontrolle der Organisation liegen. Wenn diese Anbieter keine angemessenen Sicherheitsmaßnahmen ergreifen, ist auch die vertrauende Organisation gefährdet. Die gemeinsame Verantwortung für die Sicherheit in der Cloud erfordert ein klares Verständnis der jeweiligen Verantwortlichkeiten und Risiken.

Faktoren, die Schwachstellen verstärken

1. **Skalierbarkeit und Komplexität des Systems:** Big-Data-Systeme sind von Natur aus hoch skalierbar und komplex. Mit der Hinzufügung weiterer Knoten, Dienste und Benutzer vergrößert sich die Angriffsfläche, was es schwieriger macht, jede einzelne Komponente effektiv abzusichern. Die Komplexität kann auch die Identifikation und Minderung von Schwachstellen erschweren.

2. **Unzureichende Updates und Patches:** Systeme mit den neuesten Sicherheitspatches aktuell zu halten, ist entscheidend, um sich gegen bekannte Schwachstellen zu schützen. In Big-Data-Umgebungen, in denen viele Systeme und Anwendungen miteinander verbunden sind, kann die Durchführung von Updates jedoch komplex und fehleranfällig sein, was Sicherheitslücken offenlassen kann.

3. **Mangelnde Sicherheitskultur:** Das fehlende Bewusstsein und die fehlende Schulung der Mitarbeiter in Bezug auf Cybersicherheit können sie zur schwächsten Stelle in der Sicherheitskette machen. Ohne eine angemessene Sicherheitskultur sind Benutzer anfällig für Phishing-Angriffe, verwenden schwache Passwörter oder halten sich nicht an Sicherheitsrichtlinien.

4. **Einsatz neuer Technologien:** Das rasante Innovationstempo im Bereich Big Data und Künstliche Intelligenz führt dazu, dass Organisationen oft neue Technologien übernehmen, die noch nicht vollständig getestet sind oder keine robusten Sicherheitskontrollen enthalten. Dies kann neue Schwachstellen einführen, die von Angreifern ausgenutzt werden können.

Beispiele für Bedrohungen und Schwachstellen in der Praxis

Angriff auf Equifax (2017): Einer der bekanntesten Angriffe in der jüngeren Geschichte war der Hack von Equifax, einer der größten Auskunfteien der Welt. Die Angreifer nutzten eine Schwachstelle in der Apache-Struts-Software aus, um Zugang zum Netzwerk von Equifax zu erhalten.

Infolgedessen wurden persönliche Daten von etwa 147 Millionen Menschen offengelegt. Dieser Vorfall unterstreicht die Bedeutung der rechtzeitigen und angemessenen Behebung von Softwareschwachstellen.

Datenleck in MongoDB (2019): Im Jahr 2019 wurden zahlreiche MongoDB-Datenbanken offen und ungeschützt aufgefunden, wodurch Millionen von personenbezogenen Datensätzen offengelegt wurden. Diese Situation wurde durch schlechte Sicherheitskonfigurationen verursacht, die die Datenbanken öffentlich und ohne Authentifizierung zugänglich machten. Angreifer nutzten diese Schwachstellen, um Daten zu extrahieren und in einigen Fällen zu löschen, wobei sie Lösegeld für die Wiederherstellung forderten.

Schwachstelle in Hadoop YARN (2018): Im Jahr 2018 wurde eine kritische Schwachstelle in Hadoop YARN (Yet Another Resource Negotiator) entdeckt, die es Angreifern ermöglichte, aus der Ferne Code auf Hadoop-Servern auszuführen. Wenn diese Schwachstelle nicht behoben wurde, konnte sie zur vollständigen Kompromittierung eines Hadoop-Clusters ausgenutzt werden, was die Bedeutung proaktiver Sicherheitsüberwachung und Patch-Verwaltung in Big-Data-Infrastrukturen verdeutlicht.

Die proaktive Identifizierung und Minderung dieser Schwachstellen schützt nicht nur die Vermögenswerte der Organisation, sondern gewährleistet auch das Vertrauen der Nutzer und die Einhaltung gesetzlicher Vorschriften in einem zunehmend regulierten Umfeld.

16.3.2. Milderungsstrategien

Um Bedrohungen und Schwachstellen in Big-Data-Projekten zu mindern, ist es entscheidend, eine robuste Reihe von Strategien zu implementieren, die sowohl präventiven Schutz als auch reaktive Reaktionen auf Vorfälle abdecken. Da Big-Data-Umgebungen komplex sind und große Datenmengen verarbeiten, müssen diese Strategien umfassend sein und von der Infrastruktur bis zu den organisatorischen Richtlinien reichen.

Proaktive Milderungsstrategien

- **Kontinuierliche Risikobewertung:** Regelmäßige Risikobewertungen sind unerlässlich, um die relevantesten Bedrohungen für die Big-Data-Infrastruktur zu identifizieren und zu priorisieren. Diese Bewertung sollte Schwachstellenanalysen, Bedrohungsmodellierung und die Durchführung von Penetrationstests (Pentesting) umfassen, um Schwächen zu identifizieren, bevor sie ausgenutzt werden können.

- **Implementierung von Sicherheit in Schichten (Defense in Depth):** Eine Defense-in-Depth-Strategie beinhaltet die Umsetzung mehrerer Sicherheitsschichten zum Schutz der Big-Data-Systeme. Dazu gehören Netzwerksegmentierung, Firewalls, Intrusion Detection und Prevention Systeme (IDS/IPS), Verschlüsselung von Daten im Ruhezustand und während der Übertragung sowie ein rigoroses Management von Zugriffen und Berechtigungen. Jede Schicht dient als zusätzliche Barriere, um Angreifer zu stoppen oder zu verlangsamen.

- **Robuste Datenverschlüsselung:** Die Implementierung starker Verschlüsselung für ruhende und übertragene Daten ist entscheidend zum Schutz der Vertraulichkeit von Informationen. Verschlüsselungsschlüssel müssen sicher verwaltet werden, unter Anwendung von Praktiken wie regelmäßiger Schlüsselrotation und Speicherung in Hardware-Sicherheitsmodulen (HSM), um unautorisierten Zugriff zu verhindern.

- **Identitäts- und Zugriffsmanagement (IAM):** Die Umsetzung strenger Kontrollen darüber, wer Zugriff auf welche Daten hat, ist entscheidend zur Minimierung des Risikos unautorisierter Zugriffe. Dazu gehören Multi-Faktor-Authentifizierung (MFA), Prinzipien der minimalen Rechtevergabe sowie kontinuierliche Überwachung von Zugriffen zur schnellen Erkennung und Reaktion auf verdächtige Aktivitäten.

- **Regelmäßige Updates und Patches von Systemen:** Da viele Schwachstellen über veraltete Software ausgenutzt werden, ist es entscheidend, alle Komponenten der Big-Data-Infrastruktur, einschließlich Betriebssystemen, Datenbanken, Frameworks und Anwendungen, mit den neuesten Sicherheitspatches aktuell zu halten. Updates sollten regelmäßig und in einer kontrollierten Umgebung durchgeführt werden, um Auswirkungen auf den Betrieb zu minimieren.

- **Netzwerksegmentierung und -isolierung:** Die Segmentierung des Netzwerks durch die Schaffung isolierter Subnetze hilft dabei, Sicherheitsvorfälle einzudämmen, indem sie die laterale Bewegung von Angreifern innerhalb der Infrastruktur einschränkt. Diese Isolierung kann die Trennung von Produktions-, Entwicklungs- und sensiblen Datennetzwerken sowie den Einsatz entmilitarisierter Zonen (DMZ) zur Steuerung des Netzwerkverkehrs zu und von kritischen Systemen beinhalten.

- **Kontinuierliches Monitoring und Sicherheitsanalyse:** Die Implementierung eines kontinuierlichen Monitorings zur Überwachung von Netzwerkverkehr, Datenzugriffen und Benutzeraktivitäten ist unerlässlich zur Erkennung von Anomalien und potenziellen Bedrohungen in Echtzeit. Security Information and Event Management (SIEM) Tools sind hilfreich zur Sammlung, Korrelation und Analyse von Sicherheitsereignissen und liefern frühzeitige Warnungen zu möglichen Vorfällen.

- **Einsatz von Künstlicher Intelligenz und Machine Learning:** KI- und ML-Technologien können zur Verbesserung der Bedrohungserkennung eingesetzt werden, indem sie ungewöhnliche Muster identifizieren, die auf einen Angriff hindeuten könnten. Diese Technologien können große Datenmengen effizient analysieren und helfen, Bedrohungen zu entdecken, die mit traditionellen Methoden unentdeckt bleiben würden.

Reaktive Milderungsstrategien

- **Pläne zur Vorfallreaktion (IRP):** Ein klar definierter Incident-Response-Plan ist unerlässlich, um Sicherheitsverletzungen effektiv zu bewältigen. Der Plan sollte klare Protokolle zur Identifikation, Eindämmung, Beseitigung und Wiederherstellung nach Vorfällen sowie zur internen und externen Kommunikation während und nach dem Vorfall enthalten.

- **Backup und Datenwiederherstellung:** Die Aufrechterhaltung regelmäßiger und sicherer Backups ist eine kritische Strategie zur schnellen Wiederherstellung nach einem Vorfall, etwa einem Ransomware-Angriff. Backups sollten verschlüsselt und an sicheren Orten gespeichert werden, mit regelmäßigen Wiederherstellungstests, um sicherzustellen, dass die Daten bei Bedarf wiederhergestellt werden können.

- **Digitale Forensik:** Im Falle eines Sicherheitsvorfalls ermöglicht eine digitale Forensik die Analyse, wie der Angriff erfolgte, welche Systeme kompromittiert wurden und welche Daten betroffen waren. Diese Informationen sind entscheidend zur Verbesserung der Sicherheitsmaßnahmen und zur Prävention ähnlicher zukünftiger Angriffe.

- **Kommunikation und Transparenz:** Bei einer Sicherheitsverletzung ist ein Kommunikationsplan wichtig, der regelt, wie Interessengruppen, einschließlich Mitarbeiter, Kunden und Aufsichtsbehörden, informiert werden. Transparenz in der Kommunikation kann helfen, Reputationsschäden zu mindern und rechtlichen sowie regulatorischen Anforderungen gerecht zu werden.

- **Kontinuierliche Verbesserung und Lessons Learned:** Nach der Bewältigung eines Sicherheitsvorfalls ist es entscheidend, das Geschehene zu überprüfen, Verbesserungsbereiche zu identifizieren und Sicherheitsrichtlinien, -verfahren und -kontrollen entsprechend zu aktualisieren. Kontinuierliche Verbesserung muss integraler Bestandteil der Sicherheitsstrategie sein, damit die Organisation aus jedem Vorfall lernt und gestärkt hervorgeht.

Werkzeuge und Technologien zur Milderung

Systeme zur Erkennung und Verhinderung von Eindringlingen (IDS/IPS): Diese Tools sind entscheidend zur Identifikation und Blockierung von Angriffen in Echtzeit. IDS/IPS analysieren den Netzwerkverkehr nach bekannten Angriffsmustern und ergreifen Maßnahmen, um den Erfolg solcher Angriffe zu verhindern.

Verschlüsselungswerkzeuge: Lösungen wie OpenSSL, BitLocker und Cloud-Dienste (AWS KMS, Google Cloud KMS) erleichtern die Umsetzung robuster Verschlüsselung sowohl für ruhende als auch für übertragene Daten, wodurch sichergestellt wird, dass sensible Informationen auch beim Abfangen geschützt bleiben.

SIEM-Plattformen: Tools wie Splunk, IBM QRadar und ArcSight sammeln, analysieren und korrelieren Sicherheitsereignisse aus mehreren Quellen und bieten eine zentrale Sicht auf die Sicherheitslage der Organisation sowie Echtzeitwarnungen zu potenziellen Vorfällen.

Identitäts- und Zugriffsmanagementsysteme (IAM): Lösungen wie Azure Active Directory, Okta und AWS IAM ermöglichen eine granulare Verwaltung von Zugriffen und stellen sicher, dass nur autorisierte Personen Zugriff auf benötigte Daten und Systeme erhalten – und nur auf diese.

Next-Generation-Firewalls (NGFW): Diese Geräte filtern nicht nur den Datenverkehr anhand vordefinierter Regeln, sondern bieten auch eine tiefe Paketinspektion (DPI) und können Datenverkehr basierend auf Anwendungen und bestimmten Benutzern blockieren. Dies stellt eine zusätzliche Verteidigungsschicht gegen fortschrittliche Bedrohungen dar.

Überlegungen

Die effektive Umsetzung von Milderungsstrategien in Big-Data-Projekten erfordert eine Kombination aus fortschrittlicher Technologie, bewährten Managementpraktiken und einer organisationsweiten Sicherheitskultur. Bedrohungen sind dynamisch und entwickeln sich ständig weiter, was eine proaktive und anpassungsfähige Haltung der Organisationen erfordert. Die Zusammenarbeit zwischen Sicherheits-, Entwicklungs- und Betriebsteams sowie die kontinuierliche Schulung aller Mitglieder der Organisation ist entscheidend, um eine Big-Data-Umgebung zu schaffen, die nicht nur effizient, sondern auch sicher ist.

16.3.3. Sicherheitswerkzeuge

Im Kontext von Big Data, wo große Datenmengen verarbeitet und komplexe Infrastrukturen genutzt werden, ist der Einsatz von Sicherheitswerkzeugen entscheidend, um Daten zu schützen, die Privatsphäre zu wahren und gesetzliche Vorschriften einzuhalten. Diese Werkzeuge helfen dabei, Bedrohungen und Schwachstellen zu identifizieren, zu mindern und darauf zu reagieren. Im Folgenden werden die wichtigsten Kategorien von Sicherheitswerkzeugen sowie spezifische Beispiele aufgeführt, die insbesondere für Big-Data-Umgebungen relevant sind.

1. Sicherheitsinformations- und Ereignismanagement-Systeme (SIEM)

SIEM-Werkzeuge sammeln und analysieren in Echtzeit Sicherheitsereignisse aus allen Systemen innerhalb einer Organisation und bieten eine zentralisierte Sicht auf die Sicherheitslage. Dadurch wird eine frühzeitige Erkennung von Bedrohungen ermöglicht.

Beispiele für SIEM-Werkzeuge:

- **Splunk:** Eine der bekanntesten SIEM-Plattformen, die für die Überwachung, Analyse und Visualisierung von Maschinendaten in Echtzeit verwendet wird. Splunk ermöglicht die Erfassung großer Datenmengen aus verschiedenen Quellen und erleichtert die Anomalieerkennung, Alarmierung und Berichterstellung.

- **IBM QRadar:** Dieses SIEM-System ist bekannt für seine Fähigkeit, Sicherheitsereignisse in Echtzeit zu korrelieren, und seine einfache Integration mit anderen Sicherheitswerkzeugen. QRadar bietet fortgeschrittene Funktionen für forensische Analysen, die eine effiziente Untersuchung von Sicherheitsvorfällen ermöglichen.

- **ArcSight:** Von Micro Focus, ist eine weitere weit verbreitete SIEM-Lösung, die sich durch die Fähigkeit auszeichnet, große Datenmengen zu verarbeiten und flexibel mit verschiedenen Datenquellen zu integrieren, was sie zu einem geeigneten Werkzeug für Big-Data-Umgebungen macht.

2. Endpunktschutz- (EPP) und Endpunkterkennungs- und Reaktionswerkzeuge (EDR)

EPP- und EDR-Lösungen konzentrieren sich auf den Schutz einzelner Geräte innerhalb eines Netzwerks (Endpunkte) vor Bedrohungen wie Malware, Ransomware und gezielten Angriffen.

Beispiele für EPP-/EDR-Werkzeuge:

- **CrowdStrike Falcon:** Dieses EDR ist bekannt für seine Fähigkeit, fortgeschrittene Bedrohungen an Endpunkten zu verhindern und darauf zu reagieren. Es nutzt Künstliche Intelligenz, um verdächtiges Verhalten zu erkennen und automatisch Maßnahmen zur Bedrohungsneutralisierung zu ergreifen.

- **Symantec Endpoint Protection:** Bietet einen umfassenden Bedrohungsschutz für Endgeräte, indem es Malware-Schutz, Firewall und Geräteverwaltung in einer einzigen Lösung kombiniert. Es ist hoch skalierbar und eignet sich für Unternehmensumgebungen mit großen Datenmengen.

- **Carbon Black:** Angeboten von VMware, bietet eine EDR-Plattform, die eine kontinuierliche und Echtzeit-Überwachung der Endpunkte ermöglicht, um Bedrohungen schnell zu identifizieren und darauf zu reagieren.

3. Werkzeuge zur Identitäts- und Zugriffsverwaltung (IAM)

IAM-Werkzeuge sind essenziell, um zu steuern, wer auf welche Ressourcen innerhalb einer Organisation zugreifen darf. Sie stellen sicher, dass nur autorisierte Personen Zugang zu sensiblen Daten erhalten, und ermöglichen die Umsetzung strikter Zugriffskontrollen.

Beispiele für IAM-Werkzeuge:

- **Okta:** Eine cloudbasierte IAM-Lösung, die das Identitäts- und Zugriffsmanagement für Anwendungen und Geräte erleichtert. Sie bietet Funktionen wie Multi-Faktor-Authentifizierung, Single Sign-On (SSO) und detaillierte Rechteverwaltung.

- **Azure Active Directory (AAD):** Von Microsoft, ist eine IAM-Lösung, die Authentifizierung und Autorisierung für Anwendungen und Dienste in der Azure-Cloud bietet. Besonders nützlich in Unternehmensumgebungen mit hybrider oder vollständig cloudbasierter Infrastruktur.

- **AWS Identity and Access Management (IAM):** Dieses Werkzeug wird verwendet, um den Zugriff auf Dienste und Ressourcen von Amazon Web Services zu verwalten. AWS IAM ermöglicht die Definition detaillierter Zugriffsrichtlinien für Benutzer und Rollen und lässt sich mit anderen AWS-Sicherheitswerkzeugen integrieren.

4. Next-Generation Firewalls (NGFW)

NGFWs bieten erweiterten Schutz, indem sie über die Grundfunktionen traditioneller Firewalls hinausgehen. Sie ermöglichen eine tiefe

Paketinspektion, Anwendungskontrolle und Schutz vor fortgeschrittenen Bedrohungen wie Zero-Day-Angriffen.

Beispiele für NGFW:

- **Palo Alto Networks:** Die Firewalls von Palo Alto Networks zeichnen sich durch die Integration tiefer Paketinspektion, Bedrohungsprävention und Anwendungskontrolle in einer einzigen Plattform aus. Sie sind bekannt für ihre Effektivität bei der Abwehr komplexer Angriffe.

- **Cisco ASA mit FirePOWER:** Diese NGFW kombiniert Firewall-Funktionalität mit fortschrittlichem Bedrohungsschutz. Sie bietet umfassenden Schutz gegen Angriffe in Unternehmensnetzwerken und ist hoch skalierbar.

- **Fortinet FortiGate:** Eine NGFW-Lösung, die robusten Schutz gegen eine breite Palette von Bedrohungen bietet, einschließlich Malware und Netzwerkangriffen. FortiGate lässt sich leicht mit anderen Sicherheitslösungen integrieren und bietet zentrale Verwaltung.

5. Überwachungs- und Eindringungserkennungswerkzeuge (IDS/IPS)

IDS/IPS-Werkzeuge sind entscheidend, um Eindringversuche in Echtzeit zu erkennen und zu blockieren. Sie überwachen den Netzwerkverkehr auf verdächtiges Verhalten und ergreifen Maßnahmen, um Sicherheitsvorfälle zu verhindern.

Beispiele für IDS-/IPS-Werkzeuge:

- **Snort:** Eines der beliebtesten Open-Source-IDS, das Angriffe durch Echtzeit-Netzwerkverkehrsanalyse erkennt. Snort ist hochgradig konfigurierbar und unterstützt die Erstellung benutzerdefinierter Regeln zur Erkennung spezifischer Bedrohungen.

- **Suricata:** Ähnlich wie Snort, ist Suricata ein IDS-/IPS-Werkzeug, das tiefe Paketinspektion und Netzwerküberwachung bietet, um bösartige Aktivitäten zu erkennen. Es zeichnet sich durch die Fähigkeit aus, hohen Datenverkehr zu verarbeiten, was es ideal für Big-Data-Umgebungen macht.

- **Cisco Firepower:** Kombiniert IDS-/IPS-Funktionalität mit einer Next-Generation-Firewall und bietet erweiterten Schutz gegen bekannte und unbekannte Bedrohungen. Es ist eine umfassende Lösung, die sich an Netzwerke jeder Größe anpassen lässt.

6. Werkzeuge für Audit und Compliance

Diese Werkzeuge unterstützen Organisationen dabei, Sicherheitsvorschriften einzuhalten und interne sowie externe Audits durchzuführen.

Beispiele für Audit- und Compliance-Werkzeuge:

- **AuditBoard:** Eine Plattform, die die Compliance-Verwaltung und interne Audits erleichtert. Sie bietet Werkzeuge zur Automatisierung von Auditprozessen und zur Dokumentation der Einhaltung gesetzlicher Vorschriften.

- **Qualys Compliance Suite:** Bietet eine Vielzahl von Diensten zur Sicherheits- und Compliance-Verwaltung, einschließlich Konfigurationsprüfungen, Compliance-Bewertungen und kontinuierlicher Überwachung.

- **Netwrix Auditor:** Eine Audit-Lösung zur Überwachung von Konfigurationsänderungen, Datei- und Zugriffsaktivitäten sowie anderen kritischen IT-Ereignissen. Nützlich zur Einhaltung von Sicherheitsrichtlinien und Vorschriften wie GDPR oder CCPA.

7. Werkzeuge zur Vorfallreaktion

Vorfallreaktionswerkzeuge ermöglichen es Organisationen, Sicherheitsvorfälle effektiv zu verwalten, von der Erkennung bis zur Lösung.

Beispiele für Vorfallreaktionswerkzeuge:

- **TheHive:** Eine Open-Source-Plattform zur Verwaltung von Sicherheitsvorfällen. Sie bietet Funktionen zur Erstellung, Nachverfolgung und Lösung von Vorfällen und lässt sich mit forensischen Analysewerkzeugen wie Cortex integrieren.

- **Cortex XSOAR (ehemals Demisto):** Von Palo Alto Networks, erleichtert dieses Werkzeug die Automatisierung der Vorfallreaktion, koordiniert Aktionen zwischen verschiedenen Sicherheitssystemen und bietet einen einheitlichen Rahmen für das Vorfallmanagement.

- **Splunk Phantom:** Eine Sicherheitsautomatisierungsplattform, die es Sicherheitsteams ermöglicht, schnell auf Vorfälle zu reagieren, indem sie wiederkehrende Aufgaben automatisiert und Reaktionen über mehrere Werkzeuge hinweg orchestriert.

Die Auswahl und Implementierung geeigneter Sicherheitswerkzeuge in einer Big-Data-Umgebung ist eine komplexe Herausforderung, die einen ganzheitlichen Ansatz erfordert. Unternehmen und Organisationen müssen sowohl externe Bedrohungen als auch interne Schwachstellen berücksichtigen und sicherstellen, dass jede Komponente der Infrastruktur umfassend geschützt ist. Es ist wichtig, diese Sicherheitswerkzeuge in eine konsistente Sicherheitsstrategie zu integrieren, die kontinuierliche Schulung, regelmäßige Schwachstellenprüfungen und eine fortlaufende Überprüfung der Sicherheitsrichtlinien umfasst.

17. Die Zukunft der KI und Big Data

Die Zukunft der Künstlichen Intelligenz und von Big Data zeichnet sich als eine der spannendsten und transformativsten Entwicklungen in der Geschichte von Technologie und Wissenschaft ab. Da sich diese beiden Disziplinen kontinuierlich weiterentwickeln, ist es wichtig, nicht nur die aufkommenden Trends und disruptiven Technologien zu verstehen, die diese Landschaft prägen, sondern auch die weitreichenden Auswirkungen, die sie auf die Gesellschaft, die Wirtschaft und verschiedene Branchen haben werden.

Gegenwärtig erleben wir ein beispielloses, beschleunigtes Innovationstempo im Bereich der KI und Big Data. Dies wird durch eine Kombination aus Fortschritten in der Hardware, bei Algorithmen und der Verfügbarkeit massiver Datenmengen angetrieben. Diese Innovationen ebnen den Weg für neue Anwendungen, die vor nur einem Jahrzehnt undenkbar gewesen wären.

Die Zukunft der KI und Big Data ist zweifellos vielversprechend und voller Möglichkeiten, aber sie ist auch mit Herausforderungen behaftet, die kollektiv von der globalen Gemeinschaft angegangen werden müssen. Es handelt sich um ein sich schnell entwickelndes Feld, in dem die Entscheidungen, die wir heute treffen, langfristige Auswirkungen auf die Gesellschaft von morgen haben werden.

17.1. Aufkommende Trends und disruptive Technologien

17.1.1. Generative KI (GANs, Transformer)

Generative Künstliche Intelligenz ist ein aufkommender Zweig der Künstlichen Intelligenz, der die Aufmerksamkeit der wissenschaftlichen und industriellen Gemeinschaft aufgrund seiner Fähigkeit auf sich gezogen hat, neue und realistische Inhalte zu generieren, wie Bilder, Texte, Musik und mehr. Zwei der herausragendsten Technologien in diesem Bereich sind Generative Adversarial Networks (GANs) und Transformer-Modelle. Diese

Technologien haben ein erhebliches Potenzial gezeigt, verschiedene Branchen zu transformieren und neue kreative sowie technische Möglichkeiten zu eröffnen.

Generative Adversarial Networks wurden 2014 von Ian Goodfellow und seinem Team eingeführt und sind zu einem Schlüsselwerkzeug bei der Generierung synthetischer Inhalte geworden. Ein GAN besteht aus zwei neuronalen Netzwerken, bekannt als Generator und Diskriminator, die in einem Nullsummenspiel gegeneinander antreten. Der Generator erstellt gefälschte Daten (wie Bilder oder Texte), die er als echte Daten ausgeben will, während der Diskriminator diese Daten bewertet und versucht, zwischen echten und generierten Daten zu unterscheiden. Mit fortschreitendem iterativen Prozess verbessert der Generator seine Fähigkeit, immer realistischere Daten zu erzeugen, während der Diskriminator geschickter darin wird, Fälschungen zu erkennen. Dieser Ansatz hat beeindruckende Anwendungen hervorgebracht, wie die Generierung menschlicher Gesichter, die in der Realität nicht existieren, die Erstellung origineller Kunstwerke und die Verbesserung von Bildern mit niedriger Auflösung. An diesem Punkt fragt man sich sicher nicht mehr, wie generative KIs es schaffen, so realistische Gesichter zu erzeugen.

Doch trotz dieser Fortschritte bringen GANs mehrere Herausforderungen mit sich. Eines der Hauptprobleme ist die Stabilität des Trainingsprozesses. Da GANs auf einem empfindlichen Gleichgewicht zwischen Generator und Diskriminator beruhen, kommt es häufig vor, dass eines der Modelle das andere übertrifft, was zu ineffizientem Training oder suboptimalen Lösungen führen kann. Zudem sind GANs anfällig für das sogenannte „Mode Collapse“, bei dem der Generator nur eine begrenzte Anzahl von Ausgaben produziert, anstatt eine vielfältige Auswahl an Beispielen zu generieren.

Transformer-Modelle hingegen, die 2017 von Vaswani et al. eingeführt wurden, haben die Herangehensweise an Aufgaben der natürlichen Sprachverarbeitung und neuerdings auch der Inhaltserstellung revolutioniert. Transformer verwenden einen Aufmerksamkeitsmechanismus, der es ihnen ermöglicht, sich auf verschiedene Teile einer Datensequenz, etwa Wörter in einem Satz, zu konzentrieren, um langfristige Zusammenhänge effektiver zu erfassen als frühere Architekturen wie rekurrente neuronale Netze. Dieser Ansatz hat zu bedeutenden Fortschritten bei Aufgaben wie maschineller Übersetzung, Textgenerierung und Dokumentenzusammenfassung geführt. Um es klar zu sagen: Transformer haben einen radikalen Wendepunkt markiert.

Eine entscheidende Entwicklung auf Basis von Transformer-Modellen ist das GPT-Modell (Generative Pre-trained Transformer), das bemerkenswerte Fähigkeiten zur Erzeugung kohärenter und kontextuell relevanter

Texte gezeigt hat. GPT-3 beispielsweise ist ein Modell mit 175 Milliarden Parametern, das Essays schreiben, Fragen beantworten und komplexe Aufgaben fast ununterscheidbar von einem Menschen ausführen kann. Und ich sage „fast ununterscheidbar", weil es offensichtlich nicht so ist. Einen von einer KI erzeugten Text zu erkennen, ist so einfach wie das Erkennen eines KI-generierten Bildes. Diese Art von Modellen hat nicht nur ein hohes Maß an Kompetenz bei spezifischen Aufgaben gezeigt, sondern auch wichtige Fragen zur Kreativität und zur Rolle der KI bei der Inhaltserstellung aufgeworfen.

Aber wie GANs stehen auch Transformer vor Herausforderungen. Ein zentrales Problem ist der Bedarf an großen Datenmengen und Rechenressourcen zum Training großer Modelle, was sie für viele Forscher und kleinere Organisationen unzugänglich macht. Darüber hinaus stellt die Komplexität dieser Modelle eine Herausforderung in Bezug auf Interpretierbarkeit dar, was es erschwert zu verstehen, wie und warum das Modell bestimmte Ausgaben generiert, was in Anwendungen mit Anforderungen an Transparenz und Verantwortlichkeit entscheidend ist.

Trotz dieser Herausforderungen steht die generative KI, angetrieben von Technologien wie GANs und Transformer, an der Spitze vieler Innovationen. In der Unterhaltungsindustrie werden diese Technologien zur Erstellung neuer Charaktere, Drehbücher und visueller Effekte eingesetzt. Im Designbereich werden sie zur Generierung von Prototypen und Skizzen verwendet, die von Designern weiterentwickelt werden können. Sogar in der Medizin werden GANs erforscht, um die Qualität medizinischer Bilder zu verbessern und synthetische Daten zu erzeugen, die in der Forschung helfen können, ohne die Privatsphäre der Patienten zu gefährden.

Die Verbreitung generativer KI hat auch ethische und sicherheitsrelevante Bedenken aufgeworfen. Da diese Technologien sehr realistische Inhalte erzeugen können, besteht das Risiko, dass sie zur Erstellung falscher Informationen oder zur Identitätsfälschung verwendet werden, was erhebliche Herausforderungen für die Informationswahrheit und die digitale Sicherheit mit sich bringt. Daher ist es entscheidend, ethische Rahmenbedingungen und Vorschriften zu entwickeln, die die Entwicklung und Nutzung generativer KI leiten und sicherstellen, dass sie verantwortungsvoll und mit möglichst geringem Risiko eingesetzt wird.

GANs und Transformer gehören zu den innovativsten Technologien im Bereich der generativen KI. Obwohl beide technische und ethische Herausforderungen mit sich bringen, hat ihre Fähigkeit, neue und realistische Inhalte zu erzeugen, das Potenzial, eine breite Palette von Branchen und Anwendungen zu transformieren. Die Zukunft der generativen KI ist vielversprechend, und während sich diese Technologien weiterentwickeln, ist es wahrscheinlich, dass wir einen noch größeren Einfluss auf Kreativität, Unterhaltung, Medizin und darüber hinaus erleben werden.

17.1.2. Quantencomputing und sein Einfluss auf KI

Quantencomputing ist eine der spannendsten und komplexesten Grenzbereiche der modernen Wissenschaft und Technologie. Im Gegensatz zur klassischen Informatik, die auf Bits basiert, die binäre Zustände (0 und 1) darstellen, verwendet Quantencomputing Qubits, die sich in einer Überlagerung von Zuständen befinden können, wodurch mehrere Werte gleichzeitig dargestellt werden können. Dieser Ansatz eröffnet exponentiell schnellere Verarbeitungskapazitäten für bestimmte Problemtypen, was das Potenzial hat, viele Bereiche, einschließlich der Künstlichen Intelligenz, zu revolutionieren.

Die Überlagerung ist eines der grundlegenden Prinzipien des Quantencomputings. Während ein klassisches Bit sich in einem Zustand von 0 oder 1 befinden kann, kann ein Qubit dank der Überlagerung in einer Kombination aus beiden sein. Diese Fähigkeit erlaubt es Qubits, Berechnungen parallel durchzuführen, was die Rechenleistung im Vergleich zu klassischen Systemen exponentiell steigert. Neben der Überlagerung ist ein weiteres Schlüsselprinzip die Quantenverschränkung, die es zwei Qubits ermöglicht, derart miteinander korreliert zu sein, dass der Zustand des einen sofort den Zustand des anderen bestimmt, unabhängig von der Entfernung zwischen ihnen. Dieses Phänomen kann genutzt werden, um unglaublich schnelle und sichere Kommunikations- und Datenverarbeitungssysteme zu schaffen.

Im Kontext der KI könnte Quantencomputing einige der bedeutendsten Herausforderungen im Bereich Verarbeitung und Optimierung angehen. Machine-Learning-Algorithmen, die oft ein sehr großes Lösungsspektrum durchsuchen müssen, könnten erheblich von der Geschwindigkeit und Effizienz quantenbasierter Algorithmen profitieren. Beispielsweise könnten Such- und Optimierungsmethoden, die in vielen KI-Problemen grundlegend sind, durch die Verwendung quantenbasierter Algorithmen wie Grovers Algorithmus, der einen quadratischen Vorteil bei unstrukturierten Suchen bietet, drastisch beschleunigt werden. Diese Fähigkeit könnte die Lösung komplexer Probleme, die derzeit mit klassischen Computern unlösbar sind, möglich machen.

Ein Bereich, in dem Quantencomputing einen transformativen Einfluss haben könnte, ist das Training tiefer neuronaler Netzwerke. Das Training dieser Modelle ist ein ressourcenintensiver Prozess, der die Optimierung von Millionen oder sogar Milliarden von Parametern umfasst. Dieser Prozess könnte durch Quantenalgorithmen, wie den variationalen quantenbasierten

Optimierungsalgorithmen (VQA), die globale Minima in hochdimensionalen Verlustfunktionen effizienter finden als klassische Methoden, erheblich beschleunigt werden. Dies könnte die Zeit und die Kosten für das Training komplexer Modelle erheblich reduzieren und fortgeschrittene KI für ein breiteres Spektrum an Problemen zugänglicher und anwendbarer machen.

Ein weiteres vielversprechendes Feld ist die Quanten-Simulation, mit der sich komplexe Systeme wesentlich effizienter modellieren lassen als mit traditionellen Methoden. In der KI könnte dies genauere Simulationen neuronaler Netzwerke oder anderer intelligenter Systeme ermöglichen und Fortschritte in Bereichen wie Verhaltenssimulation, Ergebnisvorhersage und der Erstellung robusterer und präziserer Modelle fördern. Quanten-Simulationen könnten auch zur Modellierung komplexer natürlicher Prozesse wie der Quantenchemie verwendet werden, was zu Durchbrüchen in Bereichen wie Arzneimitteldesign oder fortgeschrittener Materialentwicklung führen könnte – mit direkten Implikationen für KI in Biomedizin und Nanotechnologie.

Trotz ihres Potenzials steht das Quantencomputing jedoch noch vor mehreren Herausforderungen, bevor es effektiv in KI-Systeme integriert werden kann. Eine der größten Herausforderungen ist die Entwicklung stabiler und skalierbarer Quanten-Hardware. Die heutigen Qubits sind extrem anfällig für Umwelteinflüsse, was zu Rechenfehlern führt, die durch komplexe Quanten-Fehlerkorrekturtechniken ausgeglichen werden müssen. Zudem bleibt die Herstellung einer ausreichenden Anzahl verschränkter Qubits für nützliche Berechnungen eine bedeutende Hürde. Die praktische Implementierung von Quantencomputing erfordert auch die Entwicklung neuer Programmiertechniken und Quantenalgorithmen, was einen Paradigmenwechsel in der Herangehensweise von Softwareingenieuren und Datenwissenschaftlern an Probleme erfordert.

Ein weiterer wichtiger Aspekt ist die Sicherheit und der Datenschutz. Quantencomputing hat das Potenzial, viele der derzeitigen kryptografischen Systeme zu knacken, was erhebliche Risiken für die Datensicherheit mit sich bringt. Gleichzeitig eröffnet es aber auch die Möglichkeit, neue Formen der Quantenkryptografie zu entwickeln, die Daten auf eine Weise schützen könnten, die mit heutiger Technologie unmöglich ist. Für die KI bedeutet dies, dass Quantencomputing zwar Fortschritte in der Datensicherheit und im Datenschutz ermöglichen könnte, aber auch eine vollständige Neubewertung der derzeit verwendeten Schutztechniken erforderlich machen wird.

Während sich die Technologie weiterentwickelt, verspricht die Konvergenz von Quantencomputing und KI eine neue Ära der Rechenfähigkeiten, die es ermöglicht, Probleme zu lösen, die selbst für die fortschrittlichsten heutigen

Computer unlösbar sind. Potenzielle Anwendungen reichen von Optimierung und Modellierung bis hin zur Schaffung neuer Formen von Künstlicher Intelligenz, die lernen und sich anpassen können – auf einem Niveau, das heute noch wie Science-Fiction erscheint. Es ist jedoch wichtig zu erkennen, dass diese Fortschritte auch ethische und technische Herausforderungen mit sich bringen werden, die sorgfältig gesteuert werden müssen, um sicherzustellen, dass die Vorteile des Quantencomputings in der KI auf sichere und gerechte Weise realisiert werden.

17.2. Die Auswirkungen von KI und Big Data auf verschiedene Branchen

17.2.1. Industrie 4.0

Industrie 4.0 ist ein Begriff, der die Transformation der verarbeitenden Industrie durch die Integration fortschrittlicher Technologien wie Künstliche Intelligenz, IoT, Robotik, Cloud-Computing und Automatisierung beschreibt, mit dem Ziel, intelligente Fabriken zu schaffen. Diese neue industrielle Ära ist gekennzeichnet durch die Vernetzung und Digitalisierung aller Produktionsprozesse, was eine höhere Flexibilität, Effizienz und Personalisierung in der Herstellung von Gütern ermöglicht. Der Begriff selbst ist nicht neu, aber wenn du gestern nach einem langen Winterschlaf aufgewacht bist, dann klingt er für dich sicher neu.

Einer der herausragendsten Aspekte von Industrie 4.0 ist die Vernetzung von Geräten und Systemen. Durch das IoT sind Sensoren, Maschinen und Managementsysteme miteinander vernetzt, was eine Echtzeitkommunikation zwischen ihnen ermöglicht. Diese Vernetzung erlaubt die Sammlung und Analyse großer Datenmengen entlang der gesamten Wertschöpfungskette, vom Rohstoffzulieferer bis zur Auslieferung des Endprodukts. Die gesammelten Daten können zur Optimierung von Produktionsprozessen, zur Vorhersage von Maschinenwartungen und zur Reduzierung von Ressourcenverschwendung genutzt werden.

KI spielt eine zentrale Rolle in der Industrie 4.0, da sie die fortschrittliche Datenanalyse und automatisierte Entscheidungsfindung ermöglicht. KI-Algorithmen werden eingesetzt, um Muster in Produktionsdaten zu erkennen, Geräteausfälle vorherzusagen, Produktionswege zu optimieren und Fertigungsparameter in Echtzeit anzupassen, um die Produktqualität zu verbessern und Kosten zu senken. Darüber hinaus ermöglicht KI die Implementierung prädiktiver Wartungssysteme, bei denen Maschinen kontinuierlich überwacht und Reparaturen durchgeführt werden, bevor Ausfälle auftreten, was die Ausfallzeiten reduziert und die Produktivität steigert.

Fortschrittliche Automatisierung ist ein weiterer zentraler Bestandteil von Industrie 4.0. Intelligente Fabriken sind mit Robotern und automatisierten Systemen ausgestattet, die komplexe Aufgaben mit hoher Präzision und Geschwindigkeit ausführen können. Diese Systeme arbeiten entweder autonom oder in Zusammenarbeit mit menschlichen Arbeitern, was als kollaborative Robotik oder „Cobots" bezeichnet wird. Die Automatisierung verbessert nicht nur die Produktionseffizienz, sondern ermöglicht auch die Massenproduktion personalisierter Produkte, bei der Produkte an die spezifischen Bedürfnisse der Kunden angepasst werden können, ohne Geschwindigkeit oder Produktionskosten zu beeinträchtigen.

Ein weiterer wichtiger Aspekt von Industrie 4.0 ist die Personalisierung der Produktion. Dank fortschrittlicher Technologien können Fabriken kleine Chargen maßgeschneiderter Produkte zu ähnlichen Kosten wie bei der Massenproduktion herstellen. Dies ist durch den Einsatz von Techniken wie der additiven Fertigung (3D-Druck) möglich, die eine schnelle Produktion individueller Teile ohne spezielle Werkzeuge oder Formen erlaubt. Die Massenpersonalisierung ist eine Antwort auf die wachsende Nachfrage der Verbraucher nach einzigartigen Produkten, die auf ihre individuellen Bedürfnisse zugeschnitten sind.

Cloud-Computing ist ebenfalls ein wesentlicher Bestandteil von Industrie 4.0. Cloud-Plattformen ermöglichen die Speicherung und Verarbeitung großer Datenmengen, die von intelligenten Fabriken erzeugt werden. Diese Daten können in Echtzeit von überall auf der Welt abgerufen und analysiert werden, was fundierte Entscheidungen und eine bessere Zusammenarbeit entlang der Lieferkette erleichtert. Darüber hinaus ermöglicht Cloud-Computing die Implementierung von Produktionsmanagementsystemen auf SaaS-Basis (Software as a Service), die je nach Unternehmensbedarf skaliert werden können, ohne dass eine teure physische Infrastruktur erforderlich ist.

Im Lieferkettenmanagement führt Industrie 4.0 zur vollständigen Rückverfolgbarkeit von Produkten während ihres gesamten Lebenszyklus. Durch den Einsatz von Technologien wie Blockchain und IoT-Sensoren können Unternehmen Rohstoffe vom Ursprung bis zu ihrer Umwandlung in Endprodukte und deren Auslieferung an die Verbraucher nachverfolgen. Dies verbessert nicht nur die Transparenz und Effizienz der Lieferkette, sondern ermöglicht es Unternehmen auch, schnell auf Nachfrageschwankungen, Qualitätsprobleme oder Lieferunterbrechungen zu reagieren.

Cybersicherheit ist eine große Herausforderung in der Industrie 4.0, da die Systeme stark vernetzt und zunehmend von digitaler Technologie abhängig sind. Je mehr Geräte und Systeme miteinander verbunden sind, desto größer ist das Risiko von Cyberangriffen, die die Produktion oder die

Datenintegrität gefährden können. Um diese Risiken zu mindern, müssen Unternehmen fortschrittliche Sicherheitsmaßnahmen umsetzen, wie etwa Datenverschlüsselung, Multi-Faktor-Authentifizierung und kontinuierliche Netzwerküberwachung, um Bedrohungen in Echtzeit zu erkennen und darauf zu reagieren.

Nachhaltigkeit ist ein zentrales Thema in der Industrie 4.0. Die Fähigkeit, den Ressourceneinsatz in Echtzeit zu überwachen und zu optimieren, ermöglicht es Unternehmen, ihre Umweltbelastung zu verringern und die Energieeffizienz zu steigern. Intelligente Fabriken können nachhaltigere Produktionsprozesse umsetzen, wie das Recycling von Materialien, die Reduktion von Abfall und die Nutzung erneuerbarer Energiequellen. Nachhaltigkeit ist nicht nur vorteilhaft für die Umwelt, sondern kann auch ein entscheidender Wettbewerbsfaktor sein, da Verbraucher und Vorschriften zunehmend verantwortungsvolles unternehmerisches Handeln fordern.

Kurz gesagt, der Begriff Industrie 4.0 steht für eine tiefgreifende Transformation der Art und Weise, wie Produkte hergestellt und Lieferketten verwaltet werden. Durch die Integration fortschrittlicher Technologien wie KI, IoT, Robotik und Cloud-Computing definieren intelligente Fabriken Effizienz, Personalisierung, Nachhaltigkeit und Sicherheit in der industriellen Produktion neu. Gleichzeitig bringt sie jedoch auch erhebliche Herausforderungen mit sich, insbesondere in Bezug auf Cybersicherheit und den Bedarf an hochqualifizierten Arbeitskräften zur Steuerung und Bedienung dieser neuen Technologien.

17.2.2. Gesundheit und Biotechnologie

Die Konvergenz von Künstlicher Intelligenz und Biotechnologie hat das Gesundheitswesen revolutioniert und bietet neue Möglichkeiten für Diagnose, Behandlung und Prävention von Krankheiten sowie für biotechnologische Forschung. Und ich sage „hat", weil in diesem Fall die Revolution bereits in vollem Gange ist wie nie zuvor in diesem Bereich. Diese Schnittstelle von Technologien verändert die Art und Weise, wie wir Krankheiten verstehen und behandeln, und fördert gleichzeitig bedeutende Fortschritte in Bereichen wie personalisierter Medizin, Gentechnik und Arzneimittelentwicklung.

Eine der eindrucksvollsten Anwendungen von KI im Gesundheitswesen ist die KI-gestützte medizinische Diagnose. KI-Algorithmen, insbesondere solche auf der Grundlage des Deep Learning, werden trainiert, um medizinische Bilder wie Röntgenaufnahmen, CT-Scans und MRTs mit einer Genauigkeit zu analysieren, die der menschlicher Radiologen gleichkommt oder diese sogar übertrifft. Zum Beispiel haben konvolutionale neuronale

Netze bei der Früherkennung von Brustkrebs eine bemerkenswerte Fähigkeit gezeigt, Tumore auf Mammographien zu identifizieren, was eine schnellere und genauere Diagnose ermöglicht, die für eine wirksame Behandlung entscheidend ist.

Neben der Bildanalyse wird KI auch eingesetzt, um den Krankheitsverlauf und die Reaktion auf Behandlungen vorherzusagen. Durch die Analyse großer Mengen klinischer Daten, einschließlich medizinischer Vorgeschichten, Laborergebnisse und genomischer Daten, können KI-Modelle Muster erkennen, die vorhersagen, wie sich eine Krankheit bei einem bestimmten Patienten entwickeln wird. Dies ist besonders nützlich bei chronischen Krankheiten wie Diabetes oder Alzheimer, bei denen KI Ärzten hilft, Behandlungspläne auf die individuellen Merkmale jedes Patienten zuzuschneiden.

Im Bereich der personalisierten Medizin arbeiten KI und Biotechnologie zusammen, um Behandlungen zu entwickeln, die auf die spezifischen Bedürfnisse jedes Patienten zugeschnitten sind. Dieser Ansatz basiert auf der Idee, dass jeder Mensch eine einzigartige genetische Zusammensetzung hat, was bedeutet, dass sich Krankheiten bei jedem Individuum unterschiedlich manifestieren und entwickeln können. KI wird eingesetzt, um genomische Daten und andere Biomarker zu analysieren, wodurch Ärzte die Therapien identifizieren können, die für jeden Patienten am wirksamsten sind. Dieser Ansatz zeigt sich besonders vielversprechend bei der Krebsbehandlung, wo zielgerichtete Therapien auf der Grundlage des genetischen Profils des Tumors die Erfolgsraten verbessern und Nebenwirkungen verringern.

Ein weiterer bedeutender Fortschritt ist der Einsatz von KI in der Gentechnik. Werkzeuge zur Genbearbeitung wie CRISPR-Cas9 haben neue Möglichkeiten zur Veränderung von DNA eröffnet, und KI spielt eine entscheidende Rolle bei der Optimierung dieser Prozesse. KI wird eingesetzt, um RNA-Leitstränge zu entwerfen, die CRISPR zu den richtigen Stellen im Genom führen, was die Präzision erhöht und das Risiko von Off-Target-Effekten reduziert. Darüber hinaus hilft KI Wissenschaftlern dabei, umfangreiche genetische Datenbanken zu durchsuchen, um neue therapeutische Ziele zu identifizieren und innovative Behandlungen für genetische Erkrankungen zu entwickeln.

In der Arzneimittelentwicklung beschleunigt die Kombination von KI und Biotechnologie den Prozess erheblich, der traditionell teuer und langwierig ist. KI-Algorithmen können große Datenbanken chemischer Verbindungen analysieren, um diejenigen zu identifizieren, die das Potenzial haben, neue Medikamente zu werden. Dieser Ansatz, bekannt als KI-gestützte Arzneimittelentdeckung, ermöglicht es Forschern, vielversprechende Kandidaten in einem Bruchteil der Zeit zu finden, die herkömmliche Methoden benötigen würden. Außerdem wird KI verwendet, um die Phasen der klinischen

Prüfung und Entwicklung zu optimieren, indem vorhergesagt wird, wie verschiedene Patientengruppen auf neue Behandlungen reagieren, und um effizientere klinische Studien zu gestalten.

Auch im Bereich des öffentlichen Gesundheitsmanagements ist der Einfluss von KI und Biotechnologie erheblich. KI-Modelle werden eingesetzt, um die Ausbreitung von Infektionskrankheiten vorherzusagen, was es Regierungen und Gesundheitsorganisationen ermöglicht, proaktive Maßnahmen zur Eindämmung von Ausbrüchen zu ergreifen, bevor sie zu Epidemien werden. Während der COVID-19-Pandemie spielte KI eine Schlüsselrolle bei der Verfolgung der Virusausbreitung, der Identifizierung von Mutationen und der Beschleunigung der Impfstoffentwicklung.

Trotz dieser Fortschritte wirft die Integration von KI und Biotechnologie im Gesundheitswesen ethische und regulatorische Herausforderungen auf. Die genetische Manipulation wirft beispielsweise Fragen zu den langfristigen Auswirkungen auf die Menschheit und die Umwelt auf. Zudem erfordert die Erhebung und Analyse großer Mengen persönlicher Gesundheitsdaten strenge Schutzmaßnahmen zum Schutz der Privatsphäre der Patienten. Regulierungsbehörden und die wissenschaftliche Gemeinschaft arbeiten gemeinsam daran, ethische und rechtliche Rahmenbedingungen zu schaffen, die die Entwicklung und Nutzung dieser Technologien so lenken, dass ihre Vorteile maximiert und ihre Risiken minimiert werden.

17.2.3. Finanzen und Versicherungen

Der Einfluss von KI und Big Data auf die Finanz- und Versicherungsbranche war transformativ, da er Prozesse neu gestaltet, die Entscheidungsfindung verbessert und die operative Effizienz optimiert hat. Die Integration dieser Technologien ermöglicht es Finanz- und Versicherungsinstituten, in kritischen Bereichen wie Risikomanagement, Betrugserkennung, Personalisierung von Dienstleistungen und prädiktiver Analyse zu innovieren. Im Folgenden betrachten wir einige der wichtigsten Anwendungen von KI und Big Data in diesen Sektoren.

Im Finanzbereich ist eine der wichtigsten Anwendungen das Risikomanagement. Finanzinstitute haben fortschrittliche KI-Modelle übernommen, um Risiken im Zusammenhang mit Investitionen, Krediten und anderen Finanzgeschäften zu bewerten und zu mindern. Machine-Learning-Algorithmen analysieren große Mengen historischer und Echtzeitdaten, um Muster zu erkennen und potenzielle Risiken vorherzusagen. Zum Beispiel kann KI im Fall von Kreditrisiken die Wahrscheinlichkeit bewerten, dass ein Kunde einen Kredit nicht zurückzahlt, basierend auf mehreren Variablen wie Kreditgeschichte, Einkommen, Ausgabeverhalten und sogar makroökonomischen

Faktoren. Diese Modelle erhöhen nicht nur die Genauigkeit der Entscheidungsfindung, sondern ermöglichen auch eine kontinuierliche und dynamische Risikobewertung, die sich an Marktveränderungen und Kundenverhalten anpasst.

Die Betrugserkennung ist ein weiterer Bereich, in dem sich KI als entscheidend erwiesen hat. Traditionelle Systeme zur Betrugserkennung basierten auf vordefinierten Regeln, die oft nicht ausreichten, um neue Betrugsmuster zu identifizieren. Im Gegensatz dazu können KI-Modelle, insbesondere solche auf Basis von Machine Learning und prädiktiver Analyse, anomales Verhalten in Echtzeit erkennen und sich schnell an neue Betrugstaktiken anpassen. Diese Systeme analysieren Millionen von Finanztransaktionen in Echtzeit und identifizieren verdächtige Muster, die auf betrügerische Aktivitäten hinweisen könnten, wie zum Beispiel ungewöhnliche Kreditkartennutzung oder atypische Banküberweisungen. Darüber hinaus verbessern sich KI-Algorithmen kontinuierlich, je mehr Daten sie verarbeiten, was ihre Fähigkeit zur präzisen und schnellen Betrugserkennung erhöht.

Im Versicherungssektor haben sich die Personalisierung von Policen und die Risikobewertung erheblich durch den Einsatz von KI und Big Data verbessert. Versicherer können jetzt maßgeschneiderte Produkte für ihre Kunden entwickeln, basierend auf detaillierten Analysen von Verhaltensdaten, Schadenhistorie, Lebensstil und anderen relevanten Faktoren. Zum Beispiel können Kfz-Versicherer Policen basierend auf dem Fahrverhalten des Versicherten anbieten, das durch telematische Geräte im Fahrzeug erfasst wird. Diese Personalisierung ermöglicht es den Versicherern, Prämien genauer anzupassen, sichere Fahrer zu belohnen und Risiken für das Unternehmen zu minimieren. Ebenso können im Bereich der Krankenversicherung Daten von tragbaren Gesundheitsgeräten verwendet werden, um Versicherungspläne besser auf individuelle Bedürfnisse zuzuschneiden und einen proaktiveren Ansatz in der Gesundheitsversorgung zu fördern.

Der algorithmische Handel, eine weitere Schlüsselanwendung von KI im Finanzwesen, verwendet fortschrittliche Algorithmen, um Kauf- und Verkaufsaufträge von Finanzanlagen in einer Geschwindigkeit und einem Volumen auszuführen, die für menschliche Händler unmöglich wären. Diese Algorithmen sind darauf ausgelegt, große Mengen an Marktdaten in Sekundenbruchteilen zu analysieren, um Arbitragemöglichkeiten, Preismuster und Handelssignale zu identifizieren, die zur Gewinnerzielung genutzt werden können. KI ermöglicht nicht nur die Ausführung dieser Strategien mit hoher Geschwindigkeit, sondern auch die kontinuierliche Optimierung der Algorithmen durch Machine Learning, was die Genauigkeit und Rentabilität der Geschäfte verbessert. Darüber hinaus reduziert der Einsatz von KI im Handel die Auswirkungen menschlicher Voreingenommenheit auf die

Entscheidungsfindung, da die Transaktionen auf Daten und vordefinierten Regeln basieren, anstatt auf Emotionen oder Intuitionen.

Die Optimierung operativer Prozesse ist ein weiterer Bereich, in dem KI und Big Data in der Finanz- und Versicherungsbranche ihren Wert unter Beweis gestellt haben. Institutionen setzen KI-gesteuerte Chatbots und virtuelle Assistenten ein, um das Kundenerlebnis zu verbessern, indem sie sofortige und präzise Antworten auf häufige Anfragen liefern, Schadensmeldungen bearbeiten und grundlegende Transaktionen verwalten. Diese Werkzeuge verbessern nicht nur die operative Effizienz, indem sie die Arbeitsbelastung menschlicher Mitarbeiter verringern, sondern erhöhen auch die Kundenzufriedenheit durch schnelleren und zugänglicheren Service.

Darüber hinaus revolutioniert KI die Finanzprognose, indem sie die Planung und Geschäftsstrategie transformiert. Prädiktive Modelle analysieren große Mengen historischer und Echtzeitdaten, um wirtschaftliche Trends, Marktschwankungen und Veränderungen im Verbraucherverhalten vorherzusagen. Diese Modelle ermöglichen es Finanz- und Versicherungsinstituten, Marktbewegungen vorauszusehen, ihre Strategien entsprechend anzupassen und fundiertere Entscheidungen zu treffen, die Risiken minimieren und Chancen maximieren.

Im Zusammenhang mit Regulierung und Compliance spielt KI ebenfalls eine zentrale Rolle. Finanzinstitute sind verpflichtet, komplexe Vorschriften einzuhalten, die je nach Rechtsordnung variieren. KI kann einen großen Teil des Compliance-Prozesses automatisieren, indem sie Transaktionen und Dokumente analysiert, um sicherzustellen, dass sie den geltenden Vorschriften entsprechen. Dies reduziert nicht nur das Risiko von Verstößen und den damit verbundenen Sanktionen, sondern entlastet auch menschliche Ressourcen, die sich auf Aufgaben mit höherem Mehrwert konzentrieren können.

Die Einführung von KI und Big Data im Finanz- und Versicherungswesen ist jedoch nicht ohne Herausforderungen. Die Notwendigkeit, Transparenz in KI-Modellen zu gewährleisten, insbesondere bei kritischen Entscheidungen wie der Kreditvergabe oder der Prämienfestsetzung, ist entscheidend, um das Vertrauen der Kunden zu erhalten und die Einhaltung gesetzlicher Vorschriften sicherzustellen. Darüber hinaus bleiben Datensicherheit und Datenschutz wichtige Anliegen, angesichts der sensiblen Natur der von diesen Institutionen verarbeiteten Finanz- und Personendaten.

Um diese Fortschritte vollständig zu nutzen, müssen Institutionen die damit verbundenen ethischen, sicherheitsrelevanten und regulatorischen Herausforderungen angehen und sicherstellen, dass der Einsatz dieser

Technologien mit den höchsten Standards für Transparenz, Verantwortlichkeit und Datenschutz übereinstimmt.

TEIL VII

Praktische Anwendungsfälle und reale Projekte

Teil VII: Praktische Anwendungsfälle und reale Projekte

18. Use Cases

Seit Beginn des Buches spreche ich mit dir und gebe dir verschiedene Beispiele für den Einsatz von KI in unterschiedlichen Sektoren und in zahlreichen Kontexten. Du bist fast am Ende des Buches angelangt und ich möchte die Gelegenheit nutzen, um auf reale Fälle einzugehen, damit du mit allem, was du gelernt hast, noch mehr Wissen in diesem Bereich gewinnst und gleichzeitig die Bedeutung sowohl der Daten bei der Entwicklung als auch der KI auf unternehmerischer und gesellschaftlicher Ebene besser verstehst.

Aktuell befindet sich die KI in einer Phase, in der sie nicht nur bestehende Prozesse verbessert, sondern auch neue Möglichkeiten eröffnet, die zuvor undenkbar waren. Von der medizinischen Diagnose mit Hilfe von Algorithmen bis hin zur Optimierung von Produktionsketten in intelligenten Fabriken zeigt KI ihre Fähigkeit, Effizienz zu steigern, Kosten zu senken und datengestützte Entscheidungen zu fördern. Ihr Einfluss erstreckt sich praktisch auf alle Sektoren und verändert die Art und Weise, wie wir mit Technologie und der Welt um uns herum interagieren.

Die heutigen Anwendungen der KI lassen sich in eine Vielzahl von Bereichen einteilen. Im Gesundheitswesen beispielsweise wird KI eingesetzt, um die Genauigkeit von Diagnosen zu verbessern, Behandlungen zu personalisieren und die Entwicklung neuer Medikamente zu beschleunigen. In der Industrie optimieren intelligente Systeme Herstellungsprozesse, vorausschauende Wartung und Qualitätskontrolle. Im Verkehrssektor wird KI verwendet, um die Sicherheit und Effizienz autonomer Fahrzeuge zu verbessern und den Verkehr in intelligenten Städten zu steuern.

Darüber hinaus hat KI einen bedeutenden Platz im Kundenservice gefunden, wo Chatbots und virtuelle Assistenten die Art und Weise revolutioniert haben, wie Unternehmen mit ihren Kunden interagieren. Im Lebensmittelsektor trägt KI zur Optimierung der Ernte durch Analyse von Klima- und Bodendaten bei und verbessert zudem die Logistik der Verteilung. In der Wissenschaft ist Künstliche Intelligenz ein grundlegendes Werkzeug in der Physik und Chemie, das hilft, komplexe Phänomene zu modellieren und neue Materialien zu entdecken. Ebenso ermöglicht ihre Anwendung im Umweltschutz und bei der Erhaltung der Biodiversität die Überwachung von Ökosystemen und die frühzeitige Erkennung von Umweltgefahren.

In den folgenden Abschnitten werden wir im Detail erkunden, wie die Künstliche Intelligenz jeden dieser Sektoren verändert, anhand konkreter

Fallbeispiele, die ihre Auswirkungen und die sich daraus ergebenden Chancen für die Zukunft aufzeigen. In all meinen Büchern versuche ich stets, unterschiedliche Beispiele zu geben und den Leser in verschiedene Kontexte zu versetzen, und hier werde ich es ebenfalls versuchen. Wir werden auch über die Rolle der Daten in der Entwicklung der KI und über die Herausforderungen nachdenken, denen sie bei ihrer Entwicklung und Umsetzung gegenübersteht. Als ob du nicht schon genug gehabt hättest, oder?

Obwohl wir bereits viele Beispiele erwähnt haben, habe ich einen Abschnitt vorbereitet, in dem ich dir zeigen werde, wie Künstliche Intelligenz und Big Data in besonders wichtigen Sektoren eingesetzt werden. Die Idee ist, dass du anhand konkreter Beispiele erkennen kannst, wie diese Technologien diese Bereiche revolutionieren und welche Herausforderungen und Überlegungen bei ihrer Anwendung auftreten. Jedes Beispiel trägt dazu bei, das Potenzial der KI und die Bedeutung von Big Data dafür zu verstehen, und ich bin mir sicher, dass das Ende des Buches in dieser Hinsicht nicht weniger sein wird.

Im Gesundheitswesen zeige ich dir zum Beispiel, wie KI Ärzten hilft, genauere und schnellere Diagnosen zu stellen – etwas, das wir im Buch bereits mehrfach angesprochen haben, weil es tatsächlich das Leben der Patienten verändert. Dann gehen wir zum Marketing über, wo Big Data es Unternehmen ermöglicht, ihre Kunden besser zu verstehen und personalisierte, effektivere Kampagnen zu erstellen. Wir werden auch sehen, wie KI in der Finanzwelt die Art und Weise verändert, wie Risiken gemanagt und Investitionsentscheidungen getroffen werden. Und schließlich werde ich das Kapitel mit zahlreichen Beispielen aus anderen Bereichen beenden, die dich überraschen werden – je nachdem, wie viel Erfahrung du bereits hast.

Was ich dir in diesem Abschnitt vermitteln möchte, ist eine klare Vorstellung davon, wie KI und Big Data in der realen Welt angewendet werden können und wie sie, obwohl sie viele Vorteile bringen, auch Herausforderungen mit sich bringen, die wir nicht ignorieren dürfen. Mein Ziel ist es, dass du dich am Ende dieses Buchteils inspiriert fühlst und ein tieferes Verständnis dafür hast, wie diese Technologien in deinem Arbeitsbereich einen Unterschied machen können.

18.1. KI im Gesundheitswesen: Diagnose und Behandlung

Künstliche Intelligenz hat sich im Bereich der Medizin als revolutionäres Werkzeug erwiesen, nicht nur in weithin bekannten Bereichen wie der Bilddiagnostik oder der Arzneimittelentwicklung, sondern auch in weniger offensichtlichen, aber ebenso wirkungsvollen Anwendungen.

Früherkennung neurodegenerativer Erkrankungen über die Sprache
Einer der innovativsten Bereiche im medizinischen Einsatz von KI ist die Sprachanalyse zur Früherkennung neurodegenerativer Erkrankungen wie Parkinson und Alzheimer. Machine-Learning-Algorithmen können Sprachmuster und Mikrovariationen in Intonation, Sprechgeschwindigkeit und Pausen analysieren, um frühe Biomarker dieser Krankheiten zu identifizieren. Dieser Ansatz ermöglicht nicht nur eine frühere Erkennung als herkömmliche Methoden, sondern auch eine nicht-invasive Überwachung des Krankheitsverlaufs im Laufe der Zeit.

Optimierung von Organtransplantationen
Die Zuteilung von Organen für Transplantationen ist ein komplexer Prozess, der von mehreren Faktoren abhängt, wie genetischer Kompatibilität, Gesundheitszustand des Empfängers und Ischämiezeit des Organs. KI-Modelle können in Echtzeit Spender- und Empfängerdatenbanken analysieren, die Organverteilung optimieren und die Wartezeit reduzieren. Zudem werden Algorithmen entwickelt, die den Transplantationserfolg auf Grundlage von Variablen wie der Krankengeschichte des Patienten und der Qualität des gespendeten Organs vorhersagen können, was die Überlebensraten nach der Operation verbessert.

Krankheitserkennung über künstlichen Geruchssinn
Eine weitere überraschende Anwendung von KI in der Medizin ist der Einsatz elektronischer Sensoren, sogenannter elektronischer Nasen, in Kombination mit Deep-Learning-Algorithmen zur Erkennung von Krankheiten durch Analyse chemischer Verbindungen in der Atemluft von Patienten. Diese Methode hat sich als effektiv bei der Erkennung von Krankheiten wie Lungenkrebs, Diabetes und sogar bakteriellen Infektionen erwiesen und ermöglicht schnelle, nicht-invasive Diagnosen.

KI zur Überwachung der psychischen Gesundheit
Psychische Erkrankungen wie Depressionen und Angststörungen sind schwer zu diagnostizieren, da ihre Symptome subjektiv sind. KI revolutioniert diesen Bereich durch Analyse von Verhaltensdaten, die von Mobilgeräten, sozialen Netzwerken und Schlafmustern stammen. Algorithmen können frühe Anzeichen geistiger Verschlechterung erkennen, indem sie App-Nutzung, Veränderungen im Schreibstil von Nachrichten oder Variationen in der körperlichen Aktivität analysieren und dadurch frühzeitig Warnungen und personalisierte Empfehlungen für Interventionen geben.

Einsatz von KI zur Geweberegeneration
Einer der vielversprechendsten Bereiche der regenerativen Medizin ist das KI-gestützte 3D-Bioprinting. Machine-Learning-Algorithmen können die Kombination von Biomaterialien und Stammzellen zur Herstellung funktioneller Gewebe optimieren, was die Behandlung schwerer Verletzungen

und degenerativer Erkrankungen revolutionieren könnte. Diese Technologie hat bereits ihr Potenzial bei der Herstellung von Haut für Schwerbrandverletzte und der Entwicklung vaskulärer Strukturen zur Verbesserung der Wundheilung gezeigt.

Vorhersage von Ausbrüchen infektiöser Krankheiten
Die Analyse von Big Data in Kombination mit Künstlicher Intelligenz ermöglicht es, Ausbrüche von Infektionskrankheiten vorherzusagen, indem Suchmuster im Internet, Wetterdaten und medizinische Berichte in Echtzeit analysiert werden. Diese Art der Vorhersage war entscheidend im Kampf gegen Pandemien, da sie Gesundheitssystemen ermöglicht, sich frühzeitig vorzubereiten und effektiver auf die Ausbreitung von Krankheiten zu reagieren.

18.1.1. Anwendungen in der Bilddiagnostik

Der Einsatz von Künstlicher Intelligenz in der Bilddiagnostik hat die medizinische Praxis revolutioniert und ermöglicht eine höhere Genauigkeit und Geschwindigkeit bei der Erkennung von Krankheiten. Dieser Fortschritt basiert auf dem Einsatz von Deep-Learning-Algorithmen, insbesondere von Convolutional Neural Networks, die besonders effektiv bei der Analyse medizinischer Bilder wie Röntgenaufnahmen, CT-Scans, MRTs und Mammographien sind.

Eines der ersten und herausragendsten Beispiele für KI in der Bilddiagnostik ist ihre Anwendung bei der Früherkennung von Brustkrebs. Algorithmen, die mit Tausenden von Mammographien trainiert wurden, haben gezeigt, dass sie Anomalien mit einer Genauigkeit erkennen können, die mit der von Radiologen vergleichbar ist – und in einigen Fällen sogar überlegen. Dies verbessert nicht nur die Früherkennungsrate, sondern verringert auch die Arbeitsbelastung der medizinischen Fachkräfte, sodass sie sich auf komplexere Fälle konzentrieren können.

Ein weiterer Bereich, in dem KI erhebliche Auswirkungen gezeigt hat, ist die Diagnose von Lungenerkrankungen wie Lungenentzündung und Tuberkulose durch Analyse von Thoraxröntgenbildern. Die Algorithmen können subtile Muster erkennen, die dem menschlichen Auge entgehen könnten, was eine präzisere und frühere Identifikation dieser Krankheiten ermöglicht. Auch während der COVID-19-Pandemie wurde KI eingesetzt, um CT-Bilder des Brustkorbs zu analysieren und Ärzten bei der Einschätzung der Schwere der Infektion sowie bei der Entscheidungsfindung zur Behandlung zu helfen.

Im Bereich der Neurologie wird KI zur Analyse von MRT-Aufnahmen des Gehirns verwendet, um die Diagnose neurologischer Erkrankungen wie Multiple Sklerose, Alzheimer und Schlaganfälle zu erleichtern. Die Algorithmen können präzise die Volumina verschiedener Hirnregionen messen, Läsionen erkennen und Veränderungen im Gehirn über die Zeit hinweg verfolgen – was für das Monitoring degenerativer Krankheiten entscheidend ist.

Neben diesen spezifischen Beispielen wird KI auch eingesetzt, um die Genauigkeit der Diagnosen in anderen Bereichen zu verbessern, wie etwa bei der Erkennung von Hautläsionen in der Dermatologie, wobei Algorithmen zwischen verschiedenen Läsionstypen unterscheiden und bei der frühen Identifikation von Melanomen helfen können. In der Augenheilkunde wird KI verwendet, um Netzhautbilder zu analysieren und die Früherkennung von Augenerkrankungen wie diabetischer Retinopathie und Makuladegeneration zu ermöglichen.

Das Training dieser KI-Modelle erfolgt mithilfe großer Datensätze mit Bildern, die von menschlichen Experten annotiert wurden. Während die Algorithmen lernen, Muster und spezifische Merkmale in den Bildern zu erkennen, verbessert sich ihre Genauigkeit mit der Zeit. Es ist jedoch wichtig zu betonen, dass KI zwar ein wertvolles Werkzeug in der Bilddiagnostik ist, ihre Anwendung aber als Ergänzung zum klinischen Urteil von Gesundheitsfachkräften verstanden werden muss und nicht als Ersatz.

Die Implementierung von KI in der Bilddiagnostik wirft auch wichtige ethische und datenschutzrechtliche Überlegungen auf, insbesondere im Hinblick auf den Umgang mit Patientendaten. KI-Systeme müssen den Datenschutzbestimmungen entsprechen und die Vertraulichkeit und Sicherheit medizinischer Informationen gewährleisten. Darüber hinaus ist es entscheidend, dass die Algorithmen transparent und erklärbar sind, damit Gesundheitsfachkräfte den von der KI getroffenen Entscheidungen vertrauen und nachvollziehen können, wie diese zustande gekommen sind.

Ihr Erfolg hängt von der Qualität der für das Training verwendeten Daten, der effektiven Integration in die klinische Arbeit und der Einhaltung strenger ethischer Grundsätze ab.

18.1.2. Prädiktive Modelle für Behandlungen

Prädiktive Modelle für Behandlungen im medizinischen Bereich stellen eine der revolutionärsten Anwendungen der Künstlichen Intelligenz und des Machine Learnings dar. Diese Modelle ermöglichen es, die Reaktion eines Patienten auf verschiedene Behandlungsoptionen vorherzusagen, was die klinische Entscheidungsfindung erleichtert und die medizinische Versorgung an die individuellen Merkmale jedes Patienten anpasst.

Eines der Hauptanwendungsgebiete, in denen prädiktive Modelle sich als wertvoll erwiesen haben, ist die Onkologie. Die Krebsbehandlung umfasst oft eine Kombination aus Chirurgie, Strahlentherapie, Chemotherapie und zielgerichteten Therapien. Die Reaktion der Patienten auf diese Behandlungen kann jedoch je nach Krebsart, Genetik des Patienten und Krankheitsstadium erheblich variieren. Prädiktive Modelle helfen Onkologen, vorauszusehen, welche Behandlungen für einen bestimmten Patienten am wirksamsten sein werden, Nebenwirkungen zu minimieren und die klinischen Ergebnisse zu verbessern.

Diese Modelle werden auf der Grundlage historischer Patientendaten erstellt, die Informationen über Diagnosen, frühere Behandlungen, Behandlungsergebnisse sowie demografische und genetische Merkmale enthalten. Durch den Einsatz überwachter Lernverfahren analysieren Algorithmen diese Daten, um Muster und Zusammenhänge zu erkennen, die für Menschen nicht offensichtlich sind. So könnte ein prädiktives Modell beispielsweise feststellen, dass bestimmte genetische Profile mit einer besseren Reaktion auf eine spezifische Chemotherapieform verbunden sind, während andere Profile ein höheres Risiko für Nebenwirkungen anzeigen könnten.

Ein weiteres wichtiges Anwendungsfeld ist die Vorhersage der Wirksamkeit von Behandlungen bei chronischen Krankheiten wie Diabetes und Herz-Kreislauf-Erkrankungen. In solchen Fällen können prädiktive Modelle die Wahrscheinlichkeit schwerer Komplikationen wie Herzinfarkt oder Schlaganfall anhand der Krankengeschichte, Lebensgewohnheiten und anderer Risikofaktoren eines Patienten einschätzen. Dadurch können Ärzte Behandlungspläne proaktiv anpassen, etwa durch Intensivierung der Medikation oder Empfehlungen zu Lebensstiländerungen, um unerwünschte Ereignisse zu verhindern.

Neben der Vorhersage der Behandlungsreaktion sind diese Modelle auch bei der Planung langfristiger Behandlungsstrategien nützlich. Bei neurodegenerativen Erkrankungen wie Alzheimer können prädiktive Modelle helfen zu bestimmen, welche Interventionen das Fortschreiten der Krankheit verlangsamen könnten, basierend auf der klinischen Entwicklung früherer Patienten. Dies ist besonders bei Krankheiten wichtig, bei denen die derzeitigen Behandlungen lediglich die Symptome kontrollieren, aber keine Heilung bieten.

Im Bereich der personalisierten Medizin spielen prädiktive Modelle eine entscheidende Rolle bei der Optimierung pharmakologischer Behandlungen. Die Pharmakogenomik, die untersucht, wie die Gene eines Menschen seine Reaktion auf Medikamente beeinflussen, profitiert stark von diesen Modellen. Beispielsweise können Patienten mit bestimmten genetischen Varianten Medikamente langsamer verstoffwechseln, was zu einer Anreicherung des Wirkstoffs und einem erhöhten Risiko für Nebenwirkungen führen kann. Prädiktive Modelle können Dosisanpassungen oder den Wechsel zu einem anderen Medikament vorschlagen, basierend auf der Genetik des Patienten, was zu einer sichereren und wirksameren Behandlung führt.

Die Umsetzung prädiktiver Modelle in der klinischen Praxis ist jedoch nicht frei von Herausforderungen. Eine der größten Hürden ist die Notwendigkeit qualitativ hochwertiger und gut annotierter Daten. Die Genauigkeit der Modelle hängt stark von der Menge und Qualität der verfügbaren Daten ab. Zudem ist es entscheidend, dass die verwendeten Daten repräsentativ für die Zielpopulation sind, um Verzerrungen zu vermeiden und generalisierbare Ergebnisse zu gewährleisten.

Eine weitere Herausforderung ist die Integration dieser Modelle in den klinischen Arbeitsablauf. Ärzte müssen darin geschult werden, die von den Modellen generierten Vorhersagen zu interpretieren und sie als Entscheidungshilfe zu nutzen, anstatt sich ausschließlich auf sie zu verlassen. Die Zusammenarbeit zwischen KI-Entwicklern und medizinischem Fachpersonal ist entscheidend, um benutzerfreundliche Schnittstellen zu gestalten, die Informationen klar und zugänglich präsentieren, und um sicherzustellen, dass die Empfehlungen im klinischen Kontext verständlich und nützlich sind.

Darüber hinaus müssen prädiktive Modelle strengen ethischen und datenschutzrechtlichen Standards entsprechen. Da diese Modelle häufig mit sensiblen Patientendaten trainiert werden, ist es unerlässlich, robuste Datenschutzmaßnahmen zu implementieren, um die Privatsphäre der Patienten zu schützen. Ebenso wichtig ist die Transparenz und Erklärbarkeit der Modelle, damit Ärzte und Patienten nachvollziehen können, wie Vorhersagen zustande kommen, und Vertrauen in deren Zuverlässigkeit entwickeln können.

Mit dem technologischen Fortschritt ist zu erwarten, dass prädiktive Modelle immer präziser und individueller werden. Durch die Integration genomischer Daten, Biomarker und anderer fortschrittlicher Datenquellen werden diese Modelle das Potenzial haben, die Medizin zu transformieren, indem sie präzisere, wirksamere und personalisierte Behandlungen ermöglichen. Der Erfolg dieser Modelle wird jedoch von der kontinuierlichen Zusammenarbeit zwischen Technologie und Medizin sowie vom Bekenntnis zu ethischen Prinzipien und dem Schutz der Patientendaten abhängen.

18.1.3. Ethik beim Einsatz von KI im Gesundheitswesen

Der Einsatz von Künstlicher Intelligenz im Gesundheitswesen hat bedeutende Fortschritte in der Diagnose, Behandlung und Prävention von Krankheiten ermöglicht. Gleichzeitig wirft er jedoch eine Reihe ethischer Herausforderungen auf, die sorgfältig berücksichtigt werden müssen, um sicherzustellen, dass die Anwendung dem Wohl der Patienten dient und die grundlegenden Prinzipien der Medizin und die Menschenrechte gewahrt bleiben.

Eine der zentralen ethischen Herausforderungen beim Einsatz von KI im Gesundheitswesen ist die Frage nach Transparenz und Erklärbarkeit. Viele KI-Tools, insbesondere solche, die auf Deep-Learning-Algorithmen basieren, funktionieren als „Black Boxes", bei denen die generierten Entscheidungen oder Empfehlungen für Menschen nur schwer nachvollziehbar oder erklärbar sind. In einem so sensiblen Bereich wie der Medizin, in dem Entscheidungen über Leben und Tod getroffen werden, kann der Mangel an Erklärbarkeit zu Misstrauen sowohl bei medizinischem Fachpersonal als auch bei Patienten führen. Transparenz darüber, wie diese Systeme trainiert, validiert und eingesetzt werden, ist entscheidend, um sicherzustellen, dass KI-gestützte Entscheidungen vertrauenswürdig und bei Bedarf überprüfbar sind.

Ein weiterer kritischer ethischer Aspekt ist die Verzerrung (Bias) in den Daten, mit denen KI-Algorithmen trainiert werden. Wenn die Trainingsdaten nicht repräsentativ für die Gesamtbevölkerung sind, können die Modelle bestehende Ungleichheiten im Gesundheitssystem aufrechterhalten oder sogar verschärfen. Wenn ein Modell zum Beispiel überwiegend mit Daten von Patienten aus einer bestimmten ethnischen oder sozioökonomischen Gruppe trainiert wurde, kann es bei anderen Gruppen unzureichend generalisieren, was zu Ungleichheiten in Diagnose und Behandlung führt. Der Umgang mit solchen Verzerrungen erfordert einen bewussten und proaktiven Ansatz bei der Datenerhebung und -nutzung, um sicherzustellen, dass Modelle mit vielfältigen und repräsentativen Daten entwickelt werden.

Datenschutz und Datensicherheit sind ebenfalls zentrale ethische Anliegen beim Einsatz von KI im Gesundheitswesen. KI-Systeme benötigen große Mengen persönlicher Daten, um effektiv zu funktionieren, darunter hochsensible Informationen wie Krankengeschichten, genomische Daten und andere intime Details aus dem Leben der Patienten. Ein unsachgemäßer Umgang mit oder eine Sicherheitslücke bei diesen Daten kann zu erheblichen Verletzungen der Privatsphäre führen und für die betroffenen Personen verheerende Konsequenzen haben. Auch die Möglichkeit, dass diese Daten für kommerzielle Zwecke oder ohne ausreichende Zustimmung verwendet werden, stellt ein ernstes ethisches Problem dar. Es ist daher unerlässlich, dass Organisationen, die KI im Gesundheitswesen einsetzen, strenge

Datenschutzpraktiken einhalten und rechtliche Vorschriften wie die Datenschutz-Grundverordnung in Europa beachten.

Verantwortung und Rechenschaftspflicht beim Einsatz von KI im Gesundheitswesen sind ein weiterer wichtiger ethischer Punkt. Wenn ein KI-System einen Fehler macht oder in seiner Leistung versagt, stellt sich die Frage, wer dafür verantwortlich ist: die Softwareentwickler, die Datenlieferanten, das medizinische Personal, das die KI für Entscheidungen verwendet hat, oder die Institutionen, die die Technologie implementiert haben. Ein Mangel an Klarheit in diesem Bereich kann dazu führen, dass Betroffene von Fehlern keine Gerechtigkeit oder angemessene Entschädigung erhalten. Es ist entscheidend, klare Verantwortlichkeitsrahmen zu schaffen, die festlegen, wer für Fehler von KI-Systemen im Gesundheitsbereich haftet.

Zudem berührt der Einsatz von KI in der Medizin ethische Aspekte der Patientenautonomie und der informierten Einwilligung. Je stärker KI-Systeme in medizinische Entscheidungsprozesse integriert werden, desto größer ist das Risiko, dass Patienten und Ärzte sich blind auf die Empfehlungen der KI verlassen, ohne diese zu hinterfragen oder vollständig zu verstehen. Dies könnte die Autonomie des Patienten untergraben, wenn Behandlungsentscheidungen eher von Algorithmen als vom menschlichen Urteil beeinflusst werden. Deshalb ist es wichtig, dass Patienten über den Einsatz von KI in ihrer Behandlung informiert werden und ihre informierte Einwilligung geben, bevor Entscheidungen auf Basis dieser Technologien getroffen werden.

Der Einsatz von KI im Gesundheitswesen wirft auch Fragen des Zugangs und der Gerechtigkeit auf. Die Einführung fortschrittlicher KI-Technologien kann bestehende Ungleichheiten beim Zugang zur medizinischen Versorgung verschärfen, insbesondere in Regionen oder Gemeinschaften mit geringeren Ressourcen. Wenn KI-Technologien nur denen zur Verfügung stehen, die sie sich leisten können oder in gut ausgestatteten Gebieten leben, besteht die Gefahr, dass die Kluft in der Gesundheitsversorgung zwischen verschiedenen Bevölkerungsgruppen weiter wächst. Es ist daher unerlässlich, dass Gesundheitspolitiken den gerechten Zugang zu technologischen Innovationen fördern und berücksichtigen, wie KI-Tools allen Patienten zugutekommen können, unabhängig von ihrem Wohnort oder ihrer wirtschaftlichen Lage.

18.2. Big Data im Marketing: Segmentierung und Personalisierung

18.2.1. Analyse des Kundenverhaltens

Die Analyse des Kundenverhaltens ist ein fundamentales Werkzeug im modernen Marketing, insbesondere im Kontext von Big Data und Künstlicher

Intelligenz. Diese Art der Analyse ermöglicht es Unternehmen, die Bedürfnisse, Vorlieben und Kaufmuster ihrer Kunden besser zu verstehen, was wiederum hilft, fundiertere Entscheidungen zu treffen und Angebote effektiver zu personalisieren.

Der Prozess der Analyse des Kundenverhaltens umfasst die Sammlung und Auswertung großer Datenmengen aus verschiedenen Quellen, wie Kauftransaktionen, Online-Interaktionen, Zufriedenheitsumfragen, sozialen Netzwerken und mehr. Diese Daten werden analysiert, um Muster, Trends und wiederkehrende Verhaltensweisen zu identifizieren, die tiefere Einblicke in das Kundenprofil geben können. Der Schlüssel liegt in der Nutzung fortschrittlicher Datenanalysetools und Machine-Learning-Modelle, um versteckte Muster zu entdecken, die mit traditionellen Analysemethoden nicht offensichtlich wären.

Eine der häufigsten Anwendungen der Analyse des Kundenverhaltens ist die Kundensegmentierung. Dabei werden Kunden in kleinere, homogene Gruppen aufgeteilt, basierend auf spezifischen Merkmalen wie Demografie, Kaufverhalten, Interessen und Werten. Die Segmentierung ermöglicht es Unternehmen, ihre Marketingbemühungen gezielter zu steuern, indem Botschaften und Angebote für jede Gruppe individuell angepasst werden. Zum Beispiel könnte ein Online-Shop ein Kundensegment identifizieren, das dazu neigt, Luxusprodukte zu kaufen, und gezielte Kampagnen für diese Gruppe entwerfen, um die Effektivität der Marketingmaßnahmen zu maximieren.

Ein weiterer kritischer Aspekt der Analyse des Kundenverhaltens ist die Vorhersage des zukünftigen Verhaltens. Mithilfe von Vorhersagemodellen können Unternehmen prognostizieren, welche Produkte oder Dienstleistungen ein Kunde wahrscheinlich kaufen wird, wann dies am ehesten geschieht und sogar, wie viel er bereit ist auszugeben. Diese Modelle basieren auf historischen Daten und Verhaltensmustern und können zur Optimierung der Lagerhaltung, zur Verbesserung der Produktionsplanung und zur Entwicklung effektiverer Werbeaktionen eingesetzt werden. Zum Beispiel könnte ein Einzelhändler Vorhersagemodelle nutzen, um Kunden zu identifizieren, die kurz davor sind, den Service zu kündigen, und ihnen personalisierte Angebote unterbreiten, um sie zu halten.

Die Analyse des Kundenverhaltens wird auch genutzt, um das Kundenerlebnis zu verbessern. Indem Unternehmen die Vorlieben und Erwartungen ihrer Kunden besser verstehen, können sie das Einkaufserlebnis personalisieren, genauere Produktempfehlungen geben und Reibungen im Kaufprozess reduzieren. Ein Beispiel dafür ist der Einsatz von Empfehlungssystemen auf E-Commerce-Plattformen, die Produkte basierend auf früheren Käufen und dem Surfverhalten des Kunden vorschlagen. Diese Art der

Personalisierung steigert nicht nur die Kundenzufriedenheit, sondern erhöht auch die Wahrscheinlichkeit von Zusatzverkäufen.

Darüber hinaus ist die Analyse des Kundenverhaltens entscheidend für die Betrugserkennung und das Risikomanagement. Durch die Überwachung von Transaktionen und Kundenverhalten in Echtzeit können Machine-Learning-Algorithmen anomale Muster erkennen, die auf betrügerische Aktivitäten hinweisen könnten. Zum Beispiel, wenn ein Kunde, der normalerweise kleine Käufe tätigt, plötzlich eine sehr große Transaktion in einem anderen Land durchführt, könnte dies ein Anzeichen für Betrug sein. Unternehmen können automatische Warnsysteme einrichten, um solche Fälle zu untersuchen und präventive Maßnahmen zu ergreifen.

Für die Umsetzung erfordert die Analyse des Kundenverhaltens eine robuste Big-Data-Infrastruktur, die große Datenmengen in Echtzeit verarbeiten kann. Zudem ist ein Team aus Datenanalysten und Data Scientists erforderlich, das analytische Modelle entwickeln, implementieren und verfeinern kann. Auch Datenvisualisierungstools sind wichtig, da sie es Marketing- und Vertriebsteams ermöglichen, die Analyseergebnisse intuitiver zu interpretieren und fundierte Entscheidungen auf Basis der gewonnenen Erkenntnisse zu treffen.

Die Herausforderung bei dieser Art der Analyse liegt in der Integration von Daten aus verschiedenen Quellen, die oft in unterschiedlichen Formaten vorliegen und von variabler Qualität sein können. Die Datenbereinigung und -normalisierung sind entscheidende Schritte, um sicherzustellen, dass analytische Modelle genaue und nützliche Ergebnisse liefern.

Die Analyse des Kundenverhaltens bringt nicht nur Unternehmen Vorteile, sondern kann auch das Kundenerlebnis verbessern, indem sie die Interaktionen mit dem Unternehmen relevanter und zufriedenstellender macht. Allerdings ist es wichtig, dass Unternehmen diese Daten ethisch nutzen, die Privatsphäre der Kunden respektieren und sicherstellen, dass der Einsatz von KI und Big Data mit den Werten und Erwartungen der Kunden übereinstimmt.

Die Künstliche Intelligenz hat den Kundenservice revolutioniert und die Art und Weise verändert, wie Unternehmen mit ihren Nutzern interagieren – und umgekehrt. Auch wenn Chatbots und virtuelle Assistenten die bekanntesten Anwendungen sind, gibt es weitere untypische und ebenso relevante Formen, in denen KI diesen Bereich beeinflusst.

Emotionserkennung bei Serviceanrufen

Einige Unternehmen setzen KI ein, um die Tonlage und Emotionen von Kunden während Telefongesprächen zu analysieren. Die Algorithmen können erkennen, ob ein Kunde frustriert, ungeduldig oder zufrieden ist, was es den Agenten ermöglicht, ihren Tonfall anzupassen oder den Anruf an einen erfahrenen Krisenmanager weiterzuleiten.

KI-Systeme zur Gebärdensprache-Interpretation
Inklusionsorientierte Unternehmen haben Werkzeuge entwickelt, die neuronale Netze nutzen, um Gebärdensprache in Echtzeit in Text oder Sprache zu übersetzen und so die Kommunikation zwischen gehörlosen Personen und Kundenserviceagenten zu erleichtern.

Personalisierungssysteme auf KI-Basis
Im E-Commerce haben einige Unternehmen KI-Systeme implementiert, die die Navigation und Empfehlungen basierend auf dem Verhalten der Nutzer personalisieren. Ohne dass der Kunde mit einem Vertreter kommunizieren muss, antizipiert die KI dessen Bedürfnisse und passt das Einkaufserlebnis an, um reibungslose Interaktionen zu ermöglichen.

Analyse von Mikroausdrücken bei Videogesprächen
Im Finanz- und Luxusdienstleistungssektor nutzen manche Unternehmen KI zur Analyse von Mikroausdrücken während Videointeraktionen. Das hilft, Interesse, Besorgnis oder Zweifel beim Kunden zu erkennen, sodass Agenten ihre Verkaufs- oder Beratungsstrategie in Echtzeit anpassen können.

Optimierung von E-Mail-Antworten mit kontextueller KI
Fortgeschrittene KI-Systeme können eingehende E-Mails analysieren und hochgradig personalisierte automatische Antworten generieren. Diese Modelle nutzen nicht nur den Inhalt der empfangenen Nachricht, sondern auch die Historie der bisherigen Interaktionen, um kohärente und relevante Antworten sicherzustellen.

Service-Roboter in stationären Geschäften
Einige Handelsketten setzen KI-Roboter ein, die Kunden im Geschäft führen, in Echtzeit Fragen zu Produkten beantworten und sogar Rückgaben abwickeln oder beim Onlinekauf helfen können.

Vorhersage von Kundenbedürfnissen durch prädiktive KI
KI-Systeme können große Datenmengen zu früheren Kundeninteraktionen analysieren und vorhersagen, wann ein Kunde wahrscheinlich Unterstützung benötigen wird. Zum Beispiel kann im Telekommunikationssektor KI bevorstehende technische Probleme vorhersagen und den Nutzer vorab benachrichtigen, um proaktive Lösungen anzubieten.

KI zur Beschwerdebearbeitung mit Dokumentenerkennung
In Bereichen wie Versicherungen und Banken wird KI zur Analyse von Dokumenten verwendet, die Kunden bei Beschwerden oder Supportanfragen einreichen. Die Algorithmen können Fehler erkennen, Informationen validieren und den Genehmigungsprozess beschleunigen, wodurch die Wartezeiten erheblich verkürzt werden.

18.2.2. Personalisierung von Angeboten und Kampagnen

Die Personalisierung von Angeboten und Kampagnen ist eine der stärksten Anwendungen von Datenanalyse und Künstlicher Intelligenz im Marketing. Diese Strategie besteht darin, Produkte, Dienstleistungen, Aktionen und Botschaften an die individuellen Bedürfnisse und Vorlieben der Kunden anzupassen. Im Gegensatz zum traditionellen Marketing, das einen allgemeinen Ansatz verfolgt, um möglichst viele Menschen zu erreichen, zielt die Personalisierung darauf ab, eine tiefere und relevantere Verbindung zu jedem einzelnen Kunden aufzubauen, was die Wirksamkeit von Kampagnen und die Kundenzufriedenheit erheblich steigern kann.

Die Personalisierung beginnt mit der Erfassung und Analyse von Kundendaten. Diese Daten können aus vielen Quellen stammen, wie Kaufhistorie, Online-Aktivität, Interaktionen in sozialen Netzwerken und Antworten auf Umfragen. Durch die Analyse dieser Daten können Unternehmen Verhaltensmuster, Vorlieben und spezifische Bedürfnisse jedes Kunden identifizieren. Zum Beispiel könnte ein Online-Shop erkennen, dass ein Kunde wiederholt Interesse an Technikprodukten gezeigt hat und ihm daher entsprechende Produkte vorschlagen oder spezifische Aktionen zum Thema Technik zusenden.

Eine der gängigsten Techniken in der Personalisierung ist die erweiterte Segmentierung. Während die einfache Segmentierung Kunden in große Gruppen mit allgemeinen Merkmalen wie Alter oder Wohnort einteilt, nutzt die erweiterte Segmentierung Machine-Learning-Algorithmen, um viel spezifischere und dynamische Segmente zu erstellen. Diese Segmente können auf aktuellen Verhaltensweisen, der Neigung zu bestimmten Handlungen oder sogar auf psychologischen und emotionalen Faktoren basieren. Dadurch können Unternehmen Kampagnen entwerfen, die gezielter auf die individuellen Motivationen der einzelnen Kundengruppen abgestimmt sind.

Darüber hinaus erstreckt sich die Personalisierung auch auf den Inhalt und den Kanal, über den er übermittelt wird. Ein Unternehmen kann nicht nur das Angebot anpassen, sondern auch das Kommunikationsmedium, wie E-Mail, SMS, Push-Benachrichtigungen oder soziale Netzwerke. So wird sichergestellt, dass die Botschaft den Kunden zum richtigen Zeitpunkt und am richtigen Ort erreicht, an dem er am ehesten positiv reagiert. Zum Beispiel könnte ein Kunde, der morgens regelmäßig seine E-Mails liest, zu dieser Zeit personalisierte Angebote erhalten, während ein anderer, der viel Zeit in sozialen Netzwerken verbringt, dieselben Angebote als personalisierte Anzeigen in seinem Feed sehen könnte.

Ein weiterer entscheidender Aspekt der Personalisierung ist die Anpassung in Echtzeit. Dank Big Data und prädiktiver Analytik ist es möglich, Angebote und Kampagnen in Abhängigkeit von der Kundeninteraktion in Echtzeit anzupassen. Wenn ein Kunde beispielsweise Produkte in den Warenkorb legt, den Kauf aber nicht abschließt, kann ein Personalisierungssystem sofort einen Rabatt oder eine spezielle Aktion anbieten, um den Kaufabschluss zu fördern. Diese Art der Echtzeitpersonalisierung ist besonders effektiv im E-Commerce und bei mobilen Anwendungen, wo Kaufentscheidungen schnell getroffen und durch unmittelbare Faktoren beeinflusst werden.

Künstliche Intelligenz ermöglicht auch die Erstellung hochwirksamer Empfehlungssysteme, die eine der sichtbarsten Formen der Personalisierung darstellen. Diese Systeme nutzen historische Kundendaten und Machine-Learning-Algorithmen, um Produkte oder Dienstleistungen vorzuschlagen, die den Kunden wahrscheinlich interessieren. Ein klassisches Beispiel dafür ist das Empfehlungssystem von Amazon, das Produkte basierend auf früheren Käufen, angesehenen Artikeln und allgemeinen Kauftrends bei ähnlichen Nutzern vorschlägt. Diese Art der Personalisierung verbessert nicht nur das Kundenerlebnis, sondern steigert auch Cross-Selling und Upselling, wodurch der Kundenwert für das Unternehmen erhöht wird.

Es ist wichtig zu betonen, dass Personalisierung zwar große Vorteile bietet, aber auch erhebliche Herausforderungen mit sich bringt, insbesondere in Bezug auf Datenschutz und Datenverarbeitung. Unternehmen müssen transparent darüber sein, wie sie Kundendaten erfassen und verwenden, und sicherstellen, dass sie alle geltenden Vorschriften einhalten, wie die DSGVO in Europa oder den CCPA in Kalifornien.

Für die Umsetzung der Personalisierung von Angeboten und Kampagnen ist eine solide Dateninfrastruktur erforderlich, die große Informationsmengen effizient verarbeiten kann. Unternehmen müssen in Big-Data-Technologien, fortschrittliche Analysetools und automatisierte Marketingplattformen investieren, die eine Personalisierung im großen Maßstab ermöglichen. Darüber hinaus ist ein Team aus Datenanalysten, Data Scientists und Marketingfachleuten notwendig, das die Daten interpretieren und wirksame Personalisierungsstrategien entwickeln kann.

18.2.3. Marketing-Tools und -Plattformen

In der modernen Marketingwelt spielen Marketing-Tools und -Plattformen eine grundlegende Rolle, um Unternehmen bei der effizienten Durchführung, Verwaltung und Analyse ihrer Kampagnen zu unterstützen. Mit dem Fortschritt der Technologie und der weit verbreiteten Einführung von Künstlicher Intelligenz und Big Data haben sich diese Tools weiterentwickelt und bieten nun anspruchsvollere Funktionen wie Massenpersonalisierung, Kampagnenautomatisierung und prädiktive Analysen. Im Folgenden werden einige der wichtigsten Marketing-Tools und -Plattformen vorgestellt und erläutert, wie sie zur Effektivität von Marketingstrategien beitragen.

Eine der am häufigsten verwendeten Arten von Marketing-Tools ist die Marketing-Automatisierungsplattform. Diese Plattformen ermöglichen es Unternehmen, sich wiederholende Aufgaben zu automatisieren, wie zum Beispiel den Versand von E-Mails, das Posten in sozialen Netzwerken und die Segmentierung von Zielgruppen. Beispiele für solche Plattformen sind HubSpot, Marketo und Pardot. Diese Tools sparen nicht nur Zeit, sondern ermöglichen auch eine genauere Personalisierung und eine Echtzeitanalyse der Ergebnisse. HubSpot beispielsweise bietet Funktionen zur Erstellung automatisierter Workflows, die das Kundenerlebnis basierend auf früherem Verhalten wie E-Mail-Interaktionen oder Website-Besuchen personalisieren.

Plattformen zur Verwaltung von Kundenbeziehungen (CRM) sind ebenfalls entscheidend im Arsenal der Marketing-Tools. Ein CRM wie Salesforce, Microsoft Dynamics oder Zoho CRM ermöglicht es Unternehmen, alle Kundendaten in einer einzigen Datenbank zu zentralisieren, die für alle Teams zugänglich ist. Dadurch wird sichergestellt, dass jede Kundeninteraktion kohärent und auf präzisen Daten basiert. Darüber hinaus bieten viele CRMs Integrationen mit Marketing-Automatisierungstools, sodass Kampagnen personalisierter und auf die spezifischen Bedürfnisse jedes Kunden zugeschnitten werden können. Salesforce lässt sich zum Beispiel mit Pardot integrieren, um die Lead-Generierung zu automatisieren und Kundeninteraktionen im gesamten Vertriebstrichter zu verfolgen.

Im Bereich der Werbekampagnenverwaltung sind Werbeverwaltungsplattformen wie Google Ads, Facebook Ads Manager und LinkedIn Campaign Manager unerlässlich. Diese Tools ermöglichen es Unternehmen, Online-Werbekampagnen effizient zu erstellen, zu verwalten und zu optimieren. Sie verwenden fortschrittliche Algorithmen zur Zielgruppensegmentierung, Budgetoptimierung und zur Echtzeitmessung der Kapitalrendite (ROI). Außerdem bieten sie Remarketing-Funktionen, mit denen Unternehmen erneut mit Nutzern in Kontakt treten können, die bereits mit ihrer Website oder ihren Anzeigen interagiert haben. Diese Plattformen sind für jede digitale

Marketingstrategie grundlegend, da sie eine präzise segmentierte und große Zielgruppe erreichen können.

Datenanalysetools wie Google Analytics, Adobe Analytics und Tableau sind ebenso entscheidend. Diese Plattformen ermöglichen es Unternehmen, das Nutzerverhalten auf ihren Websites und Anwendungen zu überwachen, zu verstehen, welcher Inhalt am effektivsten ist, und Kampagnen basierend auf Daten zu optimieren. Google Analytics bietet zum Beispiel eine detaillierte Übersicht über den Website-Traffic, sodass Marketer sehen können, woher ihre Besucher kommen, welche Seiten am häufigsten besucht werden und wie viel Zeit sie auf jeder Seite verbringen. Tableau hingegen erleichtert die Visualisierung komplexer Daten, sodass Unternehmen fundierte Entscheidungen auf Basis detaillierter Analysen treffen und Ergebnisse verständlich für Stakeholder präsentieren können.

Auch Content-Management-Systeme (CMS) wie WordPress, Drupal und Joomla ermöglichen es Unternehmen, ihre Online-Inhalte effizient zu erstellen und zu verwalten. Ein CMS erleichtert die Veröffentlichung neuer Inhalte, das Aktualisieren von Informationen und die Verwaltung mehrerer digitaler Kanäle von einem zentralen Ort aus. Diese Tools sind wichtig, um eine konsistente und ansprechende Online-Präsenz aufrechtzuerhalten, was für jede digitale Marketingstrategie unerlässlich ist.

Im Bereich der Personalisierung ermöglichen Tools wie Dynamic Yield, Optimizely und Adobe Target Unternehmen, das Benutzererlebnis in Echtzeit zu personalisieren. Diese Plattformen analysieren das Verhalten der Nutzer und passen Inhalte, Angebote und Botschaften entsprechend ihren Vorlieben und früheren Aktionen an. Dynamic Yield zum Beispiel kann den Inhalt einer Webseite in Echtzeit ändern, um Produkte basierend auf dem bisherigen Surfverhalten des Nutzers anzuzeigen. Diese Personalisierungsfähigkeit verbessert nicht nur das Nutzererlebnis, sondern erhöht auch die Konversionsraten und die Kundenzufriedenheit.

Für das Social-Media-Management sind Tools wie Hootsuite, Buffer und Sprout Social unverzichtbar. Diese Plattformen ermöglichen es Unternehmen, alle ihre Social-Media-Konten von einem einzigen Ort aus zu verwalten, Beiträge zu planen, mit ihrem Publikum zu interagieren und Erwähnungen ihrer Marke in Echtzeit zu überwachen. Darüber hinaus bieten sie detaillierte Analysen über die Leistung von Social-Media-Kampagnen, wodurch Strategien bei Bedarf angepasst werden können, um Reichweite und Engagement zu maximieren. Hootsuite ermöglicht es Marketern zum Beispiel, Beiträge auf mehreren sozialen Plattformen zu planen und zu analysieren, welche Inhalte am meisten Interaktion erzeugen.

Im Bereich der Suchmaschinenoptimierung (SEO) sind Tools wie SEMrush, Ahrefs und Moz von zentraler Bedeutung. Diese Plattformen bieten detaillierte Keyword-Analysen, Rankings-Tracking, Website-Audits und Wettbewerbsanalysen. Dadurch können Unternehmen ihre Sichtbarkeit in den Suchergebnissen verbessern, was entscheidend ist, um hochwertigen organischen Traffic zu generieren. SEMrush ermöglicht es Nutzern zum Beispiel, die Leistung ihrer Keywords zu überwachen, neue SEO-Möglichkeiten zu entdecken und die SEO-Strategie ihrer Wettbewerber zu analysieren.

Im Bereich des E-Mail-Marketings sind Plattformen wie Mailchimp, SendGrid und Campaign Monitor grundlegend. Diese Tools ermöglichen es, ansprechende E-Mail-Kampagnen zu erstellen, Zielgruppen zu segmentieren und die Kampagnenleistung zu analysieren. Mailchimp bietet zum Beispiel erweiterte Funktionen wie die Segmentierung von Listen, die Automatisierung von E-Mail-Kampagnen basierend auf dem Verhalten der Nutzer und die Integration mit anderen Marketing-Tools, um ein konsistentes und personalisiertes Kundenerlebnis zu bieten.

Diese Tools erleichtern nicht nur die Durchführung komplexer Kampagnen, sondern liefern auch die notwendigen Daten und Analysen, um fundierte Entscheidungen zu treffen, die den Bedürfnissen und dem Verhalten der Kunden in Echtzeit entsprechen. Durch den integrierten Einsatz dieser Plattformen können Unternehmen ihre Marketingprozesse erheblich effizienter gestalten, personalisiertere Kundenerlebnisse bieten und letztlich bessere Kampagnenergebnisse erzielen.

18.3. KI im Finanzwesen: Risikoanalyse und algorithmischer Handel

18.3.1. Prädiktive Modelle für das Kreditrisiko

Die Entwicklung prädiktiver Modelle für das Kreditrisiko ist ein entscheidender Bereich im Finanzwesen, da sie es Institutionen ermöglicht, die Wahrscheinlichkeit eines Zahlungsausfalls eines Kreditnehmers vor der Kreditvergabe zu bewerten. Diese Modelle basieren auf Methoden des Machine Learnings und fortgeschrittener Statistik, und ihre korrekte Implementierung kann Zahlungsausfälle erheblich verringern, das Risikomanagement verbessern und die Kapitalallokation optimieren.

Prädiktive Kreditrisikomodelle verwenden in der Regel historische Daten des Kreditnehmers sowie andere wirtschaftliche und marktbezogene Faktoren, um sein zukünftiges Verhalten vorherzusagen. Die analysierten Informationen umfassen typischerweise demografische Daten, Kreditverlauf, Zahlungsverhalten, Einkommen, Verschuldungsgrad und andere relevante

Faktoren. Eine der am häufigsten verwendeten Methoden ist die logistische Regression, die die Wahrscheinlichkeit eines binären Ereignisses wie eines Zahlungsausfalls (d. h. ob der Kreditnehmer seine Verpflichtungen erfüllt oder nicht) schätzt.

Ein logistisches Regressionsmodell könnte zum Beispiel als Eingabevariablen das Alter des Antragstellers, die Gesamtschuldenhöhe, die Historie verspäteter Zahlungen und den Beschäftigungstyp verwenden. Das trainierte Modell würde diese Daten nutzen, um die Wahrscheinlichkeit zu prognostizieren, dass der Antragsteller bei einem neuen Kredit in Verzug gerät. Der vom Modell ausgegebene Wahrscheinlichkeitswert kann verwendet werden, um Antragsteller in verschiedene Risikokategorien von niedrig bis hoch einzuordnen.

Neben der logistischen Regression kommen auch andere Methoden des Machine Learnings wie Entscheidungsbäume, Random Forests und Support Vector Machines häufig bei der Vorhersage des Kreditrisikos zum Einsatz. Entscheidungsbäume sind besonders nützlich wegen ihrer Interpretierbarkeit, da sie visualisieren, wie auf Basis der Merkmale des Antragstellers Entscheidungen getroffen werden. Random Forests, eine Erweiterung der Entscheidungsbäume, kombinieren mehrere Bäume, um Überanpassung zu vermeiden und die Modellgenauigkeit zu verbessern.

Eine fortgeschrittenere Technik auf diesem Gebiet ist der Einsatz neuronaler Netze, die nichtlineare Beziehungen und komplexe Muster in den Daten erfassen können. Obwohl neuronale Netze im Allgemeinen weniger interpretierbar sind als einfachere Modelle, bieten sie bei bestimmten Anwendungen aufgrund ihrer Fähigkeit, große Datenmengen und subtile Muster zu verarbeiten, oft eine überlegene Leistung.

Die Genauigkeit eines Kreditrisikomodells wird typischerweise mit Metriken wie dem AUC-ROC (Area Under the Receiver Operating Characteristic Curve) und der Genauigkeit gemessen. Der AUC-ROC ist besonders nützlich, da er die Fähigkeit des Modells misst, zwischen Kreditnehmern zu unterscheiden, die ihre Zahlungen leisten, und solchen, die dies nicht tun, unabhängig von einem spezifischen Schwellenwert.

Ein kritischer Aspekt bei der Implementierung prädiktiver Kreditrisikomodelle ist die kontinuierliche Validierung und Neukalibrierung. Finanzdaten und das Verhalten der Kreditnehmer können sich im Laufe der Zeit aufgrund makroökonomischer Faktoren, gesetzlicher Änderungen oder neuer Markttrends ändern. Daher müssen die Modelle regelmäßig überprüft und neu kalibriert werden, um ihre Wirksamkeit aufrechtzuerhalten. Dies bedeutet, das Modell mit aktuelleren Daten neu zu trainieren und die Parameter bei Bedarf anzupassen.

Gerechtigkeit ist ein weiteres zentrales Thema bei der Entwicklung solcher Modelle. Es ist wichtig, dass Kreditrisikomodelle keine Verzerrungen aufweisen, die bestimmten Personengruppen schaden könnten. Wenn ein Modell zum Beispiel auf Variablen basiert, die mit geschützten Merkmalen wie Rasse, Geschlecht oder Religion korrelieren, könnte es zu unfairen Entscheidungen kommen. Um diese Risiken zu mindern, ist es unerlässlich, Fairness-Techniken im Machine Learning anzuwenden, die sicherstellen sollen, dass Modelle faire und gerechte Entscheidungen für alle Antragsteller treffen.

In technischer Hinsicht werden prädiktive Kreditrisikomodelle meist in automatisierte Entscheidungssysteme integriert, die Kreditentscheidungen in Echtzeit treffen können. Diese Systeme extrahieren die relevanten Informationen des Antragstellers, wenden das prädiktive Modell an und geben eine Entscheidung zusammen mit der berechneten Risikowahrscheinlichkeit zurück. Dieser Prozess ermöglicht es Finanzinstituten, fundiertere Kreditentscheidungen zu treffen und das Ausfallrisiko zu reduzieren.

Sehen wir uns ein vereinfachtes Beispiel in Python an, das zeigt, wie ein logistisches Regressionsmodell trainiert werden könnte, um das Kreditrisiko vorherzusagen:

```
import pandas as pd
from sklearn.model_selection import train_test_split
from sklearn.linear_model import LogisticRegression
from sklearn.metrics import roc_auc_score, accuracy_score

# Daten aus einer CSV-Datei laden
# Stelle sicher, dass sich die Datei 'credit_data.csv' im selben
Verzeichnis befindet oder gib den vollständigen Pfad an
data = pd.read_csv('credit_data.csv')

# Die ersten Zeilen des DataFrames anzeigen, um zu überprüfen, ob die
Daten korrekt geladen wurden
print(data.head())

# Merkmale und Zielvariable auswählen
X = data[['age', 'total_debt', 'income', 'payment_history']] # Mer-
kmale
y = data['default'] # Zielvariable, 1 bei Zahlungsausfall, 0 sonst

# Daten in Trainings- und Testmengen aufteilen
X_train, X_test, y_train, y_test = train_test_split(X, y,
test_size=0.3, random_state=42)

# Logistisches Regressionsmodell erstellen und trainieren
model = LogisticRegression()
model.fit(X_train, y_train)

# Vorhersagen durchführen
```

```
y_pred = model.predict(X_test)
y_pred_prob = model.predict_proba(X_test)[:, 1]

# Modell bewerten
auc = roc_auc_score(y_test, y_pred_prob)
accuracy = accuracy_score(y_test, y_pred)

print(f"AUC-ROC: {auc}")
print(f"Accuracy: {accuracy}")
```

In diesem Code wird ein logistisches Regressionsmodell verwendet, um die Wahrscheinlichkeit eines Zahlungsausfalls anhand verschiedener Merkmale des Kreditnehmers vorherzusagen. Es werden wichtige Metriken wie der AUC-ROC und die Genauigkeit ausgewertet, um die Leistung des Modells zu messen.

Die Entwicklung und Implementierung prädiktiver Kreditrisikomodelle ist ein komplexer Prozess, der eine Kombination aus Fachwissen in Finanzen, Machine Learning und Risikomanagement erfordert. Wenn er jedoch korrekt durchgeführt wird, bietet er Finanzinstituten einen erheblichen Mehrwert durch verbesserte Entscheidungsfindung und reduzierte Kreditrisiken.

18.3.2. Handelsalgorithmen

Handelsalgorithmen haben die Art und Weise, wie auf den Finanzmärkten gehandelt wird, revolutioniert, indem sie es Händlern ermöglichen, automatisierte und datengestützte Entscheidungen in Sekundenbruchteilen zu treffen. Diese Algorithmen sind ein wesentlicher Bestandteil des algorithmischen Handels, auch bekannt als automatisierter Handel, bei dem Kauf- und Verkaufsaufträge automatisch von einem Computerprogramm auf Grundlage eines vordefinierten Regelwerks ausgeführt werden. Handelsalgorithmen können für verschiedene Strategien entworfen werden, von Hochfrequenzhandel bis hin zu Handel auf Basis fundamentaler oder technischer Analysen.

Eine der bekanntesten Arten von Handelsalgorithmen ist der Hochfrequenzhandel (HFT). Diese Algorithmen führen eine große Anzahl von Transaktionen in Millisekunden aus, um kleine Ineffizienzen am Markt auszunutzen. Die Strategie basiert auf Geschwindigkeit, wobei die Gewinne durch die Akkumulation kleiner Margen bei einer großen Anzahl von Geschäften erzielt werden. HFT-Algorithmen nutzen in der Regel Echtzeit-Marktdaten und handeln gleichzeitig auf mehreren Märkten, um Arbitragemöglichkeiten zu erkennen und auszunutzen, was bedeutet, dass ein Vermögenswert gleichzeitig auf verschiedenen Märkten gekauft und verkauft wird, um von Preisunterschieden zu profitieren.

Ein weiterer Ansatz ist der momentum-basierte Handel, bei dem Algorithmen darauf ausgelegt sind, Trends bei den Vermögenspreisen zu erkennen und in Richtung des Trends zu handeln. Diese Algorithmen analysieren technische Indikatoren wie gleitende Durchschnitte, Oszillatoren oder den Relative-Stärke-Index (RSI), um den richtigen Zeitpunkt für den Einstieg oder Ausstieg aus einer Position zu bestimmen. Ein Momentum-Algorithmus könnte beispielsweise so programmiert sein, dass er einen Vermögenswert kauft, wenn dessen Preis seinen 50-Tage-Durchschnitt überschreitet, und verkauft, wenn er darunter fällt.

Der auf statistischer Arbitrage basierende Handel ist ein weiterer verbreiteter Ansatz. Dieser Algorithmustyp versucht, Abweichungen in der Preisbeziehung zwischen zwei oder mehr Vermögenswerten zu erkennen, die historisch eine stabile Korrelation aufweisen. Wenn sich beispielsweise zwei Aktien gewöhnlich parallel bewegen, aber eine vorübergehend von dieser historischen Korrelation abweicht, könnte der Algorithmus einen Kaufauftrag für die unterbewertete Aktie und einen Verkaufsauftrag für die überbewertete Aktie ausführen, in der Erwartung, dass sich die Preise wieder angleichen.

Neben diesen Ansätzen konzentrieren sich auf fundamentale Analyse basierende Handelsalgorithmen auf die Auswertung wirtschaftlicher und finanzieller Daten zur Entscheidungsfindung. Solche Algorithmen können Finanzberichte, Bewertungskennzahlen, makroökonomische Daten, Nachrichten und andere fundamentale Indikatoren analysieren, um den inneren Wert eines Vermögenswertes zu bestimmen. Basierend auf dieser Bewertung kann der Algorithmus Kauf- oder Verkaufsaufträge ausführen, um langfristige Investitionsmöglichkeiten zu nutzen.

Das Risikomanagement ist ein integraler Bestandteil von Handelsalgorithmen. Sie sind so konzipiert, dass sie das Risiko jeder Transaktion berechnen und die Positionen entsprechend anpassen. Dazu gehört die Nutzung von Stop-Losses, also vordefinierten Verkaufsaufträgen, die Verluste begrenzen, wenn sich der Markt gegen die Position des Händlers bewegt, sowie Take-Profits, also Verkaufsaufträge zur Gewinnsicherung bei günstiger Marktentwicklung.

Was die technische Umsetzung betrifft, so werden Handelsalgorithmen unter Verwendung von Programmiersprachen wie Python, C++ oder R entwickelt. Libraries wie NumPy, Pandas und Scikit-learn erleichtern die Datenanalyse und die Implementierung von Machine-Learning-Modellen für den Handel. Hier ist ein vereinfachtes Beispiel in Python für einen grundlegenden gleitenden Durchschnitts-Handelsalgorithmus, eine gängige Strategie zur Trenderkennung:

```
import pandas as pd
import numpy as np

# Preisdaten laden (angenommen, 'data' ist ein DataFrame mit den
Spalten 'Date' und 'Close')
data = pd.read_csv('market_data.csv', parse_dates=['Date'], in-
dex_col='Date')

# Gleitende Durchschnitte berechnen
data['SMA_50'] = data['Close'].rolling(window=50).mean()
data['SMA_200'] = data['Close'].rolling(window=200).mean()

# Kauf-/Verkaufssignale generieren
data['Signal'] = 0
data['Signal'][50:] = np.where(data['SMA_50'][50:] >
data['SMA_200'][50:], 1, 0)
data['Position'] = data['Signal'].diff()

# Handelssignale ausgeben
print(data[['Close', 'SMA_50', 'SMA_200', 'Signal', 'Positi-
on']].tail())
```

In diesem Code berechnet der Algorithmus zwei gleitende Durchschnitte (50 und 200 Tage) und generiert Kaufsignale, wenn der kurzfristige Durchschnitt (50 Tage) den langfristigen Durchschnitt (200 Tage) überschreitet, sowie Verkaufssignale im umgekehrten Fall. Diese Art von Strategie ist einfach, aber effektiv, um Markttrends zu erfassen.

Der Einsatz von Handelsalgorithmen bietet zahlreiche Vorteile, wie die Ausschaltung emotionaler Entscheidungsfindung, die Fähigkeit, rund um die Uhr zu handeln, und die Möglichkeit, komplexe Strategien umzusetzen, die für Menschen unmöglich wären. Allerdings bestehen auch Risiken, insbesondere in volatilen Märkten oder bei unerwarteten Ereignissen, die zu plötzlichen Preisschwankungen führen können. Es ist entscheidend, dass Algorithmen gut durchdacht und gründlich getestet werden, bevor sie in einer produktiven Umgebung eingesetzt werden.

Die Regulierung ist ein wesentlicher Aspekt bei der Entwicklung und Implementierung von Handelsalgorithmen. Verschiedene Rechtsordnungen haben spezifische Vorschriften für den algorithmischen Handel erlassen, um unfaire Praktiken zu verhindern und die Stabilität der Finanzmärkte zu gewährleisten. Entwickler solcher Algorithmen müssen sicherstellen, dass sie alle geltenden Vorschriften einhalten, um Sanktionen zu vermeiden und die Integrität des Marktes zu wahren.

18.3.3. Regulierung und Compliance im Finanzwesen

Die Regulierung und Compliance im Finanzsektor sind entscheidend für die Sicherstellung der Integrität, Transparenz und Stabilität der Finanzmärkte. In einem Umfeld, in dem elektronische Transaktionen, Handelsalgorithmen und fortschrittliche Technologien wie Künstliche Intelligenz eine zentrale Rolle spielen, wurde die behördliche Aufsicht verstärkt, um systemische Risiken zu mindern und Anleger sowie die Gesamtwirtschaft zu schützen.

Ein Hauptziel der Finanzregulierung ist die Verhinderung systemischer Risiken, also der Möglichkeit, dass eine Störung bei einem Finanzinstitut oder einer Anlageklasse auf das gesamte Finanzsystem übergreift und schwere wirtschaftliche Krisen verursacht. Ereignisse wie die Finanzkrise von 2008 haben gezeigt, wie das Fehlen angemessener Regulierung und die Nichteinhaltung von Vorschriften globale Folgen haben können. Seitdem haben Regulierungsbehörden die Vorschriften verschärft und neue Gesetze und Leitlinien eingeführt, um ähnliche Krisen zu vermeiden.

Ein wesentliches regulatorisches Rahmenwerk im Finanzkontext ist Basel III, das vom Basler Ausschuss für Bankenaufsicht entwickelt wurde. Dieses Rahmenwerk, das auf Basel I und Basel II folgt, zielt darauf ab, die Regulierung, Aufsicht und Risikomanagementpraktiken im Bankensektor zu stärken. Basel III verschärft die Anforderungen an Eigenkapital, Verschuldung und Liquidität, indem Banken verpflichtet werden, höhere Kapitalreserven zur Verlustabsorption zu halten und das Insolvenzrisiko zu verringern.

Ein weiterer zentraler Bestandteil der Finanzregulierung ist der Dodd-Frank Act zur Reform der Wall Street und zum Verbraucherschutz in den USA, der 2010 als Reaktion auf die Finanzkrise von 2008 verabschiedet wurde. Dieses Gesetz führt eine Reihe von Reformen ein, um die Finanzstabilität zu erhöhen, Verbraucher zu schützen, das Problem des "Too Big to Fail" zu bekämpfen und die Transparenz auf den Finanzmärkten zu verbessern. Der Dodd-Frank Act verschärft Kapital- und Verschuldungsvorgaben für Finanzinstitute und reguliert die Derivatemärkte, die im Zentrum der Krise von 2008 standen.

In der Europäischen Union sind die Datenschutz-Grundverordnung (DSGVO) und die Richtlinie über Märkte für Finanzinstrumente (MiFID II) zentrale Regulierungen, die Finanzinstitute betreffen. MiFID II zielt insbesondere darauf ab, den Anlegerschutz zu stärken und die Transparenz an den Finanzmärkten zu erhöhen, indem sie neue Regeln für die Tätigkeit von Investmentfirmen, die Informationspflicht und die Ausführung von Aufträgen festlegt.

MiFID II enthält auch spezielle Vorschriften für den algorithmischen und Hochfrequenzhandel. Sie fordert von Unternehmen, die solche Methoden einsetzen, angemessene Risikokontrollen sowie Überwachungs- und Auditsysteme. Dazu gehört die Sicherstellung, dass Algorithmen nicht zur Marktinstabilität beitragen, Marktmanipulationen verhindern und im besten Interesse der Kunden handeln.

Das Sarbanes-Oxley-Gesetz, ebenfalls in den USA, ist ein weiteres Beispiel für Gesetze zur Förderung von Transparenz und Rechenschaft im Finanzwesen. Es wurde 2002 nach den Bilanzskandalen von Enron und WorldCom verabschiedet und stellt strenge Anforderungen an die Finanzberichterstattung und die Unternehmensverantwortung, einschließlich der Pflicht, dass Führungskräfte die Richtigkeit der Finanzberichte persönlich bestätigen.

Im Bereich Compliance müssen Finanzinstitute robuste Rahmenwerke für Risikomanagement und regulatorische Einhaltung implementieren, um sicherzustellen, dass sie gesetzeskonform operieren. Dazu gehört die Einrichtung spezialisierter Compliance-Teams, die die Geschäftstätigkeit überwachen, potenzielle Risiken identifizieren und die Einhaltung interner und externer Vorschriften sicherstellen. Technologie spielt eine zentrale Rolle, da Big-Data-Analysen und automatisierte Betrugserkennungssysteme es ermöglichen, große Mengen an Transaktionen in Echtzeit zu überwachen und verdächtige Aktivitäten zu erkennen.

Compliance umfasst auch regelmäßige Prüfungen durch Aufsichtsbehörden sowie interne Audits zur Überprüfung der Wirksamkeit der Kontrollsysteme und zur Sicherstellung der Einhaltung aller relevanten Vorschriften im gesamten Unternehmen. Verstöße gegen Vorschriften können zu hohen Geldstrafen, strafrechtlichen Sanktionen und Reputationsschäden führen.

Die Einhaltung von Vorschriften dient nicht nur der Vermeidung rechtlicher Konsequenzen, sondern auch der Aufrechterhaltung des Vertrauens von Investoren, Kunden und anderen Stakeholdern. In einem Markt, in dem Vertrauen grundlegend ist, können Unternehmen, die als intransparent oder regelwidrig wahrgenommen werden, erhebliche Geschäftseinbußen erleiden.

Im Hinblick auf die eingesetzte Technologie haben sich sogenannte RegTech-Lösungen (Regulatory Technology) durchgesetzt. Diese Werkzeuge helfen Finanzunternehmen, Compliance-Prozesse zu automatisieren, große Mengen an regulatorischen Daten zu verwalten und sich schnell an Änderungen im Regulierungsumfeld anzupassen. RegTech deckt eine breite Palette von Anwendungen ab, von Risikomanagement und Kundenidentifikation bis hin zur kontinuierlichen Überwachung und Erstellung regulatorischer Berichte.

Erwähnenswert ist die Rolle internationaler Aufsichtsbehörden wie der Internationalen Organisation der Wertpapieraufsichtsbehörden (IOSCO) und des Finanzstabilitätsrats (FSB), die die Regulierung und Aufsicht auf globaler Ebene koordinieren. Diese Organisationen arbeiten daran, internationale Standards zu setzen und die Zusammenarbeit zwischen verschiedenen Rechtsordnungen zu fördern, um globale Risiken zu bewältigen, die Transparenz zu erhöhen und die Stabilität des internationalen Finanzsystems zu stärken.

Regulierung und Compliance im Finanzwesen sind dynamische Bereiche, die sich ständig weiterentwickeln, um neuen Herausforderungen und aufkommenden Technologien gerecht zu werden. Finanzinstitute müssen sich kontinuierlich anpassen und ihre Compliance-Praktiken verbessern, um mit dem sich ständig ändernden regulatorischen Umfeld Schritt zu halten und die mit Regelverstößen verbundenen Risiken zu vermeiden.

18.4. KI in der Industrie

Künstliche Intelligenz hat den Industriesektor mit Anwendungen revolutioniert, die über typische Fälle wie vorausschauende Wartung und Automatisierung von Produktionslinien hinausgehen. Es gibt weniger bekannte, aber ebenso entscheidende Implementierungen, die verschiedene Bereiche der Industrie transformieren.

Optimierung des Gewebes in der Textilindustrie
In der Herstellung von Kleidung und Textilien wird KI eingesetzt, um Stoffabfälle durch Schnittoptimierungsalgorithmen zu minimieren. Machine-Learning-Modelle analysieren Muster und Formen von Kleidungsstücken und berechnen die beste Art, Schnitte im Stoff zu verteilen, um überschüssiges Material zu reduzieren. Nachhaltige Modeunternehmen haben diese Technologie implementiert, um die Effizienz zu verbessern und ihre Umweltbelastung zu verringern.

KI zur Erkennung von Mängeln in Marmor und Naturstein
Die Bau- und Dekorationsindustrie verwendet Künstliche Intelligenz, um Marmor- und Granitblöcke auf Risse oder innere Unvollkommenheiten zu untersuchen, die mit bloßem Auge nicht sichtbar sind. Mithilfe neuronaler Netze, die mit Referenzbildern trainiert wurden, können Unternehmen die besten Stücke vor der Weiterverarbeitung klassifizieren und auswählen, wodurch Abfall reduziert und die Qualität des Endprodukts verbessert wird.
Überwachung der Fermentation bei der Getränkeproduktion
Brauereien, Weinkellereien und andere Hersteller fermentierter Produkte haben begonnen, intelligente Sensoren und KI-Algorithmen einzusetzen, um den Fermentationsprozess in Echtzeit zu überwachen. Dadurch können

Variablen wie Temperatur, pH-Wert und Zuckerkonzentration angepasst werden, um die Qualität des Endprodukts zu optimieren und Verluste durch fehlerhafte Chargen zu reduzieren.

Vorhersage von Ausfällen bei Schneidwerkzeugen in der Fertigung
In der metallverarbeitenden Industrie haben Schneidwerkzeuge wie Bohrer und Fräser eine begrenzte Lebensdauer, und ihr unerwarteter Ausfall kann die Produktion stoppen. KI-Systeme analysieren Vibrationen, Temperatur und Verschleißmuster, um vorherzusagen, wann ein Werkzeug ausfallen wird, was einen Austausch ermöglicht, bevor es zu einem kritischen Problem kommt.

Abfallklassifikation in industriellen Prozessen
Unternehmen, die große Mengen an Abfällen produzieren, haben KI eingeführt, um das Abfallmanagement zu verbessern. Intelligente Sensoren und Computer Vision klassifizieren in Echtzeit recycelbare und nicht recycelbare Materialien, steigern die Effizienz des Recyclings und senken die Betriebskosten.

Generierung optimierter Designs für Leichtbaustrukturen
In Bereichen wie der Luft- und Raumfahrt sowie der Automobilindustrie wird Künstliche Intelligenz eingesetzt, um Strukturen zu entwerfen, die hinsichtlich Gewicht und Festigkeit optimiert sind. Generative Optimierungsalgorithmen können Designs erstellen, die weniger Material verbrauchen, ohne die Sicherheit zu beeinträchtigen, wodurch Kosten gesenkt und die Leistung der Produkte verbessert wird.

KI in der Parfüm- und Duftstoffherstellung
Die Kreation von Düften ist eine Kunst, die heute durch KI unterstützt wird. Mit Hilfe von Deep-Learning-Modellen können Unternehmen Kombinationen von Inhaltsstoffen vorhersagen, die angenehme und einzigartige Düfte ergeben. Diese Algorithmen können sogar vorhersagen, wie sich ein Duft im Laufe der Zeit verändern wird, was die Produktformulierung verbessert.

Simulation extremer Bedingungen in der Luft- und Raumfahrtindustrie
Raumfahrtagenturen und Luft- und Raumfahrtunternehmen verwenden KI zur Simulation extremer Bedingungen, denen Materialien und Geräte im Weltraum ausgesetzt sein werden. Fortgeschrittene Modelle können vorhersagen, wie verschiedene Materialien auf kosmische Strahlung oder plötzliche Temperaturschwankungen reagieren, was die Entwicklung widerstandsfähigerer und langlebigerer Komponenten ermöglicht.
19.5. KI im Transportwesen

Künstliche Intelligenz transformiert die Transportbranche auf überraschende Weise. Während autonome Fahrzeuge und Verkehrsoptimierung weithin bekannte Beispiele sind, gibt es weniger offensichtliche, aber ebenso revolutionäre Anwendungen, die die Auswirkungen von KI auf die Mobilität verdeutlichen.

KI bei der vorausschauenden Wartung von Infrastrukturen
Einer der bedeutendsten Fortschritte im Transportwesen ist der Einsatz von KI bei der vorausschauenden Wartung von Infrastrukturen. Machine-Learning-Modelle analysieren große Datenmengen von Sensoren auf Straßen, Brücken und in Tunneln, um Verschleißmuster zu erkennen und strukturelle Ausfälle vorherzusagen, bevor sie auftreten. Dieser Ansatz verbessert nicht nur die Sicherheit, sondern senkt auch Reparaturkosten und minimiert Mobilitätsunterbrechungen.

Ein herausragendes Beispiel ist der Einsatz von Drohnen mit künstlicher Bildverarbeitung zur Inspektion von Eisenbahnstrecken und Straßen. Diese Geräte können mikroskopisch kleine Risse oder Korrosion an kritischen Strukturen erkennen, was präventive Wartung ermöglicht, bevor schwerwiegende Vorfälle auftreten.

KI zur Lärmminderung an Flughäfen
Flughäfen setzen zunehmend KI ein, um die durch den Flugverkehr verursachte Lärmbelastung zu reduzieren. Fortschrittliche Algorithmen analysieren in Echtzeit Start- und Landeprofile, um Flugrouten anzupassen und den Lärm in städtischen Gebieten zu minimieren.
Darüber hinaus haben einige Fluggesellschaften KI in das Triebwerksmanagement integriert, um die Schubleistung dynamisch anzupassen und die Geräuschemissionen zu senken, ohne Sicherheit oder Effizienz zu beeinträchtigen.

KI im Management von Schifffahrtsflotten
Die Seeschifffahrt ist ein Bereich, in dem KI unerwartete Innovationen bringt. Machine-Learning-Modelle sagen auf Grundlage von Wetterdaten, Schiffsverkehr und historischen Navigationsmustern die besten Routen für Schiffe voraus, was Reisezeiten und Treibstoffverbrauch reduziert.

Ein bemerkenswertes Beispiel ist der Einsatz von KI zur Optimierung von Be- und Entladevorgängen in Häfen. Sensoren und Bildverarbeitungsalgorithmen ermöglichen eine optimale Platzierung der Container auf Schiffen, verbessern die Stabilität und verkürzen Wartezeiten.

KI zur Vorhersage von Staus in Unterwassertunneln
Unterwassertunnel sind aufgrund ihrer geschlossenen Natur und hohen Fahrzeugdichte anfällig für schwere Staus. KI wird eingesetzt, um diese Staus vorherzusagen und zu vermeiden, indem Echtzeitdaten von Verkehrssensoren, Wetterbedingungen und Verkehrsflussmodellen kombiniert werden.

Ein Beispiel ist der Eurotunnel unter dem Ärmelkanal, wo KI-Systeme die Bildung von Verkehrsstaus bis zu einer Stunde im Voraus vorhersagen und proaktive Maßnahmen wie Anpassung der empfohlenen Geschwindigkeit und Öffnung zusätzlicher Fahrspuren an den Zufahrten ermöglichen.

KI im personalisierten öffentlichen Verkehr
Einige Städte experimentieren mit dynamischen öffentlichen Verkehrsdiensten, die durch KI gesteuert werden. Anstelle fester Routen können Busse und Kleinbusse ihre Fahrten in Echtzeit an die aktuelle Nachfrage anpassen.

Beispielsweise wurden in Helsinki, Finnland, On-Demand-Transportsysteme implementiert, die Machine-Learning-Algorithmen nutzen, um Fahrgäste mit ähnlichen Reisezielen zu gruppieren, die Effizienz des Dienstes zu optimieren und die Anzahl der Fahrzeuge auf den Straßen zu verringern.

18.6. KI in der Lebensmittelbranche

Künstliche Intelligenz hat zahlreiche Branchen revolutioniert, und die Lebensmittelbranche bildet da keine Ausnahme. Doch abseits typischer Anwendungsfälle wie der Optimierung von Lieferketten und der Automatisierung in der Lebensmittelindustrie gibt es weniger bekannte, aber ebenso relevante Anwendungen, die den Sektor auf innovative Weise verändern.

Erzeugung neuer Geschmacksrichtungen
Eine der unkonventionellsten Anwendungen von KI in der Ernährung ist die Erzeugung neuer Geschmacksrichtungen und Zutatenkombinationen. Spezialunternehmen haben KI-Modelle entwickelt, die die chemische Zusammensetzung von Tausenden Zutaten analysieren, um unerwartete, aber harmonische Kombinationen zu identifizieren. Diese Systeme verwenden neuronale Netze, um angenehme Geschmacksrichtungen vorherzusagen und völlig neue Rezepte zu erstellen, die Köchen und Lebensmittelunternehmen helfen, einzigartige Produkte zu entwickeln.

Erkennung von Lebensmittelbetrug
Ein weiteres wenig bekanntes Beispiel ist der Einsatz von KI zur Aufdeckung von Lebensmittelbetrug. Die Lebensmittelverfälschung ist ein

weltweites Problem, und KI hilft dabei, es zu bekämpfen, indem sie spektroskopische und chemische Daten analysiert, um gefälschte oder falsch etikettierte Zutaten zu erkennen. Dank Deep Learning können diese Systeme kleinste Abweichungen in der Produktzusammensetzung identifizieren und die Aufsichtsbehörden warnen, bevor die Produkte in den Markt gelangen.

Analyse des Reifegrads von Obst und Gemüse
In der Präzisionslandwirtschaft ist die Nutzung von KI zur Analyse des Reifegrads von Obst und Gemüse in Echtzeit ein ungewöhnlicher, aber sehr effizienter Fall. Fortgeschrittene Sensoren in Kombination mit KI-Systemen können die Qualität der Produkte präzise bewerten, sodass sie zum optimalen Zeitpunkt geerntet werden. Diese Technologie wird beispielsweise bei Avocados und Bananen eingesetzt, bei denen sich die Reife schnell ändern kann und Transport und Vermarktung beeinflusst. Einige Unternehmen verwenden diese Technologie gezielt zur Ernte.

Einsatz von KI zur Entwicklung von Fleischalternativen
Ein weiteres innovatives Beispiel ist die Anwendung von KI bei der Entwicklung von Fleischalternativen. Machine-Learning-Modelle analysieren Textur, Geschmack und Nährstoffzusammensetzung verschiedener pflanzlicher Quellen, um Produkte zu entwickeln, die Fleisch erstaunlich gut imitieren. Food-Tech-Unternehmen nutzen diese Werkzeuge zur Herstellung pflanzenbasierter Burger und anderer Fleischprodukte, die nachhaltiger sind und ein überzeugendes Geschmacksprofil bieten.

KI zur Reduktion von Lebensmittelabfällen
Ein weniger erforschter, aber sehr wirkungsvoller Aspekt ist der Einsatz von KI zur Reduktion von Lebensmittelverschwendung. Restaurants und Supermärkte verwenden KI-Systeme, um die Nachfrage präziser vorherzusagen, Lagerbestände zu optimieren und Abfall zu minimieren. Einige fortschrittliche Programme schlagen sogar Rezepte und Möglichkeiten vor, Zutaten, die kurz vor dem Verfallsdatum stehen, wiederzuverwenden, um die Menge weggeworfener Lebensmittel zu reduzieren.

KI in der personalisierten Ernährung
KI spielt auch eine entscheidende Rolle in der personalisierten Ernährung. KI-gestützte Plattformen können Gesundheitsdaten, Essgewohnheiten und Ernährungsbedürfnisse von Individuen analysieren und maßgeschneiderte Diäten empfehlen. Einige Anwendungen nutzen sogar Computer Vision, um Lebensmittel auf dem Teller zu identifizieren und ihren Nährwert in Echtzeit zu berechnen, was eine gesündere und ausgewogenere Ernährung erleichtert.

18.7. KI in der Physik

Künstliche Intelligenz hat auch viele Bereiche der Physik revolutioniert, von der theoretischen Forschung bis zur experimentellen Arbeit in hochmodernen Laboren. Während bekannte Beispiele die Beschleunigung quantenmechanischer Simulationen oder die Analyse von Teilchenkollisionen am CERN betreffen, gibt es weniger bekannte, aber ebenso eindrucksvolle Anwendungen.

KI beim Studium exotischer Materialien
Ein Beispiel ist der Einsatz von KI zur Untersuchung exotischer Materialien. Forscher haben neuronale Netze verwendet, um die Eigenschaften topologischer Quantenmaterialien vorherzusagen, die die Quantencomputer revolutionieren könnten. Dank Deep Learning können Muster in experimentellen Daten erkannt werden, die es ermöglichen, Materialien mit supraleitenden Eigenschaften bei Raumtemperatur zu identifizieren.

KI zur Rekonstruktion astronomischer Bilder
Eine weitere untypische Anwendung von KI in der Physik ist die Rekonstruktion astronomischer Bilder. Ein paradigmatischer Fall war der Einsatz von Deep-Learning-Algorithmen zur Vervollständigung von Beobachtungen in der VLBI-Radioteleskopie (Projekt Event Horizon Telescope (EHT)). Diese Systeme ermöglichten das historische Bild des Schwarzen Lochs in M87. Die KI rekonstruierte fehlende Informationen zwischen den Beobachtungen und verbesserte Auflösung und Qualität der Daten.

Einsatz von KI zur Stabilisierung von Fusionsreaktoren
In der Plasmaphysik hat sich KI ebenfalls als wertvolles Werkzeug erwiesen. Steuerungssysteme auf Basis von Reinforcement Learning helfen bei der Stabilisierung von Fusionsreaktoren. Ein konkretes Beispiel ist die Kontrolle der Magnetfeldkonfiguration in Tokamaks wie dem ITER. Neuronale Netze können Plasma-Instabilitäten in Echtzeit vorhersagen und die Magnetfelder anpassen, um Störungen zu vermeiden, die die Stabilität des Reaktors gefährden würden.

Rekonstruktion physikalischer Theorien
Ein weiteres interessantes Beispiel ist die Anwendung von KI zur Rekonstruktion physikalischer Theorien aus experimentellen Daten. Einige Projekte haben Machine-Learning-Algorithmen eingesetzt, um grundlegende physikalische Gleichungen aus Beobachtungsdaten abzuleiten, ohne Vorkenntnisse über die untersuchten Systeme. KI-Modelle waren in der Lage, Bewegungsgesetze aus Beobachtungen bewegter Teilchen abzuleiten, ohne die Newtonschen Gleichungen explizit zu programmieren.

KI bei der Erforschung Dunkler Materie
In der Kosmologie hilft KI dabei, eines der größten Rätsel des Universums zu lösen: die Dunkle Materie. Machine-Learning-Algorithmen wurden trainiert, um die Verteilung von Galaxien zu analysieren und die Präsenz und Verteilung dieser unsichtbaren Materie zu schätzen. So können dreidimensionale Karten ihres gravitativen Einflusses mit bisher unerreichter Präzision erstellt werden.

KI beschleunigt nicht nur Berechnungen und verbessert die Genauigkeit physikalischer Experimente, sondern ermöglicht auch die Entdeckung neuer Phänomene und die Neuausformulierung von Theorien in bisher unvorstellbare Richtungen. Mit der fortschreitenden Entwicklung der KI wird ihr Einfluss auf die Physik weiter wachsen und neue Horizonte im Verständnis des Universums eröffnen.

18.8. KI in der Chemie

Ein weiteres Gebiet, das durch Künstliche Intelligenz vollständig revolutioniert wird, ist die Chemie in ihren verschiedenen Bereichen, vom Design neuer Materialien bis hin zur Optimierung industrieller Prozesse. Zwar umfassen viele klassische Beispiele die Wirkstoffentdeckung oder die Modellierung von Reaktionen, doch gibt es auch weniger bekannte, aber ebenso wichtige Anwendungen, die die Auswirkungen der KI in diesem Bereich deutlich machen.

Entdeckung synthetischer Minerale
Eine der überraschendsten Anwendungen von KI in der Chemie ist die Identifikation neuer Zusammensetzungen für synthetische Minerale. Deep-Learning-Algorithmen können Kombinationen von Elementen analysieren und stabile Kristallstrukturen vorhersagen, die in der Natur nicht vorkommen. Dies hat Anwendungen in der fortgeschrittenen Elektronik und ermöglicht die Entwicklung neuer Halbleiter- oder Supraleitermaterialien.

Modellierung von Duftstoffen und Aromen
Neuronale Netze wurden eingesetzt, um die Interaktion von Aromastoffen vorherzusagen und synthetische Düfte zu erzeugen, die natürliche Gerüche nachahmen, ohne auf tierische Rohstoffe oder knappe natürliche Ressourcen zurückgreifen zu müssen. Unternehmen aus der Lebensmittel- und Parfümindustrie nutzen diese Modelle, um neue Geschmacksrichtungen und Düfte zu entwickeln, ohne traditionelle Testverfahren anzuwenden, wodurch Kosten und Entwicklungszeit reduziert werden.

KI zur Entwicklung effizienter Katalysatoren
Katalysatoren sind in der chemischen Industrie von entscheidender Bedeutung, da sie Reaktionen beschleunigen, ohne dabei verbraucht zu werden. KI hilft bei der Entwicklung effizienterer Katalysatoren, indem sie vorhersagt, welche Kombinationen von Metallen und Molekularstrukturen gewünschte Reaktionen am besten fördern. Dies findet Anwendung bei der Herstellung synthetischer Kraftstoffe und bei der Reduktion industrieller Schadstoffe.

Quantenchemie und molekulare Simulation
KI-Algorithmen helfen dabei, Gleichungen der Quantenmechanik schneller zu lösen, wodurch präzise Simulationen komplexer Moleküle ermöglicht werden. Dies ist entscheidend für das Verständnis der Reaktivität neuer Verbindungen, bevor teure Laborversuche durchgeführt werden müssen.

Automatisiertes chemisches Recycling
Die Entwicklung von KI-Systemen zur Identifikation und Trennung von Molekülen in Industrieabfällen ermöglicht hocheffiziente chemische Recyclingprozesse. Diese Modelle können die Zusammensetzung von Abfällen in Echtzeit analysieren und optimale chemische Prozesse zur Rückgewinnung wertvoller Materialien vorschlagen, ohne zusätzliche Umweltverschmutzung zu verursachen.

Herstellung nachhaltiger Farbstoffe und Pigmente
Die Textil- und Farbenindustrie steht vor der Herausforderung, die Umweltbelastung ihrer Prozesse zu verringern. KI wird eingesetzt, um alternative Verbindungen zu den herkömmlichen giftigen Farbstoffen zu finden, und formuliert Pigmente, die Qualität und Haltbarkeit beibehalten, während Wasserverbrauch und Einsatz von Schadstoffen in der Produktion reduziert werden.

Korrosionsvorhersage in Infrastrukturen
Ein weiteres wenig erforschtes Gebiet ist die Anwendung von KI zur Vorhersage von Korrosion an Baustoffen und industriellen Infrastrukturen. Machine-Learning-Modelle analysieren Daten zur chemischen Zusammensetzung von Metallen, klimatischen Bedingungen und der Einwirkung chemischer Stoffe, um strukturelle Schäden vorherzusagen, bevor sie auftreten, und ermöglichen so proaktive Wartungsstrategien.

Die Anwendung von KI in weniger erforschten Bereichen wie der Materialoptimierung, der Entwicklung synthetischer Düfte, der Korrosionsvorhersage und dem chemischen Recycling zeigt ihr Potenzial zur Transformation der Industrie und zur Verbesserung der Nachhaltigkeit.

18.9. KI beim Umweltschutz und Tierschutz

Künstliche Intelligenz spielt eine entscheidende Rolle beim Umweltschutz und dem Schutz der Tierwelt. Durch fortgeschrittene Algorithmen, neuronale Netze und Machine-Learning-Techniken werden Umweltmuster erkannt, Klimaveränderungen vorhergesagt und der menschliche Einfluss auf fragile Ökosysteme gemindert. Obwohl viele bekannte Anwendungen die Erkennung von Abholzung durch Satellitenbilder oder die Überwachung von Wildtieren mit Drohnen umfassen, gibt es auch weniger konventionelle, aber ebenso relevante Beispiele, die das Potenzial der KI in diesem Bereich verdeutlichen.

Überwachung der Korallenbleiche durch Klanganalyse
Die Korallenbleiche ist ein ernstes Problem, das durch steigende Wassertemperaturen verursacht wird und zum Ausstoß der symbiotischen Algen führt, die für das Überleben der Korallen lebenswichtig sind. Forscher haben KI-Algorithmen entwickelt, die die Geräusche von Riffen analysieren können, um Veränderungen der Biodiversität zu erkennen und den Zustand des marinen Ökosystems zu bestimmen. Anstelle der ausschließlichen Nutzung von Satellitenbildern ermöglicht dieser akustische Ansatz eine kontinuierliche und weniger invasive Überwachung, die Echtzeitdaten über die Gesundheit von Korallenriffen liefert.

Bekämpfung invasiver Arten mit autonomen Robotern
Invasive Arten stellen eine ernsthafte Bedrohung für heimische Ökosysteme dar, da sie einheimische Arten verdrängen und das natürliche Gleichgewicht stören. KI wurde in Unterwasser- und Landroboter integriert, die invasive Arten identifizieren und entfernen können, ohne die umliegende Biodiversität zu beeinträchtigen. In Australien wurden beispielsweise Roboter mit Deep Learning entwickelt, die Dornenkronen-Seesterne erkennen und entfernen, die für die Zerstörung von Korallenriffen verantwortlich sind. Diese Systeme ermöglichen ein effizienteres Management invasiver Populationen, ohne das Ökosystem zu schädigen.

Analyse von Lichtverschmutzung und deren Auswirkungen auf Wildtiere
Übermäßige künstliche Beleuchtung verändert das Verhalten vieler Tierarten und beeinträchtigt unter anderem die Vogelmigration, die Fortpflanzung von Meeresschildkröten und die Aktivität bestäubender Insekten. KI-Algorithmen können nächtliche Satellitenbilder analysieren, um die am stärksten betroffenen Gebiete der Lichtverschmutzung zu kartieren und Strategien zu ihrer Minderung vorzuschlagen. Solche Informationen haben zur Einführung adaptiver Beleuchtung in Städten und Küstengebieten geführt und die negativen Auswirkungen auf nachtaktive Tiere reduziert.

Optimierung der Landwirtschaft durch KI-gestützte Bestäubung
Der Rückgang der Bienenpopulationen hat weltweit Besorgnis ausgelöst, da Bienen eine Schlüsselrolle bei der Bestäubung von Nutzpflanzen spielen. Autonome Drohnen mit KI-Algorithmen wurden entwickelt, um Blüten zu identifizieren und künstlich zu bestäuben. Auch wenn diese Geräte natürliche Bestäuber nicht vollständig ersetzen können, stellen sie eine alternative Lösung in Regionen dar, in denen die Bestäubung stark zurückgegangen ist. Zudem wird KI auch genutzt, um Daten über die Gesundheit von Bienenvölkern zu analysieren und Krankheitsausbrüche vorherzusagen, was Imkern hilft, fundierte Entscheidungen zu treffen.

Neuronale Netze zur Früherkennung von Waldbränden
Waldbrände sind eine der größten Bedrohungen für die Biodiversität und tragen erheblich zu den Treibhausgasemissionen bei. KI-Modelle wurden entwickelt, die Daten von Wärmesensoren und Überwachungskameras analysieren, um Brände bereits in ihren frühen Stadien zu erkennen. Im Gegensatz zu traditionellen Überwachungsmethoden, die auf menschliche Beobachtung oder Satelliten mit begrenzten Überprüfungsintervallen angewiesen sind, können diese Systeme mit beispielloser Geschwindigkeit potenzielle Brandherde melden, wodurch eine sofortige Reaktion ermöglicht und die Ausbreitung des Feuers reduziert wird.

Wie du selbst sehen kannst, revolutioniert der Einsatz von Künstlicher Intelligenz den Umgang mit ökologischen Herausforderungen. Über konventionelle Anwendungen hinaus zeigt der Einsatz von KI zur Unterwasser-Klanganalyse, Bekämpfung invasiver Arten, Reduktion von Lichtverschmutzung, künstlicher Bestäubung und Früherkennung von Waldbränden ihre Vielseitigkeit und Bedeutung. Durch die Kombination von KI mit Naturschutzstrategien kann sie eine noch bedeutendere Rolle beim Schutz des Planeten spielen.

★★★★★

Ich hoffe von Herzen, dass dir das Buch gefallen hat. Falls ja, wenn dir das Buch gefallen hat oder dir vielleicht sogar geholfen hat, die Künstliche Intelligenz besser zu verstehen, oder vielleicht sogar deine Neugier geweckt hat, mehr über Künstliche Intelligenz zu lernen, dann möchte ich dich bitten, eine Rezension zu schreiben.

Wusstest du, dass laut Statistiken 67 % der Kunden nach einer positiven Erfahrung eine Bewertung schreiben, während 40 % dies nach einer negativen Erfahrung tun? Das jedoch ist laut meinen eigenen Studien völlig falsch und verhält sich genau umgekehrt. Zufriedene Kunden schreiben kaum Bewertungen, während unzufriedene Kunden diese oft sogar sofort schreiben. Gleichzeitig lesen 93 % der Konsumenten Online-Bewertungen, bevor sie eine Kaufentscheidung treffen. Eine Studie zeigt, dass 55 % der Bewertungen im Internet gefälscht sind, doch laut vielen investigativen Berichten liegt der Anteil gefälschter Rezensionen noch viel höher. Dennoch meiden 94 % der Verbraucher ein Produkt oder ein Unternehmen aufgrund negativer Bewertungen.

Deine Rezension hat einen großen Wert und kann mir sehr dabei helfen, weiterzuschreiben.

★★★★★

Danksagungen

Lieber Leser,

ich möchte diesen Moment nutzen, um dir von Herzen zu danken, dass du bis hierher gekommen bist und deine Zeit investiert hast, dieses Buch zu lesen. Ich applaudiere dir und ziehe meinen Hut. Dein Engagement und deine Hingabe für das Lernen spiegeln deinen Wunsch wider, an der Spitze eines so dynamischen und sich ständig weiterentwickelnden Bereichs wie der Künstlichen Intelligenz und des Big Data zu stehen. Ich hoffe, dass dir die geteilten Erkenntnisse nützlich waren und dich dazu inspirieren, weiterhin die unendlichen Möglichkeiten zu erkunden, die diese Technologien bieten.

Künstliche Intelligenz ist nicht nur eine Technologie der Gegenwart, sondern eine, die unsere Zukunft auf Weisen prägen wird, die wir uns heute kaum vorstellen können. Es ist entscheidend, dass du dich kontinuierlich weiterbildest, auf dem Laufenden bleibst und Fähigkeiten entwickelst, die dir nicht nur helfen, dich anzupassen, sondern dich auch in die Lage versetzen, in dieser Ära des digitalen Wandels eine führende Rolle zu übernehmen. Jeder Schritt, den du auf deinem Lernweg gehst, wird nicht nur dein Wissen erweitern, sondern dir auch neue Chancen eröffnen, Einfluss auf dein Umfeld, deine Arbeit und die Gesellschaft zu nehmen.

Wenn du tiefer in das Thema Projektmanagement im Bereich Künstliche Intelligenz einsteigen möchtest, lade ich dich ein, meine Bücher „KI-Manager" und „KI das *Homo digitalis*" kennenzulernen. In diesen begleite ich dich durch bewährte Praktiken, Strategien und Werkzeuge, die notwendig sind, um eine Führungsrolle im Bereich KI zu übernehmen. Ich bin überzeugt, dass sie eine wertvolle Ergänzung zu dem Wissen darstellen, das du hier erworben hast, und dir sowohl aus professioneller als auch aus persönlicher Sicht eine erweiterte Perspektive auf Künstliche Intelligenz vermitteln werden.

Ich ermutige dich, weiterzulernen, weiterzuforschen und deinen Horizont in der faszinierenden Welt der Künstlichen Intelligenz zu erweitern. Die Zukunft liegt in deinen Händen!

Mit unermesslicher Dankbarkeit und den besten Wünschen,

Juan García
CEO, KI-Experte, KI-Manager und IBM Advanced ML Spezialist
SMART &PRO AI
DEEP ATHENA

Über den Autor

Juan García ist ein leidenschaftlicher Technologieexperte und ein unermüdlicher Forscher des transformativen Potenzials der Künstlichen Intelligenz. Geboren in Almería, Spanien, und mit einer beruflichen Laufbahn, die ihn durch mehrere europäische Länder geführt hat, widmet er sich seit über 25 Jahren dem Lernen, Lehren und Weitergeben von Wissen im industriellen Sektor – insbesondere in den Bereichen Automatisierung und Prozessoptimierung, und seit 2019 vor allem in den Bereichen KI, Machine Learning und Big Data.

Sein Ansatz beschränkt sich nicht darauf, technologischen Trends zu folgen, sondern entspringt einer tiefgehenden Reflexion darüber, wie menschliche Intelligenz durch Maschinen erweitert werden kann. Für ihn ist KI eine Erweiterung unserer angeborenen Neugier, die Welt zu verstehen und komplexe Probleme zu lösen – basierend auf einer Vision, die technische, ethische und gesellschaftliche Implikationen miteinander verbindet.

Als KI-Manager, Trainer, Berater und Gründer von SMART \&PRO AI mit Sitz in Deutschland hat er seit Januar 2022 seine Expertise in Beratung, Automatisierung und Prozessoptimierung in bis zu elf verschiedenen Industriebranchen eingebracht. Sein Ruf als strategischer Partner beruht auf der Fähigkeit, spezialisiertes Wissen mit einem stark praxisorientierten Ansatz zu kombinieren, wobei er KI-, Machine-Learning- und Big-Data-Lösungen individuell an die Herausforderungen jedes Unternehmens anpasst.

Er ist von IBM als Advanced Machine Learning Specialist zertifiziert und hat Schulungen, Workshops, Vorträge und maßgeschneiderte Programme für Fach- und Führungskräfte in Deutschland, der Schweiz, Spanien, Österreich, Belgien, Mazedonien und den Niederlanden entwickelt und durchgeführt. Dank seiner Fähigkeit, komplexe Konzepte verständlich zu erklären, ist es ihm gelungen, Industrieunternehmen zur erfolgreichen Einführung dieser Technologien zu verhelfen – mit greifbaren Ergebnissen in Effizienz und Wettbewerbsfähigkeit.

Im Jahr 2025 gründete er DEEP ATHENA, seinen eigenen Verlag, der sich auf KI, Machine Learning und Big Data spezialisiert. Ziel ist es, didaktische, philosophische und praxisnahe Inhalte zu fördern und sich als fachlich-wissenschaftlicher Verlag zu etablieren – fernab des Hypes und Sensationalismus, den diese Themen häufig erzeugen. DEEP ATHENA setzt bewusst auf Inhalte, die von Menschen entwickelt werden, die die Maschinen bauen – nicht von den Maschinen selbst.

Juan ist Autor mehrerer Bücher über Künstliche Intelligenz, darunter „KI-Manager“, „KI das Buch“ und „KI das *Homo digitalis*“. Seine Werke verbinden technisches Fachwissen mit einer kritischen Perspektive auf die sozialen und kulturellen Auswirkungen von KI und wurden in mehrere Sprachen übersetzt und positiv aufgenommen.

„KI & Big Data“ ist das erste Buch, das er unter dem Label DEEP ATHENA veröffentlicht. Darin behandelt er nicht nur die technischen Grundlagen intelligenter Systeme und der Datenanalyse in großem Maßstab, sondern lädt auch dazu ein, über die Rolle nachzudenken, die wir diesen Technologien in unserem Leben und im industriellen Unternehmenskontext geben wollen.

Neben seiner beruflichen Tätigkeit ist Juan auch ein begeisterter Kommunikator und leidenschaftlicher Pädagoge, überzeugt davon, dass Bildung die Kraft hat, Leben zu verändern. Er schreibt nicht nur über Künstliche Intelligenz – er lebt sie. Sein Ziel ist es, Technologie zu einem Instrument im Dienste der Menschheit zu machen. Dabei betont er, dass nicht entscheidend ist, was KI für uns tun kann, sondern was wir mit ihr zu tun beschließen.

Empfohlene Bücher

- **KI-Manager:** Für Fachleute, die sich professionell mit KI beschäftigen möchten, unabhängig davon, welchen Weg sie einschlagen.

- **KI das *Homo digitalis*:** Ein Buch, das Juan Garcías einzigartige Sichtweise auf die Künstliche Intelligenz als evolutionären Katalysator des Menschen hin zu einer neuen Entwicklungsstufe – dem *Homo digitalis* – präsentiert. Es richtet sich an Leserinnen und Leser, die Künstliche Intelligenz nicht nur aus technischer oder wissenschaftlicher Perspektive verstehen möchten, sondern als kulturelles, philosophisches und transformatives Phänomen, das die Bedeutung des Menschseins im digitalen Zeitalter neu definiert.

www.ingramcontent.com/pod-product-compliance
Lightning Source LLC
LaVergne TN
LVHW040326051026
849518LV00001B/86
* 9 7 8 3 9 1 2 0 9 9 0 0 3 *